【第二版】

# 溝通與溝通障礙：
# 理論與實務

## Communication and Communication Disorders:
## Theory and Practice

楊淑蘭　著

葉品忻　繪圖

# 作者簡介

楊淑蘭

- **現職**

  國立屏東大學特殊教育學系教授

- **學歷**

  國立臺灣師範大學諮商心理學博士

  美國伊利諾大學香檳校區語言病理學博士

- **經歷**

  國立高雄師範大學特殊教育研究所聽力與語言治療組兼任副教授、教授

  國立臺北護理健康大學聽語障礙科學研究所兼任助理教授、副教授

  國立臺東大學助理教授

  高職輔導教師

  國小普通班教師和特殊教育教師

  台灣聽力語言學會理事兼出版委員長

  臺灣學習障礙學會理事、秘書長、常務理事

  高雄市特殊教育學生鑑定安置委員、特殊教育申訴委員

  教育部特殊教育學生鑑定及就學輔導會委員

  國際溝通科學與障礙學會（International Association of Communication Sciences and Disorders [IALP]）語暢異常小組委員

- **專長**

  語言病理學、諮商心理學

- **個人網站**

  臺灣口吃與迅吃研究室（https://www.facebook.com/stutteringintw）

# 推薦序

　　本書作者楊淑蘭博士，是我過去於臺灣師範大學教育心理與輔導研究所指導的博士研究生，是一位極為優秀的教師和學者。楊博士在國內取得第一個博士學位後，又考取國家公費留學考試，負笈美國伊利諾大學香檳校區取得語言病理學博士學位。楊博士已於 2011 年出版第一本語言病理學領域的專著《口吃：理論與實務工作》，是國內少有的口吃專家，而本書則是楊博士的第二本專著，書名為《溝通與溝通障礙：理論與實務》，可作為特殊教育中溝通障礙的教學用書，也是從事身心障礙者溝通訓練的專業人士手邊不可或缺的重要著作

　　本書第二版新增「聽力損失和溝通困難（聽覺障礙）」一章，全書共有十三章，分為第一章「語言與溝通障礙」、第二章「言語產生的機制」、第三章「語言的習得」、第四章「語言發展」、第五章「語言評量」、第六章「語音異常（障礙）」、第七章「發展性語言異常（障礙）」、第八章「口吃」、第九章「迅吃」、第十章「聽力損失和溝通困難（聽覺障礙）」、第十一章「腦性麻痺與溝通障礙」、第十二章「泛自閉症與溝通障礙」和第十三章「重度溝通障礙」。本書首先闡明溝通障礙的基礎理論，再說明身心障礙者常見的溝通困難和問題，最重要的是書中提供許多實際教學訓練時可使用的策略，可說是理論與實務二者兼具之重要學術著作，每一章都值得語言治療師、特殊教育教師，以及有志於溝通障礙研究的人士，甚至是溝通障礙者的重要讀物。第二版更根據國際溝通障礙相關研究修訂內容和用語，呈現給讀者最新的資訊。

本書文筆流暢、資料豐富，實為溝通障礙領域不可多得的好書。本人有幸先睹為快，欣喜之餘，不揣淺陋，爰為之序。

吳武典

2024 年 1 月 10 日

國立臺灣師範大學名譽教授

國立屏東大學終身榮譽講座教授

嶺南師範學院特聘教授

# 第二版序

　　作者在 2011 年於心理出版社出版了第一本語言病理學領域的專書《口吃：理論與實務工作》，希望能提升國內有關口吃領域的學術與實務工作之專業水準，鼓勵更多年輕人參與口吃研究與治療。而本書為作者的第二本專書，書名為《溝通與溝通障礙：理論與實務》，寫作本書的源起是國內常見的溝通障礙相關書籍大多翻譯自國外專書，其中許多內容不適用於中文的說話者，而且國內出版的溝通障礙相關書籍，也缺乏對生理、聲學、語言病理等與溝通障礙有關之基礎知識作全面統整的系統性說明，更看不到本土研究的資料與實務操作策略的應用。因此，作者撰寫本書的目的之一是希望本書可以作為語言病理學領域的引導性書籍，其次是希望本書可以作為從事身心障礙者溝通訓練的相關人士，包括：語言治療師、特教教師和一般教師，以及助理人員等，擁有一本理論與實務兼具的參考書。因此，在吳武典教授的鼓勵下，挪出教學與研究之餘的時間，將過去二十多年蒐集的國內外溝通障礙文獻與研究，以及個人從事溝通障礙的研究結果和教學訓練的心得，撰寫成本書的第一版。然時間飛逝，溝通障礙領域的研究也愈來愈多，尤其是腦科學的研究報告對於過去行為資料之外，提出更具體的證據，且國內目前刻正修訂《身心障礙及資賦優異學生鑑定辦法》和基準，其中當然包括語言障礙，很可惜的是因《特殊教育法》已於 2023 年 12 月公布，語言障礙仍無法更名為溝通障礙，其次是有關語暢異常部分，希望能跟隨國際腳步，將迅吃一併清楚敘明。

　　有鑑於此，本書內容皆參考 ASHA、DSM-5、ICD-11 和 WHO 等國際權威組織專書和研究報告之最新資料，進行每章的修訂，尤其是第七章發展性語言異常的大改版，主要討論因神經發育造成的語言能力低落的最新觀

念。其次,第二版新增第十章「聽力損失和溝通困難(聽覺障礙)」並附有一篇聽損者的生命故事,以及調整後續章節的順序,希能完整介紹溝通障礙的理論和實務工作。從第十一章開始的章節名稱也略做調整,標題改為因該障礙原因導致個案產生溝通上的困難。本書共有十三章,內容包括:第一章「語言與溝通障礙」、第二章「言語產生的機制」、第三章「語言的習得」、第四章「語言發展」、第五章「語言評量」、第六章「語音異常(障礙)」、第七章「發展性語言異常(障礙)」、第八章「口吃」、第九章「迅吃」、第十章「聽力損失和溝通困難(聽覺障礙)」、第十一章「腦性麻痺與溝通障礙」、第十二章「泛自閉症與溝通障礙」和第十三章「重度溝通障礙」。前五章是溝通與溝通障礙的基礎理論,第六章開始主要是以學校、機構、醫院中較常見的溝通障礙為撰寫內容。本書的最大特色是將迅吃獨立成章,並根據目前國際上的研究提出診斷基準,以目前中文溝通障礙或語言病理學領域的專書來看,並無學者仔細說明「迅吃」這一類溝通障礙,幸運的是作者這幾年來在進行研究的過程中,接觸到許多迅吃個案及其重要他人,迅吃者的溝通問題本質上比口吃者更為複雜,還需要更多中文研究,配合新進修訂的語言障礙鑑定辦法和基準(尚未通過)的語暢異常鑑定基準,希望大家能關注「迅吃」這一類溝通障礙。其次,原來「語言(學習)障礙」也一併跟隨國際上的用法,改為「發展性語言異常(障礙)」。

　　本書第二版的完成要感謝葉品忻先生為第十章所繪製的專業聽覺相關圖示,幫助讀者閱讀時可圖文對照,更了解全書的重點。另外,還要感謝心理出版社的林敬堯副總經理兼總編輯,率領同仁協助出版,使得本書第二版可以順利付梓。因為時間緊湊,作者雖然盡力在過程中查證所使用的資料,但恐仍有疏漏,尚祈讀者不吝給予指教。

楊淑蘭

2024 年 2 月 19 日

於國立屏東大學臺灣口吃與迅吃研究室

# 目　　次

# 第一章　語言與溝通障礙

本章第一節主要說明溝通（communication）的意義、重要性和方式，以及言語（speech）、語言（language）與溝通的關係，第二節說明溝通障礙（communication disorders）的定義和分類，第三節由語言的五大向度來說明語言的內涵，第四節說明語言的形式（form）、內容（content）與功能（function），第五節解釋溝通障礙發生的可能原因，藉此使讀者對溝通障礙有一個全面性的了解，幫助專業工作者在教學與訓練過程中得以分析溝通障礙如何發生與歸類，並在之後的各章中找出適合的教學與訓練方法。

## 第一節　人類的溝通

### 一、溝通的意義

人類是社會性動物，雖有人離群索居，但畢竟是少數，大多數的人們在日常生活中經常性的使用溝通行為與他人互動。「溝通」就是訊息的交換，指的是訊息傳送者和訊息接收者二人互動的歷程，亦即指傳送者將訊息在大腦語言區透過編碼（coding），以「言語」和「語言」或非語言形式（手勢和動作）傳送給接收者，接收者的感官系統（聽覺、視覺或其他感官）接受器接收到訊息後，經由神經傳遞至大腦，將訊息加以解碼（decoding）後，再將反應（response）透過傳送過程送出的歷程。

### 二、溝通的重要性

在人類的生活中，溝通隨時發生，隨著科技的進步，除了口語、書面和身體語言的溝通外，圖形和影片等不同的溝通方式，亦可透過科技媒介（例如：網路）傳送至各處，使得溝通無所不在，且更形重要。溝通對於人類生活之重要性如下：(1)溝通與自我決策：當老師詢問學生中餐要吃什麼？吃義大利麵還

是水餃？如果學生知道自己的決定，就必須透過適當的溝通方式讓老師知道，因此自我決策必須透過溝通能力來展現；(2)溝通與學習：許多知識是以語言符號呈現，個體必須了解語言符號的意義方能學習，透過學習增進對不同學科知識的理解，或將所理解的知識傳達給他人，促進彼此的了解與成長。許多身心障礙學生因為語言異常，易導致學科學習成效低落；(3)溝通與情緒抒發：適當的表達情緒可以增進個體的心理健康，尤其是重度障礙的個案常因為缺乏溝通能力，感到挫折而哭鬧或發脾氣，造成輔導人員的困擾；(4)溝通與人際關係：人類為群體動物，缺乏同伴的支持容易感到孤單無助，結交朋友的社交技巧更是倚賴溝通能力才得以完成，例如：友善和分享都是重要的社會技巧，必須透過溝通行為來達成，社會性溝通也愈來愈受到重視；(5)溝通與就業：身心障礙者能夠獨立生活，除了具備生活自理能力外，便是能夠穩定工作獲得報酬，而溝通能力為獲取職業機會的重要能力之一，即便在庇護工廠內，個案也必須了解管理者的指令和常規要求。

因此，溝通是人類一輩子的任務，特殊教育和語言治療皆重視在真實情境中練習溝通並達到溝通目的，因此溝通訓練對於個案便顯得十分重要。

## ■ 三、溝通的方式

人類用於溝通的方式有很多，從最早的狼煙、旗語和擊鼓，逐漸演化成較有效率且方便的語言。廣義的語言包括一般語言和非語言（或稱身體語言），可藉由不同的感官來接收，例如：視覺、聽覺、觸覺和嗅覺。語言是約定俗成的符號系統，係運用既定的規則將符號加以組合來表意（Owens et al., 2015）。語言具有衍生（generative）能力，因此我們可以創造語言，像目前網路流行的許多表情符號（顏文字），例如：「（^y^）」表示「開心」，便是人類創造出來的；而一些自然手語也是人們在互動中所發展出來的。語言亦是動態的（dynamic），會消失也會改變，因此人們使用的溝通方式會隨著時間和科技的發展，而產生不同的溝通方式，例如：Line、Meta（Facebook）、Twitter、Youtube和視訊會議系統（remote video conference system）等，都是新興的溝通工具和方式。「網紅」一詞便是新創的詞彙，英文叫 influencer，指企圖透過社群媒體使用語言或動作等來改變他人的人，善用社群媒體是現代人必須具備的基本能力。

## 四、言語、語言與溝通

由前述說明可知，「溝通」、「言語」和「語言」的關係，溝通涵蓋的範圍最大，而語言和言語都是人類慣用的溝通媒介，新興的溝通工具大多需要電子或網路支援，但也都蘊含言語和語言的使用。語言是一套符號系統，並且需要遵循既定的規則來使用，其運用包括了聽、說、讀和寫，「聽」和「說」使用語音訊號，「讀」和「寫」則使用書面符號，而言語則專指語音訊號的使用，或稱為「口語」。人類會使用語言和言語顯現溝通的行為，以達到溝通的目的，像是老師說：「小明說的話我都聽不懂。」雖然小明使用「言語」作為溝通工具，但溝通的效能不佳；又如老師說：「小英有識字問題，讀課文時，斷斷續續或經常讀錯。」這就表示當小英想要讀出文章讓別人聽懂時，出現了困難。而有語言障礙的學生可能聽不懂老師說的句子，像是老師說：「小星搭公車回家時，把書包掉在公車上了，如果他走路回家，就不會發生這樣的事情。」（老師做了可惜的表情），如果接著問學生：「小星是怎麼回家的？『這樣的事情』是指什麼事情呢？」這時有語言障礙的孩子可能會答錯，因為他們在聽覺理解上可能出現困難，無法理解老師的指令或語意（meaning），因而影響到在學校的溝通效能。嚴格來說，言語是語言的一部分，也就是聽、說、讀和寫中的「聽」和「說」所使用之語音符號。因此，「溝通」所涵蓋的範圍最大，指的是訊息交換過程，可以使用各種不同的方式來完成；其次是「語言」，是由一套約定俗成的符號系統及固定的規則組成，透過聽、說、讀和寫達成溝通的目的；而「言語」的範圍最小，專指口語的表達。此外，說話時使用的語調（intonation）、音量（volume）和語速（speech rate）等，皆可以協助表達的內容，稱為「副語言」或「超語言」向度（paralinguistic domain），而眼神、表情和姿勢等，稱為「非語言」向度（nonlinguistic domain），可以加強溝通的功能。溝通的內容架構如圖 1-1 所示。

歸納而言，溝通是人類生活不可缺少的社會行為，人們使用言語和語言與他人進行溝通；溝通不僅可以傳情達意，還可透過語言增進知識、抒發情緒、促進人際交流和生涯發展。溝通包括語音訊號、書面符號，甚至身體語言（表情、姿勢和動作等）；言語則專指口語的表達，透過語音、語調和手勢傳達訊息，適當和正確的使用語言和言語便能達成溝通目的，亦即個體的溝通是有效能的。

圖 1-1　溝通的架構

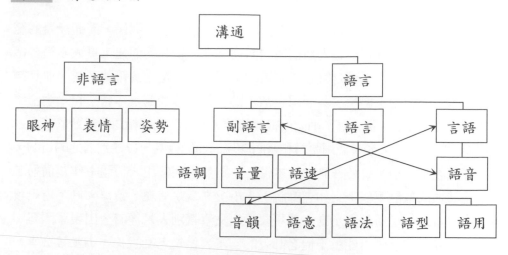

## 第二節　溝通障礙的定義和分類

### ◆ 一、溝通障礙的定義

溝通障礙意指在溝通歷程的任何環節所出現的阻礙，使得訊息無法順利傳達或接收，便可稱為「溝通障礙」，但要稱為「障礙」，必須明顯比起同儕有顯著困難。美國聽力與語言學會（American Speech-Language-Hearing Association [ASHA], n.d.a）官方網站解釋，溝通障礙是一種在接收、發送、處理和理解概念或口語、非口語以及圖形符號系統能力的缺陷。溝通障礙可能在聽覺、語言和／或言語處理過程中顯現出來，其嚴重程度可以從輕微到嚴重不等。溝通障礙發生的原因有可能是發育性的或後天性的，個體可能只表現出一種或者多種溝通障礙的組合。因此，溝通障礙可能是主要的障礙，也可能是伴隨其他障礙的次要表現。人類主要使用語言作為溝通工具，廣義的語言（language）包括口語（speech）與非口語（例如：書寫語言、手語、臉部表情和肢體動作等），因此溝通障礙可能出現在聲音（sound）訊號無法傳遞，或聲音訊號受到扭曲的情形之下，例如：無法產出聲音、嗓音沙啞或無法發聲、發音錯誤或扭曲，或者聲

音訊號雖然傳出，但接收者卻無法聽取或僅能部分聽取〔像是聽損者無法理解溝通夥伴（partner）的說話內容〕，或如前一節所說，在聽覺和閱讀理解或口語和書寫表達有困難而導致溝通障礙的發生，各種溝通障礙陸續會在第六章之後分別加以說明。

## 二、溝通障礙的分類

美國心理學會（American Psychiatric Association [APA]）出版的《精神疾病診斷與統計手冊》（第五版）（*Diagnostic and Statistical Manual of Mental Disorders*, 5th ed. [DSM-5]）一書，將溝通障礙歸類於神經發展障礙（neurodevelopmental disorders），表示溝通障礙是個體在言語、語言和溝通出現缺陷（deficit）。言語是個體語音的表達，包括發音、流暢、嗓音和共鳴特性；語言包括形式、功能和有規範的符號使用（例如：口語文字、手語、書寫文字和圖畫）；溝通則包括足以影響其他人的行為、想法和態度的口語和非口語（意圖性和無意圖性）行為。DSM-5 特別強調，在評估言語、語言和溝通時，必須考慮受試者的文化背景和當時的語境，尤其對於雙語使用者更需特別注意，在使用標準化工具進行評估時，若受試者並非是該工具的主要語言使用者，可能沒有適合的常模可以對照，國內近年來外籍配偶所生的子女日益增加，施測者在進行評估時，應特別考量兒童的國語能力尚不及同齡者，可能會有低估的情況發生，以避免誤判。在DSM-5 中，溝通障礙的分類包括：語言障礙（language disorder [LD]）、語音障礙（speech sound disorder）、兒童期發生的語暢障礙（child-hood-onset fluency disorder）〔也就是口吃（stuttering）〕、社會性溝通障礙〔social（pragmatic）communication disorder〕，以及其他特定和非特定的溝通障礙（other specified and unspecified communication disorders）（APA, 2013, p. 41）。

世界衛生組織（World Health Organization [WHO]）於 2022 年公布的《國際疾病分類》（第十一版）（*International Classification of Diseases*, 11th Revision [ICD-11]）則稱為發展性言語或語言障礙（developmental speech or language disorders），特別提出其普遍率為 5～10%，包括：6A01.0 發展性語音異常（developmental speech sound disorder）、6A01.1 發展性語暢異常（developmental speech fluency disorder）、6A01.2 發展性語言異常（developmental language disorder），

以及 6A01.Y 其他特定的發展性言語或語言異常（other specified developmental speech or language disorders）。在每一類別前面都放上「發展性」，是要凸顯言語和語言異常是因神經發育的缺陷所造成，其發生於個體的生命早期，此與後天或其他原因形成的溝通障礙有所區隔。

美國聽力與語言學會（ASHA, 1993）在定義和分類上，將溝通障礙區分為言語障礙、語言障礙、聽覺障礙、中樞聽覺處理障礙（central auditory processing disorders [CAPD]），以及其他溝通的變異〔communication variations，包括：語言差異／方言（language difference/dialect）和溝通輔具（augmentative/alternative communication）〕。言語障礙是指在語音的構音、流暢度或音質上有缺損，又分為發音異常、語暢異常（fluency disorders）和嗓音異常。語言障礙可分為形式、內容和功用的異常，形式是指語音、語法和語型的異常，內容是指語意的異常，功用則是指語用（pragmatic）異常。聽覺障礙又分為全聾（deaf）和重聽（hard of hearing）二類，全聾者無法以聽覺系統來了解訊息，因此必須改用其他管道，但重聽者仍然依賴聽覺作為訊息輸入的管道。中樞聽覺處理障礙是指個體在處理以聽覺訊號傳送訊息過程中有缺陷，但不能歸因於周圍聽覺神經或智能上的缺陷；指的是對聲音訊號中包含的信息之持續傳輸、分析、組織、轉換、詳細說明、存儲、檢索和使用方面的異常（ASHA, 1993）。

然而，作者搜尋到 ASHA 網站的說明，它先把溝通障礙分為聽力障礙（hearing disorder）和語言障礙（language disorder），再將語言障礙區分為成人和兒童的言語及語言障礙與疾病（speech and language disorders and diseases），最後區分為四種類別，包括：言語障礙（speech disorders）、語言障礙（language disorders）、醫療情況（medical conditions）和溝通操作（communication options）（ASHA, n.d.b）。ASHA 在每一類別之下列出所屬的溝通障礙類別，作者將它們整理如表 1-1 所示。該表以語言為基礎的學習障礙（language-based learning disabilities）和學齡前語言障礙（pre-school language disorders），近年來透過英國 R. Bishop 教授努力整合學者之意見，學者們逐漸有共識使用發展性語言障礙為名稱，這也是 ICD-11 目前所使用的名稱，而不再以學齡前和學齡區分為不同名稱。

　　教育部於 2013 年 9 月 2 日修正發布的《身心障礙及資賦優異學生鑑定辦法》第 6 條指出：

　　本法第三條第四款所稱語言障礙，指語言理解或語言表達能力與同年齡者相較，有顯著偏差或低落現象，造成溝通困難者。

　　前項所定語言障礙，其鑑定基準依下列各款規定之一：

一、構音異常：語音有省略、替代、添加、歪曲、聲調錯誤或含糊不清等現象。

二、嗓音異常：說話之音質、音調、音量或共鳴與個人之性別或年齡不相稱等現象。

三、語暢異常：說話節律有明顯且不自主之重複、延長、中斷、首語難發或急促不清等現象。

四、語言發展異常：語言之語形、語法、語意或語用異常，致語言理解或語言表達較同年齡者有顯著偏差或低落。

　　將《身心障礙及資賦優異學生鑑定辦法》所稱之「語言障礙」的四項分類對照表 1-1，顯然前三項均屬於言語障礙，第四項則為語言障礙。

　　大陸學者姜泗長與顧瑞（2004）主編的《言語語言疾病學》一書中，將溝通障礙分為嗓音疾病、交流障礙、言語障礙（音系障礙和神經源性障礙）、顎裂、口吃與言語不流暢、聽力障礙、語言障礙、失語症和輔助與替代性交流。因為該書有十七位執筆者，除了二位為技師和研究人員，其餘均為醫師，因此主要是由疾病學的角度來撰寫，在分類的系統上較難以區分和統整。

　　DSM-5 是以心理學的角度將溝通障礙進行歸類，其類別較少，但特別列出社會性溝通障礙，指的是語用方面的障礙。ICD-11 是以疾病和個體健康情形的角度，特別強調言語和語言障礙是發展性的缺陷。ASHA 則是由聽力學、言語與語言病理學的角度對溝通障礙加以分類，將溝通障礙之下分為言語障礙、語言障礙、聽覺損失和聾、中樞聽覺處理障礙和其他溝通的變異，但單獨將中樞聽覺處理障礙與其他類別並列，比較少見。在 Owens 與 Farinella（2024）的書中，也是分為言語障礙、語言障礙、聽損和聾，將聽覺處理障礙併入聽損和聾當中。在 ASHA 的說明中，將言語和語言障礙先區分出口語產出的障礙（言語

表 1-1　ASHA 的溝通障礙分類表

| 類別 ＼ 組別 | 成人 | 兒童 |
|---|---|---|
| 言語障礙 | 言語失用症（apraxia）、吶吃（dysarthria）、口吃和嗓音異常（voice disorder） | 兒童言語失用症（childhood apraxia of speech [CAS]）、吶吃、顱顏功能障礙（orofacial myofunctional disorder）、語音障礙：構音和音韻處理（speech sound disorders: articulation and phonological processes）、口吃和嗓音異常 |
| 語言障礙 | 失語症（aphasia） | 以語言為基礎的學習障礙、學齡前語言障礙和選擇性緘默症（selective mutism） |
| 醫療情況 | 肌萎縮性脊髓側索硬化症（amyotrophic lateral sclerosis [ALS]）、失智症（dementia）、杭廷頓舞蹈症（Huntington's disease）、喉癌（laryngeal cancer）、口腔癌（oral cancer）、右腦傷（right hemisphere brain injury）、中風（stroke）和創傷性腦傷（traumatic brain injury [TBI]） | 注意力缺陷過動症（attention deficit hyperactivity disorder [ADHD]）、泛自閉症（autism spectrum disorders [ASD]，或稱自閉症光譜症候群）、唇顎裂（cleft lip and plate）、右腦傷和創傷性腦傷 |
| 溝通操作 | 輔助溝通系統（augmentative and alternative communication [AAC]，或稱擴大性和替代性溝通輔具）、食道語（speech for people with tracheostomies or ventilators） | 輔助溝通系統、食道語 |

註：引自 ASHA（n.d.b）。

障礙）和語言系統運作的障礙（語言障礙），再將因疾病、身心障礙或腦部損傷所造成的溝通障礙單獨成一類（醫療情況），而溝通操作則是針對無口語或口語極難讓人了解的重度溝通障礙者，也就是需要使用溝通輔具輔助的溝通者，特別加以列出。

比較以上五種不同溝通障礙的分類，以作者歸納的 ASHA 分類較為詳盡，在條理與分類系統上較容易為一般人所了解。然而，參考國際上有關溝通障礙的分類，以及目前教育部所公布特殊教育相關領域所用的類別和名稱，則是相當不一致。國內目前正在修訂身心障礙鑑定辦法和基準，因為必須符合 2022 年 12 月公布的《特殊教育法》所稱之「語言障礙」，因此本次改版尚無法更動。作者強烈建議在下一次《特殊教育法》修法時，應將其改為「溝通障礙」，再將構音異常（articulation disorder）改為語音異常（speech sound disorder），並在語暢異常中將迅吃（cluttering）診斷基準的用語精確化。有關「語言障礙」鑑定辦法和基準的修訂，請參閱〈語言障礙學生不見了〉一文（楊淑蘭，2023）。

歸納而言，溝通歷程受到阻礙，無法達成溝通的目的，形成溝通困難，其困難程度與同齡個體相較，有顯著差異，便稱為「溝通障礙」。因為專業的養成不同，分析溝通障礙的角度也不同，因此會區分出不同溝通障礙的類別，作者認為 AHSA 的分類方式較為完整且周全，本書亦以此為依據。針對特殊教育和從事語言教學及訓練的工作者，其工作場合在學校和身心障礙機構內，容易遭遇的言語障礙和語言障礙類別進行說明，主要為語音障礙、語暢障礙、語言障礙、聽力損失和聾、泛自閉症、腦性麻痺（cerebral palsy [CP]）個案的溝通困難，並說明重度溝通障礙和溝通輔具的應用。

## 第三節　語言的內涵

為了解言語障礙和語言障礙，首先必須分析語言的內涵，由語言學的角度，語言可以由以下五個向度來探討。

# 一、音韻向度（phonological domain）

人類與其他動物不同，我們有著複雜的發音系統（下一章將說明發音的機制），因此人類的語言比起其他動物，有著更豐富的語音系統。音素（phoneme）是語音的最小單位，每一個有意義的語音都是由音素組成，例如：「平安」的發音寫成 /ping an/ 或 [pʰiŋ an]。每一種語言都由聲母（consonant [C]）與韻母（vowel [V]）組成音節（syllable），例如：在英文中，b、p、m、l……為聲母，共有二十一個，以及 a、e、i、o、u 五個韻母，英文中 ch 可能發成 /k/ 或 /tʃ/，亦即字母相同但發音不同，且發音相同的母音也會因發音時間長短不同，而有不同的語意。普通話是原來的北京官話，目前臺灣學校系統使用學者制定的注音符號（zhuyinfuhao or Taiwan's phonetic symbol）作為輔助兒童學習發音之教學工具（國立臺灣師範大學國音教材編輯委員會，2011），大陸則使用漢語拼音（pinyin）作為學習普通話的工具，表 1-2 為國語中所有聲母的注音符號、漢語拼音符號和國際語言病理學界使用的國際音標（international phonetic alphabet [IPA]）對照表；表 1-3 則將國語中所有韻母之注音符號、漢語拼音符號和國際音標相對照，因為聲母本身不易聽清楚，發音時通常要加上韻母注音符號「ㄜ」（漢語拼音 /e/；國際音標 /ɤ/），但在本表中並未呈現。

每個音節至少都是由一個聲母和韻母組成，中文字中每個漢字都可以分開獨立，因此都是單音節方塊字（character），但許多外來語，例如：「葡萄」和「麥當勞」，便無法被切割為二個漢字和三個漢字，因為這樣便失去了它們的語意，因此在中文中被視為是多音節詞。

本章第二節中，說明了言語障礙類別中的語音障礙，在檢視相關個案時，便需要仔細分析其發音的正確與否，即是由語言的音韻向度來發現問題。值得一提的是，中文是一種聲調語言，與英文不同，聲調具有表意功能，例如：「買」與「賣」，字形類似只有聲調不同，語音內容的其他部分皆相同，但語意卻是相反的；又如：「刻」、「咳」、「渴」和「嗑」四個動詞，字形不同、聲調不同且意義也完全不同。因此，考慮中文的音韻向度，必須同時注意聲調也包含在音韻向度內。

表 1-2　國語聲母之注音符號、漢語拼音和國際音標對照表

| 發音部位＼發音方法 | | | 雙唇 | 唇齒 | 舌尖前 | 舌尖 | 舌尖後 | 舌面 | 舌根 |
|---|---|---|---|---|---|---|---|---|---|
| 塞音（stop） | 清音 | 不送氣 | ㄅ /b/ [p] | | | ㄉ /d/ [t] | | | ㄍ /g/ [k] |
| | | 送氣 | ㄆ /p/ [pʰ] | | | ㄊ /t/ [tʰ] | | | ㄎ /k/ [kʰ] |
| 塞擦音（affricate） | 清音 | 不送氣 | | | ㄗ /z/ [ts] | | ㄓ /zh/ [tʂ] | ㄐ /j/ [tɕ] | |
| | | 送氣 | | | ㄘ /c/ [tsʰ] | | ㄔ /ch/ [tʂʰ] | ㄑ /q/ [tɕʰ] | |
| 鼻音（nasal） | 濁音 | | ㄇ /m/ [m] | | | ㄋ /n/ [n] | | （ㄬ） /ny/ [ɲ] | （ㄫ） /ng/ [ŋ] |
| 邊音（lateral） | 濁音 | | | | | ㄌ /l/ [l] | | | |
| 擦音（fricative） | 清音 | | | ㄈ /f/ [f] | ㄙ /s/ [s] | | ㄕ /sh/ [ʂ] | ㄒ /x/ [ɕ] | ㄏ /h/ [x] |
| | 濁音 | | | （ㄪ） /v/ [v] | | | ㄖ /r/ [ʐ] | | |

註：1. 上面為注音符號，下面依序為漢語拼音和國際音標，其中「ㄬ」、「ㄫ」和「ㄪ」，目前在國語注音已不使用，但仍作為臺灣話的發音。

2. 引自國立臺灣師範大學國音教材編輯委員會（2011）、國際音標（無日期），以及鄭靜宜（2011）。

表 1-3　國語韻母之注音符號、漢語拼音和國際音標對照表

| 韻母別 ＼ 呼別 | | 開口呼 | | 齊齒呼 | 合口呼 | 撮口呼 |
|---|---|---|---|---|---|---|
| 單韻母 | | ㄭ<br>/-i/<br>[ʌɯ]加不捲舌音<br>[ʌɻ]加捲舌音 | | 一<br>/i/ [i] | ㄨ<br>/u/ [u] | ㄩ<br>/ü/ [y] |
| | | ㄚ<br>/a/ [a] | | 一ㄚ<br>/ia/ [ia] | ㄨㄚ<br>/ua/ [ua] | |
| | | ㄛ<br>/o/ [ɔ] | | 一ㄛ<br>/io/ [iɔ] | ㄨㄛ<br>/uo/ [uɔ] | |
| | | ㄜ<br>/e/ [ɤ] | | | | |
| | | ㄝ<br>/ê/ [ɛ] | | 一ㄝ<br>/ie/ [iɛ] | | ㄩㄝ<br>/üe/ [yœ] |
| 複韻母 | 收一 | ㄞ<br>/ai/ [aɪ] | 結合韻母 | 一ㄞ<br>/iai/ [iaɪ] | ㄨㄞ<br>/uai/ [uaɪ] | |
| | | ㄟ<br>/ei/ [eɪ] | | | ㄨㄟ<br>/uei/ [ueɪ] | |
| | 收ㄨ | ㄠ<br>/ao/ [aʊ] | | 一ㄠ<br>/iao/ [iɑʊ] | | |
| | | ㄡ<br>/ou/ [ou] | | 一ㄡ<br>/iou/ [iou] | | |
| 聲隨韻母（帶鼻音韻母） | 收ㄋ | ㄢ<br>/an/ [an] | | 一ㄢ<br>/ian/ [iɛn] | ㄨㄢ<br>/uan/ [uan] | ㄩㄢ<br>/üan/ [yɛn] |
| | | ㄣ<br>/en/ [ən] | | 一ㄣ<br>/in/ [in] | ㄨㄣ<br>/uen/ [uən] | ㄩㄣ<br>/ün/ [yn] |
| | 收ㄥ | ㄤ<br>/ang/ [ɑŋ] | | 一ㄤ<br>/iang/ [iɑŋ] | ㄨㄤ<br>/uang/ [uɑŋ] | |
| | | ㄥ<br>/eng/ [əŋ] | | 一ㄥ<br>/ing/ [iŋ] | ㄨㄥ<br>/weng（獨立成音節）、ong（和聲母相拼）/ [uəŋ] [-uŋ] | ㄩㄥ<br>/iong/ [yʊŋ] |
| 捲舌韻母 | | ㄦ<br>/er/ [ɚ] | | | | |

註：1. 上面為注音符號，下面依序為漢語拼音和國際音標。如果「一、ㄨ、ㄩ」為音節之開頭音時，需增加或改寫成「y、w」以符合拼音的規則。

2. 引自國立臺灣師範大學國音教材編輯委員會（2011）、國際音標（無日期），以及鄭靜宜（2011）。

## 🔳 二、語意向度（semantic domain）

語意就是語言的意義，溝通是將訊息相互交流，訊息是由語意來表達，亦即語言的意義（內容）必須被清楚的傳送和接收，例如：「我買了一個皮包」和「我賣了一個皮包」，在畫線部分完全相同，但因為使用不同的動詞，因此意義完全相反。在學習英文時，許多老師會告訴學生，背下字根和字首便可以快速擴充字彙量，例如：看到以「auto」為字首的字，可能與「自動」和「自主」有關，包括 automobile、automatic 和 automatically 等。而漢字構成原則稱為六書，包括：象形、指事、形聲、會意、轉注和假借，象形和指事為造字原則，形聲和會意是組字原則，轉注和假借為用字原則。熟悉這六種原則便可以推測和分辨字的意思，尤其是在學習漢字時，經常使用字典以部首來認字，這與英文（拼音文字）由字母排列順序來找尋字，有很大的不同。文字所屬的「部首」，往往與「字義」相關（部首為組字法的形符），例如：晴天的「晴」是日部，心情的「情」卻是心部，由部首便很容易理解字義。因此，學習中文字，了解「部首」是相當重要的。

其次，在中文裡，常有一字多義的情形，例如：蓋房子的「蓋」作為動詞，在英文中可以用「build」表示；但「蓋」在中文裡也可以是另一個動詞，表示「遮蓋」的意思，在英文中可用「cover」表示；另外也可以作為蓋章的動詞「蓋」，在英文中是「stamp」的意思；而「蓋」在中文裡也可以是名詞的「蓋子」，英文必須說「cover」或「lid」或「cap」。也就是說，中文的「蓋」字不僅作為動詞便有三個不同意義，還有另外一個名詞的語意，在使用時不可隨意混用，必須根據當時的語境選擇正確的語意。此外，中文也常有一字多音的現象，又稱為破音字，例如：蛋花「湯」（讀音為ㄊㄤ），淡水「湯湯」（讀音為ㄕㄤ ㄕㄤ）；前者為食物，後者為水流，語音不同、意義不同。

中文字的最小語意單位是一個漢字，例如：《晏子春秋》一書中提到「橘逾淮為枳」，「橘」和「枳」都可以表示完整的語意（不同的水果），但在日常溝通的口語中，我們會用「橘子」而不會只說「橘」，因此即使「橘子」和「橘」的語意是相同的，但前者是二個音節的詞，後者卻是一個音節的詞。前面提到的新詞「網紅」與「紅網」，看起來只是漢字順序顛倒，意思卻截然不

同；前者指人物，後者指的卻是器物。由此可知，新詞的學習對於兒童語言之發展至關重要。

### 三、語法向度（syntactic domain）

之前提過語言是約定俗成的符號系統，並有一定的規則加以組織，所以把字詞（word）組合成句（sentence），便有一定的語法規則。句法學（syntax）討論語言中組織字的原則，字適當組織便成為句子，一個簡單句（simple sentence）便是由主詞加上動詞所組成的。英文的直述句轉換成問句時，必須把 be 動詞往前移動，例如：「This is yours.」（「這是你的。」）是一個直述句，轉換成問句就是「Is this yours?」（「這是你的嗎？」）由此可以看出，英文句中字詞的順序改變，但中文的主要直述句部分並未改變（畫底線部分），只在最後加上疑問詞「嗎」，可見中英文的句法規則並不相同。每一種語言除了基本的句型外，尚有許多變化的句法規則，因此發展性語言障礙的兒童在學習複雜句型時經常遇到困難，或難以了解其意義，雖然兒童在日常溝通時並不需要使用太複雜的句型，但隨著年齡漸漸成長，使用語言的目的更多元，包括書面的寫作，不同句型需要兒童反覆練習才能習得。在學習第二外國語時，句法也常常是讓學生頭痛的問題。吳佳君與楊淑蘭（2022）的研究指出，一位母親為英語使用者的女童無法自然學會中文「就」的句法而尋求協助，透過第一作者的反覆教導與練習，才逐漸熟練掌握其中文用法。有關句法的習得，請參閱本書第三章，語言學大師 Noam Chomsky 有更清楚的說明。

### 四、語型向度（morphological domain）

「語型」或有人稱為「構詞」，而「詞素」或稱「語素」（morpheme）是語言中攜帶意義的最小單位，例如：上述的「橘子」和「橘」，雖然音節數不同，但在語意上相同，白話口語裡，慣用「橘子」，而文言文則稱「橘」，都表示一個詞素。在英文中，因為強調時間的不同，稱為「時態」（tense）或強調數量的單一或多數（plural）時，會在詞（word）之後加上文法標示，例如：「wait」（等待），在過去時間發生則使用過去式「waited」，如果正在等待，

則必須使用現在進行式「wait<u>ing</u>」，雖然主要的語意都是「等待」，但因為時間的不同，則必須在字的主體上另外標示（畫底線部分）。又如：一本書和二本書，在英文中「書」（book）的標示必須不同，以強調單數或複數（a book、two books）。如果說英文的兒童在四歲時，無法正確使用單複數和時態，便有可能被診斷為語言障礙（language disorder）（Bernstein & Tiegerman-Farber, 2009）。然而，中文是以「時間副詞」來表達不同時間的含意，在名詞也沒有單複數之分，除了代名詞中的我「們」、你「們」、他「們」和「你、我、他」有單複數關係，其他均無附加詞素的情形，因此中文被稱為單一詞素（single morpheme）的語言（Li & Thompson, 1981）。語言是有生命的，隨著時代和環境改變自然會衍生新的詞彙，也有些是固定的詞根（stem）加上前後詞贅，而創造出新的詞彙，例如：以「師」為詞根，就衍生出「教師」、「廚師」、「醫師」和「心理師」等詞彙。有關漢語詞彙的構詞型態，可以參考金慧蘭（2006）的碩士論文第三章「現代漢語新詞之類型及其構詞形式」。

　　不過偶而也看到，部分學者把語型向度當作中文字的字形看待，亦即討論的是字形的寫法，這與國際上討論語型學的觀念是不同的。

## 五、語用向度（pragmatic domain）

　　語用向度說明了語言的使用時機，以及如何使用才正確或恰當。以英文為例，早上問安應說「good morning」，就是中文的「早安」；下午問安應說「good afternoon」，就是中文的「午安」；傍晚問安應說「good evening」；晚上就寢前則說「good night」，四種時段不同的問安用語不得混淆，但中文並無晚餐到睡前的特定問安用語，僅在睡前說「晚安」，以上的陳述說明了語言使用的時機是非常重要的。此外，談話的對象不同，使用的詞彙和語氣也會不同，因此不同的語言也都有其敬語，例如：「您」是「你」的敬語。語言的功能是用來與他人交流，因此如何開啟話題、如何回應他人的話題以形成一來一往的輪流對話（take turn）、如何維持對話的持續，以及何時該結束話題、結束話題時該說哪些話等，都是語用向度中非常重要的功能，例如：泛自閉症學生常用鸚鵡學語的方式來回應他人的問話，明顯的未達到語用的功能，因而溝通效能不佳；而有理解障礙的個案也會發生回答之內容與問題無關的情形。

## 第四節　語言的形式、內容與功能

　　分析語言，除了由上述五個向度來看，學者們還有不同的看法。Bloom 與 Lahey（1978）及 Lahey（1988）認為，討論語言的模式可以分為形式、內容與功能。Lahey 認為，語言的形式主要包括：句法、語型（構詞）和音韻（phonology）部分；內容則由語意組成，就是對字彙的知識，亦即對事件和客體的知識；功能指的是語言的使用，溝通的目的為何，使用的語言是否達成溝通的目的，在何種情境下應該使用什麼樣的語言，形成合作性的會話。Lahey 在討論語言障礙時，便是由這三個角度來探討，ASHA（1993）及 Owens 與 Farinella（2024）都是由這個向度探討語言障礙的內容。

　　Chapman（1992）、Miller（1981），以及 Miller 與 Paul（1995）提出的語言模式，直接將語言分為二個向度，就是理解和產出（comprehension and production），或稱為「語言理解」與「語言表達」，也可以說是語言的接收與表達，例如：許多標準化測驗在編製時也是採用二分法，分成理解和表達二個分測驗，因此溝通的功能也就可以簡單的分為語言的表達和語言的理解二大向度。

## 第五節　溝通障礙發生的可能原因

　　溝通障礙發生的可能原因，有神經動作的異常、聽覺損失、環境／學習因素、認知缺損，以及解剖和生理上的缺損。Owens 與 Farinella（2024）指出，聽能缺損（傳導性、感音性或混合性）與聽覺處理（auditory processing）缺損，以及閱讀缺損與非語言性缺損，將造成個體在訊息處理上的缺損（包括：注意力、解碼、統整、組織和理解）、工作記憶缺損、記憶與認知缺損、語言規劃（language formulation）缺損和動作控制缺損，進而導致言語障礙（構音、嗓音和流暢度）、語言障礙（形式、功能和使用）、書寫障礙（拼字和作文）和非語言性障礙。若區分為二類，則可分為先天（congenital）和後天（acquired）的因素；先天是指個案出生時已有障礙，後天則是因疾病、意外和環境因素在出生後才造成溝通障礙，導致溝通障礙的原因可能是其中之一或兩者都有，嚴重程度也會由臨界、輕微到極為嚴重都有可能。Gelfer（1996）將溝通障礙的原因分

成機體的原因、環境因素和功能性障礙三大類。機體的原因包括：(1)聽力受損造成的聽力障礙；(2)認知異常引起的智能障礙；(3)遺傳問題影響，例如：口吃和唇顎裂；(4)神經異常，例如：後天傷害造成的失語症、普遍性發展異常（泛自閉症）。環境因素指的是，照顧者嚴重的忽視或虐待。最後還有所謂的「功能性障礙」，包括：輕微發展遲緩和特定型語言障礙〔specific language disorder [SLI]，相當於過去的語言學習障礙（language-learning disorder）〕，目前改稱為發展性語言障礙（developmental language disorder [DLD]）。

　　歸納而言，造成溝通障礙的原因包括：(1)個體本身生理上的缺損所造成，例如：神經發育過程的異常、聽力缺損、腦性麻痺和唇顎裂而有的溝通障礙；(2)認知缺損，例如：智能障礙、注意力缺陷過動症和泛自閉症者的溝通障礙；(3)環境中成人的忽視和虐待等原因，造成大腦發育不良、情緒障礙，以及缺乏社會互動與語言練習的機會而造成的溝通障礙等，或者其他因疾病、意外事件造成腦傷產生的失語症，影響所及可能涵蓋語言的各個部分。其嚴重度則由臨界到極重度完全缺乏口語而需要使用溝通輔具，都可能發生；發生的年齡也貫穿人類的一生，由出生到老年各個時期都可能發生溝通障礙。

## 本章小結

　　溝通是人類重要的社會行為，溝通不僅可以表情達意，還可以增進知識、抒發情緒、促進人際交流和生涯發展。人們使用語音訊號、書面符號，甚至身體語言（表情、姿勢和動作等）傳達訊息與他人溝通，若溝通過程受到阻礙，產生明顯困難，就會產生溝通障礙。根據 ASHA，溝通障礙先分為兩大類，有聽力障礙（聽能受損和聽覺處理障礙）和語言障礙，其中語言障礙再分成四大類別，包括：言語障礙、語言障礙、醫療情況和溝通操作（輔具）。本書主要說明專業工作者經常遭遇的言語障礙、語言障礙和聽力障礙，欲探討語言和言語障礙，必先對語言有清楚的了解，因此從語言的五個向度說明語言的內涵，包括：音韻、語意、語法、語型（構詞）和語用。不過，也有學者將語言的本質分為形式、內容和功能；而最簡單的語言模式是直接分為二方面，亦即語言的理解和表達，個體能夠理解他人傳達的語言，也能把自己想要表達的內容傳

達給對方，便能達到溝通的目的。造成溝通障礙的原因則有先天和後天發生之分，包括：(1)個體本身的生理障礙；(2)認知功能缺損；(3)環境中成人的忽視和虐待，以及其他不明的原因，或稱為「功能性障礙」。

## 問題討論

1. 語言對人類有何重要性？
2. 語言的內涵有哪些？
3. 何謂「溝通障礙」？
4. 溝通障礙的類別如何區分？
5. 有哪些原因造成溝通障礙？

# ❀ 參考文獻 ❀

## 中文部分

吳佳君、楊淑蘭（2022）。**目標導向教學對語言環境不利新住民幼兒語言能力影響之行動研究**。國立屏東大學特殊教育學系研究生沙龍，7-8。

金慧蘭（2006）。**現代漢語新詞研究**〔未出版之碩士論文〕。國立政治大學。

姜泗長、顧瑞（主編）（2004）。**言語語言疾病學**。科學出版社。

國立臺灣師範大學國音教材編輯委員會（編纂）（2011）。**國音學**（新修訂第八版）。中正書局。

國際音標（無日期）。**中文在線百科**。http://www.zwbk.org/MyLemmaShow.aspx?zh=zh-tw&lid=88554

楊淑蘭（2023）。語言障礙學牛不見了。載於**中華民國特殊教育學會年刊**（111年度）（頁169-192）。中華民國特殊教育學會。

鄭靜宜（2011）。**語音聲學：說話聲音的科學**。心理。

## 英文部分

American Psychiatric Association. [APA] (2013). *Diagnostic and statistical manual of mental disorders* (5th ed.). Author.

American Speech-Language-Hearing Association. [ASHA] (1993). *Definitions of communication disorders and variations* [Relevant Paper]. https://www.asha.org/policy/rp1993-00208/

American Speech-Language-Hearing Association. [ASHA] (n.d.a). *Children speech and language*. https://www.asha.org/public/speech/disorders/childsandl/

American Speech-Language-Hearing Association. [ASHA] (n.d.b). *Speech and language disorders*. http://www.asha.org/public/speech/disorders/

Bernstein, D. K., & Tiegerman-Farber, E. (2009). *Language and communication disorders in children* (6th ed.). Pearson.

Bloom, L., & Lahey, M. (1978). *Language development and language disorders*. John Wiley

& Sons.

Chapman, R. (1992). *Processes in language acquisition and disorders.* Mosby Year Book.

Gelfer, M. P. (1996). *Survey of communication disorders: A social and behavioral perspective.* McGraw-Hill.

Lahey, M. (1988). *Language disorders and language development.* Macmillan.

Li, C. N., & Thompson, S. A. (1981). *Mandarin Chinese: A functional reference grammar.* University of California Press.

Miller, J. (1981). *Assessing language production in children.* Allyn & Bacon.

Miller, J., & Paul, R. (1995). *The clinical assessment of language comprehension.* Paul H. Brookes.

Owens, R. E., Farinella, K. A., & Metz, D. E. (2015). *Introduction to communication disorders: A lifespan evidence-based perspective* (5th ed.). Allyn & Bacon.

Owens, R. E., & Farinella, K. A. (2024). *Introduction to communication disorders: A lifespan evidence-based perspective* (7th ed.). Pearson.

# 第二章　言語產生的機制

　　第一章介紹了溝通、語言和言語的關係，了解到人類溝通的形式很多，但主要仍是以語音訊號和書面訊號為媒介。歷史記載書面文字的產生是由象形文字開始，漢字則是先人倉頡造字的結果，《說文解字》是最早告訴我們中文字演變的書籍。然而人類使用語音傳遞訊息，應早於文字，因為人類的發音器官是天生而有的，無需其他器械、工具的支援，便可以產出不同的語音，而且隨時都可以使用，因此音韻向度是人類語言最重要的一環。但究竟我們的身體是靠著哪些器官的協調合作，以致於發展出可以表情達意的口語（言語）呢？本章將說明人類為何能夠說話，以及哪些生理機制是和說話有關。

## 第一節　中樞神經系統

　　人類的神經系統（nervous system）包括中樞神經系統（central nervous system [CNS]）、周圍神經系統（peripheral nervous system [PNS]）和自律神經系統（autonomic nervous system [ANS]）。CNS 是由腦和脊髓組成，PNS 是由十二對腦神經（cranial nerves）和三十一對脊神經（spinal nerves）組成，ANS 則是由交感神經和副交感神經組成（Ray, 2004），其中 PNS 與 CNS 和言語—語言功能有關。神經元（neuron）是神經系統的基本單位，由神經細胞本體（cell body or soma）、軸突（axon）和樹突（dendrite）組成。軸突負責將神經衝動傳送至其他神經元，而樹突則接收來自其他神經元的衝動並回傳至本體。神經元之間並未實際連接，而是由突觸（synapse）釋放的化學傳導物質越過間隔，由另一神經元的樹突前端的接受器接受而傳導至肌肉纖維（如圖 2-1 所示）（Brookshire, 2003; National Geographic Society, 2012; Ray, 2004）。本節先說明 CNS，第二節再說明 PNS 在說話過程中扮演的角色。

圖 2-1　神經細胞的傳導

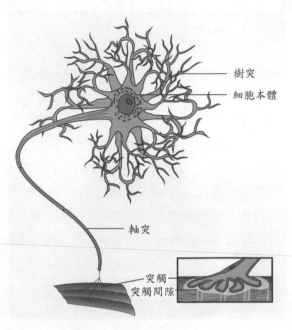

樹突
細胞本體
軸突
突觸
突觸間隙

### 一、腦

　　CNS 由腦和脊髓組成，我們的腦包括大腦、腦幹和小腦。近年來，由於大腦神經科學的進步，依靠著不同的儀器，例如：功能性核磁共振（functional magnetic resonance imaging [fMRI]）、正子斷層造影（positron emission tomography [PET]）和腦電圖（或稱腦電波儀，electroencephalography [EEG]）等，我們較過去更了解腦部活動和語言的關係，不過真實的語言和言語的神經迴路之輸送過程，我們並未完全了解，但無人否認大腦是主導人類生命活動的中樞，並能夠計畫處理我們要傳達的訊息。大腦主要是由左、右二個半腦組成，中間有胼胝體（corpus callosum）相互連結，左右腦結構相似但不完全相同。大多數人們的慣用手是右手，因此右利者的左腦比右腦稍大。主導右側身體的神經是來自我們的左腦，亦即左右腦分別主管了我們身體對側的神經功能，與控制我們對側身體的活動。1861 年，Broca 醫生在法國巴黎，觀察身體右側麻痺且語言功能喪失的病患後，發現他們都有左側腦傷。左側大腦半球的主要功能為語言處理、

分析、計算和推理等，為多數人的優勢大腦半球，而右側大腦則主要處理視覺—空間關係（Hoff, 2009）。

　　根據生理學家的研究，腦幹是掌控生命的中樞，管理呼吸、心跳和其他不隨意志控制的生理功能，例如：瞳孔的縮放。小腦負責自主運動肌肉的統整與協調，也負責維持肌肉的正常張力和身體平衡，在肌肉動作的時間和空間運作協調上，使動作順暢，以及對動作的範圍和力度也有貢獻（Ray, 2004）。而近年來發現一些神經病變的疾病，都和小腦功能異常有關，例如：巴金森氏症（Parkinson's disease），這種疾病患者的言語問題稱為吶吃，經常影響言語機轉的控制，使病患在呼吸、構音、發聲、共鳴和節律方面上出現問題；與小腦病變有關的運動型言語障礙，通常是運動失調型吶吃（ataxic dysarthria）（請參閱本書第十一章）。

　　大腦半球的表層稱為皮質或皮層（cortex），是由灰質（gray matter）組成。皮質有許多皺摺，稱為腦迴（gyri），分為陰影凹槽部分，稱為腦溝（sulci），以及深入縫隙，稱為腦裂（fissures）。圖 2-2 為左側半腦的結構，又可以依功能分為額葉、頂葉、枕葉和顳葉。額葉主要負責認知功能的處理，例如：注意力、工作記憶、計畫和組織；頂葉負責感覺；枕葉包含主要視覺皮質（primary visual cortex），處理視覺訊息，眼睛接受的刺激傳至枕葉處理後，再傳送至腦部其他

圖 2-2　左側半腦的結構

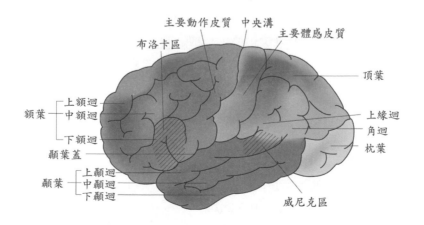

區域；顳葉靠近耳朵，包括主要聽覺皮質（primary auditory cortex），負責聽覺處理和言語監控。

大腦中央的深溝稱為中央溝，中央溝之前是主要動作皮質（primary motor cortex），約寬二公分，能控制自主運動，其神經元有人體最長的軸突，延伸至脊髓下部，稱為椎體系統（pyramidal system），在腦迴底部的神經元將運動衝動傳送至臉部和頸部。在主要動作皮質之後的是體感皮質（somatosensory cortex），其主要功能在接收由肌肉、關節和骨頭等傳回來的感覺訊息。過去研究發現，右利者的主要處理語言功能的區域位於左腦，左、右腦主要功能的區分又稱為大腦的側化（lateralization）（Brookshire, 2003），而近年來有關口吃的研究，則認為口吃是因左腦側化不完全所導致（楊淑蘭，2017）（將在本書第八章說明）。

聯合皮質（association cortex）為腦和其他部位連接的區域，不是一個單一區域，而是分布在四個區域裡（顳葉聯合區、頂葉聯合區、額葉聯合區和枕葉聯合區），共同合作把感覺衝動處理成有意義的訊息。而左右腦的連絡主要是靠胼胝體，由三種纖維組成（Brookshire, 2003），是大腦中最大的白質組織。胼胝體前部主要包含連接兩側額葉的纖維，後部主要包括連接兩側枕葉和頂葉的纖維。

## 二、皮質下（subcortical）與說話有關的結構

基底核（basal ganglia）是一個總稱，位於側腦室大腦皮質下的龐大灰質結構，為一系列神經核所組成，包括：尾核、殼核、蒼白球（globus pallidus）、底丘核和黑質等結構，其中尾核和殼核合稱紋狀體（striate regions）。基底核的神經網絡複雜，由皮質區傳進的神經元會通過紋狀體，由基底核傳出的神經訊息會由蒼白球傳到視丘（thalamus），其主要功能是動作的調節，扮演過濾器的角色，可以抑制多餘和無關的運動神經訊號（鄭靜宜，2013；Murdoch, 2012/2014）。當基底核的多巴胺（神經傳導物質）減少，隨意動作被壓抑而變小，而基底核神經元退化缺乏抑制功能時，動作便會變得誇大而無目的性。黑質的神經迴路與紋狀體相連，有製作多巴胺的神經元，多巴胺過低會導致肌肉僵直、震顫和起始動作困難（Murdoch, 2012/2014）。

　　視丘又稱丘腦，位於兩側基底核之間，橢圓形像是一顆鳥蛋，由神經核組成，是感覺神經訊息的轉運站。感覺神經訊息要送去皮質之前，必須經過視丘轉呈後，才能到達大腦皮質，例如：控制言語動作（speech-motor）的動作皮質（鄭靜宜，2013）。視丘也接受由基底核和小腦送來已經過規劃的動作神經，再把這些運動神經和感覺神經訊息加以精細微調，但對於詳細的機制，我們尚不十分清楚（Freed, 2012; Murdoch, 2012/2014）。

　　簡單的說，聽話和說話是肌肉與神經協調合作產生的動作，大腦中主要負責聽覺理解的區域稱為「威尼克區」（Wernicke's area），負責言語動作的區域稱為「布洛卡區」（Broca's area）（Brookshire, 2003）。

### 三、脊髓

　　脊髓位於脊柱內，接受由頭、頸部以下身體各處（例如：內臟、血液、腺體和肌肉）傳回的感覺訊息，並擁有大量的運動神經元，可以將大腦的命令傳至肌肉和骨骼，進而引起動作（Brookshire, 2003）。

## 第二節　周圍神經系統

　　周圍神經系統（PNS）是中樞神經系統之外的神經部分，包括：十二對腦神經〔大多數（除了第 I 和第 II 對）起源於腦幹〕，以及三十一對遍布於全身肌肉的脊神經（Owens & Farinella, 2024）。周圍神經系統是中樞神經系統與身體間的橋樑，能將感覺神經收到的訊息傳回大腦，再將運動神經的訊息帶往身體各處，以執行動作。十二對腦神經對於言語的產生非常重要，它們沿著腦幹垂直分布，以羅馬數字排序，而第 VII 對顏面神經是排列在第七個位置，能控制頭、頸部肌肉和感覺受器，並把感官接受器接收到的訊息傳回中樞神經，控制了言語動作主要的發音器官，因此對說話而言特別重要。表 2-1 為十二對腦神經之功能，其中與言語有關的當屬三叉神經（V）、顏面神經（VII）、舌咽神經（IX）、迷走神經（X）、副神經（XI）和舌下神經（XII）（Brookshire, 2003; Duffy, 2020; Ferrand, 2001/2006a）。三十一對脊神經中的二十二對是支持與說話

表 2-1　十二對腦神經之功能

| 編號 | 名稱 | 歸類 | 功能 |
|---|---|---|---|
| I | 嗅神經<br>（olfactory） | 感覺神經 | 受器位於鼻腔黏膜，主管嗅覺和味覺 |
| II | 視神經<br>（optic） | 感覺神經 | 位於眼睛的視網膜，主管視覺 |
| III | 動眼神經<br>（oculomotor） | 運動神經 | 支配眼球轉動及瞳孔收縮 |
| IV | 滑車神經<br>（trochlear） | 運動神經 | 支配眼睛的運動，主管上斜肌 |
| V | 三叉神經<br>（trigeminal） | 混合神經 | 感覺神經傳送臉部皮膚和黏膜的感覺，運動神經支配咀嚼肌、軟硬顎和咽部 |
| VI | 外旋神經<br>（abducens） | 運動神經 | 支配眼外直肌 |
| VII | 顏面神經<br>（facial） | 混合神經 | 運動神經支配顏面肌肉、鐙骨肌反射、感覺神經傳送舌前味覺，另有自主神經調節唾液 |
| VIII | 聽神經<br>（vestibulocochlear） | 感覺神經 | 分為兩部分：一是耳蝸神經，傳送聽覺訊息；一是前庭神經，主司平衡 |
| IX | 舌咽神經<br>（glossopharyngeal） | 混合神經 | 運動神經支配咽部肌肉，感覺神經傳送舌後味覺、軟顎及咽部的感覺，並與迷走神經一起調節動脈壓和心跳 |
| X | 迷走神經<br>（vagus） | 混合神經 | 運動神經支配咽部和喉部肌肉，控制聲門，感覺神經傳送內耳道及內臟的訊息 |
| XI | 副神經<br>（accessory） | 運動神經 | 支配咽部、胸部和肩部肌肉，負責肩部和頸部運動 |
| XII | 舌下神經<br>（hypoglossal） | 運動神經 | 主管舌頭運動 |

註：引自 Brookshire（2003）、Duffy（2020），以及 Ferrand（2001/2006a）。

有關的呼吸功能（Owens & Farinella, 2024）。

　　因此，個體想要傳送的訊息在大腦中形成之後，必須通過神經傳導，送至發音器官的接受器，執行大腦的命令，才能發出語音。

## 第三節　呼吸與說話

　　呼吸原來是維持生命的重要功能，人體吸進空氣將氧帶進細胞，把細胞中的二氧化碳帶離，使身體細胞能夠活化。然而，呼吸對於說話而言，卻是能量的提供者。說話主要是由於呼吸時，呼出去的氣流震動聲帶產生聲音（voice），氣流在呼吸道中流動也會產生共鳴（resonance）。圖 2-3 是人體呼吸道的主要器官，包括：鼻子、口腔、咽、喉、氣管和支氣管等，呼吸的通道也可以稱為聲道（vocal tract）。肺是重要的呼吸器官，當肺中的壓力小於大氣壓力時，空氣

圖 2-3　肺和呼吸道的主要器官

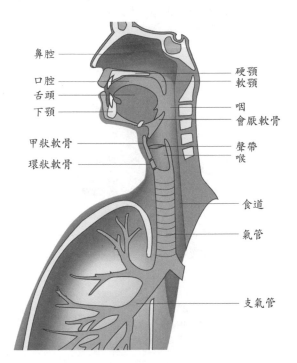

鼻腔
口腔
舌頭
下顎
甲狀軟骨
環狀軟骨

硬顎
軟顎
咽
會厭軟骨
聲帶
喉
食道
氣管
支氣管

會由鼻子吸入，經過咽和喉，進入氣管和支氣管，然後進到肺中，此階段稱為吸氣（inspiration 或 inhalation），此時氧在血液和細胞之間與二氧化碳進行交換；之後，肺中的壓力逐漸增加，氣流循著呼吸道流出，直到裡外的壓力達到平衡，此階段稱為呼氣（expiration 或 exhalation）（Owens & Farinella, 2024）。

　　肺位於胸廓之內，由十二對肋骨保護，呼吸的肌肉依其功能可分為吸氣肌和呼氣肌。一般而言，橫膈膜以上是吸氣肌；橫膈膜以下是呼氣肌（Owens & Farinella, 2024）。除了橫膈膜以外，呼吸作用的肌肉都是左右成對的。當吸氣時，橫膈膜向下和向前收縮，肋間肌、胸大肌、胸小肌、前鋸肌和提肋肌能協助使胸廓上抬和向下拉長，胸腔體積因此變大，肺容積變大，肺內的壓力變小。反之，當呼氣時，橫膈膜彈回原來的位置，腹部的呼氣肌包括腹外斜肌、腹內斜肌、腹橫肌和腹直肌收縮，肋骨被下拉，胸腔體積變小，肺容積變小，肺內壓力變大，此時氣流溢出（如圖 2-4 吸氣肌和圖 2-5 呼氣肌所示）（Seikel et al., 2010）。

　　平靜呼吸或稱潮氣呼吸（resting tidal breathing）主要是為了維持生命，吸入的空氣約 0.5 公升，此時吸氣和呼氣所用的時間約略相等或吸氣稍長。而說話時

**圖 2-4　吸氣肌**

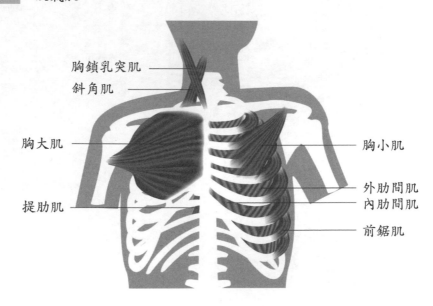

胸鎖乳突肌

斜角肌

胸大肌

胸小肌

提肋肌

外肋間肌

內肋間肌

前鋸肌

圖 2-5 呼氣肌

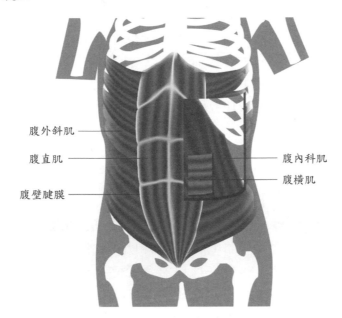

腹外斜肌

腹直肌

腹壁腱膜

腹內科肌

腹橫肌

的呼吸，橫膈膜收縮快速的吸氣，此時人體可吸進約 2 公升的空氣，大多數人會在高於潮氣容積時開始說話（Owens & Farinella, 2024）。一般平靜呼吸時的吸氣和呼氣所用的時間比約 1：2～3；說話呼吸的吸氣和呼氣所用的時間比約為1：9（Ferrand, 2001/2006b）。我們經常形容病人或受傷的人「氣若游絲」，此時個體說話的音量也會相對變小，這便是呼吸的氣流不足或不順所產生的現象。Owens 與 Farinella（2024）指出，出生時每分鐘呼吸三十～八十次，三歲前減到二十～三十次，因為肺泡（alveoli）數量增加；兒童到了十歲之後，肺部功能已和成人一樣，平靜呼吸每分鐘約在十七至二十二次。平時我們會發現一些腦性麻痺的個案因為呼吸系統的異常，經常產生說話中斷或句中最後的音節不易聽清楚的言語現象（請參閱本書第十一章）。

# 第四節　發聲與構音

有了正常的呼吸系統，提供個體說話足夠的氣流量，還需要發聲和發音的不同器官共同合作，才能說出清楚的語音。以下介紹協助個體發出聲音（voice）和語音（speech）的生理機制，包括氣流通過喉嚨震動聲帶可以發出聲音，但要發出有意義的語音，則還要依賴舌頭、唇、齒、小舌和上下顎的協調合作。

## 一、發聲系統

### （一）喉

發聲系統的主要結構是喉（larynx），是人聲的主要來源，也稱為聲音的盒子（voice box），主要是由骨骼（一塊骨頭和九塊軟骨）、肌肉和其他的組織構成一個節制氣流的門閥。喉部有三個主要與說話有關的軟骨：甲狀軟骨（thyroid cartilage）是其中最大的軟骨，像盔甲一樣保護人體的喉部，它的上方有一片黏膜組織連接舌骨；甲狀軟骨的下方有一個突起，成年男性更為明顯，稱為甲狀突或喉結。位於甲狀軟骨下方的是環狀軟骨（cricoid cartilage），其下方連接環狀結構的氣管。環狀軟骨的後方上部有二塊小的三角形軟骨，稱為杓狀軟骨（arytenoid cartilages）；杓狀軟骨的基底有一突起，稱為聲帶突，後側有一個寬圓的突出部分，稱為肌肉突。除此之外，另一塊軟骨與說話無關，但與吞嚥時防止食物進入呼吸道有關，稱為會厭軟骨（epiglottis），成葉片狀，下方與甲狀軟骨的 V 型切口相連，中段與舌骨相連，但上段不與舌骨相連，而是到舌根（Owens & Farinella, 2024; Seikel et al., 2010）。圖 2-6 為喉部的重要結構。

### （二）聲帶

聲帶（vocal fold）為象牙白色，是成對的韌帶組織（ligament），前與甲狀軟骨的中線相連，後與杓狀軟骨的聲帶突連結。呼吸時打開，發聲時閉合。後環杓肌是唯一能使聲帶打開的肌肉，收縮時二邊聲帶打開，形成聲門；側環杓肌和杓間肌收縮使聲帶閉合，關閉聲門。甲杓肌收縮，杓狀軟骨向前，聲帶縮短，聲音緊繃，頻率（frequency）提高，放鬆後聲帶較長，頻率較低。環甲肌收縮時，聲帶緊繃也會提高音調。成人女性聲帶平均約為 1.2～1.7 公分，成人

男性聲帶則平均約為 1.5～2.0 公分，因此一般而言，女性的音高較高，但隨年齡增加，身體老化時，聲帶表層變厚且彈性變差，肌肉萎縮，男性聲調可能提高，女性則可能因為停經，聲調降低（Owens & Farinella, 2024; Seikel et al., 2010）。圖 2-7 為控制聲帶的肌肉。

圖 2-6　喉部的重要結構（左側為正面，右側為背面）

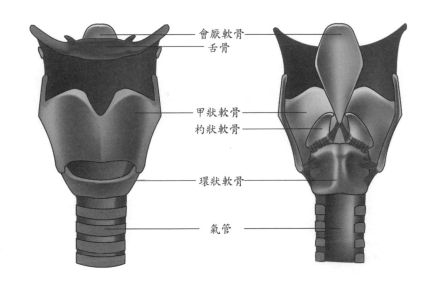

圖 2-7　控制聲帶的肌肉

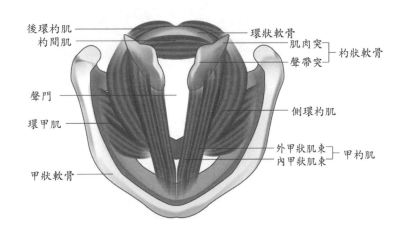

## ■ 二、構音／共鳴系統

構音／共鳴系統包括口腔、咽腔和鼻腔，由口腔打開到聲帶構成聲道，和一般吹奏的樂器一樣，因為氣流在聲道內被阻礙的位置不同，而造成聲波在聲道內的波形和頻率的改變，因此形成不同的音高和音質的語音。最重要的構音器官包括：舌頭、唇、齒、小舌和上下顎，以下分別加以說明。

### （一）構音器官

### 1. 舌頭

古代形容一個人非常會說話，會稱他／她是「舌燦蓮花」。舌頭是一塊沒有骨頭的肌肉組織，是最重要的構音器官，依其功能可分為二個部分（如圖 2-8 所示）：舌體（又分為舌尖、舌葉和舌背）和舌根。整個舌頭分別有四對舌內肌和舌外肌，表 2-2 說明了控制舌頭動作的肌肉（Ferrand, 2001/2006a）。

圖 2-8　舌頭肌肉

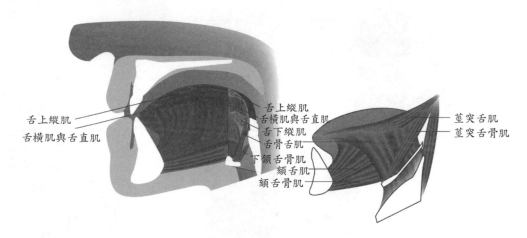

### 2. 唇和牙齒

人類有上下二片唇（或稱嘴唇），覆蓋在齒列之前。嘴唇閉合成一橫縫，稱「口裂」，由皮膚、口輪匝肌、結締組織和黏膜組成，發出雙唇音和唇齒音時會使用到唇。

表 2-2　控制舌頭動作的肌肉

| 歸類 | 名稱 | 功能 |
|---|---|---|
| 舌內肌 | 舌上縱肌<br>（superior longitudinal muscle） | 提起舌和舌尖 |
| | 舌橫肌<br>（transverse muscle） | 使舌保持平坦並可將舌彎成槽狀，收縮時，可將舌邊緣拉往中線使舌變窄 |
| | 舌直肌<br>（vertical muscle） | 將舌拉下 |
| | 舌下縱肌<br>（inferior longitudinal muscle） | 拉下舌尖，使舌收縮 |
| 舌外肌 | 頦舌肌<br>（genioglossus muscle） | 前部纖維收縮時舌後縮，後部纖維收縮時舌前伸 |
| | 舌骨舌肌<br>（hyoglossus muscle） | 下壓舌的二側 |
| | 莖突舌肌<br>（styloglossus muscle） | 牽引舌向上向後，也可將舌骨和喉頭上提 |
| | 顎舌肌<br>（palatoglossus muscle） | 將舌後方提升，也可使咽部變窄。收縮時，舌可捲成管狀以利吸吮 |

註：引自 Ferrand（2001/2006a）及 Owens 與 Farinella（2024）。

　　成人有三十二顆牙齒，被上下頜的齒槽突所包覆。牙齒最重要功能是咀嚼，但在發唇齒音、擦音和塞擦音時，牙齒也是很重要的發音部位。

### 3. 硬顎和軟顎

　　口腔是由上下顎組成，只有下顎可以活動，上顎（又稱上口蓋）由齒槽往後延伸到硬顎（hard palate），亦即口蓋前部有皺摺的部分。繼續向後，組織較軟的部分稱為軟顎（velum or soft palate），軟顎後方連接一個水滴狀的肌肉，稱為懸雍垂（uvula），打開嘴巴照鏡子，應可清晰看到自己的懸雍垂（又稱小舌）。當個體吞嚥或說非鼻音的語音時，軟顎的提顎肌上抬，關閉顎咽通道，分隔了鼻腔和咽腔，擋住通往鼻腔的氣流，構成「顎咽閉鎖」（velopharyngeal closure）現象，發出的語音不帶有鼻音的性質，稱為口腔音，例如：ㄅ、ㄆ、ㄊ、ㄎ等非鼻音，此時食物也不會掉入鼻腔（Owens & Farinella, 2024）。

## （二）共鳴

若顎咽閉鎖不完全時，氣流通過鼻腔產生震動，此時發出的語音帶有鼻音的性質，例如：ㄇ、ㄋ。部分嚴重唇顎裂兒童因為軟顎或懸壅垂缺損，以致於說話時帶有嚴重鼻音。

# 第五節　說話產生的過程

聲帶振動產生聲音，喉部的聲帶閉合時，聲帶下來自肺部的氣流會逐漸形成聲帶下壓，推開聲帶下部二側，之後慢慢的將聲帶上部打開，氣流流出，此時聲帶下部的彈力把二側聲帶帶往中線，聲帶形成一閉一合規律的運動。每秒鐘開合（一次開合就是一個循環）的次數稱為基頻（fundamental frequency），聲道是聲學共振器，用來修飾呼吸系統與喉部系統產生的原始聲音，另外在修飾時，會因聲道形狀的不同，增強或削弱某些聲音的頻率。舌頭（主要是舌外肌）、口部和喉部的移動，會使聲道的形狀改變，修飾從喉部產生的聲音，因此舌位的變化是決定聲道形狀的主要因素。聲道有三個共鳴特性（Ferrand, 2001/2006a）：

1. 聲道可以視為一端封閉一端開放的管道，稱為四分之一波長的共鳴器（quarter-wave resonator）。

2. 聲道的形狀複雜，像是充滿氣體的容器串接在一起。每一個容器如同一個帶通濾波器（band-pass filter），允許某一頻率範圍的聲波通過，減弱其他範圍頻率的聲波。每個容器有各自的共鳴頻率，整串容器相加的共鳴頻率也和個別容器不同，聲道是同時對數個共鳴頻率產生共鳴。四分之一波長的共鳴器，其最低頻率共鳴波長是管子長度的四倍，一個成年男性的聲道長度中間位置是十七公分，當他發中位輕母音 /ə/ 時，波長是 4×17 公分＝68 公分，換算為頻率＝音速／波長，所以是 34,000 公分／秒除以 68 公分，因此頻率為 500 赫茲（Hertz [Hz]）。因為其他較高共鳴

頻率是最低共鳴頻率的奇數倍，所以下一個較高共鳴頻率是 1,500Hz，再上去是 2,500Hz，依此類推，這些共鳴頻率稱為「共振峰」（formant）。

3. 聲道是一個可變的共鳴腔，因此隨著舌頭往前或往後，和舌位或高或低，聲道形狀改變，共振峰也會隨之改變，而與共振峰相近的頻率會被增強，其他則會被減弱。

　　一個語音通常大約由額外的四十個較高頻率的諧波（harmonics）結合，諧波主要是以基頻的整數倍來呈現，例如：基頻是 100Hz，第二個諧波就是 200Hz，第三個諧波就是 300Hz，依此類推（Owens & Farinella, 2024）。一般的語音頻率都在 5,000Hz 以下，音量和頻率成反比，每增高八度音會減少 12 分貝（decibel [dB]）。以下是一位二十八歲的成年男性說「一年當中有四個季節」的波形圖與聲譜圖（如圖 2-9 所示）。

圖 2-9　波形圖和聲譜圖

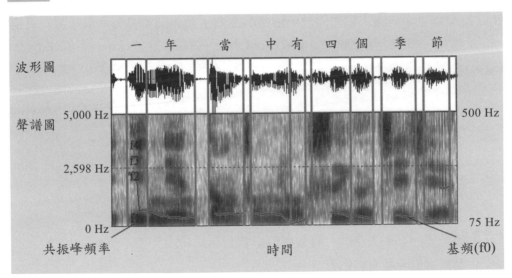

## 本章小結

　　本章主要說明個體說話的生理機制。人類的神經系統包括：中樞神經系統、周圍神經系統和自律神經系統，但只有前二項與說話和語言直接有關。中樞神經系統是由腦和脊髓組成，周圍神經系統則由腦神經和脊神經組成。大腦由左右半腦組成，大多數人掌管語言的功能是由左側半腦負責。大腦依其主管的不同功能分成四個腦葉，包括額葉、顳葉、頂葉和枕葉，其相互之間有許多神經網絡的連結。從訊息符號在大腦形成，透過神經傳導，由基底核和視丘處理後，進入與動作皮質有關的布洛卡區，再由與語言相關的六對腦神經（第 V、VII、IX、X、XI 和 XII 對），將訊息傳至發音器官，再由呼吸、發聲和構音／共鳴的器官共同協調合作，個體才能發出清楚的語音。氣流通過聲門產生聲音，包括與聲帶振動頻率相同的基頻，以及其他為基頻倍數的諧波相加在一起，因為聲道的形狀改變，與共振峰相近的頻率會被增強，其他則會被減弱，頻率增加時音量減低。然而，要說出一個句子或是一段話，甚至是一篇完整的演講，那就更為複雜了。有關人類如何發出清楚的語音，請參閱本書第六章，將有更進一步的說明。本章之解剖圖主要參考 Brookshire（2003）、Dickson 與 Maue-Dickson（1982）、Seikel 等人（2010），以及 Zemlin（1998）等書繪製而成。

## 問題討論

1. 哪些是人類說話的主要器官？
2. 發鼻音與非鼻音時，口腔內的肌肉活動有何不同？
3. 呼吸作用與說話的關係是什麼？
4. 舌咽神經如果失去功能，將會如何影響說話的功能？
5. 共鳴異常對說話有何影響？

# ✿ 參考文獻 ✿

## 中文部分

楊淑蘭（2017）。口吃：理論與實務工作（第二版）：心理。

鄭靜宜（2013）。話在心，口難言：運動性言語障礙的理論與實務。心理。

Ferrand, C. T.（2006a）。構音系統〔林香均譯〕。載於林珮瑜、何恬、李芳宜、林香均、李沛群、蔡昆憲（譯），言語科學：理論與臨床應用（頁185-252）。心理。（原著出版年：2001）

Ferrand, C. T.（2006b）。呼吸系統〔何恬譯〕。載於林珮瑜、何恬、李芳宜、林香均、李沛群、蔡昆憲（譯），言語科學：理論與臨床應用（頁73-108）。心理。（原著出版年：2001）

Murdoch, B. E.（2014）。後天性言語和語言障礙：從神經解剖與功能性神經學觀點分析〔陳雅資譯〕。合記。（原著出版年：2012）

## 英文部分

Brookshire, R. H. (2003). *Introduction to neurogenic communication disorders* (6th ed.). Mosby.

Dickson, D. R., & Maue-Dickson, W. (1982). *Anatomical and physiological bases of speech.* Little, Brown and Company.

Duffy, J. R. (2020). *Motor speech disorders: Substrates, differential diagnosis, and management* (4th ed.). Elsevier.

Freed, D. B. (2012). *Motor speech disorders: Diagnosis and treatment* (2nd ed.). Delmar, Cengage Learning.

Hoff, E. (2009). *Language development* (4th ed.). Wadsworth Cengage Learning.

National Geographic Society. (2012). *Your brain: A user's guide.* Author.

Owens, R. E., & Farinella, K. A. (2024). *Introduction to communication disorders: A lifespan evidence-based perspective* (7th ed.). Pearson.

Owens, R. E., Farinella, K. A., & Metz, D. E. (2015). *Introduction to communication disorders: A lifespan evidence-based perspective* (5th ed.). Pearson.

Ray, J. (2004). *Review of neurology: A work for speech and hearing students*. Mosby.

Seikel, J. A., King, D. W., & Drumright, D. G. (2010). *Anatomy & physiology for speech, language, and hearing* (4th ed.). Wadsworth Cengage Learning.

Zemlin, W. R. (1998). *Speech and hearing science: Anatomy and physiology* (4th ed.). Allyn & Bacon.

# 第三章　語言的習得

　　人類是如何學會語言，一直是心理學家、語言學家和語言病理學家都感到十分有趣，而且想要了解的主題，尤其是心理學家試著想要教會其他動物學習人類的語言，確實也成功的教會黑猩猩學習使用溝通的符號，且能與心理學家進行簡單的溝通，但這樣就能說黑猩猩學會人類的語言嗎？嚴格來說，黑猩猩只能表達簡單的語意，還無法學會人類複雜的語言系統，更遑論其他的動物，例如：鸚鵡、九官鳥或海豚（Hoff, 2009）。作者根據 Bernstein 與 Tiegerman-Farber（2009）、Hoff（2009）、Lust（2006），以及 Owens（1996, 2008, 2012）對兒童習得語言的觀點，以下將分為行為理論（behavioral theory）觀點、心理語言學（psycholinguistic theory）觀點、社會語言學（sociolinguistic theory）觀點，以及產生論（emergentism theory）觀點，來說明各派學者對於語言習得的看法，以及該理論可能的限制。

## 第一節　行為理論觀點

### 一、行為學派理論的重點

　　行為學派心理學起源於 1930 年代，他們對於人類的表現感到興趣，語言對行為學派的學者而言，也是一種行為。到了 1950 年代，以 Skinner（1957）為首，還有 Mowrer（1954）及 Osgood（1963），他們認為語言行為是人類行為的一部分，是透過操作制約（operant conditioning）反應，為一套可學得的行為（learned behavior），亦即語言與其他行為一樣，能透過增強物（reinforcer）和懲罰（punisher），使得合乎成人期望的語言行為留下，未能合乎期望的語言行為消失，例如：當兒童看到一隻鳥從天空飛過，此時「鳥」是刺激，發出「鳥」或「鴨」的聲音則是兒童的反應；成人的反應（讚賞或責怪）是造成兒童行為得到增強或懲罰的機制，後果是兒童的反應因為得到增強，而使得其行為的頻

率增加，或者兒童因得到懲罰而使行為頻率減少或消失，因此最後的結果是兒童看到一隻鳥時，學會說「鳥」而不會說「鴨鴨」（如表 3-1 所示）。

表 3-1　兒童學習語言的行為機制

| 兒童反應 | 成人反應 | 行為機制 | 說明 |
|---|---|---|---|
| 鳥 | 「對，好棒！這是小鳥。」（語氣愉悅） | 增強 | 刺激─反應的連結更強 |
| 鴨鴨 | 「不對，這不是鴨鴨。」（語氣否定、不悅） | 懲罰 | 刺激─反應的連結減弱 |

　　Skinner（1957）出版了《語言行為》（*Verbal Behavior*）一書，他認為因為父母提供示範和增強物，建立了孩子母語的聲音系統，例如：母親出現時，成人示範「媽媽」的聲音 /mama/，此時若兒童發出相同或類似的聲音，就會得到成人的讚賞和擁抱，因此每次媽媽出現，兒童便會發出 /mama/ 的聲音。而其他字的認識和學習也是透過這樣的連結。至於句子，例如：「我要吃餅乾」，大人給予示範，孩子剛開始只會說「餅乾」，大人就會給餅乾，但逐漸的，大人會在孩子說「吃餅乾」時才給予餅乾，句子便是這樣逐漸學會了，亦即一句話是被「塑造」（shaping）完成。而複雜的語言學習，必須透過示範、模仿、練習、選擇性的增強和鏈接（chaining）等機制，兒童學習到相關的字（word associations）而非文法原則（grammatical rules），透過足夠數量的聆聽和模仿，兒童便能學會語詞間的連結，例如：「吃」和「糖」或「飯」經常連結出現（兒童不會聽到「吃」和「石頭」連結），因此兒童便學會說「吃糖」。

　　Skinner（1957）認為，重要的語言行為包括：

1. 要求（demand）：如兒童有需求時，會模仿大人發出「ㄋㄟ ㄋㄟ」的聲音，而得到牛奶，滿足了生理需求。
2. 聯繫（contact）：兒童對非口語刺激物經常會產生反應，例如：對物品命名或給予稱謂。兒童會叫「媽媽」或會說「車車」等字詞時，都會得到很大的讚賞。
3. 被說話者影響的反應或影響說話者的行為（autoclitic），根據行為學家

對鏈接反應的解釋，兒童學習的是「字詞的順序」，前面一個字詞（word）是下一個字詞的刺激，因此兒童不是學習文法，而是依靠相臨的字詞順序來學習句子。一位非常喜歡海苔的幼兒，當他看到海苔，眼神發出光芒，老師隨即說：「海苔」或「苔」，反覆數次的聯結幼兒發出「苔」的相近聲音時，即得到海苔。最後便學會「海苔」，此即是應用行為學派明顯的例子。

## 二、行為學派理論的限制

行為學派的學者是由心理學的角度，說明透過增強、懲罰、鏈接和塑造等行為習得的理論，解釋兒童如何學會語言；但心理語言學家 Chomsky（1959）認為，行為學派的觀點對於兒童習得語言的理論，有以下幾項缺失（引自 Owens, 2008）：

1. 能被父母增強的字詞在兒童的語言裡是少數，兒童所說的話語不可能都能夠得到周遭成人的增強，因此那些沒有得到增強的語言是如何學得的呢？針對此點，行為學派的學者並未加以說明。
2. 成人的語言中也有許多錯誤和不流暢，但兒童也不一定會學著成人說出錯誤的語言。
3. 說英文的兒童常在還沒學會不規則動詞的用法時，會自行推論說出「I eated」的句子，但這樣的句子不可能從大多數的成人口中說出，因此行為理論難以解釋兒童為何會出現這樣的錯誤。
4. 文法正確但語意不合理的句子可能存在，例如：「Colorless green idea sleep furiously」（綠色的想法很生氣的睡著），在英文文法裡是完全正確的，但在語意上卻是不合理的，若兒童學到的是字的鏈接，成人卻從來不會說出這樣的句子，由此看來便無法解釋兒童的語言學習是在學習字的鏈接。
5. Skinner完全忽略理解和認知過程對語言學習的重要性，以致於僅能就表面的語言習得來說明。

行為學派對語言學習的解釋，就某程度而言，可以說明母語語音的學習、詞彙學習和簡單句型的學習，但對於複雜的句型或有創意的句法，例如：在周

杰倫《青花瓷》的歌詞中，方文山創作的文字「宣紙上走筆至此」，如果不是熟知中文的使用就難以發展出這樣的語言，平時一般人只會聽到「執筆」、「拿筆」和「用筆」。語言的複雜性無法完全用行為學派的理論加以說明，因此後續學者提出對語言學習的不同看法。

## 第二節　心理語言學觀點：天生論（句法論）

### 一、Chomsky 理論的重點

1950 至 1960 年代晚期，開始強調語言的形式和說話時心理運作的過程，心理學家和心理語言學家開始探討：除了人類之外，是否有其他動物會運用語言（Chomsky, 1957, 1965）。Chomsky 指出，人類各民族的語言是與生俱來的，稱為天生論（nativist model），他認為不論所說的語言為何，人類具有共通的文法結構，因此他的理論也稱為句法論（syntactic model）。Chomsky 提出兩種語言的結構，說明如下（引自 Owens, 2008）。

### （一）片語結構原則（phrase-structure rule）

人類使用的所有語言，片語結構原則是句子組織的基本關係：一個句子（sentence）＝名詞片語（noun phrase [NP]）＋動詞片語（verb phrase [VP]），例如：「狗追貓」、「人追狗」和「貓追小孩」，我們可以把「追」換成「怕」；若再以「不及物動詞」替換「及物動詞」，例如：用「跑」替代「怕」，便成為「狗跑」、「人跑」和「貓跑」，此時刪去受詞，句子仍然成立。因此，使用片語結構原則，人類便可以創造出無數的句子。在圖 3-1 中，Chomsky 的片語結構的階層原則（hierarchical rules），說明了句子的基本組織，名詞片語可以加入形容詞作為修飾，使句子更為複雜，但句子的結構並未改變。

在圖 3-1 的句子「老人追小狗」，也可以換成「老人追小貓」和「老貓追小孩」，或把「追」換成「怕」，道理是一樣的。但是，若以大家熟悉的中文來看，似乎我們使用的句法不僅僅只是上述的簡單句和複雜句。Chomsky 認為，其他不是片語結構原則所組織的句子，都是經由轉換原則所轉變而來。

圖 3-1　片語結構的階層原則

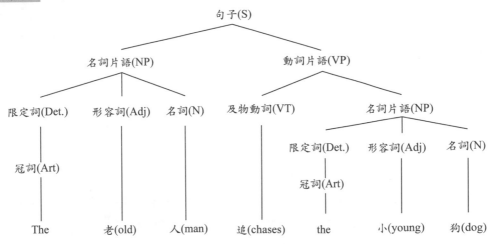

## （二）轉換原則（transformation rule）

Chomsky 認為，特定語言中重新組合片語的文法規則，不是與生俱來或共通的，此稱為轉換原則。經由轉換原則能形成各種語言中不同的複雜句型，例如：否定句、問句和各種關係子句，如表 3-2 為轉換原則的舉例。

表 3-2　Chomsky 轉換原則的舉例

| 編號 | 英文 | 中文 |
|------|------|------|
| 1 | The cat **chased** the rat. | 貓追老鼠。 |
| 2 | The rat **was chased** by the cat. | （以前）老鼠被貓追。 |
| 3 | I **eat** a lot of fruits today. | 今天我吃很多水果。 |
| 4 | I **ate** a lot of fruits yesterday. | 昨天我吃很多水果。 |

由表 3-2 可以看到，在英文中，由第一句的過去直述句（動詞加「ed」）翻譯成中文，中文不需要定冠詞，且動詞不加附加詞素，可以直接翻譯；第二句是被動式，英文必須在動詞前加上 be 動詞，動詞之後加「by」來表示被動的狀態，但中文直接加「被」字，再把直述句中的貓和老鼠的位置對調，即可以表

示被動式；第三句是現在直述句，在句末加時間副詞（today）來表示時間，翻譯成中文只需將時間副詞（今天）移到句前，其他與英文並無不同；但第四句為第三句的過去式，在英文中的動詞「eat」必須改成過去式的不規則動詞「ate」，並在句末加時間副詞（yesterday）以表示是過去發生的事情。如前面所述，雖然是過去發生的事情，但在中文裡，動詞不需改變，時間副詞卻一定要移到句前，因為如果將時間副詞放在句後，在中文裡便是一個錯誤句。以上說明了不同的語言有不同的文法組織規則，並形成該語言的特殊文法，這便是 Chomsky 所說的轉換原則。

　　此外，Chomsky 還提出每一個句子有兩種結構：深度結構（deep structure）和表面結構（surface structure）。前者在人類腦中，是由片語結構所產生，也就是句子的基本意義，而實際上我們嘴巴所說的、手所寫的或打的手語則都是稱為表面結構，也就是由深度結構經過轉換原則所產生。以表 3-2 中的第一個句子為例，經過轉換原則，我們得以說出被動的句子。又如：英文中的「You eat fruits.」轉換成問句「Do you eat fruits?」必須加助動詞「do」，但中文的「你吃（了）水果」，轉換成問句，則必須加上句末的疑問詞——「你吃了水果『嗎』？」人們口語中許許多多的句子，都是腦中的深度結構經過轉換之後的表面結構，而後被說出來。Chomsky 的句法理論認為，完整的文法包括三個部分：句法、音韻和語意，其中句法是最重要的，能夠讓使用語言的人產生無數的句子；音韻和語意只是用來解釋而已，句法的重點在於特定的深度結構，可以決定語意的解釋，而表面結構則可以決定音韻的解釋，轉換原則又把語意和音韻連結起來。

　　Chomsky（1999）主張天生論，認為兒童與生俱來就有學習語言的機轉，此稱為語言學習機制（language acquisition device [LAD]）。我們可以將之想像成一部機器，能自動幫助人類習得語言內含的原則，就是片語結構原則，這些天生的知識足以使兒童紬繹出所聽到的母語中的語言規則，因此各民族兒童語言發展的過程皆大同小異；支持天生論的學者認為，語言的習得和使用是不學而能的（引自 Owens, 2008）。

## 二、Chomsky 理論的限制

然而，對於普世語法的觀點，當然也有學者持反對的看法，包括：Bloom（1968）及 Arbib（2012/2014），他們針對 Chomsky 的心理語言學觀點——句法模式的限制，說明如下（Bernstein & Tiegerman-Farber, 2009; Owens, 2012）：

1. 目前學者對 Chomsky 認為語言是天生而能的看法表示質疑，他們希望能夠發現語言的哪一部分是天生的和全世界共通的，甚至有一些學者認為有文法基因（grammar gene）的存在，但目前尚未找到。

2. Chomsky 的理論認為，兒童應先出現以片語結構為原則的語言，而後才是合乎轉換原則的語言，但實際上卻不然，兒童在出現合乎片語結構原則的句子前，常出現電報式語言（telegraphic speech），例如：「糖糖吃」、「球我」，因此 Chomsky 無法說明兒童早期（單詞或雙詞）語言的獲得。

3. Chomsky 雖然提到音韻和語意，但他認為這二者可以由文法結構來決定，然而之後的語言學家提出人類句子的處理機轉（human sentence processing mechanism [HSPM]），說明句子的處理過程是序列的、平行並列，或這二者同時運用的。

4. Chomsky 的理論過於重視天生的文法知識，忽略社會環境和兒童的認知發展，之後的心理學家認為，兒童的注意力、工作記憶和學習風格，再加上環境中的語言輸入，才讓兒童得以學會語言。因此，兒童並非只是學會特定的文法結構，就可以學會語言。

5. Chomsky 的理論不重視「語用」對語言的功能性，減低了人類使用語言的目的是用來溝通之價值。

Chomsky 的共通語法結構的觀念，說明了人類學習語言的句法習得，也說明了人類可以創造語言。確實，在我們觀察一般人學習說話時，說話似乎不是件困難的事，且隨著生理發展，大多數的人們都自然而然的會說話，而且不同民族間之語言發展過程也十分類似：先發出聲音，之後是單詞，再發展成句子。但是，如果人們天生便有語言學習機制（LAD）以學習語言，為何有些孩子還是無法自然的學會語言？因此，仍需要其他的理論協助解釋兒童的語言習得。

## 第三節　心理語言學觀點：語意／認知模式

　　除了行為學派和天生論的觀點，以下所要說明的是所謂建構論（construction theory）的觀點，包括：語意／認知模式（cognitive model）和社會互動論。建構論亦稱建構文法（construction grammar），由一群認知語言學（cognitive theory）領域學者對理論的統稱。所謂的建構就是語言型式和意義的配對。1980 年代的學者認為，表達的意義不僅是語言中各部分的意義，而且是建構或構念（construction）本身必須要有意義。到了 1990 年代，改變以使用為基礎的模式（usage-based model），故前期是探討語言的整體意義，後期則是強調使用的功能（WIKIPEDIA, n.d.），建構或構念是語言的基礎。建構論觀點認為，兒童學會語言知識是因為個體和所處環境產生互動的結果，因此簡單來說，此一取向的理論也可稱為互動論（interactionism）（Owens, 2012）。以下分為二節來說明，本節先說明認知模式，第四節說明社會互動觀點。

### 一、語意／認知模式的重點

　　1963 年開始，學者們開始重視語意（meaning）在語言中的重要地位，以「○○用力的把門關上」的句子為例。橫線中的答案一定不會是「桌子」或「狗」，說話者如何完整的說出這個句子，他／她必定需要了解主詞與句子中其他語詞間的關係，以及它們的意義。格文法（case grammar）企圖解釋「語意」對文法結構的影響（Fillmore, 1968），其間有一種共通的「語意」觀念，以聯繫詞類之間的關係。以上述的句子為例，能夠做「關門」這個動作的「主事者」（agentive）才能夠放在空格裡，所以舉凡是「人」（例如：姊姊、媽媽和弟弟等），都可以放在這個句子的空格中，以形成一個正確的句子。Owens（2008）提到七種格文法間的關係，以下用表 3-3 說明每一個格文法中，詞與詞之間特殊的「語意」關係。

　　「格文法」說明文法的基礎是以語意為重點，且是一種衍生（generative）的系統，個體可以依照不同的格子（或可以想像是在句中的位置，就像一個盒子）而說出不同的句子。Bloom 在 1960 年代晚期，對三個小孩所做的研究發現，如果個體不考慮「語意」，許多文法關係便無法釐清。因此，他開始重視

表 3-3 格文法中詞與詞之間的特殊語意關係

| 格 | 定義 | 舉例 |
|---|---|---|
| 主事者<br>（agentive） | 能夠從事一個動作的人 | 弟弟丟球。<br>妹妹把球丟過去。 |
| 受事者<br>（dative） | 被動詞的動作所影響的人 | 媽媽給妹妹餅乾。<br>媽媽把餅乾給妹妹。 |
| 經驗者<br>（experiencer） | 個體經驗一個動作、事件或心理狀態 | 哥哥哭了。<br>爸爸希望公司加薪。 |
| 動作的結果<br>（factitive） | 動詞的動作造成的結果或狀態 | 爸爸蓋房子。<br>王剛寫了一篇文章。 |
| 工具<br>（instrument） | 用來完成動作的器物 | 弟弟用鉛筆寫字。<br>妹妹用湯匙吃布丁。 |
| 地點<br>（location） | 動詞施作的地方、空間或過程 | 我們到公園玩。<br>非洲很熱。<br>籃球賽在體育館舉行。 |
| 受格<br>（objective） | 接受動詞動作的人或物，在格文法中是最中立的 | 爸爸丟球給我。<br>我討厭小朋友騙人。 |

註：引自 Owens（2008）。

在不同情境之下，兒童使用語言的意圖（intention）。舉例而言，當兒童說：「爸爸車。」兒童要表達的語意可能是以下三種中的一種：(1)爸爸的車；(2)爸爸開車；(3)我要坐爸爸的車。因此，聽者（listener）必須了解當時的語境，才能確切得知兒童當下要表達的意思，此種現象稱為多種解釋（rich interpretation）。Brown（1973）、Schlesinger（1971），以及 Slobin（1970）也得到與 Bloom（1968）相同的結論，認為兒童的文法基礎是「語意」而非句法，兒童成長的過程，會慢慢學會把原來依照字詞順序說出來的「爸爸車」，轉換成合乎成人文法的「爸爸的車」。

之後，一些跨文化（跨語言）的研究也發現，兒童的語言是以語意為主，舉例來說，兒童說「ㄋㄟ ㄋㄟ」（就是喝牛奶的意思），這是一種認知能力的表現。語言是兒童對世界理解的知識，而且用來表達對這種理解的方法，反應了兒童認知能力的發展，因此並不是兒童內在與生俱來的。亦即思考先於語言，

兒童的語言發展植基於他們的認知發展，因而語意模式又稱為認知決定論（cognitive determinism）。語意是句子產生和理解的關鍵，認知發展是先於語言發展，因此，語意／認知模式又稱為訊息處理取向（information-process approach）（Owens, 2008）。根據認知決定論的看法，兒童是先學會物與物（人與人）之間的關係，才會使用學到的語言加以表達，舉例來說，成人教兒童「稱謂」時，能夠在和家人親友團聚時，讓兒童看到實際的人物，並發現人物間的差別，例如：大阿姨戴眼鏡、比較胖；小阿姨比較年輕、沒帶眼鏡、比較瘦，之後再以家庭照片來指認，兒童便可以學會不同的稱謂。因此 Owens（2008）指出，兒童學會語言之前必須先有以下幾個認知能力：

1. 兒童有表徵物體和事件的能力，而不只是知覺的表徵。
2. 兒童須發展出和空間、時間、分類動作型態、深藏彼此間的行動方式、物品恆存、物品和動作之關係，以及個人知覺空間的建構等之基本認知結構和操作（operation）。
3. 兒童能從一般認知結構和處理過程，發展出語言處理策略的能力。
4. 兒童能夠規劃概念和策略作為語言規則的結構性內容。

兒童在生活經驗中統整不同的刺激，由模仿開始建立象徵的功能，圖形和文字能協助兒童表徵對世界的了解，於是他們開始學習分類和因果關係，逐漸有了物體恆存的觀念，並能夠以符號象徵不在現場的物件，因此他們會使用二個詞彙的連結，且學會特定字詞的使用，例如：否定詞「不」（no）和「多一點」（more）。表 3-4 說明了兒童的認知發展和語言發展的關係。

## 二、語意／認知模式的限制

Owens（2008）認為，語意／認知模式在解釋兒童的語言習得時，仍然有一些限制：

1. 有些孩子的認知能力正常，但卻無法有正常的語言能力，例如：語言學習障礙的孩子，在學習空間關係和計算並沒有困難，但在學習語言符號或音韻處理上，便會遭遇極大的障礙，以致於表達或書寫都會有困難。
2. 語意／認知模式認為，認知發展先於語言發展，但兒童可能在三、四歲時，語言能力得到較佳的學習機會後，其語言能力反而能增進認知思考的能力。

表 3-4 兒童的認知發展和語言發展的關係

| 年齡 | 認知發展 | 語言發展 |
| --- | --- | --- |
| 五個月 | 以視覺注意物體位置和辨識人臉 | 發出母音 |
| 九個月 | 會分辨不同主事者和對主事者的變動有反應 | 精熟子音和母音結合 |
| 一歲 | 會分辨不同的行動、認識經常互動的人或物品；聲音和環境脈絡配對，發展序列的聲音 | 使用動詞的前驅能力，使用單詞的話語（例如：抱抱、姨）；了解自己的名字或不要 |
| 二歲以前 | 知道無生物是不會動的，探索環境中各類事物 | 使用簡短的片語，例如：沒有、不見、不要、喝ㄋㄟㄋㄟ，將來會組成較長的句子 |

註：引自 Owens（2008, 2012）。

3. 語意／認知模式無法妥善解釋早期語言獲得的過程，例如：語言如何和認知觀念相連結。

語意／認知模式強調訊息的輸入和處理，隨著兒童成長，能將生活中的各種經驗轉化為不同的概念，透過具體而抽象的認知歷程發展過程，他們便能逐漸了解語意的關係，並把這些了解使用在語言裡。但對於兒童之經驗、概念如何轉化為語言，並不是十分清楚，一定需要發展認知能力才能學會語言嗎？語言可以經由社會互動自然發生嗎？下一節將說明社會互動理論。

## 第四節 社會語言學觀點

Arbib（2012/2014）認為，語言的興起是源於社會性互動，他以新興的尼加拉瓜手語和以色列阿薩伊貝都因手語為例，認為這二種手語並非源起於現有的手語，而是由這二個國家中的失聰者在互動過程中發展出來的，因此語言起於行動，作者曾在一個特殊班級的家長處得知，該班學生發展自己的手語，家長也看不懂，但學生用自創手語來相互溝通。

## 一、社會語言學觀點的重點

社會語言學觀點著眼於語言傳送（使用）的功能，亦即溝通的功能，而非空洞的結構，因此社會語言學家認為語言與溝通時的社會情境（context）有密切關係，例如：依個體於此時此刻希望達到的溝通功能是要求、命令，還是請求，其使用的語言行為就會不同。Austin（1962）及 Searle（1965）為了分析溝通的功能，提出了口語行動理論（speech act theory），認為語言功能主要有二方面：個人內在（intrapersonal）和人際間（interpersonal）的使用。前者是個體以內在語言為基礎，用來記憶、解決問題和發展概念；後者則是人際間依賴溝通來維繫關係。口語行動的形式根據溝通的情境會有所不同，例如：說話者的目的都是希望聽者能同意打開窗戶，但因溝通的對象不同，說話的語氣和內容便會有所不同（如表 3-5 所示）。

表 3-5　說話者因不同的溝通對象，而使用不同的說話內容

| 與溝通對象的關係 | 溝通意圖 | 說話內容 |
|---|---|---|
| 非常熟悉 | 希望聽者能同意打開窗戶 | 打開窗子（悶死了）！ |
| 熟悉 | 希望聽者能同意打開窗戶 | 把窗子打開好不好？ |
| 不熟悉 | 希望聽者能同意打開窗戶 | 不知道你介不介意我把窗子打開？ |
| 初次見面 | 希望聽者能同意打開窗戶 | 空氣很悶，我想把窗子打開，你覺得怎麼樣？ |

Austin（1962）指出，當個體說一段話（discourse）時，並非只是由字或句子組成這段話，而是說話者的言語行動（speech act），也就是說話者表達其概念和意圖的單位。在說話時，個體先有前提，說話者對於前提的態度就是意圖，意圖則是基於語詞內的力量（illocutionary force），例如：老師說「你試試看」，如果語意平和，是鼓勵學生嘗試，但若老師使用同樣的四個漢字時，語氣是拉高的，那就表示完全不同的意思，此時如果學生嘗試了，反而可能會引起老師發怒。同樣的字句內容，只因語調不同而傳達出完全相反的語意，此乃因說話者的意圖不同，需要以不同的語調傳達。再以表 3-5 為例，說話者都是希望對方

打開窗戶，雖然意圖相同，但為了顧及親疏關係不同，需要的溝通禮節不同，因而說話者在使用的語氣和內容上都有明顯的不同。

　　Dore（1974）在研究口語前期的溝通發現，兒童學得句子之前，習慣用單一獨立的語調（act or sound-intonation）來表達他的意圖，他稱之為原始言語行動（primitive speech act [PSA]），包括以下九種：稱呼（labeling）、重複（repeating）、回答（answering）、要求行動（requesting action）、要求答覆（requesting answer）、召喚（calling）、問候（greeting）、抗議（protesting）和演練（practicing）。隨著兒童成長，口語意圖會慢慢根據語意和語法結構而有組織，因此口語前期的溝通是由原始語言行動開始的。Searle（1965）認為言語行動可分為五種，說明如下：

1. 代表性（representatives）：個體意圖傳達對某個命題相信或不相信，例如：老虎是凶猛的。

2. 引導性（directives）：個體企圖影響聽者的反應，而要求聽者行動或評論某件事，例如：愛滋病帶原者不一定是同性戀者。

3. 許諾（commissives）：個體承諾未來的行動，例如：向神明許願：「我考上老師，必以三牲五禮還願。」

4. 表達（expressive）：個體表達心理的狀態，例如：感謝與道歉：「對不起，不小心撞到你！」

5. 聲明（declaratives）：陳述事實以改變事情的狀態，例如：「我到這裡時，腳踏車已經不見了！」

　　Halliday（1975）研究兒子 Nigel 的語言發現，二歲之前孩子的語言很少具有大人的功能，因此一句簡單的話常包含有多重的意義。因此，社會語言學家認為，兒童在語言發展之前，已發展出一套有組織的非口語溝通系統，是以不同語調的聲音來溝通，例如：以「ㄅㄚ　ㄅㄚ　ㄅㄚˊ　ㄅㄚˇ」來溝通。社會語言學觀點強調在語言或非語言情境中的溝通效果，因此溝通的夥伴是很重要的。Bruner（1975）認為，成人在與兒童溝通時，不是扮演糾正者或增強者的角色，而應該做一位提供者、擴充者和美化者，因此語言學習是一種社會互動的過程，是兒童和照顧者之間人際互動的處理過程（transactional model），兒童能學會對話過程的規則而非學會句法或語意。

我們可以觀察到，嬰兒在最初的幾個月，從與照顧者的互動中分辨音素、語調、口語與非口語的不同，這是早期溝通的開始。照顧者視這些行為是有意義的社會溝通，嬰兒接收到這些訊息，而且也感受到他們的溝通意圖被成人肯定，親子間就會形成依附連結（attach bond），也促進將來溝通的發展。從出生後三、四個月開始，嬰兒會用眼神和聲音與照顧者互動，而形成早期的發音練習（vocalization），他們也逐漸會參與遊戲，例如：簡單的躲貓貓（peeka-boo），之後會用手勢動作來溝通，學習一來一往的輪流對話。在一歲單詞期和一歲半雙詞期，語言的功能性日漸增強，這時兒童會說「bye、姨、媽、抱；沒有、不要、bye-bye」等，照顧者對兒童早期的語言會以延伸、回答和模仿作為回應，也提供簡化版的成人語言（例如：媽媽抱抱、弟弟想喝ㄋㄟ ㄋㄟ）。兒童在日常遊戲中學會指認和命名遊戲裡的關係者或物，此稱為分享參照（joint reference 或 shared reference），表 3-6 以媽媽帶孩子到公園，看到一隻狗為例子，加以說明。

表 3-6　社會互動下學習語言的例子

| 情境：媽媽帶小明到公園玩，看到一隻狗 | |
| --- | --- |
| 媽媽說話內容 | 孩子的反應 |
| 明明！看狗狗！（用手指著狗） | （看著狗） |
| 大狗狗，狗狗在叫！汪汪！ | 狗狗汪汪！（模仿母親） |
| 狗狗汪汪！ | 汪汪！（指著狗） |

兒童透過上述的社會互動歷程而學會語意和句法，因此語言結構是用來溝通意圖的有效方法。兒童可利用二種方式學得不同型式的語言（Owens, 2008）：

1. 對動作的強調：爸爸丟、丟球、球球跑和球給我。
2. 對主題的評論：大狗狗、狗狗汪汪、狗狗怕怕、明明怕怕和狗狗壞壞。

## 二、社會語言學觀點的限制

社會語言學觀點強調語言的功能性，然而人類學會語言以達到意圖的目的仍然有其限制，說明如下：

1. 無法清楚說明語言結構獲得的過程、語言形式和語意內容如何和意圖產生連結。

2. 未解釋兒童如何將語言符號和指涉的事件或人物相互連結。

3. 對於言語行為的分類尚無一致的看法。

如果觀察一歲以下尚未發展出正式語言的幼兒，他們已經能夠進行溝通，這些溝通包含了簡單的以聲調高低變化來互動，或與大人開始互動遊戲，例如：坐火車時，如果前座有位年幼兒童，他／她對你充滿好奇，此時如果你給他／她一個鬼臉的回應，你們的互動便開始了。也有人認為，人類學會語言可以避免危險，因為他們能聽懂警告的聲音，而兒童也可以透過語言滿足自己的需求，以上就是社會互動論對語言學習的看法。

## 第五節　產生論觀點

語言究竟是人類透過「學習」還是「天生而能」（nurture vs. nature）？對於人類行為發展的辯論已經延續了幾世紀，然而學者多少都同意人類天生的大腦組織，使我們每一個人得以透過認知歷程的學習以獲得語言。從 Chomsky 的理論可知，確實除了人類之外，目前並無其他的物種有如此複雜的語言系統；然而對於人類如何能學得語言，我們仍不禁要問：

1. 人類的語言如此複雜，如果不是有先前的知識，我們怎麼能學會語言？

2. 兒童學習語言的速度很快，你我不甚費力就學會語言，不是嗎？

3. 因為人類的語言具有普遍的組織結構，顯示了語言的共通性，所以我們也能夠學習其他不是母語的語言嗎？

以上三個問題顯示人類具有內在特定的語言知識，我們的大腦可能存有特別為學習語言而有的機制（LAD），許多學者也根據 Chomsky 的理論，尋求人類共通的文法結構（universal grammar）和大腦神經學習這些複雜語言的確切方法。因為人類的語言是如此複雜且不同，即便是 Chomsky，也必須改變他以片語結構原則為單一語言結構的看法，而兒童的大腦裡有著可以因環境而調整，選取所需要、刪去不需要的語言學習原則。因此有一派學者如 Allen 與 Seidenberg（1999）認為，至少語言的學習是環境和大腦互動的過程，而非單一的天生而

能，他們的觀點則稱為產生論觀點。他們考慮有機體因為和環境的互動，而學習與語言有關的符號和認知概念，認知過程是用來操弄符號和概念，稱為語言表徵（linguistic representation），兒童透過和環境的互動，呈現以下幾種現象（Owens, 2008）：

1. 在語言處理過程中，兒童大腦的生理是活化的。
2. 這些生理過程處理訊息。
3. 有一些任務待處理。
4. 兒童暴露在語言訊號的特徵裡。

以上的說法重新考慮了非語言訊號，例如：手勢或語調對學習和文法的促進作用，因此產生論的學者認為，兒童透過使用語言而學習。Chomsky 的天生論無法清楚解釋這樣的過程，因而他們把天生和行為理論做了巧妙的結合。文法被產生論的學者認為是藉由有限的語言管道，大腦解決人們之間一套複雜意義交換的問題（Grammar is seen by emergentist as the brain's solution to the problem of exchanging a complicated set of meaning between people via a limited speech channel.）。

Owens（2008）以六角形的蜂巢為例，說明蜜蜂並未天生就有建築六角形蜂巢的基因，但為了解決圓形蜂巢儲存蜂蜜的問題，演變為六角形的蜂巢。於是產生論的學者認為，人類為解決彼此溝通訊息的問題，而發展了語言，亦即語言是為了解決人類的溝通問題因應而生，也就是說，我們的大腦為了解決彼此不理解的溝通問題，因而發展出面對多變且複雜挑戰的解決方案。但如果上述所言為真，我們的大腦是如何學會語言？產生論的學者是以建構的方式（類似於電腦模式），來說明語言在大腦中被處理的過程，通常被稱作「連結論」（connectionism）、「平行分配處理」（parallel distributed processing）或「神經網絡」（neural network）。以下分別加以說明。

## 一、天生的建構性

有任何一條基因決定人類說話的機制嗎？誠實的說，到目前為止仍然沒有發現有任何一條基因是直接和說話有關的。但沒有二個人的大腦是完全相同的，即便他們是同卵雙生子。由過去在腦傷的兒童身上發現，受傷的腦皮質功能很

快的會由其他部位的腦加以取代，因為人類的大腦非常有彈性，產生論的觀點也帶我們看到這一點。人類大腦的發育在兒童期差別不大，但在成人卻可以看到不同，這些不同來自於發展和環境刺激的交互作用。然而，人類大腦區域功能的分布，人人大致是相同的，大腦皮質的發育至少是環境刺激的輸入和大腦動態功能的交互作用所形成（Owens, 2008, 2012）。

## 二、天生的時間性

其次是有關發展的時間性這件事，我們也發現基因和環境的交互影響，歸納而言，不僅是單一的LAD，而是大腦成熟過程中，特定事件發生的時間性（事件發生的時間和順序性）對大腦組織發展所產生的影響，這才是影響大腦處理訊息的過程。

歸納而言，除了大腦本身在環境刺激的影響下，建構了各腦區（例如：聽覺、視覺和運動覺等）的功能外，環境刺激發生的時間性，也是很重要的。《學記》中說道：「時過而後學則勤苦而難成。」不是不能學，而是要花費更多的時間和精力，語言的學習也是如此。

也有人提過「一般向度」（domain generality），就是指並無語言學習的特定區域。但為何心理語言學家認為是有特定的語言學習區？因為第一，兒童期有許多的時間都是用在學習語言上；其次，除了 Skinner，其他學者認為語言的學習和其他行為的學習不同，例如：學習語言和騎腳踏車是不同的。語言是一種象徵符號、有文法，而且是決斷的（例如：在中文裡的疑問詞一定要放在最後），所以兒童在學習語言時，他的工作記憶和注意力是隨著發展而改變（增加）。開始時，兒童只能處理一個詞或句子，慢慢的可以處理的訊息會逐漸增加。產生論的學者認為因為剛開始的限制性，大腦才發展出解決問題的方法，例如：一位遲語兒在語型部分的錯誤比較多，容易把動詞規則變化的原則使用在不規則變化的動詞上。而不同的錯誤顯示對語言結構不同的分析能力，遲語兒無法在短時間內處理許多不同語型的變化，以致於錯誤很多（Owens, 2008, 2012）。

到目前來看，人類的某一行為常是多條基因一起運作的結果，其中一小部位的差異往往就會產生很大的不同。語言很可能是人類演化過程中重要的新行

為，這是其他哺乳類無法完成的，雖然語言很獨特，但仍無法支持語言是由單一的學習機制而形成的，它可能是由認知、知覺和社會互動一起完成，所以可以說，語言是建立在舊零件上的新東西。因此，也有人說語言是人類演化過程中的副產品（by-product），就像鼻子的形狀為什麼長這樣，是因為要放上眼鏡架（Hoff, 2009）。

　　雖然產生論似乎推翻了 Chomsky 等學者對語言習得天生論的觀點，但產生論語言學觀點的限制，讓我們依然無法清楚的說明語言知識是如何進入個體的大腦，許多產生論的模式仍然停留在理論階段，沒有實證的資料，所以我們對這些模式如何使用於語言學習之了解，仍是太少。

　　五種語言習得的理論各有不同的重點，Owens（2008）把它們依照語言形式、獲得方法和環境輸入進行比較，列成表 3-7，讀者可以統整一下本章所學的內容。

表 3-7　五種語言習得模式的比較

| | 行為理論 | 心理語言學（句法） | 心理語言學（語意／認知） | 社會語言學 | 產生論 |
|---|---|---|---|---|---|
| 語言形式 | 功能單位（要求、聯繫） | 句法單位（名詞、動詞） | 語意單位（主事者、受事者） | 功能單位、語言行動（要求、評論） | 所有語言內容 |
| 獲得方法 | 正確形式給予增強物 | 語言獲得策略，包括：片語結構原則、轉換原則 | 共通的認知組織幫助兒童表達語意關係 | 兒童的溝通在表達意圖 | 語言習得是兒童在有限的認知能力下處理語言的結果 |
| 環境輸入 | 增強消弱父母的示範 | 極少 | 兒童主動參與環境，建立認知關係 | 先建立溝通的互動、父母的示範和回饋 | 語言的輸入是兒童認知處理過程的基礎 |

註：引自 Owens（2008, p. 57），獲得 Pearson 圖書公司授權。

# 本章小結

　　本章在說明人類如何學會語言，由行為學派的觀點來看，語言和其他人類所學會的行為都一樣，是由成人的示範，經由古典連結、操作制約、鏈接和塑造等行為理論的主要技術所習得，所以在語言學習的過程中，重要他人的示範和給予增強物就顯得很重要。由心理語言學理論的句法觀點來看，Chomsky 認為人類天生有學習語言的機制，稱為LAD；兒童經由LAD可以找到母語的語言規則，稱為片語結構原則；而大人能夠教給兒童的是語言中的特殊文法規則，稱為轉換原則，這是對語言學習抱持一種「天生而能」的看法。建構論或建構文法，早期主張語意在語言的重要性，後期則注意語言的使用。其中，心理語言學理論的語意觀點認為，詞彙間的關係就像一個盒子連接另一個盒子，每個盒子所在的位置是要根據語意來決定，因此兒童必須先有一定的認知能力，才能了解該處應該放置的語詞，所以語言的學習牽涉到兒童的認知能力，認知能力就是對世界各種知識的了解。因此，成人在幫助兒童學習語言時，必須引導兒童與環境互動、建立對環境的認識，得到認知能力才能發展語言。第四種模式是社會互動論，認為兒童之所以產生語言，是功能性的，因此所有的語言是在兒童的意圖下發展，而形成一種行動，行動的目的有許多不同的類別，透過不同的社會互動，兒童除了模仿父母的語言形式，也學會社會互動中一來一往的對應方式。最後一個模式是對行為學派和天生論的質疑，產生論的學者認為，語言的習得是個體的生理機制和環境刺激交互影響的結果，人類學會語言是一種進化的過程，因為兒童早期資源有限，因此啟動語言的學習。人類的工作記憶和注意力在剛開始時，只能處理一個語詞或句子，但隨著個體的成長，處理的內容愈來愈多，此時人類的認知、知覺和社會能力會一起協助個體學習語言，但對這個模式的了解，目前來說還是很少。

　　近年來，人工智慧（artificial intelligence [AI]）興起，蒐集大量人類語言，以電腦程式分析早期兒童的言談資料，建立模型，已經達到可以辨識不同的語音特質，以及學習人類如何說話並創造可以對話的機器人，稱為計算語言學或電腦語言學（computational linguistic）。國內目前已成立計算語言學學會，計算語言學必須集合語言學家和電腦程式專家，試圖找出自然語言的規律，並建立

模型，以分析、理解和處理自然語言，有興趣的讀者可自行參閱計算語言學學會網站（https://www.aclclp.org.tw/）和維基百科（無日期）中的計算語言學。

## 問題討論

1. 哪一種語言習得的理論你覺得比較能說明人類語言習得的過程？
2. 學習語言的能力是天生的嗎？如果不完全是，還需要考慮哪些因素？
3. 我們可能找到語言學習的基因嗎？如果找到某一條基因影響了語言學習，對老師們的教學會有不同嗎？
4. 教學者在教導兒童學習語言的過程中，應該扮演怎樣的角色較為恰當？
5. 計算語言學對人類生活可能有哪些影響？

# ❀ 參考文獻 ❀

## 中文部分

維基百科（無日期）。**計算語言學**。https://zh.wikipedia/zh.tw/計算語言學

Arbib, M.（2014）。**人類如何學會語言：從大腦鏡像神經機制看人類語言的演化**〔鍾沛君譯〕。商周。（原著出版年：2012）

## 英文部分

Allen, J., & Seidenberg, M. S. (1999). The emergence of grammaticality in connectionist networks. In B. MacWhinney (Ed.), *Emergence of language* (pp. 115-151). Lawrence Erlbaum Associates.

Austin, J. L. (1962). *How to do things with words.* Oxford University Press.

Bernstein, D. K., & Tiegerman-Farber, E. (2009). *Language and communication disorders in children* (6th ed.). Pearson.

Bloom, L. M. (1968). Language development: Form and function in emerging grammars. *Dissertation Abstracts International, 29*(10), 36-99.

Brown, R. (1973). *A first language: The early stages.* Harvard University Press.

Bruner, J. S. (1975). From communication to language: A psychological perspective. *Cognition, 3*, 255-287.

Dore, J. (1974). A pragmatic description of early language development. *Journal of Psycholinguistic Research, 3*, 343-350.

Fillmore, C. J. (1968). Lexical entries for verbs. *Foundations of Language, 4*, 373-393.

Halliday, M. A. K. (1975). *Learning how to mean.* Edward Arnold.

Hoff, E. (2009). *Language development* (4th ed.). Wadsworth Cengage Learning.

Lust, B. (2006). *Child language: Acquisition and growth.* Cambridge University Press.

Mowrer, O. H. (1954). The psychologist looks at language. *American Psychologist, 9*(10), 660-694.

Osgood, C. E. (1963). On understanding and creating sentence. *American Psychologist, 18*, 735-751.

Owens, R. (1996). *Language development: An introduction* (4th ed.). Pearson.

Owens, R. (2008). *Language development: An introduction* (7th ed.). Pearson.

Owens, R. (2012). *Language development: An introduction* (8th ed.). Pearson.

Schlesinger, I. (1971). Learning of grammar from pivot to realization rules. In R. Huxley & E. Ingram (Eds.), *Language acquisition: Models and methods*. Academic Press.

Searle, J. R. (1965). What is a speech act? In M. Black (Ed.), *Philosophy in America*. Cornell University Press.

Skinner, B. F. (1957). *Verbal behavior.* Copley Publishing Group.

Slobin, D. I. (1970). Universals of grammatical development in children. In G. F. d'Arcais & W. J. M. Levelt (Eds.), *Advances in psycholinguistics*. North Holland.

WIKIPEDIA. (n.d.). *Construction (gramnar)*. https://en.wikipedia.org/wiki/Construction_ (gramnar)

# 第四章　語言發展

本章將說明語言的發展階段，並由不同的語言向度（音韻、語意、語法和語用）說明其發展情形。第一節將說明語言的準備期，第二節為語音的發展，第三節為語意的發展（semantic development），第四節為語法的發展（syntactical development），第五節為語用的發展，第六節為敘事能力的發展。因應中文的特色，本章並不說明語型的發展。

## 第一節　語言的準備期

學者將兒童尚未學會成人語言之前的溝通反應，稱為語言的準備期，亦即兒童雖然無法說出和成人一樣的語言，但仍有溝通的意圖和功能，或稱為早期的溝通（early communication），此時由於嬰兒有口部和喉部的反應，表示他們正準備開口說出為成人所能理解的有意義之語音或語詞。以下分為六個階段，來說明兒童早期的溝通發展（Bernstein & Tiegerman-Farber, 2002）。

### 一、哭聲（crying）

部分學者認為，哭聲只是生理的反射反應（reflex response），在溝通上並無意義，但大多數學者，尤其是社會互動論的學者認為，即便只是單純的哭聲，對兒童或照顧者都是具有意義的，不同形式的哭聲或哭聲的音量，都代表了不同的意義，可能是對身體不舒服或對周遭環境不安的反應。心理學家曾經進行實驗，當照顧者背對兒童時，兒童不安的反應會增加，甚至開始哭泣。兒童從出生到一個月，除了哭，還會發出各種聲音，例如：咖咖聲和打嗝聲，還有一些類似母音的聲音，稱為「準共鳴音」（quasi-resonant-nuclei）。此時，兒童已能分辨母親的聲音和他人的聲音，也能夠分辨何者是自己的母語，以及何者並非自己的母語。

## 二、咕咕聲（cooling）

一個月左右的幼兒會發出 /u/ 音和各種母音（例如：/i/ 和 /a/），此外還會發出舌後（舌根）的子音（例如：/g/ 和 /k/）。尤其在兒童吃飽時或躺著很舒服時，便會發出聲音，稍長之後則會以咕咕聲與照顧者互動。

## 三、聲音與表情配對（matching vocalization with corres-ponding facial shapes）

四個月左右的兒童可以配對一些喉音和成人臉部的表情，他們喜歡引導嬰兒式的口語（infant-directed speech），例如：誇張的語調、說得比較慢和拉高聲調說話，或稱為母親語（motherese），此時嬰兒能夠追視母親的眼睛和手指的方向。

## 四、臨界的牙牙學語（marginal babbling）

四至六個月的嬰兒會開始發出母音和子音結合的聲音，例如：/ba/、/ma/ 和 /ab/（CV 或 VC 的結構），六個月後他們會產生連續的音節，例如：/babababababa/ 或 /dadadadada/，玩起他們的喉部（vocal play），並從喉部發出不同的聲音。六個月以前的兒童能學會辨別語調的改變，和被放在不同語句（utterance）中的相同音節，此時他們學會調節和控制發音器官活動，以作為說話的準備。

## 五、豐富多彩的學語聲（variegated babbling）

八至十個月的嬰兒會把不同的子音和母音放在一起，形成一連串的音節串，例如：/babigabadidu/，此時的語調也愈來愈接近成人說話時的語調，但他們偵測語音對比和非母語的語音之能力則逐漸下降。

## 六、模仿成人語音（echolalia）

十至十二個月的嬰兒像鸚鵡一樣，喜歡學習成人說話的樣子，模仿成人的

聲音和手勢，此時也稱為行話期（jargon），他們會說出一串聽來類似大人的話語，但卻無法聽明白說話的內容，亦即語音的形式與成人接近，但仍然不夠正確且不清楚。

十個月左右，兒童會在不同情境發出不同聲音，例如：某個聲音可能代表「要喝水」，另一個聲音可能代表「不要」。這樣的聲音被稱為聲音一致形式（phonically consistent forms [PCFs]），在某一個情境下，/uh/ 是「抱我」，另一個情境中，/uh/ 則是「我要吃」，兒童運用這些聲音來表達意圖以滿足需求，聲音也經常和手勢或手指動作互相搭配，例如：指向某個物品。

## 第二節　語音的發展

兒童在一歲以後，會開始發出有意義的且與成人語音形式一樣的口語，例如：「媽媽」和「爸爸」，學者稱為語言發展期的開始。

心理學家發現，當母親說話時，胎兒的心跳會改變，或是把一個嗡嗡叫的門鈴放在母親肚子上，胎動會增加，這證明胎兒期的語音知覺已經開始發展（phoneme development）（Golinkoff & Hirsh-Pasek, 2000/2002）。研究也發現，在雙語環境中的嬰兒，雖然只有四天大，已經能分辨二種不同的語言了（Hoff, 2009）。一歲至一歲半的兒童會發展出第一個有意義的語詞，但受限於發音器官仍未發育完整，因此有時候說話，「狗」聽來像「朵」（Bernstein & Tieger-man-Farber, 2009）。以下分別就中文聲母與韻母的發展情形，加以說明。

### 一、聲母的發展

說英文的兒童在三歲之前，90%可以學會 /n, m, p, h, t/ ，到三歲半時，90%可以再學會 /w/，四歲時再多學會 /k, f, j, d, b/（在 Sander 的研究中，三歲兒童就已學會 /b, g/）。其他較難的語音，例如：/l, s, r, v, z, ʃ, ŋ, tʃ, ʒ, θ, ð, ʒ/，則在四歲之後才能完全學會（Owens, 2012）。根據王南梅等人（1984）、林美秀（1993）、張正芬與鍾玉梅（1986），以及鄭靜宜（2011）有關說中文兒童的語音研究，本書作者將聲母的發展年齡整理如表 4-1 所示。

表 4-1　說中文兒童正確說出聲母的年齡

| 年齡 | 發音 | 比例 |
|---|---|---|
| 三歲 | ㄅ[p]、ㄆ[pʰ]、ㄇ[m]、ㄋ[n]、ㄌ[l]、ㄎ[kʰ]、ㄍ[k]、ㄏ[x]、ㄑ[tɕʰ] | 75～90% |
| 三歲半 | ㄗ[ts]、ㄘ[tsʰ]、ㄙ[s] | 75～90% |
| 四歲 | ㄉ[t]、ㄊ[tʰ]、ㄐ[tɕ]、ㄒ[ɕ] | 75～90% |
| 四歲半 | ㄈ[f]、ㄕ[ʂ] | 75～90% |
| 五歲以後 | ㄓ[tʂ]、ㄔ[tʂʰ]、ㄖ[ʐ]（有些兒童六歲後才會） | 75～90% |

　　由表 4-1 來看，成人可以依此評量兒童是否達到該年齡水準，如果錯誤音或未發展的音素超過二個以上，則有必要接受仔細的評估。兒童在語音的發展過程中，可能將成人的語音簡化，稱為「音韻歷程」（phonological process），因為受限於發音器官在使用上的便利與發出目標音的容易度，這是人類語音系統尚未完成前的權宜之計。音韻歷程主要有：(1)替代（substitution），例如：祖「父」說成祖「不」；(2)省略（omission 或 deletion），例如：窗「戶」說成窗「物」；(3)增加（addition），例如：「哥哥」說成「鍋鍋」；(4)扭曲（distortion），兒童在還無法正確說出 /g/ 時，舌頭和口腔用力的方式和位置不夠正確，此時聽者會覺得語音類似但卻不完全正確（Bernstein & Tiegerman-Farber, 2009），表 4-2 為說中文兒童容易發生的音韻歷程和舉例。

## 二、韻母的發展

　　根據林美秀（1993）關於韻母的研究發現，韻母除了[y]（ㄩ）之外，在臺灣三歲前兒童正確發音通過測試的比率達 90%，而[y]（ㄩ）在三歲半的通過率也達 90%。說中文的兒童常發生的韻母音韻歷程，是省略韻母的尾音，例如：「平安」說成 /pi a/。因此，可以看出韻母的學習比聲母容易，聲母常需要發音方法和發音位置完全正確，才能發出正確的聲母。

表 4-2　音韻歷程分析表

| 音韻歷程 | | 舉例說明 |
|---|---|---|
| A 省略歷程（deletion process） | | |
| 1.聲母省略（initial consonant deletion） | | 「東西」說成「翁一」 |
| 2.聲隨韻省略<br>（nasal end deletion） | 完全省略 | 「行」說成「錫」 |
| | 省略[ŋ] | 「相」說成「蝦」 |
| | 省略ㄋ[n] | 「蛋」說成「大」 |
| 3.結合韻母省略<br>（combining vowel<br>simplification） | 省略齊齒呼ㄧ[i] | 「壓」說成「阿」 |
| | 省略撮口呼ㄩ[y] | 「月」說成「誒」（ㄝ）[ɛ] |
| | 省略合口呼ㄨ[u] | 「外」說成「愛」 |
| 4.複韻母省略<br>（diphthong simplification） | 完全省略 | 「溝」說成「ㄍ」[k] |
| | 省略ㄨ[u] | 「溝」說成「ㄍㄛ」[go] |
| | 省略ㄧ[i] | 「杯」說成「ㄅㄝ」[pɛ] |
| B 替代歷程（substitution） | | |
| 1.爆音／擦音（plosive/fricate） | | 「沙」說成「搭」[ta] |
| 2.爆音／塞擦音（plosive/affricate） | | 「擦」說成「搭」[ta] |
| 3.不送氣化（unexpiration/expiration） | | 「客」說成「各」[kɤ] |
| 4.送氣化（expiration/unexpiration） | | 「個」說成「課」[kʰɤ] |
| 5.擦音化（fricate/affricate） | | 「擦」說成「撒」[sa] |
| 6.塞擦音化（affricate/fricate） | | 「撒」說成「擦」[tsʰa] |
| 7.塞擦音／爆音（affricate/plosive） | | 「搭」說成「擦」[tsʰa] |
| 8.擦音／爆音（fricate/plosivc） | | 「搭」說成「撒」[sa] |
| 9.滑音替代（gliding） | | 「樓」說成「游」[jo]或[wo] |
| 10.邊音化（lateralization） | | 「牛」說成「流」 |
| 11.舌前音化（fronting） | | 「果」說成「朵」 |
| 12.舌後音化（backing） | | 「東」說成「公」 |
| 13.喉音替代（glottal replace） | | 以/ʔ/替代 |
| 14.唇音替代（labilization） | | 「翻」說成「班」 |
| 15.唇齒音替代（labi-dentalization） | | 「哈」說成「發」 |
| 16.韻母的替代（vowel substitution） | | 「橘子」說成「集子」 |

表 4-2　音韻歷程分析表（續）

| 音韻歷程 | 舉例說明 |
|---|---|
| C 同化歷程（assimilation process） | |
| 　1.後音同化（progressive） | 「代溝」說成「代都」 |
| 　2.前音同化（regressive） | 「代溝」說成「蓋溝」 |
| D 其他歷程（other process） | |
| 　1.添加音（addition） | 「師」說成「書」 |
| 　2.鼻音化（nasalization） | 說非鼻音時帶有鼻音，例如：/ã/ |
| 　3.去鼻音化（denasalization） | [m, n, ŋ]以非鼻音的音替代 |
| 　4.歪曲音化（distortion） | 無法精確的發出語音（不到位） |

註：引自 Bauman-Waengler（2000）、Gordon-Brannan 與 Weiss（2006），以及 Lowe（1996）。

### 三、聲調的發展

　　中文與英文或其他拼音語言的不同，在於中文使用「聲調」（tone）表意，聲調不同則語意不同，例如：媽、麻、馬和罵，除了聲調之外，四個漢字的語音組成不論是聲母或韻母都是一樣的，然而它們的意義卻完全不同。張欣戊（1993）統整四個研究的結果發現，臺灣兒童在二歲半之前已學會四聲聲調，學會的順序是先學會一聲和四聲（陰平和去聲），之後才是二聲和三聲（陽平和上聲）。根據在臺灣的經驗，聲調異常兒童的比率相當低，除了少數因受父母的鄉音影響，例如：父親是由大陸來臺年紀較大的退伍軍人（有著大陸各省的鄉音）、母親為非臺灣籍的外籍配偶，這樣的兒童，較容易出現聲調和語調異常情形，正常兒童年齡增長後，就不會出現。

　　兒童的語音是如何學會？根據Skinner的看法，最能說明早期語音的習得，是當兒童發出近似音且符合標的物時，便會得到周遭成人們的增強，例如：給予讚許和增強物，此時母語中的聲音會較其他非母語的聲音容易得到正增強，因此出現正確音的機會增加而被保留，而其他非母語的聲音則會逐漸消失，所以說中文的人經常無法正確說出英文的 /l/ 和 /r/。隨著兒童的發音器官逐漸成熟，透過成人的示範，兒童浸淫在充滿語音的環境中，嘗試練習發出不同的聲

音，其聲音會愈來愈接近成人的語音。歸納上述語音發展的時間，塞音的發展早於擦音，舌尖前音的發展早於舌尖後音，擦音的發展早於塞擦音，這也可以看出，先發展的語音通常是在發音上較為容易的語音。兒童在六歲時，語音系統的發展接近完成，因此這時兒童所使用的語音幾乎和成人一樣，也能被大多數人所了解。

## 第三節　語意的發展

語意是語言的內容，也就是語言的意義。語意的發展指的是兒童對其使用語言之了解，會受到兒童認知能力的影響。隨著認知能力的發展，兒童的大腦同時也受到環境刺激的影響，出生後到四個月時，兒童能分辨音源，成長至六個月時，兒童會對熟識者微笑，並能分辨出熟悉者（照顧者）的聲音，發展到九個月時，兒童對自己的名字和簡單的指令會有反應（例如：大人說「來來來」，嬰幼兒即會朝著召喚者方向爬過去）。我們要表達的語意，能透過詞、句子和語段（discourse）來傳達（Owens, 2012）。

### 一、兒童字彙量的發展

兒童的第一個語詞約在一歲左右發展出來，早期語詞的意義，是兒童對身旁熟悉的物品、人物、行動和他們的特性的稱呼。Nelson（1973）的研究發現，說英文兒童的第一個詞彙有 65% 是名詞，例如：媽媽、球；13% 是動詞，例如：來、跑；9% 是修飾詞，例如：熱、我的；8% 是個人—社會性詞彙，例如：bye-bye 和不要（no）；4% 是功能詞，例如：什麼。

Owens（2012）指出，兒童早期的語彙有過度延伸（overextension）的情形，例如：把四隻腳有毛的動物都稱為「狗」，因此他們使用的詞彙語意可能和大人不同。兒童的過度延伸是建立在物品的相似性上，可能是形狀、大小和功能的相似，以致於使用同一個語詞來稱呼。兒童為何會如此？有一個解釋是他們尚未習得正確的稱呼，便找一個相似的詞，另一種解釋是他們想要知道正確的稱呼是什麼，而這樣的策略會一直被使用到三歲左右。表 4-3 是根據不同學者所列舉的兒童早期表達詞彙量。

表 4-3　兒童早期詞彙量的發展

| 年齡（月） | 字彙量（個） | | |
|---|---|---|---|
| | Owens（2002） | Hoff（2009） | Bernstein 與 Tiegerman-Farber（2009） |
| 十二 | 1～2 | | 1 個以上 |
| 十五 | 4～6 | 1 個以上 | 4～6 |
| 十八 | 20 | 50 | 20 |
| 二十四 | 300 | | 200～300 |

　　在參考 ASHA（2014）、Bernstein 與 Tiegerman-Farber（2009），以及 Owens（2002）等文獻後發現，說中文和說英文的兒童其語彙發展十分類似。兒童一歲之後，每天約增加二至五個詞彙，一歲半時至少會舉出身體的三個器官，約有二十至五十個詞彙，且喜歡使用擬聲詞和疊字詞，例如：抱抱、ㄋㄟ ㄋㄟ，此時開始將詞彙組合在一起（word combination），也採用樞軸基模（pivot schemas）原則，開始使用片語和電報語，例如：喝ㄋㄟ ㄋㄟ、爸爸車和媽媽鞋。兒童二歲時，詞彙量已達約三百個，主要是身體器官、日常用品和簡單動作，此時的平均語句長度（mean length of utterance [MLU]）約是三個詞素，而且兒童理解的詞彙比其會使用的詞彙多。到了二歲半，詞彙量約有四百五十個，能了解和會使用簡單疑問句（例如：在哪裡？誰？），兒童的動作能力增加，透過虛構遊戲（make-believe play）或模仿成人學習。三歲兒童約有九百至一千個詞彙，而且可以發現語意的錯誤，例如：當溝通夥伴說「把冰箱拿來」，兒童會笑出來。五歲時，他們約有三千個詞彙，且會注意使用語言的不同，例如：閩南語中的 [kha]（ㄎㄚ）是「腳」。

　　Hoff（2009）討論兒童是否在發展出五十個詞彙之後，即進入語彙學習的爆發期（word spurt）發現，每一位兒童的發展速度不近相同，Golinkoff 與 Hirsh-Pasek（2000/2002）也持相同的看法，但學者們共同的看法是，年幼兒童能理解的詞彙量遠超過於他們所表達的量，兒童的詞彙內容因父母的教育程度、家中環境和文化而有不同。

## 二、兒童發展字彙的語意原則

Owens（2001）指出，兒童早期的語意規則包括：

1. 命名：兒童給生物或無生物一個名稱，例如：車車、汪汪。
2. 存在：注意生物或無生物存在，例如：媽媽、那個鞋子。
3. 主事者：可以起始行動的行動者，例如：「爸爸」丟。
4. 受事者：可以承受動作的人或物，例如：切「麵包」。
5. 擁有者：物品屬於某人或某人擁有物品，例如：「媽媽」（的）包包。
6. 地點：兩物的空間關係，例如：娃娃睡「床床」。
7. 經驗者：被事件影響的人，例如：「哥哥」跌倒。
8. 歸因：事情並非屬於原來的主事者或物品，例如：「不乖，打打」。
9. 否認：拒絕一個提議，例如：「沒有哭哭」。
10. 不存在：了解曾經存在的物品不再出現，例如：「餅乾吃完了」或「沒有了」。
11. 拒絕：預防事件再發生或再出現，例如：「不要打打」。
12. 工具：引起活動的物品，例如：用「筆」寫字。
13. 再出現：物品的重現或事件的再發生，例如：「多一點」糖果。
14. 注意：了解物品已出現或事件已經發生，例如：「嗨！阿姨」。

## 三、不同詞類的發展情形

　　根據李丹（1990）的研究發現，兒童語意的發展過程中，最先學會具體的物品，而且名詞在動詞之前。以下分別說明各種詞類的發展情形：

1. 名詞：幼兒會以中等概括性名詞指稱物品，例如：他們先使用「狗」，而不是「動物」（集合名詞）或「哈巴狗」（特殊名詞）。先學會具體的物品或名稱，之後逐漸累積經驗，並伴隨認知能力發展，才了解抽象名詞，例如：愛心、禮貌。
2. 動詞：先是具體可實施之動作，再發展到細緻精確的動作，這也與其認知發展有關。兒童先會說「抱抱」、「喝」ㄋㄟ ㄋㄟ，之後才學會「堆」積木、「滑」雪橇和「打架」。臺灣的兒童還未學會動詞「堆」之前會說「用」積木（如圖 4-1 所示），這是受到閩南語的影響，目前仍有許多成人以「用」來取代精確的動詞，有可能兒童是學習大人的用法。

圖 4-1 「堆」積木

3. 形容詞：兒童學習形容詞的順序如下：

   (1)  從物體特徵到情境的描述：以常用的形容詞，依序學會顏色（紅、黑、白、綠、藍、紫、灰和棕），其次是味覺（甜、鹹和苦），再來是溫度覺（燙、熱、冷和涼），最後是機體覺（痛、飽、餓和癢）。

   (2)  從單一特徵到複雜特徵：三歲半會用「胖」，四歲會用「瘦」，五歲才會兩者兼用。但在作者的實際經驗中，兒童學會胖瘦的時間比李丹（1990）所列的時間來得更早，可能是目前傳播媒體時常有許多關於身材的廣告或節目，人們也比以前更重視體態，因而兒童學習相關詞彙的時間也就相對提早了。

   (3)  從簡單形式到複雜形式：兒童先學會簡單的形容，例如：疊字的「漂漂」，之後是「漂亮」，再來是「好漂亮」，最後是「亮亮的好漂亮」。

4. 時間詞：三至六歲幼兒會先了解「今天、昨天、明天」，之後是「上午、下午和晚上」，最後才是較大的時間單位「今年、去年和明年」。

5. 空間方位詞：包括裡（面）、上、下、前、後、外、中、旁邊和左右，少數兒童要到六歲之後才學會分辨左右邊。

6. 指示代名詞：像是這、這邊、那和那邊，相對位置對幼兒來說較為困難。

7. 人稱代名詞：兒童二歲半時可理解「我」和「你」的區分，之後才是理解「他」。

8. 量詞：三歲開始學習理解量詞的不同，並知道如何使用，例如：一本書、兩頭牛。在兒童還沒有學會正確的量詞時，經常因為「過度類化」而都使用「個」，例如：一「個」樹，而不是一「棵」樹。若依 Chomsky（1957）的理論而言，量詞是中文獨特的數量標示詞彙，需要成人教導兒童使用的方法。

歸納以上兒童學習詞類的原則，主要是：

1. 先具體（亮亮、ㄋㄟ ㄋㄟ），後抽象（愛心、禮貌）。

2. 先名詞（屁屁、ㄋㄟ ㄋㄟ），再動詞（躺躺、跳舞）。

3. 先概括性（狗），後特殊性（哈巴狗），三歲前有過度類化的情形，把四隻腿、有毛的動物都叫做「狗」。

4. 先會說局部特徵（亮亮），再到完整情境描述（屋子的燈好亮）。

5. 先描述單一特徵，再到複雜特徵，例如：先會說「101 好高」，後會說「101 大樓一節一節的」；先學會「一樣」，再來是「不一樣」。

6. 簡單到複雜形式：先說「漂漂」，之後加入程度「好」漂亮，再發展出「亮亮的好漂亮」。

吳尚瑜（2021）研究學前兒童口語語料，就其所整理的三歲組使用比例最高的前 20 個詞為：這、就、了（副詞）、還有、去、不、玩、那、啊、在（V）、你、媽、好、一、然後、可以、把、了（助詞）、家、還、拿。四歲組前 20 個詞為：我、他、個、的、就是、然後、有、要、一、了（副詞）、不、這、會、你、那、去、把、在、了（助詞）、說。五歲組前 20 個詞為：他、我、的、就、個、然後、是、有、一、要、不、會、那、你、去、在、了、把、說。六歲組前 20 個詞為：他、我、的、就、個、然後、是、有、不、要、會、都、那、了、去，在、你、把、說。可以發現兒童在三歲時就會使用代名詞、動詞、指示代名詞、否定詞、數詞和連接詞等。但本研究三至六歲組出現名詞的比例不高，這可能與學前兒童的語句短，動詞傳達比較多的語意，高頻詞彙的使用反而比例偏低，因作者僅選取前二十個詞彙，代表性較不足，讀者可自行參閱該文。

由上述的說明可以了解，語意的發展和兒童的認知發展息息相關。Piaget 的認知發展順序和內容，都與兒童的語言學習有關（McLeod, 2009），如果兒童不

具備某種認知能力，例如：物體恆存的概念，就不會有「拒絕」的語意出現，因此增進語意能力的發展，加強認知活動與功能是十分重要的。

## 第四節　語法的發展

語法的發展也就是句法的發展，但中文的語法和英文不同，因此以下參考東、西方學者（高更生等人，1996；Bernstein & Tiegerman-Farber, 2009; Owens, 2012）的論述，再依照年齡發展，分別加以說明。

### 一、單詞期（one-words utterance）

兒童在一歲左右，會說第一個有意義的詞彙，例如：狗（狗）、球球或姨，此時因為詞彙量少，因此有過度延伸的情形，亦即「一字（詞）多義」，相同情境使用的同義詞彙，但意義不同，例如：兒童會將戴眼鏡的男生都稱為「爸爸」。

### 二、雙詞期（two-word utterance）

一歲半到兩歲的兒童會連結二個詞來使用，例如：大蘋果、小乖乖、不要、爸爸車、公園玩，兒童已能正確的在名詞和代名詞前加上修飾語，說英文的兒童已經會加上複數「s」，也會使用冠詞「the」和「a」、所有格和現在式。此時，兒童的語言常以關鍵字（keywords）呈現，又稱電報式語言，例如：「媽媽鞋鞋，丟！」另外，這時在兒童的語言中，也經常看不到主詞，例如：「吃餅乾」的意思是「我」要吃餅乾。

### 三、簡單句（simple sentence）

二歲至二歲半時，兒童開始出現第一個完整的句子，亦即在雙詞期看不到的主詞，這時已經出現，而形成主詞+動詞（S+V），或主詞+動詞+受詞（S+V+O）的句型，例如：爸爸開車、球球跑跑和哥哥打我。

## 四、簡單長句（simple but long sentence）

三歲時，兒童已經學會在句子中加入形容詞或副詞的修飾語，例如：車子跑得好快、他很胖，此時的句子變得比較長，平均語句長度（MLU）也會提升。兒童進入學齡之後，即便是簡單句，也能夠使用較難的詞彙組成相當長的句子，例如：「一望無際的綠色稻田好像（猶如）一塊綠色的地毯。」

## 五、複雜句（complex sentence）

Owens（2012）指出，複雜句是指一個主要句子和至少一個附屬的句子，而這個附屬的句子是鑲嵌在主要句子中。一般而言，是由之前（before）、之後（after）、雖然（although）、當（while）和關係代名詞（5W和1H）等加以連接。因此，英文中的複雜句和複合句的區別是，前者的子句是附屬於主要子句，而後者可以是二個獨立子句以對等連接詞或關係代名詞連接。但因為中英文句法不同，因此在此處將這二者區分開來。三至四歲之間，說中文兒童的句法趨向複雜，且和成人的句法愈來愈像，這時的句法稱為複雜句，又可分為兩種組合方式：

1. 簡單句的組合：由二個相同主詞的簡單句相結合後，刪除後面一句的主詞，例如：「大哥哥好壞打我」、「我外婆住臺東有養雞」。
2. 簡單句中有包接子句（embedded sentence）：在主要的簡單句中，受詞可能是一個句子，或者有一個形容的子句，例如：「他有一隻我喜歡的狗」、「幫我綁頭髮的（人）是我媽媽」。

## 六、複合句（無連接詞）（compound sentence without connection）

三歲之後，說中文兒童也會出現由幾個單句組合而成，但中間並無連接詞銜接的語段，而對於中文也可以說是一個完整的句子，例如：「這個好好吃，我還要！」或者「冬天很冷！我要戴帽子！」（也可以是「夏天很熱！我不要戴帽子！」）。

## 七、複合句（有連接詞）（compound sentence with connection）

四歲之後，兒童的句法日漸成熟，會出現和成人一樣的複雜句子，兒童開始學會使用各種不同的連接詞和不同類型的子句（可能是附屬子句連接在主要子句後面），也有三個句子連在一起的情況（Owens, 2012），後者與上述所提的無連接詞之複合句是一樣的，以對等連接詞和附屬連接詞的使用為例，說明如下：

1. 對等連接詞：「和」與「或」。對等連接詞最重要是，要注意前後所連接的一定是相同的詞性，例如：「猴子」和「大象」都喜歡吃香蕉；「老師」或「園長」教我們跳舞。

2. 附屬連接詞或從屬連接詞：之前、之後、因為、所以、雖然、假如，以及 5W 和 1H（when、who、where、what、why、how）等。主要是連接主要子句和附屬子句，這時有二個子句的組合，例如：因為打破盤子，他被罰掃地；他雖然很胖，還是跑得很快。表 4-4 是有關使用附屬連接詞的例句。

表 4-4　附屬連接詞的例子

| 附屬連接詞 | 例子 |
| --- | --- |
| 以後 | 我長大以後，我要當警察。 |
| 如果 | （如果）沒寫功課，媽媽就不給我零用錢。 |
| 當 | （當）大野狼敲門時，小羊嚇得全身發抖。 |

學齡（六足歲）之後，兒童的句子隨著認知能力的發展和社會經驗的累積而更加複雜和抽象，表達的意義也更多元，例如：「聖誕老公公從煙囪溜下來，然後把禮物放進襪子裡，又騎著雪橇去送禮物給其他小朋友。」表 4-5 為其他中文複合句的例子。

表 4-5　其他中文複合句的例子

| | 類別 | 用詞 | 例子 |
|---|---|---|---|
| 複合句 | 並列 | 一邊……一邊 | 他一邊跳舞一邊唱歌（好厲害！）。 |
| | | 既是……又是 | 叔叔既是一位保護人民的警察，又是一位很棒的歌手。 |
| | 遞進 | 不但……而且 | 他不但每天回家照顧生病的母親，而且還都考第一名。 |
| | | 不但不……反 | 張三不但不賺錢養家，反而伸手向父母要錢。 |
| | 選擇 | 不是……就是 | 他不是農夫，就是漁夫。 |
| | 目的 | 為了……於是 | 小明為了使功課進步，於是每天都六點起床讀書。 |

## 八、問句的發展

英文有三種問句形式，包括：是非問句、wh 開頭的問句和附加問句（tag question）（Owens, 2012）。Paul（2001）為了了解問句的發展年齡，設計了一個測試的方法，就是先說一個故事，之後詢問以下這些問句，並找出兒童可以正確回答的年紀，以列出不同問句的發展年齡，本書作者分別舉出例子，列於表 4-6。由表 4-6 可以看出，在三歲之前的兒童可以理解和使用具體疑問句「什麼、哪裡、多少、誰」（what、where、how many、who），是早於抽象疑問句的「如何、何時」（how、when），但為什麼（why）是在兒童三歲時就可以正確回答。

有關說中文兒童的問句研究，李宇明與陳前端（1999）歸納陳素珍、李宇明與繆小春的研究指出，大陸學前兒童對疑問句理解的表現為：三歲兒童可理解詢問事物（什麼）、人（誰）、處所（什麼地方）和簡單數量（多少或幾）等問句，四歲兒童可以理解詢問性狀、方式（怎麼樣）、時間（什麼時候）的問句，到五歲時才會回答詢問原因（為什麼）的問句（引自林方琳、林月仙，2012）。不論說中文或說英文的兒童，對具體疑問句的理解程度優於抽象疑問句，不過對「為什麼」一詞的了解，似乎說英文兒童比說中文兒童早很多，這其中是否因文化差異和對兒童教養方式不同而造成不同的結果，仍有待探討。

表 4-6　問句的發展年齡

| 疑問詞 | 英文 | 例子 | 發展年齡 |
|---|---|---|---|
| 什麼 | what | 這是什麼？ | 二歲 |
| 哪裡（什麼地方） | where | 媽媽你要去哪裡？ | 二歲半 |
| 誰 | who | 你是誰？ | 三歲 |
| 誰的 | whose | 誰的鞋子？ | 三歲 |
| 為什麼 | why | 為什麼不去上學？ | 三歲 |
| 多少（幾） | how many | 有多少個？（數量不一定回答正確） | 三歲 |
| 怎麼（如何） | how | 你怎麼做出來的？ | 三歲半 |
| 什麼時候 | when | 你什麼時候起床？ | 四歲半 |

林方琳與林月仙（2012）在編製「學前兒童疑問句回應測驗」時發現，兒童在疑問句回應測驗的得分和語詞表達測驗，有中高度相關；不同年齡兒童的得分有顯著差異，五歲組優於四歲組，四歲組優於三歲組；而語言發展遲緩（language delay）兒童的得分則顯著低於一般兒童。

　　綜合以上的說明可以發現，語法的發展是循序漸進的，由單詞開始，兒童將雙詞組合成片語，會說片語之後，逐漸學會主詞加上動詞的句子，如表 4-7 學齡前兒童語法發展範例，兒童到了五至六歲，就已經學會日常溝通的基本句法，能清楚表達有主題的語意。而句法的發展也是一個隨年齡成長逐漸發展的歷程，不過中文句法仍是相當複雜，對於有語言學習障礙的兒童是很大的挑戰，教學者必須有條理的列出不同句型，並舉出不同的例子，以協助兒童練習。

表 4-7 學齡前兒童語法發展範例

| 年齡 | 句法 | 例子 | MLU |
|---|---|---|---|
| 一歲 | 單詞 | 媽媽、杯杯。 | 1 |
| 一歲半 | 雙詞 | 爸爸車車。 | |
| 二歲 | 簡單句 | 爸爸開車車。<br>我吃飯飯。 | 1.6～2.2 |
| 二歲半 | 問句和否定句 | 這是什麼？<br>（我）不要吃飯。 | 3<br>4 |
| 三歲 | 簡單長句 | 花花好漂亮。 | 3.0～3.3 |
| 四歲 | 複合句 | 我長大（以後）要當警察。<br>（因為）你弄壞東西，（所以）媽媽會打你。 | 3.6～4.7 |
| 四歲半 | 沒有連接詞複合句 | 聖誕老公公從煙囪爬下來，把禮物放進襪子，從煙囪爬出去，坐馬車走了，小朋友醒來看到禮物。 | 改用平均T單位 |
| 五歲 | 有連接詞複合句 | 聖誕老公公從煙囪爬下來，再把禮物放進襪子，然後很小心從煙囪爬出去，因為怕吵醒小朋友，小朋友睡醒以後，看到禮物很高興就告訴媽媽。 | 改用平均T單位 |

註：1. （ ）表示省略的詞彙。
  2. MLU 數值係參考 Owens 等人（2015, p. 66），亦可參考本書第五章關於中文MLU 計算的說明。

## 第五節　語用的發展

　　語用簡單的說就是語言的使用，人類使用語言有其目的和意圖，社會語言學家認為說話就是一種行動。兒童能夠自如的使用語言，而且是正確的使用，不會文不對題或答非所問，則必須具備足夠的語言知識和對社會情境的了解。Whitehurst 與 Sonnenschein（1985）指出，幼兒需要足夠的字彙、記憶和概念處理等能力，才具有溝通的效能，尤其是學齡前幼兒經常忽略了聽者的狀態、知識和能力。兒童在三歲之前是以自我為中心，本書作者曾經和住家附近的孩子說話，作者問他幾歲，孩子的回答竟是：「蟑螂跑過去了。」可見這時候的孩

子還關心著方才看到的一隻蟑螂，而不關心溝通夥伴所在意的事情。隨著社會人際互動的增加，兒童的社會知識愈來愈豐富，便可逐漸增進他們的溝通能力。

## 一、學齡前

Halliday（1975）指出，一至二歲學步兒的溝通意圖包括：(1)工具性功能：獲得想要的目標物或滿足需求（例如：拿著杯子說「還要」）；(2)規範性功能：用來控制其他人的行為（例如：拿著球說「球」，要求大人和他玩球）；(3)互動性功能：用來引起注意（例如：叫媽媽，引起母親注意）；(4)個人性功能：用來表達感受或態度（例如：說 /am/，表示餅乾好吃）。

Dore（1978）也說明，二至五歲學前兒童的溝通意圖有以下四項：

1. 問不同的問題以獲取資訊，例如：我可以走了嗎？糖果好吃嗎？你要去哪裡？為什麼我沒有？

2. 回答詢問或提供資訊，例如：皮包放在櫃子裡、我不喜歡愛打架的人、我不要去。

3. 描述事件、物品或所有物，例如：那是紅色的卡車、他慢慢的蓋、有煙囪的房子在冒煙。

4. 陳述事實、感覺、態度和想法，例如：昨天我去動物園、好痛哦、鬼不是真的、我不喜歡女生。

兒童進入小學之後，有系統的語言學習，不僅能幫助他們更熟練各種句型的用法，也能學會不同情境的表達方式，並能按照主題發表看法或敘說事件，其敘事（narrative）能力將發展得更好。White（1975）說明學齡兒童的溝通能力，包括：

1. 以大人接受的方式引起且維持大人的注意，例如：你看我畫的圖、不要看電視陪我下棋。

2. 引導和跟隨同伴指導，例如：我帶你去、你告訴我怎麼黏。

3. 在恰當的時機，利用其他人來提供協助或訊息，例如：爸爸幫我蓋狗屋、明天可不可以去麥當勞？

4. 合適的表達情感、敵意和憤怒，例如：大人說話太無聊、你為什麼推我？

5. 表達自己的成就或覺得驕傲的事，例如：我的作業得到 100 分、做勞作

比較有成就感。

6. 角色扮演（演戲、扮家家酒），例如：兒童會按照劇本，表演歷史劇或主持節目和比賽。

7. 同學間比賽說故事，例如：兒童會比賽說笑話或說故事。

ASHA（2014）為了讓大眾了解學齡前兒童「說」和「聽」的能力是如何發展和變化，因此列出從零至五歲，每個年齡層的重要發展情形，可以讓一般人更快的檢視兒童的聽和說發展是否正常，如表 4-8 所示。

表 4-8　零至五歲各階段的聽覺理解以及口語表達的重要發展情形

| 年齡 | 聽覺理解 | 口語表達 |
|---|---|---|
| 出生至三個月 | • 會被大的聲響嚇到<br>• 對他說話時，會安靜或微笑<br>• 似乎可以辨別你的聲音，聽到你的聲音會停止哭泣<br>• 聽到聲音可能會增加或減少吸吮 | • 會發出一些愉悅的聲音（例如：咕咕聲）<br>• 不同的哭聲表達不同的需求<br>• 當你望向他時，他會笑 |
| 四至六個月 | • 會跟著聲音方向移動眼睛<br>• 對於你的聲音變化會有反應<br>• 對會發出聲響的玩具感到興趣<br>• 對於音樂感到興趣 | • 更多和成人語音相似的牙牙學語聲，包含了雙唇音 /p/、/b/ 和 /m/<br>• 有不同的笑，輕聲的笑出聲和大笑<br>• 興奮和不滿時會發出聲音<br>• 自己獨處時，以及和你一起玩時，會發出咯咯的聲音 |
| 七個月至一歲 | • 喜愛躲貓貓（peekaboo）與拍手遊戲（pat-a-cake）<br>• 會跟著聲音轉向，看看發生什麼事<br>• 和他說話的時候會聆聽<br>• 能夠辨識出一些日常物品的字詞，例如：杯子、鞋子、書或果汁<br>• 對於要求開始有所回應（例如：「來來來」或是「還要嗎」） | • 牙牙學語聲音中有較長的聲音組合，像是 tata、upup、bibibibi<br>• 使用言語或是非哭聲以外的聲音來獲得和保持對方注意<br>• 會使用手勢溝通（例如：揮揮手、舉高雙手）<br>• 會模仿不同的語音<br>• 一歲左右開始有一或兩個單詞（例如：嗨、狗、媽媽），雖然聲音可能不是很清楚 |

表 4-8　零至五歲各階段的聽覺理解以及口語表達的重要發展情形（續）

| 年齡 | 聽覺理解 | 口語表達 |
|---|---|---|
| 一<br>至<br>二<br>歲 | · 能夠指認身體部分部位<br>· 能夠遵從簡單指令和了解簡單問句（例如：滾球球、媽媽親親和鞋鞋在哪裡）<br>· 能夠聽簡單的故事、歌曲和童謠<br>· 在你命名時能夠指出書中圖片 | · 每個月都增加表達的詞彙<br>· 能夠說單詞或雙詞的問句（例如：貓貓哪裡、是什麼）<br>· 能夠將兩個語詞結合並表達出來（例如：沒果汁、媽媽書）<br>· 在詞彙起始時能使用更多不同子音 |
| 二<br>至<br>三<br>歲 | · 理解相反詞的意義（例如：大小、上下）<br>· 遵循二步驟指令（例如：去拿書，然後放在桌上）<br>· 喜歡且享受聽長的故事 | · 幾乎能夠命名所有的事物<br>· 能夠使用二至三個詞彙談論事情及提出要求<br>· 可以說 /k, g, f, t, d/ 和 /n/ 的聲音<br>· 熟悉的人能夠理解孩子大部分所表達的內容<br>· 指著物品表達要求或獲取他人注意<br>· 發一些聲音或字詞時可能會口吃 |
| 三<br>至<br>四<br>歲 | · 你在別的地方呼喚他能夠聽見<br>· 和其他家人以一樣的距離聽收音機和看電視<br>· 能夠理解顏色詞（例如：紅色、藍色和綠色）<br>· 能夠理解形狀詞（例如：圓形、方形）<br>· 能夠理解稱謂詞（例如：哥哥、奶奶和姑姑） | · 能夠表達在學校或在朋友家發生過的事情<br>· 能夠表達白天發生的事情，能夠一次使用四個句子<br>· 家人以外的其他人也能夠理解孩子所表達的內容<br>· 能夠回應誰（who）、什麼（what）和哪裡（where）的簡單問題<br>· 能夠使用什麼時候（when）和如何（how）的問句<br>· 能夠說出押韻的詞<br>· 能夠使用代名詞（例如：我、你、我們和他們）<br>· 能夠使用複數詞 |

表 4-8 零至五歲各階段的聽覺理解以及口語表達的重要發展情形（續）

| 年齡 | 聽覺理解 | 口語表達 |
|---|---|---|
| 三至四歲 | | ・能夠使用很多包含四個詞或以上的句子<br>・說話時重複音節或字詞現象較少出現 |
| 四至五歲 | ・能夠理解序列詞（例如：首先、再來和最後）<br>・能夠理解時間詞（例如：昨天、今天和明天）<br>・能夠遵循較長的指令（例如：「把你的睡衣穿上、刷牙，然後選一本書」）<br>・能夠遵循教室中的指令（例如：「在你的紙上畫一個圓圓的、你曾經吃過的東西」）<br>・能夠聽懂大部分在教室和在家裡的溝通用語 | ・能夠說出所有的語音，但一些較困難的語音可能會說錯（例如：/l, s, r, v, z, ch, sh, th/）<br>・能夠回應「你剛剛說了什麼」的問句<br>・大部分的說話不會重複聲音或字詞<br>・能夠說出字母和數數<br>・可以使用包含一個以上的動詞之句子（例如：跳、玩和拿），但可能會使用錯誤<br>・能夠說出長度較短的故事<br>・能夠維持對話<br>・能夠根據聽者和地點做不同表達，對於較小的孩子可能會用簡短的句子；在室外說話可能會較大聲 |

註：引自 ASHA（2014）。

## 二、學齡和青少年

在學齡早期，兒童的對話和敘述能力會逐漸發展出來，第六節將說明兒童敘事能力的發展。此時，他們會開啟新話題、維持話題，以及平順的結束話題（可由表 4-7 五歲兒童的語法發展軌跡看出來）。他們會根據說話當下的情境作出評論，調整自己在談話中的角色或因為情境而改變說話方式，也會根據對聽話者的了解而設定一些假設來調整說話內容。而青少年則會表露更多的情感和談論一些在家裡不常表達的主題，這時話輪（turn）的數量會比過去增加很多，

他們會詢問跟話題相關的問題，讓談話的主題可以持續往下進行（Owens et al., 2015）。

不論說英文或中文，兒童的語言發展皆依循著一定的發展軌跡而進步，在五至六歲達到成熟。五歲之後，兒童所使用的語言形式和大人並沒有太大差異，但兒童的語言仍然持續的在質與量上有著不同改變，且愈來愈複雜和豐富。然而，語用牽涉到對社會情境和線索的解讀，俗語說：「哪壺不開提哪壺。」隱喻語用的不恰當，也會影響社會互動，例如：有一位國小三年級輕度智能障礙兒童在九二一地震後問老師：「昨天地震好大，老師你家有沒有死人？」此句顯然很不適當，雖然語音、語意和句法都是正確的，卻不符合社會禮儀，因此語用向度對於智能障礙、泛自閉症和學習障礙個案都是需要特別注意的，可能會出現句子正確，但時機或場合不恰當的情況。

## 第六節　敘事能力的發展

### 一、敘事能力的定義

Hoff（2009）表示，敘事能力是一種沒有溝通夥伴的獨白（monologue），也就是對過去事件的口語表達，也可以說是敘說故事。成人可以講相當長和完整的故事，但兒童的敘事能力是開始於對話的情境中。Owens（2012）認為敘事能力包括：說出自我創作的故事、一般熟知的故事、一本書（電視節目或電影）的內容和個人過去的經驗。敘事能力和會話（conversation）不同，前者是去情境（decontextualization）的獨白，後者是社會性的對話。Paul 等人（2018）稱為敘事式的說故事（narrative storytelling），是一種介於兒童熟悉的說故事和對話之間，沒有溝通夥伴的說故事。他們列出故事結構（story grammar），包括：故事有場景（setting）和情節（episode structure），情節又有起始事件、內在反應、計畫、企圖、結果和反應。

## 二、敘事能力的發展

Eisenberg（1985）指出，敘事能力的發展共有三個階段：第一階段是在成人協助的鷹架（scaffolding）下，兒童說明某個主題（去動物園）的過去經驗，例如：大人問：「你去過動物園嗎？」然後大人又問：「你看到什麼？」在早期的敘事中，內容大多是成人提供的，兒童會用簡單的字句回答大人的問題。在第二階段中，兒童較少依賴成人發問的協助，他們開始可以提供一些新的資訊，此時兒童描述的是熟悉事件的一般說明，而非特別事件的特定描述，例如：兒童在敘說生日會的活動時，可能會說一些當天並沒有做的事，但是一般生日會上會發生的事件。第三階段的兒童就會敘說當天發生的特定事件，不需再依賴大人的發問，也不會說出那些一般發生的事件或者非真實發生的事情。

Owens（2012）表示，在未發展出單詞時，兒童對熟悉事件就已經有先後順序的概念，例如：洗澡時，先脫衣服，之後擦乾。雖然二歲時，他們已經有了對熟悉事件的腳本（script）概念，但一直要到四歲，才能正確描述事件的順序。兒童會使用二種策略來組織敘事：一是以某主題為中心（centering），另一是鏈接（chaining），前者是抓住故事核心的要旨，後者則是把事件的順序連貫起來。二歲的兒童只會抓住核心要旨，很少考慮聽話者，因此他們所說的故事常不容易聽出起頭和結束；三歲時，只有一半兒童會同時使用二個策略；到了五歲，有75%兒童會使用這二種策略，他們在開始時，會說出人物、時間和地點。三至七歲間，兒童逐漸學會描述和安放情節，並隨著時間順序加以說明，五歲時邏輯的時間順序比較清楚，事件的組織架構也比之前更加完整，他們能回憶說出熟悉和重要事件的因果關係。

Paul 等人（2018）根據 Applebee 系統的敘事發展階段作調整，提出五個階段，如表 4-9 所示。

錡寶香（2004）對國小低閱讀能力兒童與一般兒童的敘事能力進行比較，研究結果發現，低閱讀能力兒童對故事結構的掌控能力遠低於一般兒童，其故事敘事中「故事背景」、「引發事件」、「內在反應」、「結果」、「嘗試」和「回應」出現的次數，皆遠低於同年級一般兒童，然而兩組兒童的「行動計畫」出現次數未有顯著差異。另外，低閱讀能力兒童的全篇敘事的故事結構分

表 4-9　敘事發展的五個階段

| 階段 | 年齡 | 名稱 | 說明 |
|---|---|---|---|
| 1 | 二至三歲 | 堆砌故事（heap story） | 沒有故事主軸，通常使用簡單的句子陳述，例如：丁丁出門了，到操場玩，遇到青蛙，小狗咬一張貼紙，有個小孩亂叫，被警察抓走了。 |
| 2 | 三歲 | 順序故事（sequence story） | 故事的順序跟隨著一個主題，會有一個主角，但故事不一定符合時間軸或因果關係的邏輯，例如：有一個小男孩、草、狗、青蛙和桶子，爬到樹上，不小心掉下來，就下山回家，青蛙很開心，狗狗游泳。 |
| 3 | 四至四歲半 | 原始敘事（primitive narrative） | 故事有一個中心人物和物件或事件，會有至少三個故事結構的元件：起始事件、嘗試或行動、結果，但沒有真正的解決辦法或結尾，以及角色的動機，例如：他看到一隻青蛙，他跳下去，青蛙也跳下去，他抓到狗，青蛙又跳一次，他很生氣，青蛙很緊張，然後他就跟著腳印追。 |
| 4 | 四歲半至五歲 | 鎖鏈敘事（chain narrative） | 故事開始有時間軸或因果關係，但安排不是很緊密，也不是建構在角色的動機或歸因上，結局也不一定隨著故事的邏輯，有時蠻突然，包括第三階段的故事結構元件和扣著主題的結果，會注意角色動機的安排，例如：他帶著狗出去散步、打水和抓魚，水裡有一隻青蛙，他抓到青蛙，但踩到小狗絆倒了，小狗也掉進去，青蛙跳進荷葉裡，小男孩試著抓青蛙，但抓到狗，青蛙跳到岩石上，小男孩叫著青蛙，他們就回家，青蛙很難過，跟著小男孩回家，青蛙就在狗的頭上。 |

表 4-9 敘事發展的五個階段（續）

| 階段 | 年齡 | 名稱 | 說明 |
|---|---|---|---|
| 5 | 五至七歲 | 真實敘事（true narrative） | 故事已經有中心主題、角色和安排規劃，也有角色行動背後的動機，以及邏輯和事件的時間軸順序，至少有五個故事結構元件，包括：起始事件、企圖或行動、結果，結尾是對事件的解決方法，例如：小男孩想要抓青蛙，他帶著狗一起去池塘，被木頭絆倒掉進水裡，青蛙跳到木頭上，他叫狗去抓青蛙，但他卻抓到狗，他很生氣，對著青蛙大叫，他不理青蛙就回家，青蛙自己獨自很難過，跟著男孩的腳印回家，到了浴室，小男孩和狗在一起洗澡，青蛙說：嗨，跳進浴缸，他們很快樂的在一起。 |

註：引自 Paul 等人（2018）。

數不如一般兒童。再由發展的角度來看，六年級兒童使用的「故事背景」、「引發事件」、「內在反應」和「結果」的次數皆高於三年級兒童，但兩組在「行動計畫」、「嘗試」和「回應」的使用次數並未有顯著差異。此外，表達性詞彙、語句、C單位、篇章凝聚性與故事結構能力皆有顯著相關，然而口語理解能力則只與低閱讀能力兒童的故事結構掌控能力有相關。黃舒瑄與楊淑蘭（2015）以無字圖畫書《老鼠理髮師》的故事（亨利二世，2004）和「故事結構評分表」（如附錄一所示）加以評分，探討一至三年級 ADHD 兒童與一般兒童在敘事能力與執行功能的差異發現，兩組兒童在語彙指標、錯誤分析指標及故事結構分析均未達顯著差異，但在有故事的示範下，兩組兒童均能提升語言層面及故事結構層面的表現。由上述可知，不論是對一般兒童還是 ADHD 兒童，教師重述故事的策略，可以提升兒童的敘事能力，是值得採用的教學策略。

# 本章小結

　　兒童在一歲之前尚未出現成人聽得懂的口語，但憑藉著簡單的語音，也傳達了他們的需要，大人必須細心的觀察和了解，並給予適當的回應，建立與兒童間的正向互動，早期溝通於焉展開，兒童也因此發展出健康的依附關係。有關語音的發展，除模仿成人的發音之外，發音器官的成熟能協助人類發出各種不同的聲音，音韻歷程是兒童用來解決無法正確發出困難語音的方法，而語音的發展也是由易而難，困難的語音會在兒童六歲時才發展完成。語意的發展是與認知能力息息相關，Piaget 的認知發展論可以說明兒童語彙學習的原則和順序，正常兒童進入小學前至少可以發展出三千個詞彙，詞彙學習的原則也是由具體到抽象，由簡單到複雜。語法的發展則隨著年齡，由單詞期進入雙詞期，再發展成簡單句，此時兒童已經可以使用語言與大人溝通，三歲之後的語法趨向複雜且語句長度加長；五歲時，兒童已經可以自如的使用中文的各項句法，以達到溝通的目的，但中文裡困難的複合句型，仍然需要成人的持續教導。語用是兒童應用前述各項語言內容，在適當的情境下，選擇合適的語音、語型、語意和語法表達自身需求，以達到個人溝通的目的。三歲前的兒童，較無法關注聽者的不同背景，而改變說話方式和內容，因此溝通夥伴必須適時的給予幫助，例如：引導、延伸，也要給予充分的時間說話。而三歲之後，兒童的發音機轉、語言知識和社會經驗都更加充實和多元，五歲之後，他們使用的語言相當接近成人語言的樣貌，敘事能力的發展也使得他們與人交流的經驗更豐富，亦可使用語言獲取更多知識，而形成良性的循環。

# 問題討論

1. 哪些是中文裡較困難的語音？兒童在幾歲時可以學會？
2. 語言發展遲緩的孩子通常有詞彙量不足的問題，如何協助他們增加詞彙？
3. 以 Chomsky 的看法，中文裡有哪些句型是教師和父母必須用心教給兒童的部分？
4. 如果兒童缺乏清楚的語音，如何能達到溝通的目的？
5. 兒童使用何種策略來學會敘事能力？

# ✿ 參考文獻 ✿

## 中文部分

王南梅、費珮妮、黃珣、陳靜文（1984）。三歲至六歲學齡前兒童國語語音發展結構。**聽語會刊，1**，12-17。

亨利二世（2004）。老鼠理髮師。載於亨利二世，**寶寶自己看圖說故事**（頁20-21）。人類智庫。

李丹（主編）（1990）。**兒童發展**。五南。

李宇明、陳前端（1999）。**語言的理解與發生：兒童問句系統的理解與發生的比較研究**。華中師範大學。

吳尚瑜（2021）。華語學前兒童口語語料詞彙次數比例及使用比例相關性之探討。**台灣聽力語言學會雜誌，44**，1-32。

林方琳、林月仙（2012）。學前兒童疑問句回應測驗之編製。**測驗學刊，59**（2），187-218。

林美秀（1993）。**學前兒童語言發展能力及其相關音素之研究**〔未出版之碩士論文〕。國立臺灣師範大學。

高更生、王紅旗等人（1996）。**漢語教學語法研究**。語文。

張正芬、鍾玉梅（1986）。學前兒童語言發展量表之修訂及其相關研究。**特殊教育研究學刊，2**，37-50。

張欣戊（1993）。中國兒童學習語言的研究現況。載於**中國語文心理學研究第一年度結案報告**（頁7-27）。國立中正大學認知科學研究中心。

黃舒瑄、楊淑蘭（2015）。**國小 ADHD 兒童及一般兒童在敘事能力與執行功能之研究**。（未出版）

鄭靜宜（2011）。學前兒童華語聲母之音韻歷程分析。**特殊教育學報，34**，135-169。

錡寶香（2004）。國小低閱讀能力學童與一般學童的敘事能力：故事結構之分析。**特殊教育研究學刊，26**，247-269。

Golinkoff, R. M., & Hirsh-Pasek, K.（2002）。**小小孩學說話**〔黃淑俐譯〕。信誼基金會。（原著出版年：2000）

## 英文部分

American Speech-Language-Hearing Association. [ASHA] (2014). *How does your child hear and talk?* http://www.asha.org/public/speech/development/chart/

Bauman-Waengler, J. (2000). *Articulatory and phonological impairments: A clinical focus.* Allyn & Bacon.

Bernstein, D. K., & Tiegerman-Farber, E. (2002). *Language and communication disorders in children* (4th ed.). Pearson.

Bernstein, D. K., & Tiegerman-Farber, E. (2009). *Language and communication disorders in children* (6th ed.). Pearson.

Chomsky, N. (1957). *Syntactic structures*. La Haye.

Dore, J. (1978). Variation in preschool children's conversational performances. In K. Nelson (Ed.), *Children's language, 1*, 397-444. Gardner Press.

Eisenberg, A. (1985). Learning to describe past experiences in conversation. *Discourse Processes, 8*, 117-204.

Gordon-Brannan, M. E., & Weiss, C. E. (2006). *Clinical management of articulatory and phonologic disorders* (3rd ed.). Lippincot, Williams &Wilkins.

Halliday, M. A. K. (1975). *Learning how to mean.* Edward Arnold.

Hoff, E. (2009). *Language development* (4th ed.). Wadsworth Cengage Learning.

Lowe, R. J. (1996). *Workbook for the identification of phonological processes* (2nd ed.). Pro-ed.

McLeod, S. A. (2009). *Jean Piaget.* http://www.simplypsychology.org/piaget.html

Nelson, K. (1973). Structure and strategy in learning to talk. *Monographs of the Society for Research in Child Development, 38*(Serial No. 149, 1-2), 1-137.

Owens, R. E. (2001). *Language development: An introduction* (5th ed.). Merrill.

Owens, R. E. (2002). Development of communication, language, and speech. In G. H. Shames & N. B. Anderson (Eds.), *Human communication disorders: An introduction* (6th ed.). Allyn & Bacon.

Owens, R. E. (2012). *Language development: An introduction* (8th ed.). Pearson.

Owens, R. E., Farinella, K. A., & Metz, D. E. (2015). *Introduction to communication disorders: A lifespan evidence-based perspective* (5th ed.). Allyn & Bacon.

Paul, R. (2001). *Language disorder: From infancy through adolescence*. Mosby.

Paul, R., Norbury, C., & Gosse, C. (2018). *Language disorders: From infancy through adolescence*. Elsevier.

White, B. L. (1975). *The first three years of life*. Prentice-Hall.

Whitehurst, G. J., & Sonnenschein, S. (1985). The development of communication: A functional analysis. In G. J. Whitehurst (Ed.), *Annals of child development* (Vol. 2) (pp. 1-48). JAI Press.

# 第五章 語言評量

Paul 等人（2018）指出，語言診斷和評量的主要目的，是為了進行個案的教育安置和治療方案的設計，因此語言評量的過程有許多重要的工作，最好能採用專業團隊的模式，包括聽力師、耳鼻喉科醫師、家人／主要照顧者、基因學家、讀寫專家、神經學家、營養師（餵食問題）、職能治療師、物理治療師、心理學、心理學家、普通班教師和特教教師。因此，不是只有語言治療師一種專業的參與，有來自不同背景的專業人員，由不同角度思考個案的溝通問題。特殊教育工作者和其他相關領域工作者在專業團隊的工作模式之下，也扮演了重要的角色，他們需要提供個案在學校或機構情境的溝通表現，也必須了解不同情境對個案溝通能力的要求，並與專業團隊共同合作，一起完成評估診斷的工作，再擬訂適合個案的教育和訓練計畫。

## 第一節　轉介與篩選

Owens 等人（2015）認為，並非每一個人都需要進行正式的溝通障礙評估，如何發現那些需要進入評估和診斷程序的個案，則需要「轉介」（transfer）和「篩選」（screen）的程序。轉介通常是由其他的專業人員發現個案有溝通問題，需要進一步的評估，例如：小兒科醫師、公共衛生護理師、社工師或心理師等專業人員在執行業務時，發現個案的語言或言語有困難或異常，而進行轉介；當然，普通班教師或特教老師也可以申請語言治療師協助進行學生溝通問題的診斷。至於篩選部分，目前經由台灣聽力語言學會大力推動新生兒聽力篩檢後，已由衛生福利部國民健康署給予未滿三個月新生兒之經費補助，至醫療院所做聽力初篩，若初篩未通過，應在出院前（三十六至六十小時）進行複篩或是滿月前做複篩，即可提早發現聽力障礙的嬰幼兒，並給予及早的介入，而語言部分目前則尚未有全面性的篩檢服務。前述提及的各類專業人員，必須對溝通問題有基本的概念，才能協助父母早期發現兒童的溝通障礙，再轉介給語言治療師做進一步的診斷和評估。表 5-1 為特教組長發給幼兒園教師的「學齡前疑似溝通障礙個案篩選表」之範例，以作為特教相關人員工作時的參考。

表 5-1 「學齡前疑似溝通障礙個案篩選表」範例

敬愛的老師您好：

　　請您調查班級中疑似有溝通障礙的兒童，以了解是否需要進一步安排評估和診斷，希望您能夠抽空根據以下說明，填報班級的學生。

　　第一，兒童說話速度過快而無法聽清楚；第二，兒童的發音不正確、語音含糊不清或有發音錯誤或省略語音的情形；第三，兒童說話斷斷續續，句中有不恰當的停頓，或重複字或片語（例如：「我我我我們我們昨天」）或插入不必要的字詞或常有修正；第四，兒童說話常出現語彙和文法使用的錯誤。請注意兒童是否有伴隨其他障礙，例如：認知或聽覺障礙等，請您回想班上孩子說話的情形，不必擔心對錯，以您和孩子接觸的經驗篩選出可能有溝通問題的學生，填寫疑似的名單。請根據下列七點量尺，以適當的數字表示孩子的嚴重程度（請填寫在下表）。

| 1 | 2 | 3 | 4 | 5 | 6 | 7 |
|---|---|---|---|---|---|---|
| 輕微 | | | 中度 | | | 嚴重 |

感謝您在百忙之中抽空填寫篩選表，謝謝您！

特教組長○○○敬上 2023/09/20

【○○市可愛幼兒園企鵝班疑似溝通障礙兒童名單】

| 編號 | 姓名 | 性別 | 嚴重度（寫數字） | 是否接受語言治療 | 其他障礙（請填障礙名稱） | 父母若非本國籍或原住民需填寫 |
|---|---|---|---|---|---|---|
| 範例 | 王○○ | 男 | 5 | □是 □否 | 無 | 母，越南 |
| 1 | | | | □是 □否 | | |
| 2 | | | | □是 □否 | | |
| 3 | | | | □是 □否 | | |
| 4 | | | | □是 □否 | | |

班級人數：男＿＿＿人，女＿＿＿人，共＿＿＿人

填妥後請交回特教組長，有任何疑問請撥電話或發 email，我將儘速與您聯絡。

教師簽名：＿＿＿＿＿＿　填表日期：＿＿年＿＿月＿＿日

　　附錄二是作者根據 O'Connell（1997）的建議，針對中文特性所設計的篩選表，可以提供專業人員觀察學齡個案的溝通表現進行篩選，並將資料提供給語言治療師再做更仔細的診斷。前述篩選表係根據語言的五個向度〔音韻、語型（構詞）、語意、語法和語用〕，分別檢視個案是否在該向度出現問題，如果發現個案在同一個向度出現多於二項的困難或問題，就有必要轉介給語言治療師進行更仔細的診斷。

## 第二節　評估流程

　　經過轉介或篩選程序的個案，如果有必要進入正式評估流程，此時首先需要蒐集個案的發展史以及與語言問題的相關資料。資料的來源必須考慮其可靠性，因此一般都會向家長或主要照顧者詢問個案的出生情形（例如：生產時是否順利）、健康狀況或過去疾病史、發展的重要里程碑是否完成，此外也可以透過之前教過個案的老師（幼兒園、安親班或普通班老師）獲得其他相關資料，例如：上課發言情形、同學的交流互動，以及學習成績是否受到溝通（語言）能力的影響等。以下說明評估流程中的重要工作。

### 一、蒐集個案基本資料

　　蒐集個案基本資料可採用問卷填寫的方式，以節省時間並獲得重要的訊息，例如：(1)個案的背景資料，包括：姓名、性別、出生年月日、年齡、就讀學校年級和班別等；(2)家庭生活情形，例如：父母的教育程度、職業、家中使用的語言、誰是主要照顧者、經濟狀況和家庭互動情形等；(3)從家人（或主要照顧者）的角度，所觀察到個案的溝通情形為何？請家人（或主要照顧者）描述個案的語言困難情形或嘗試模仿其說話模樣，以及個案溝通障礙發生時有無特殊情況。此外，個案過去是否曾接受評估診斷或治療？若有，在何處進行？幾次？效果如何？是否還有其他有關語言發展與智能發展的問題，例如：與一般兒童相較，個案是否發展較慢？詢問溝通障礙相關家族史，例如：在家人中（凡有血緣關係者）是否曾經有過語言問題？附錄三和附錄四分別是教師版和家長版

的語言問題調查表，可以提供重要他人以不同的角度來觀察個案的溝通和語言問題。

Paul（2001）及 Paul 等人（2018）建議在蒐集個案基本資料時，可詢問以下幾個問題：

1. 為什麼會在此時考慮進行診斷，個案的主要問題是什麼？
2. 其他專業人員認為個案有溝通問題嗎？是哪一方面？
3. 何時發現孩子有溝通（語言）問題，它是突然出現？還是漸進發生？這個問題一直都有嗎？
4. 這個問題的嚴重度會隨著溝通情境、溝通夥伴或任務型態而改變？還是一直都這麼嚴重？
5. 環境對個案的溝通問題會造成影響嗎？個案覺得自己在學校或其他社會情境中是失敗者嗎？家人如何看待個案？對個案的溝通問題他們如何反應？

## 二、 評估計畫和家長同意

由前述資料可以了解個案是否確實有必要進行評估，而個案的溝通問題是發生在語言的哪一個向度？要使用哪些方法進行評估？需要準備哪些評估工具較為適當？專業團隊人員是否具備使用評估工具的資格？上述問題都需要一一確認；因此在確定進行正式評估診斷時，應先擬訂一個具體周詳的評估計畫，包括：施測日期、評估人員、評估工具和設備器材，再與父母或監護人進行溝通，說明評估計畫、事後如何解釋結果和給予評估報告，最後取得家長或監護人同意，並請他們簽訂同意書，方能開始進行評估與診斷。

## 三、 聽能情形

在言語機轉的評估前，確定兒童的聽能未受到影響是很重要的。非聽力師人員不能實施聽能檢查，但可以透過簡單的詢問和觀察來了解個案的聽能情形，例如：個案在一般的溝通情境下，是否經常出現無法聽清楚的情況？個案是否有側耳傾聽的情形或出現疑問表示沒有聽清楚？或在以一般說話音量交談時，個案想要靠近傾聽等。中耳炎（otitis media）經常發生在學齡前兒童身上，發生

頻率高的兒童容易發生語音障礙和語言障礙（Owens et al., 2015），負責學前教育和嬰幼兒服務的專業人員必須特別留意。經過上述程序的初步評估，若懷疑個案可能有聽力缺損時，最好的方法仍是轉介聽力師進行評估。

### 四、言語機轉的評估

言語機轉的評估主要在了解個案在言語的組織和功能，包括：臉部對稱、牙齒、唇舌、上下顎運動和呼吸機制等，是否有缺損和障礙情形。附錄五為本書作者修改 Bauman-Waengler（2011）的「言語—動作評估篩檢表」（Speech-Motor Assessment Screening Form），分為組織和功能二部分：第一部分檢查個案的言語組織是否健全，第二部分則檢查言語組織的功能是否良好或異常，以作為評估言語動作機轉的評量工具。

經過以上的程序之後，即可開始選用適當的標準化工具，下一節說明目前較容易取得的標準化語言和言語測驗。

## 第三節　標準化語言評估工具

標準化測驗是指經過正式測驗編製程序，已建立信度、效度和常模等資料，使用時必須根據標準施測程序進行，品質較為可靠的測驗。信度是指測驗具有一致性（穩定性），不會因不同時間或不同施測者而使測驗結果改變太大；效度是指測驗的可靠性，是否能測量到施測者想要了解的能力；常模是指一群接受測驗的人，他們在測驗中獲得分數的分布情形，施測結束後可用以對照個案的表現是否正常，通常分為年級或年齡常模，部分測驗還有不同性別的常模。

使用者在施測前必須確定測驗具有良好的品質，也就是具有良好的信、效度和合理的常模資料，依照測驗的編製內容可測量出個案的語言能力，例如：構音錯誤、語言理解或表達能力。而施測時也必須根據施測手冊的說明和指導語進行，施測人員需經過適當的訓練，甚至取得施測證書，才可以進行施測。目前可作為語言評量的標準化測驗並不多，大多是測量語言理解、口語表達能力或構音表現，缺乏診斷不同類別的言語—語言障礙的標準化工具。表 5-2 是目前較容易取得的溝通障礙相關標準化工具（少部分沒有常模，加註於表之下），

表 5-2　溝通障礙相關標準化工具

| 測驗名稱 | 編製者／修訂者 | 出版年 | 適用年齡 | 評量能力 |
|---|---|---|---|---|
| 溝通功能 | | | | |
| 華語嬰幼兒溝通發展量表（臺灣版）（MCDI-T） | 劉惠美 曹峰銘 | 2010 | 八至三十六個月嬰幼兒，由熟悉嬰幼兒之家長或主要照顧者評量 | 社會性溝通能力 |
| 零歲至三歲華語嬰幼兒溝通及語言篩檢測驗（CLST） | 黃瑞珍 等人 | 2009 | 零至三歲，由主要照顧者評量 | |
| 言語 | | | | |
| *國語正音檢核表（第二版） | 席行蕙 等人 | 2004 | 一至九年級或有發音障礙者 | 構音和音韻 |
| *國語構音測驗 | 毛連塭 | 1987 | 國小兒童 | |
| 華語兒童構音與音韻測驗（APTMC） | 鄭靜宜 | 2018 | 三至八歲兒童，或六歲以上具有明顯語音異常者 | |
| 修訂中文口吃嚴重度評估工具（兒童版）（SSI-3） | 楊淑蘭 周芳綺 | 2004 | 三至十三歲 | 語暢 |
| 修訂中文口吃嚴重度評估工具（成人版）（SSI-4） | 楊淑蘭 莊淳斐 | 2011 | 十八歲以上成人 | |
| 語言 | | | | |
| 修訂畢保德圖畫詞彙測驗（PPVT-R） | 陸莉 劉鴻香 | 1988 | 三至十二歲 | 詞彙理解 |
| 兒童口語理解測驗 | 林寶貴 錡寶香 | 2002 | 學齡兒童 | 聽覺理解 |
| 中文色塊測驗（MTT） | 林月仙 等人 | 2014 | 三至十二歲兒童 | |

表 5-2　溝通障礙相關標準化工具（續）

| 測驗名稱 | 編製者／修訂者 | 出版年 | 適用年齡 | 評量能力 |
|---|---|---|---|---|
| 兒童口語表達能力測驗 | 陳東陞 | 1994 | 幼兒園及國小中低年級 | 口語表達 |
| *零歲至六歲兒童發展篩檢量表 | 黃惠玲 | 2000 | 零至六歲 | 聽覺理解和口語表達 |
| 學前幼兒與國小低年級兒童口語語法能力診斷測驗 | 楊坤堂等人 | 2005 | 五至八歲 | |
| 修訂學前兒童語言障礙評量表 | 林寶貴等人 | 2008 | 學前兒童 | |
| 修訂學齡兒童語言障礙評量表 | 林寶貴等人 | 2009 | 國小兒童 | |
| 兒童認知功能綜合測驗之語言測驗 | 曾進興 | 1993 | 五至八歲 | |
| 簡明失語症測驗（CCAT） | 鍾玉梅等人 | 2003 | 四年級以上疑似腦傷患者 | |
| 華語兒童理解與表達詞彙測驗（第二版）（REVT） | 黃瑞珍等人 | 2011 | 三至六歲兒童，或七歲以上疑似語言遲緩者 | |
| 兒童寫字表現評量表（CHEF） | 張韶霞 余南瑩 | 2012 | 幼兒園大班（學前版）、國小二年級（學齡版），由熟悉兒童的家長或教師填寫 | 寫字 |
| 國小注音符號能力診斷測驗 | 黃秀霜 鄭美芝 | 2003 | 國小一年級 | 注音符號 |

註：*表示該測驗沒有常模。

作者依測驗的功能區分為溝通、言語、語言，語言又分為理解和表達，以方便讀者作為選擇測驗時的參考。

雖然施測標準化工具可以對照常模，以確實得知兒童是否具有言語或語言障礙，但非語言治療師的專業人員有時難以取得測驗工具，或者個案有嚴重認知障礙（intellectual disability）或有泛自閉症而難以施測，此時可以採用下一節的語言樣本分析進行評估與診斷。

## 第四節　語言樣本分析

Paul 等人（2018）指出，標準化評估工具因為可以獲得個案的言語表現在母群體的地位，因此常作為鑑定的工具，以協助個案取得法定的資格，但標準化評估工具也經常無法提供介入的方向，因此有必要採用校標參照評量（criterion-reference assessment）和低結構行為觀察（low structure behavioral observation），以協助資料的蒐集。對話和寫字的樣本是經常用來評估學齡後的語言情形，以下說明口語樣本的蒐集流程（口語樣本在學齡前便可以開始使用）。

### 一、施測前的準備

#### （一）布置施測場地

蒐集語言樣本的場地最好能事先預做安排，選擇無人打擾、安靜的小辦公室或房間（房間太大會使年幼的兒童缺乏安全感），房間內至少有適合兒童身高的桌椅，桌面要足夠擺放錄音、錄影器材和測驗等材料，施測時應安排兒童面對素色牆壁和遠離走廊，以免有人走動影響兒童的注意力。在座位安排上，施測者和兒童的座位最好呈九十度。

#### （二）準備紀錄工具

能同時準備數位錄影、錄音設備和領夾式或方向性麥克風，是最理想的情況，若無錄影設備，最少必須準備錄音設備，並隨時記錄兒童的反應，全程進行錄音和錄影能提供最佳的紀錄，便於日後的檢視和分析。

### （三）安排施測人員和陪同者

蒐集口語樣本時，應由語言治療師、特教老師和其他專業人員執行，進行時可以請個案熟悉的人陪同，但在座位安排上，儘量不要讓個案看到陪同者，以免影響兒童的說話。但如果個案不願意和施測的人員說話或互動，可以先由陪同者與兒童互動，幫助兒童緩和情緒並以平日說話的方式，引導兒童產出口語。

### （四）準備引發互動的材料

以兒童喜歡及感興趣的布偶、彩色筆、黏土、色紙、貼紙、圖書和玩具等，作為引導兒童說話的材料，但以不製造聲響為原則，以免遮蔽個案的話語，但倘若個案並無口語，為了引發個案的溝通反應，則可以選擇有趣和有音效的器材。準備的材料是作為引發個案溝通反應的媒介，因此事先可透過與重要他人的訪談來了解個案的興趣和喜好，例如：個案喜歡恐龍，則可準備和恐龍有關的書籍或玩具。

## 二、語言樣本蒐集

### （一）選擇實施的語言樣本類型

語言樣本的類型很多，包括：自然對話、看圖說話、自行說故事、複述施測者的故事、機械語言（由 1 數到 10 或從星期一數至星期日）、獨白、閱讀和寫字（本節不討論）等。評估者必須根據所需的評估項目選擇不同類型的語言樣本進行蒐集。而自然對話是最接近一般說話的情形，因此作為蒐集口語樣本的首選，其次，建議讓個案自己說故事或自我介紹，過程中鼓勵個案多說一點。

### （二）建立關係

研究者與兒童應保持良好的互動，待兒童與施測者熟悉後，再開始進行語言樣本蒐集的程序。正式錄製之前，請兒童對著錄音設備說出自己的名字、年齡及就讀學校，以便同時有多名個案時，施測者不致於混淆語言樣本的主人。

## （三）語言樣本內容

蒐集之自然對話內容需以個案的生活經驗出發，可以使用平日的作息內容作為對話主題。但不論談話主題為何，最重要是跟隨著個案的引導，給予自由反應的時間，營造輕鬆談話的氣氛，以開放式語氣鼓勵個案說話，例如：「你說得很好」、「你再多說一點」、「我好想聽你說話」等，並於對話結束前記錄對話的時間。表 5-3 和表 5-4 分別為與幼兒園和學齡兒童進行自然對話的題綱，在對話過程中可以針對兒童的回答，請他／她再做說明。

在過程中，如果兒童不會回答，需要專業人員的引導時，可以用嘴型、聲音、第一個字、動作或圖片提示，若兒童仍然無法自行回答，就可給予選項作為提示，之後再繼續發問。過程中儘量保持輕鬆的氣氛，讓兒童安心回答，如果發現個案很緊張，可先安撫他／她的情緒，告訴個案談話內容不會被其他人知道，說錯了也沒有關係，只要他／她願意多說一點，都可以得到增強物。

表 5-3　幼兒園兒童的自然對話題綱

| |
| --- |
| 我是〇〇〇老師，想要跟妳／你聊聊天，妳／你說得愈多愈好。等一下我們都做完了，我會送給妳／你一個小禮物哦！<br>1. 請告訴我：妳／你叫什麼名字？<br>2. 妳／你讀什麼幼兒園？<br>3. 妳／你讀什麼班？<br>4. 妳／你喜歡什麼小動物嗎？告訴我〇〇（動物名稱）長什麼樣子？為什麼喜歡〇〇（動物名稱）？<br>5. 妳／你家有養小動物嗎？如果有，妳／你會怎麼照顧牠？（如果沒有，為什麼呢？）<br>6. 妳／你回家都在做什麼事呢？（提示：看電視、看書，還是玩電腦遊戲？）說說看妳／你做的事？<br>7. 妳／你最喜歡什麼卡通（電視節目）？說說看裡面演什麼呢？<br>8. 妳／你有好朋友嗎？她／他叫什麼名字？你們一起玩什麼遊戲？<br>9. 妳／你最喜歡玩什麼遊戲？怎麼玩呢？<br>10. 妳／你最喜歡去哪裡玩呢？妳／你跟誰去呢？玩什麼呢？ |

註：每一次問一個問題（問號），語速不要太快，並留下時間讓兒童思考及回答。

表 5-4 學齡兒童的自然對話題綱

---

1.妳／你叫什麼名字？
2.讀哪個學校？幾年級？
3.今天誰送妳／你來上學？妳／你怎麼來上學？
4.早上起床妳／你做些什麼事？
5.早餐吃了哪些東西？
6.上學的路上，妳／你看到些什麼？
7.妳／你今天上什麼課？平時妳／你最喜歡哪一種課？為什麼？
8.下課時，妳／你都和好朋友做什麼呢？
9.放學回家後，妳／你都做些什麼事？
10.妳／你有兄弟姊妹嗎？妳／你喜歡和兄弟姊妹做什麼運動或遊戲？
11.妳／你最喜歡爸爸和媽媽帶妳／你去哪裡玩？為什麼？
12.妳／你最喜歡玩的遊戲是什麼？怎麼玩？
13.說一說妳／你最愛看的電視（或一本書），內容是什麼？
14.家裡妳／你最喜歡誰？為什麼？她／他會幫妳／你做些什麼事？
15.妳／你最喜歡吃什麼？為什麼？
16.過新年時，有沒有去哪裡玩？玩些什麼呢？

---

## （四）蒐集看圖說話

　　若採用看圖說話的方式，則使用的詞彙主要是根據圖畫內容而來，內容應該儘量貼近兒童的生活與認知程度；黑白線條圖有時過於抽象，最好選用圖畫品質較佳的圖片。可以使用現成的無字圖畫書作為材料，亦可使用標準化測驗中既有的圖片，例如：楊淑蘭與周芳綺（2004）的「修訂中文口吃嚴重度評估工具（兒童版）」，便是以華人節日為主題繪製的四張圖片，以供看圖說話使用，其中包括：耶誕節、農曆新年、端午節、中秋節，可引發兒童的口語表達，在兒童觀看圖片後，要求他們完成指認物品、說明圖片內容，以及編輯和述說故事。如果兒童敘說的內容太少，施測者可以用筆指著圖畫，請個案再仔細看、再想一想，或給予提示，例如：這個人在做什麼啊？他身上穿的是不是很奇怪啊？你再說說看！

## （五）語言樣本的蒐集

過短的語言樣本效度不足，因此語言樣本的內容至少應蒐集五百至一千個漢字（音節）或是五十個輪替（turn）。

## （六）不同情境下的語言樣本

如果人力和時間許可，建議蒐集不同情境下的語言樣本，包括：不同的溝通對象，以及進行不同活動時的語言樣本。

### 三、語言樣本的分析

## （一）先將語言樣本轉錄為文字

聆聽錄音的語言樣本或觀看錄影的語言樣本後，把內容轉寫成文字，表5-5為自然對話的逐字稿範例，個案為國小三年級沒有認知障礙的迅吃兒童。

## （二）標定障礙發生的位置

分析時以不同符號標示發生錯誤之處，在表 5-5 的範例裡：(1)以「×」標示無法辨識的音節、「（？）」表示不確定音節；(2)畫底線表示重複（請參閱本書第八章語暢異常的分類）；(3)[ ]表示詞彙使用錯誤；(4){ }表示語法不正確；(5)「⊥」表示不應有的停頓；(6)「＋」表示缺乏停頓。

## （三）進行語音、語暢、語法、語用和語型的問題分析

1. 語音方面：個案有七個漢字（音節）無法辨識（七個×）和三個不確定的音節〔（？）〕，因此無法辨識的音節一共有十個。

2. 語彙方面：有一處以[東西]代替遊戲，姊姊[四十二]應該不正確。

3. 語法方面：老師問：「你最喜歡玩的遊戲是什麼？」個案回答：「{我覺得還有}玩一些探險活寶小遊戲」，正確語法應該是「我最喜歡玩一些探險活寶小遊戲」；「我{覺得}還有皮（瓶？）子遊戲」，正確語法應該是「還有皮（瓶？）子遊戲」；「{很多遊戲類}的」，正確語法應該是「還有不同種類的遊戲」。

表 5-5　自然對話的逐字稿範例

---

個案姓名：JJJ　　　　轉譯者：洪○○

樣本蒐集日期：2014.01.09　　轉譯日期：2014.01.09

☑自然對話 □看圖說話 □自編故事

字數：一百六十九個　　無法辨識的音節（×和？）：十個

T：老師　C：兒童　清晰度：94.08%

T1：你叫什麼名字？讀哪個學校？幾年級？請你先自我介紹一下。

C1：大家好 我叫 JJJ 我讀○○國小 今年三年級 我九歲 我男的 我×× 睡覺

T2：說一說你的興趣！例如：喜歡什麼？

C2：興趣 我喜歡益智[東西] 就不例如啦

T3：介紹一下你的家人。

C3：我爸爸⊥他叫 AAA 今年⊥他四十八

T4：除了爸爸，還有誰嗎？

C4：我有阿公 不過去世 姊姊＋還有媽媽 媽媽四十八 姊姊⊥姊姊[四卜二]

T5：說一說你最愛看的電視。

C5：二十二臺 一大堆 <u>有有五有五個</u>

T6：內容演什麼？

C6：探險活寶 原（肥？）貓逗小強 還有什麼 還有那個 阿那我說三個就好了 阿
　　×××××只有治療鬼（？）第三個喔 完全想不到了

T7：你最喜歡玩的遊戲是什麼？怎麼玩？

C7：{我覺得還有}玩一些探險活寶小遊戲 我{覺得}還有皮（瓶？）子遊戲 {很
　　多遊戲類}的

---

4. 語用方面：沒有標示任何錯誤，表示個案在語用方面並無問題。

5. 語暢方面：個案出現三處不該停頓而停頓的地方：「我爸爸⊥他叫
　AAA」、「今年⊥他四十八」、「姊姊⊥姊姊」，以及一處應該停頓而
　未停頓：「姊姊＋還有媽媽」。此外，個案有二處重複和修正：「姊姊⊥
　姊姊」和「<u>有有五有五個</u>」。

　　經由以上的分析，可以得知個案的語言問題出現在語言的哪一個向度，例
如：是構音還是語暢？個案使用的詞彙（內容）恰當嗎？語法是否正確？能否

理解與回答溝通夥伴的問題等，再針對個案的困難設計介入的課程。表5-5中的個案為沒有認知障礙的迅吃兒童，所說的語言樣本共有一百六十九個音節，兒童的發音因為語速過快和構音錯誤，因此有十個音節無法辨識，語音清晰度為94.08%，為輕度構音障礙。兒童出現四處錯誤停頓，有二處出現多音節重複和單音節重複，文法錯誤有三處，因此主要的介入方法是控制語速，教導兒童在適當之處停頓，其次是分析錯誤語音，再設計訓練方案。文法部分，可以觀察兒童降低語速後，有較多時間計畫和執行所要說的話，再透過教學者示範正確語法，兒童可能就可以改正語法錯誤的問題，若有嚴重的文法錯誤，便有必要針對語法部分進行介入。有關迅吃兒童的教學和訓練請參閱第九章。

## 第五節　語言樣本的深度分析

　　除了第四節的分析外，若要進行更仔細的量化分析，尤其是需要進行研究比較時，可以進行語句和語意分析並計算其出現數量，也可以反向操作，分析個案的語意和語法錯誤和發生的數量。分別說明如下。

### 一、句法分析

#### （一）可列入計分之語句

1. 完整句型，包括：簡單句、複雜句、無連接詞複合句、簡單複合句、長複合句。

2. 簡短的回答與承接的語句，總計為一個語句，例如施測者問：「你有玩具嗎？」個案回答：「有，我有好多娃娃！」施測者問：「你會玩遊戲嗎？」個案回答：「會，我會玩盪鞦韆！」二者都只計算一個語句。

3. 說話中雖出現字詞錯誤及語句錯誤，但仍可理解，計算為一個語句，例如：「賣火柴的女孩會點柴火（火柴）」（詞彙錯誤）、「小朋友會看到禮物，盒子裡面有」（語法錯誤，應說：「小朋友會看到盒子裡的禮物」），前述二個例子都可各計算為一個語句。

4. 如果問句已包含主詞，而個案省略主詞，但其他部分仍為完整句型，即

計算為一個語句，例如問：「你昨天看什麼電視？」答：「（我）看小綿羊和灰太狼。」

## （二）不列入計分之語句

1. 個案重複他人的話語（鸚鵡式學語）、背誦課（詩）文、唱歌謠、數數和順口溜。

2. 兒童被打擾，導致語句中斷或不完整，例如：「媽媽帶我（看窗外）」。

3. 自我修正的片段不計算為完整句，例如：「我不，我喜歡吃麵」，「我不」不列入計算，只計算「我喜歡吃麵」為一個語句。

4. 不需要主詞或動詞便能傳達意義的短語，例如：再見、謝謝、什麼、是、對、不是、有、好和可以，都不算為語句。

5. 重複相同語句時，只計算其中一個，但若第二個類似語句有改變，則第二句也計算一句，例如：

C1：我好想游泳！

C2：我昨天好想游泳！

雖然語意相同，但第二句已經增加時間，為不同語意，故計算為二個語句。

## （三）計算總語句數

1. 簡單句型數（句型一）：主要結構為「主詞＋動詞」（S+V），例如：「哥哥打我」。

2. 複雜句型數（句型二）：主要結構為「一個句子包含一個主要子句及一個或以上的附屬子句構成的句子，或二個簡單句組合而成的句子」，例如：「老師知道小朋友很喜歡他送的禮物」、「小華好壞打我」（＝小華好壞，小華打我）。

3. 複合句型數

(1) 無連接詞複合句型數（句型三）：主要結構為「一個句子中包含二個子句，或包含三個或三個以上的子句，但未用連接詞連接」，例

如：「（假如）你給他禮物，他就會對你很好」、「宮殿蓋在天上，嫦娥用力飛，（嫦娥）飛到天上」。

(2) 簡單複合句型數（句型四）：主要結構為「一個句子包含相互獨立的兩個子句，並使用連接詞來連接的兩個子句」，例如：「（你）把沖天炮放在地上，然後（你）再拿香點火」、「假如你沒寫功課，就不能去玩」。

(3) 長複合句型數（句型五）：主要結構為「一個句子包含三個或三個以上子句，且使用至少一個連接詞連接的句子」，例如：「烏龜走很慢，兔子跑很快，可是兔子覺得很累，（他）就在大樹下休息，結果他就輸了」。

計算上述五種句型的數量，加總之後即為總語句數。

## （四）平均語句長度（MLU）

平均語句長度是語法發展的指標（Brown, 1973），Brown 指出，由自發性語言樣本計算MLU的原則有以下幾點：(1)把語言樣本切割成語句（utterance）；(2)轉譯語言樣本時，讓每一個語句在一行裡，轉譯稿中至少要有五十個連續清楚的語句（需刪除不夠清晰的語句）；(3)計算每一個語句中的詞素（中文是單一詞素，因此計算詞彙數）；(4)把每一個語句的詞素（詞彙數）相加；(5)將總詞彙數除以總語句數。

語句和句子（sentence）不同，語句指的是一口氣說話，在語氣完成停頓之處而成為語句，英文中的句子是在句點（.）標示處，便是句子的結束；但語句可能不只一個句子，中文語句可能是幾個逗號後，最後出現句號處（。），才是語句的結束。一般而言，學齡前兒童在自然對話過程中，語句通常不會太長，大多數就是一個短句，因此語句就是句子，但兒童年齡愈大，語句愈長。張顯達（1998）指出，MLU可以作為語法結構複雜度的指標之一，但比較適用於四歲以下說中文的兒童，例如：上一節迅吃兒童的語言樣本中，兒童與老師對話如下：

T2：說一說你的興趣！例如：喜歡什麼？

C2：興趣，我喜歡益智[東西]，就不例如啦！

「說一說你的興趣！例如：喜歡什麼？」、「興趣，我喜歡益智[東西]，就不例如啦！」各為一個語句，因此在中文裡，MLU 不適用於年紀較大的一般兒童，當個案超過四歲時，最好使用以下的 T 單位平均長度較為正確。不過，仍可以使用於語句長度不長的身心障礙兒童，以作為教學前後的比較。以下為一名九歲中度智能障礙兒童與老師的對話，來看看如何計算該名學生的 MLU：

T1：這是什麼？

C1：巧特力。[1]

T2：吃過巧克力嗎？

C2：吃／舵。[2]

T3：巧克力的味道怎麼樣呢？

C3：味道（香香的、甜甜的）。[1]

T4：巧克力是什麼顏色？

C4：爺色（黑色、咖啡色，還有白色、乳白色）。[1]

上述括弧中的語句表示學生應該回答的正確答案，由此可以看出智能障礙的兒童常只會說實詞，而且主要為名詞，當此名學生不知道如何回答時，會仿說教師的語言。若將仿說也計算在內，則 MLU ＝（1+2+1+1）/4 ＝ 1.25，若不將仿說計算在內，則 MLU ＝（1+2）/4 ＝ 0.75。

### （五）T 單位平均長度

當兒童年齡較大時，需使用 T 單位（T-unit）的平均長度，以修正較長的語句所可能產生的誤差。T 單位是一個不含附屬子句的獨立子句，因此計算 T 單位的原則如下：

1. 簡單句和複雜句各為一個T單位，例如：「哥哥打我」和「臭哥哥打我」都各是一個 T 單位。

2. 複合句則計算包含之子句數，為其 T 單位數量，例如：「（假如）你給

他禮物，他就會對你很好」，有二個 T 單位；「烏龜走很慢，兔子跑很快，可是兔子覺得很累，（他）就在大樹下休息，結果他就輸了」，有五個 T 單位。

之後，和 MLU 一樣，統計個案所說出的總 T 單位數，扣除迷失語（maze）、歌謠及仿說，統計總詞彙數（詞素），再除以總 T 單位數。Owens（2004）指出，兒童五歲之後，計算 T 單位平均長度較計算 MLU 為佳。

## 二、語意分析（詞彙分析）

### （一）內容分析

1. 確認詞彙：教育部（2002）說明「詞」的定義是「語句中具有完整概念，且能獨立自由運用的基本單位」。分析者可以參考該文中各類詞的區分，以切割語句中的詞素（詞彙）。首先將個案的句子逐一切割成詞素（詞彙），例如：「要/去/送/腳踏車/給/乖/的/小朋友/」，共有十二個音節（syllable），八個詞彙（word）；「中秋節/點/火/，/ㄅㄥˋ/！」共有六個音節，四個詞彙。

2. 分析個案使用的詞類，例如：「要/去/送/腳踏車/給/乖/的/小朋友/」中，個案使用了動詞，有「要/去/送」，名詞有「/腳踏車/小朋友/（兒童）」，形容詞「乖」和介詞「給」。

3. 功能詞（function word）和實詞（content word）：動詞、名詞和形容詞都是實詞（或稱內容詞），具有較多語意；助詞、介系詞和連接詞等則含有較少語意，稱為功能詞（或虛詞）。

### （二）語意向度量的分析

Paul（2001）指出，不論在何種年紀，理解的詞彙永遠都比表達的詞彙來得多，我們知道許多詞彙可能只有少數機會可以使用，有時候我們也不是完全了解一個詞彙，但可能把它用出來。他認為，評估表達性語言主要有二部分：詞彙的變異性（lexical diversity）和詞彙的搜尋（word retrieval）。詞彙的搜尋之相關評量可由「畢保德圖畫詞彙測驗」（PPVT）、其他語言處理測驗，以及教師的觀察來評量，然目前臺灣缺乏語言處理測驗。而詞彙的變異性就是彈性和

精確的使用詞彙，對溝通效能有非常大的影響，詞彙的變異性可以用於分析口語和寫作的詞彙變異。早在 1957 年，Templin（1957）即提出相異詞彙變化比率（type-token ratio [TTR]），是指以五十個語句中的總詞彙數除以相異詞彙數所得之比率；但後來的學者 Watkins 等人（1995）則認為，應該把分母和分子對調，亦即相異詞彙數除以總詞彙數所得之比率，才能正確區分一般兒童和語言障礙兒童（引自 Paul, 2001）。其計算過程包括：

1. 總詞彙數（number of total word [NTW]）：不計算迷失語，其餘出現的所有詞彙數，同一詞彙每一次出現的次數都需計算，例如：「他」出現五次，則計算為五次。

2. 相異詞彙數（number of different word [NDW]）：不計算迷失語，其餘之詞彙不論出現幾次都計為一次，例如：「他」出現五次，但只計算為一次。

3. 相異詞彙變化比率（TTR）：相異詞彙數除以總詞彙數所得之比率。

4. 修正後相異詞彙變化比率（corrected type-token ratio [CTTR]）：隨著語言樣本增加，總詞彙數亦會增加，相異詞彙變化比率相對下降，而減少 TTR 的敏銳度。Carroll（1964）提出修正 TTR 的公式，測量功能性詞彙技巧發展，反映詞彙使用的變化性，比例愈高使用的詞彙愈精確、獨特，CTTR 的公式為：

$$相異詞彙數 \div \sqrt{2 \times 總詞彙數}$$

林寶貴與錡寶香（2002b）的研究結果發現，聽障學童在口語述說時所使用的總詞彙數、相異詞彙數、修正後相異詞彙變化比率（CTTR）和成語數等，皆顯著低於一般學童，然而聽障組的相異詞彙變化比率（TTR）顯著高於聽常組。因此，CTTR 可能比 TTR 更能正確分辨聽障組和聽常組兒童的語彙變異性。

Owens（2004）指出，說英文的二至八歲發展正常兒童之 TTR 為 0.42～0.50，若低於 0.42 傾向重複使用相同詞彙。在美國已發展出電腦化的計算系統（systematic analysis of language transcript [SALT]），表 5-6 是二十七位說英文兒童在一百個語句的對話中之相異詞彙數和總詞彙數（Paul, 2001）。作者計算出 TTR 和 CTTR 發現，不論兒童的相異詞彙或總詞彙的平均數，在一個標準

表 5-6　不同年齡兒童的相異詞彙數、總詞彙數、相異詞彙變化比率
（TTR）和修正後相異詞彙變化比率（CTTR）

| 年齡 | 相異詞彙數 | | 總詞彙數 | | TTR | | CTTR | |
|---|---|---|---|---|---|---|---|---|
| | 1 SD- | 1 SD+ | 1 SD- | 1 SD+ | 1SD- | 1SD+ | 1SD- | 1SD+ |
| 五歲 | 156 | 206 | 439 | 602 | .36 | .34 | 5.26 | 5.94 |
| 七歲 | 173 | 212 | 457 | 622 | .38 | .34 | 5.72 | 6.01 |
| 九歲 | 183 | 235 | 496 | 687 | .37 | .34 | 5.81 | 6.34 |
| 十一歲 | 191 | 267 | 518 | 868 | .37 | .31 | 5.93 | 6.41 |

註：1 SD-表示平均數以下一個標準差，1 SD+表示平均數以上一個標準差。

差以上或以下，TTR 未隨著年齡逐漸增加，但 CTTR 會隨著年齡而增加，可惜目前缺乏中文資料加以驗證。

（三）錯誤語分析

　　除了由正向的思考來分析兒童產出的句子和詞彙，也可由反方向分析個案產生的錯誤是否較一般正常兒童為多。以下以迷失語和錯誤用法分別加以說明。

## 1. 迷失語

　　迷失語指的是語句中出現以下各種情形：(1)修正（revision）：個案發現說錯了而加以修正，例如：「今天明天去看電影」；(2)片語或多音節重複：個案說話時重複了片語或多個音節，例如：「這條河這條河變得乾淨」；(3)放棄：個案話說到一半不再完成語句，例如：「他要去我想去跑步」；(4)插入：個案說話時插入和語意無關的字詞或聲音，例如：「那個我想要畫好一點」。上述情形在語暢異常個案的語言現象中，也稱為正常的不流暢（normal disfluency [ND]）（請參閱本書第八章）。研究者可將以上四項的次數加以統計，則為總迷失語或其他不流暢（other disfluing [OD]）數。

## 2. 錯誤用法

　　個案使用錯誤的詞彙或句法，包括：(1)字詞錯誤：動詞、名詞、形容詞、代名詞、連接詞及量詞等各種詞類的錯誤使用，或使用通用詞彙而非精確或正

確的詞彙，例如：「衛生紙」說成「生衛紙」、「把衣服摺好」說成「把衣服用好」；(2)語句錯誤：詞序排列錯誤、前後子句關係混淆及語意內容不清楚，例如：「警察小偷抓」、「孔明坐著搖扇子」。

　　分析語言中的錯誤和錯誤的數量，可以深入了解個案的語言問題，再針對特定的語彙和語法問題進行教學與訓練。

## 第六節　溝通障礙鑑定流程

　　當評估者熟悉溝通障礙的評估工具和方法時（含標準化工具施測、語言樣本分析），即可了解以下作者根據目前學前和國小學校環境所提出的鑑定和診斷流程（如下頁圖5-1所示），以作為實際操作上的參考。因為智能障礙、泛自閉症或多重障礙者有其診斷類別，因此在進入評估流程前期，可以先予以排除，而使用該類別適合的工具，此部分請參考本書第十一、十二、十三章，可以深入了解該類別的語言問題，再進行溝通訓練。其他之嗓音、語音、語暢（口吃和迅吃）和語言障礙，則可依圖5-1進行評估和診斷。

## 本章小結

　　本章主要說明語言評量，需由相關專業人員進行轉介與篩選工作開始。專業人員必須對言語—語言障礙具有敏銳度，方能覺察兒童可能有言語—語言障礙的風險；而身為行政人員可以提供簡易的篩選表，說明各種言語—語言障礙的特徵，以提供相關專業人員工作時能加以辨識。當決定有必要進行語言評量的個案，首先經由可靠的來源蒐集個案的發展史以及與語言問題的相關資料，取得家長同意書後方能進行評估。之後，確認個案是否有聽力缺損，以及其言語機轉的結構與功能是否正常，以選擇合適的標準化言語—語言評估工具進行施測，並以原始資料對照常模，得知個案與母群體相較是否達到異常的診斷。此外，也可得知在不同工具中的各個向度之能力是否不同，例如：語言理解和表達的能力是否不同，由此了解個案的內在差異。另外，蒐集語言樣本並進行

圖 5-1　語言障礙鑑定簡易流程圖

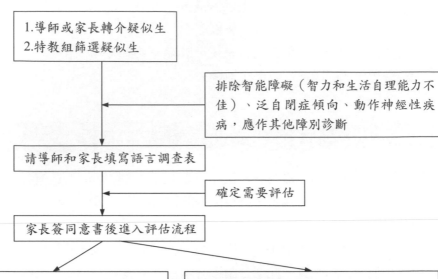

1.導師或家長轉介疑似生
2.特教組篩選疑似生

排除智能障礙（智力和生活自理能力不佳）、泛自閉症傾向、動作神經性疾病，應作其他障別診斷

請導師和家長填寫語言調查表

確定需要評估

家長簽同意書後進入評估流程

1.口腔結構功能檢查（附錄五）：需要時轉介耳鼻喉科
2.懷疑有聽損：聽力檢查
3.語言樣本蒐集、轉譯和分析（二百五十至五百漢字）
・語音向度
・語意向度
・語法向度
・語用向度
＊若有嗓音異常：需要時轉介耳鼻喉科

標準化工具施測
一、言語
華語兒童構音與音韻測驗、修訂中文口吃嚴重度評估工具（兒童版）、中文迅吃嚴重度評估工具（兒童版）（發展中）
二、語言
修訂畢保德圖畫詞彙測驗（表現不佳時需要智力測驗確定）、學前或學齡兒童語言障礙評量表、華語兒童理解與表達詞彙測驗、華語嬰幼兒溝通發展量表、零歲至三歲華語嬰幼兒溝通及語言篩檢測驗

綜合研判：語音障礙、語暢障礙（口吃和迅吃）、語言障礙（理解和表達）

分析，最能看出個案的言語—語言缺陷是發生在語音、語意、語法和語用的哪一個向度，並能得知副語言和非語言的使用情形。此外，透過深度的語言樣本分析，可以得到句法和語意的量化資料，再與一般兒童進行比較；還可由錯誤分析，歸納兒童的語言失誤發生之處及其數量，以便進行教學與訓練。

　　目前由國外發展的CLAN（child language analysis）和CHILDES語言樣本分析軟體可取代人工進行語言樣本分析，黃瑞珍等人（2016）出版《華語兒童語言樣本分析：使用手冊》做為參考。而如何斷詞，可使用中央研究院的中文斷詞系統協助斷詞，但仍需使用臺灣兒童語料庫分詞規則進行人工修正，讀者有興趣可參加研習，較能掌握整個分析流程，以AI協助進行語言樣本分析，便利性和正確性的提升，應該是指日可待的。

## 問題討論

1. 標準化語言評估工具有何優點和缺點？
2. 語言樣本分析有何優點和缺點？
3. TTR 和 CTTR 有何不同？如何計算 CTTR？
4. 使用 MLU 來測量兒童的語言能力，需要注意哪些事項？
5. 如果想知道學齡兒童的語言理解和表達能力，可以分別選用哪幾個測驗？

# ✿ 參考文獻 ✿

## 中文部分

毛連塭（1987）。國語構音測驗。復文。

林月仙、曾進興、吳裕益（2014）。中文色塊測驗。心理。

林寶貴、黃玉枝、黃桂君、宣崇慧（2008）。修訂學前兒童語言障礙評量表。教育部。

林寶貴、黃玉枝、黃桂君、宣崇慧（2009）。修訂學齡兒童語言障礙評量表。教育部。

林寶貴、錡寶香（2002a）。兒童口語理解測驗。教育部。

林寶貴、錡寶香（2002b）。聽覺障礙學童口語述說能力之探討：語意、語法與迷走語之分析。特殊教育研究學刊，**22**，127-154。

席行蕙、許天威、徐享良（2004）。國語正音檢核表（第二版）。心理。

張韶霞、余南瑩（2012）。兒童寫字表現評量表。心理。

張顯達（1998）。平均語句長度在中文的應用。聽語會刊，**13**，36-48。

教育部（2002）。國小學童常用字詞調查報告書。http://www.edu.tw/files/site_content/M0001/primary/shindex.htm

陳東陞（1994）。兒童口語表達能力測驗。教育部。

陸莉、劉鴻香（1988）。修訂畢保德圖畫詞彙測驗。心理。

曾進興（1993）。語言測驗。載於兒童認知功能綜合測驗使用手冊（頁 113-127）。心理。

黃秀霜、鄭美芝（2003）。國小注音符號能力診斷測驗。心理。

黃惠玲（2000）。零歲至六歲兒童發展篩檢量表。心理。

黃瑞珍、李佳妙、黃艾萱、吳佳錦、盧璐（2009）。零歲至三歲華語嬰幼兒溝通及語言篩檢測驗。心理。

黃瑞珍、簡欣瑜、朱麗璇、盧璐（2011）。華語兒童理解與表達詞彙測驗（第二版）。心理。

黃瑞珍、吳尚諭、蔡宜芳、黃慈芳、鄭子安（2016）。華語兒童語言樣本分析：使用手冊。心理。

楊坤堂、張世彗、李水源（2005）。學前幼兒與國小低年級兒童口語語法能力診斷測驗。教育部。

楊淑蘭、周芳綺（2004）。修訂中文口吃嚴重度評估工具（兒童版）。心理。

楊淑蘭、莊淳斐（2011）。修訂中文口吃嚴重度評估工具（成人版）。心理。

劉惠美、曹峰銘（2010）。華語嬰幼兒溝通發展量表（臺灣版）。心理。

鄭靜宜（2018）。華語兒童構音與音韻測驗。心理。

鍾玉梅、李淑娥、張妙鄉（2003）。簡明失語症測驗。心理。


## 英文部分

Bauman-Waengler, J. (2011). *Articulatory and phonological impairments: A clinical focus* (4th ed.). Allyn & Bacon.

Brown, R. (1973). *A first language: The early stages.* Harvard University Press.

Carroll, J. B. (1964). *Language and thought.* Prentice-Hall.

O'Connell, P. (Ed.) (1997). *Speech, language, and hearing programs in schools.* Aspen Publishers.

Owens, R. E. (2004). *Language disorders: A functional approach to assessment.* Allyn & Bacon.

Owens, R. E., Farinella, K. A., & Metz, D. E. (2015). *Introduction to communication disorders: A lifespan evidence-based perspective* (5th ed.). Pearson.

Paul, R. (2001). *Language disorders from infancy through adolescence: Assessment and intervention* (2nd ed.). Mosby.

Paul, R., Norbury, C., & Gosse, C. (2018). *Language disorders from infancy through adolescence: Listening, speaking, reading, writing, and communication.* Elsevier.

Templin, M. C. (1957). *Certain language skills in children.* University of Minnesota Press.

Watkins, R., Kelly, D., Harbers, H., & Hollis, W. (1995). Measuring children's lexical diversity: Differentiating typical and ismpaired language learners. *Journal of Speech and Hearing Research, 38*, 1349-1355.

# 第六章　語音異常（障礙）

## 第一節　語音的組成

　　語音是指語言的聲音，是由聲母（C）和韻母（V）組成。聲母的形成主要是因為氣流在發音的聲道內受到阻礙的方式不同所形成的語音，語音的清晰度主要也是因為聲母的不同；而韻母主要是在聲道內未受到阻礙的氣流所形成，它們是聲音能夠被聽到的主要能量來源。中文有二十一個聲母和十六個韻母（如表 1-2 和表 1-3 所示），加上四個聲調所形成（國立臺灣師範大學國音教材編輯委員會，2011；Lowe, 1996）。

　　聲母又稱子音，聲母的不同主要是因為發音部位（place）、發音方法（manner）和氣流是否振動聲帶（voicing）的不同所形成的（Ferrand, 2001/2006）。依發音部位可以分成雙唇、唇齒、舌尖（又分舌尖前、舌尖和舌尖後）、舌面和舌根，表示發音時所用力的部位不同；發音方法表示發音器官運動的方法，可以分為塞音（又稱爆音或塞爆音），例如：ㄅ、ㄆ、ㄉ、ㄊ、ㄍ、ㄎ [p, pʰ, t, tʰ, k, kʰ]，是因為發音器官先行閉合再打開，氣流強烈送出產生類似爆破的聲音；擦音是發音器官彼此靠近，留下狹小的空間，氣流在狹小空間內被摩擦送去，產生絲絲的氣流聲，例如：ㄈ、ㄒ、ㄕ、ㄙ、ㄏ、ㄖ [f, ɕ, ʂ, s, x, ʐ]；塞擦音則是結合了塞音和擦音的二種發音方法，也就是發音器官閉合後突然打開，又彼此靠近產生氣流摩擦的聲音，例如：ㄐ、ㄑ、ㄗ、ㄘ、ㄓ、ㄔ [tɕ, tɕʰ, ts, tsʰ, tʂ, tʂʰ]；邊音是氣流由舌頭的二側邊流出，例如：ㄌ [l]；發鼻音時，軟顎和小舌會下降，氣流流入鼻腔產生震動所形成的聲音，例如：ㄇ、ㄋ、（ㄫ）[m, n, ŋ]，反過來說，除了鼻音，其他聲母在發音時，軟顎和小舌會上抬，氣流無法流入鼻腔產生震動，因此又叫做口腔音（如圖 6-1、圖 6-2 所示）。在聲母中，發音時聲帶產生震動的音有ㄖ [ʐ]，稱為有聲子音或帶音或濁音；相對的，發音時聲帶不震動的ㄕ [ʂ]，則稱為無聲子音或不帶音或清音。ㄕ [ʂ] 和ㄖ [ʐ] 這二個聲

圖 6-1　發非鼻音ㄅ [p] 時小舌上抬

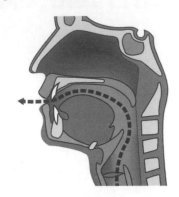

圖 6-2　發鼻音ㄋ [n] 時小舌下降

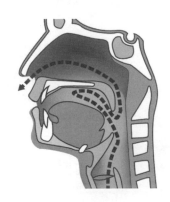

母只有在聲帶振動與否上有差異，其他在發音方法和發音部位都是相同的，因此也稱為同位音（cognate），英文中的 /b/ 和 /p/、/d/ 和 /t/、/s/ 和 /z/、/f/ 和 /v/ 都是同位音（Ferrand, 2001/2006）。

　　發音部位和發音方法相互配合形成了不同的聲母，包括：雙唇塞音ㄅ[p] 和ㄆ [pʰ]、舌尖塞音ㄉ [t] 和ㄊ [tʰ]、舌根塞音ㄍ [k] 和ㄎ [kʰ]、舌尖邊音ㄌ [l]；鼻音則包括：雙唇鼻音ㄇ[m]、舌尖鼻音ㄋ [n]；擦音包括：唇齒擦音ㄈ [f]、舌面擦音 ㄒ[ɕ]、舌根擦音ㄏ [x]、舌尖前擦音ㄙ [s]，以及舌尖後擦音ㄕ [ʂ] 和ㄖ [ʐ]；塞擦音則包括：舌面塞擦音ㄐ [tɕ] 和ㄑ [tɕʰ]、舌尖前塞擦音ㄗ [ts] 和ㄘ [tsʰ]、舌尖後塞擦音ㄓ [tʂ] 和ㄔ [tʂʰ]。因為發音時送出氣流的強弱，在塞音和塞擦音中

又分為二組，氣流強的稱為「送氣音」（expiration），包括：ㄆ [pʰ]、ㄊ [tʰ]、ㄎ [kʰ]、ㄑ [tɕʰ]、ㄘ [tsʰ] 與ㄔ [tʂʰ]；氣流較弱的稱為「不送氣音」（unexpiration），包括：ㄅ [p]、ㄉ [t]、ㄍ [k]、ㄐ [tɕ]、ㄗ [ts] 與ㄓ [tʂ]。ㄗ、ㄘ和ㄙ亦稱不捲舌音，而ㄓ、ㄔ、ㄕ和ㄖ則稱捲舌音。

韻母包括：ㄚ [a]、ㄛ [ɔ]、ㄜ [ɣ]、ㄝ [ɛ]、ㄞ [aɪ]、ㄟ [eɪ]、ㄠ [aʊ]、ㄡ [ou]、ㄢ [an]、ㄣ [ən]、ㄤ [aŋ]、ㄥ [əŋ]、ㄦ [ɚ]、ㄧ [i]、ㄨ [u] 和ㄩ [y]。韻母的產生是因為舌頭位置的改變，氣流在不同聲道形狀下產生不同的聲音，可用舌位圖來標示不同的韻母位置，如圖 6-3 所示，例如：發ㄚ [a] 時，打開嘴巴，舌頭位置在口腔的下方；發ㄧ [i] 和ㄨ [u] 時，舌頭位置隆起在較高的位置，前者為低韻母，後者為高韻母；又因舌頭用力位置的前後不同，分為前韻母，有 [i、y、ɪ、ʏ、e、ø、ɛ、œ、æ、a]；後韻母，有 [ɯ、u、ʊ、ɣ、o、ʌ、ɔ、ɑ、ɒ]；舌頭中間部位用力的 [ɨ、ʉ、ɘ、ɵ、ə、ɜ、ɞ、ɐ]，稱為央韻母（或稱中位韻母）。圖 6-3 中的韻母，有些中文並沒有，例如：[ʉ、ø、æ] 等（請參閱第一章表 1-3 的韻母表）。

圖 6-3 國際音標和注音符號舌位圖

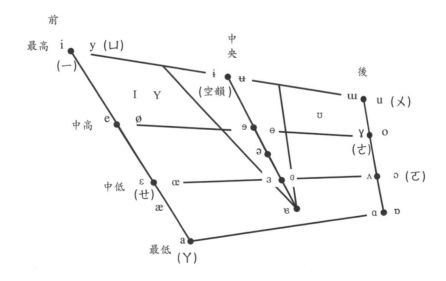

ㄚ [a]、ㄛ [ɔ]、ㄜ [ɤ]、ㄝ [ɛ]、ㄧ [i]、ㄨ [u] 和ㄩ [y] 在發音時，不論說了多久，嘴型和舌頭的位置都不會改變，因此稱為單韻母或單元音韻母，也表示每一個符號只包含一個音素；而ㄞ [aɪ]、ㄟ [eɪ]、ㄠ [ɑʊ]、ㄡ [ou]、ㄢ [an]、ㄣ [ən]、ㄤ [ɑŋ] 和ㄥ [əŋ]，每一個符號都包含二個音素，類似於英文雙母音（diphthong）的 /ai/ 和 /au/。這八個韻母，前四個稱為複韻母或複元音韻母，後四個稱為帶鼻音韻母或聲隨韻母。複韻母又可以分為尾音是ㄧ [ɪ] 的ㄞ [aɪ] 和ㄟ [eɪ]，尾音是ㄨ [ʊ] 的ㄠ [ɑʊ] 和ㄡ [ou]；聲隨韻母則因為尾音不同，分為韻尾為舌尖鼻音ㄋ [n] 的ㄢ [an] 和ㄣ [ən]，韻尾是舌根鼻音（兀）[ŋ] 的ㄤ [ɑŋ] 與ㄥ [əŋ]（國立臺灣師範大學國音教材編輯委員會，2011；鄭靜宜，2011，2018）。

聲母和韻母搭配便形成了語音，例如：天空的「天」是由ㄊㄧㄢ [tʰiɛn] 組成，「空」是由ㄎㄨㄥ [kʰuŋ] 組成。「天空」都是陰平聲，便未標示聲調符號，如果改成「填空」，聲母和韻母仍是由ㄊㄧㄢ ㄎㄨㄥ [tʰiɛn kʰuŋ] 組成，但聲調符號要改成ˊ（二聲）和ˋ（四聲）才正確。在英文中，韻母有長短音，母音的不同會改變語意，可能會把中性語意變成罵人的話，例如：sheet /ʃit/ 和 shit /ʃɪt/，即是將「紙張」變成「狗屎」。重音的音節改變，語意也會改變，例如：record /ˋrɛkəd/ 是名詞的「紀錄」，重音挪到第二音節變成 /rɪˋkɔrd/，就表示動詞的「記錄」，有「寫」的意思。

對於說國語的兒童而言，約在二至三歲間已學會四聲調。但關於外國成人學習聲調，作者想到當年在美讀書，在音韻／構音障礙（現稱語音障礙）這門課中，老師要作者介紹聲調，在說明完四聲調，作者再用自己的名字舉例時，蘭花的「蘭」是二聲，但作者的老師因為把重音放在第二音節，就變成爛掉的「爛」，之後老師和同學們都會偏著頭拉長脖子，想要讀出陽平聲，作者就會好心的再唸一次給他們聽，此驗證美國成人的大腦裡應該沒有聲調知識，而要靠後天學習。在進行迅吃兒童的介入時（請參閱第九章），三位兒童都表示舌尖韻母ㄢ、ㄣ和舌根韻母ㄤ、ㄥ很難區辨，他們經常寫錯。其中一位的口語聲調是正確的，但卻無法寫出正確聲調，尤其是二聲和三聲常常搞混分不清楚。哈佛大學（Harvard University）的音樂實驗室（The Music Lab）網站上有一個「聲調盲測驗」（Tone-Deafness Test），可以測試個案對於聲調（音高變化）的辨識能力，有興趣的讀者可以自行測試一番（網址是 https://www.themusiclab.org/quizzes/td）。

# 第二節　音韻和構音

## 一、音韻和構音的區分

　　欲正確使用語音，需要擁有該語言的語音知識，能覺察語音的特色和其組織。而音韻指的是語言的聲音系統，包括對聲音的覺知和組合聲音的元素，而產生語音，例如：兒童由二歲開始喜歡哼唱兒歌──「城門城門雞蛋糕，三十六把刀，騎白馬帶把刀，走進城門滑一跤（或唱城門城門幾丈高，三十六丈高，騎大馬，帶把刀，城門底下走一遭）」。在唱唸過程中，覺得順口、有韻味，因為每一句的最後音節都出現ㄠ [ɑʊ] 的聲音，十分有趣。構音則指發音器官在實際說話時的活動，例如：「蛋糕」，發第一個音節時必須先以舌尖用力發出塞音，隨後的第二個音節，舌頭用力的位置在舌根，如果舌頭沒有移動位置，便會說成「蛋刀」。因此，音韻處理（phonological processing）是在大腦中規劃語音的計畫（planning）並加以程序化（programming），是語言的認知歷程。其次，即是要執行語音動作（也需要動作計畫和程序化）。最後，大腦之命令透過神經傳送至發音器官，產出語音，此時則需要呼吸器官、咽喉和構音器官等協調合作（楊淑蘭，2002）。

## 二、構音異常和音韻異常觀念的改變

　　1960 年代晚期到 1970 年代，口語異常主要是指發音不正確，亦即強調構音異常的概念。之後，Ingram（1976）出版了《兒童的音韻異常》（*Phonological Disability in Children*）一書，由音韻的觀點分析兒童的音韻歷程，將音韻分析用於語音錯誤的兒童，並發現兒童的音韻錯誤是具系統性、非隨意的。因此在 1980 年代，語音異常稱為音韻異常（phonological disorder）（楊淑蘭，2003）。

　　Bauman-Waengler（2000）把音韻異常和構音異常並列，並進行比較。他表示音韻異常是音素錯誤、音素功能的困難，問題出現在多個音素的特定語言功能上，其本質是中樞神經系統出錯，在語言系統組織的音韻層次中音素的困難，可能會影響其他語言的向度，例如：句型、句法或字義。而構音異常則是語音錯誤，問題出現在語音的產出，因此是聲音形式的困難，主要是周圍神經系統

形成的口語錯誤，是單純的語音產出困難，並不會影響其他語言的向度，例如：句型、句法或字義。

此時，音韻異常的範圍較構音異常為廣。2000 年之後，多數學者把這二類的語音錯誤共稱為「語音異常（障礙）」，包括二大類：一為構音異常，另一為音韻處理異常（phonological process disorder）（ASHA, 2014），將原來的音韻異常改稱為音韻處理異常，其強調處理音韻過程的缺失。當然也有學者在名稱上仍然分為二類（音韻異常和構音異常並列），包括：Gordon-Brannan 與 Weiss（2007）及 Owens 等人（2015）。簡言之，音韻處理異常是概念化語音系統的障礙，包括：語音規則的組織、語音的辨識、語音傳達的障礙；構音異常則是說出語音在執行動作時的失誤，例如：兒童不會發舌根音ㄍ /g/，就是構音錯誤，此時若教學者說出客人還是特人，兒童可以正確選出目標音。當構音錯誤太多時，語音的清晰度會降低，聽者就難以辨識說話者的語音。在第四章有關語言發展中，曾說明語音發展的時程，如果兒童的語音發展不符合其年齡的期望水準，可能會被認為是口語發展遲緩（Owens et al., 2010）。

聽損兒童（或兒童曾有中耳炎）、智能障礙、發展性語言障礙、腦性麻痺、運動神經障礙和顏面缺損者（特別是舌頭和牙齒等重要發音器官的功能不佳者）都常有構音異常。構音異常一般分為：

1. 替代音（substitution）：把「上學」說成「盪學」，「東西」說成「工西」。
2. 省略音（omission）：把「貓咪」說成「媽咪」，「衣服」說成「一無」。
3. 贅加音（addition）：把「老師」說成「老書」。
4. 扭曲音（distortion）：無法精確的發出語音，俗話說：嘴裡好像含著雞蛋說話。

有些人因為習慣說某種方言，說話時容易受到方言的影響而發音不正確，此並不列入構音異常，例如：習慣說中文的人，在發英文的 /θ/ 時，舌頭經常伸得不夠長（必須超過牙齒之外），經過口音矯正（accent reduction）後便可以正確發音；又如：以閩南語為母語的人，經常把「老師」說成「老書」、「風」說成「哄」，這也稱為語言差異（language differences）（Owens et al., 2015）。

因為國內外籍配偶較過去為多，即便已經在臺灣生活了一段時間，說國語時往往仍有特別腔調，而外配子女在尚未完全習得國語的語音時，也可能出現因為學習外籍父母的說話方式而導致語音不正確，這是評估與介入時需要特別留意的地方。

　　音韻歷程在第四章中曾經說明過，兒童在尚未發展出困難的語音時，容易以簡單的音取代困難的音。關於說中文兒童可能出現的音韻歷程，包括：聲母和韻母的省略歷程、替代歷程、同化歷程和其他歷程，如第四章的表 4-2 所示，在下一節語音異常的評量中可以使用。

## 第三節　語音異常的評量

　　有關語音異常的評量，需要蒐集以下相關的資料。

### 一、口腔功能檢查

　　語音的正確與否和執行言語動作的器官或構造有重要關聯，因此首先必須檢查構造的外觀上是否有缺損或不正常情形發生，其次必須測試其運作功能是否正常，可以使用附錄五的「言語—動作評估篩檢表」進行，此二份表格是依據 Bauman-Waengler（2000）的表格加以修改，使用者將結果記錄在表格內。第一部分是進行結構缺損或異常情況的檢查，第二部分則是組織的功能，兩部分都包括頭部、呼吸機制、臉和口腔（牙齒、舌頭、軟硬顎和小舌）。楊淑蘭（2004）研究學齡前語音異常（當時稱為構音／音韻異常）兒童和一般兒童的口語—動作機轉之結構與功能的差異發現，語音異常兒童和一般兒童的口語—動作機轉之結構上並無不同，但在功能上，語音異常兒童在口腔喉部的舌頭和軟硬顎的功能比較差，輪替動作表現也比較差，但在頭、臉和呼吸功能上，二組的表現一樣。

### 二、語音評估

　　Stoel-Gammon 與 Dunn（1985）指出，語音評估的內容可以包括：(1)已有

的語音庫（an speech-sound inventory），子音和母音以發音位置和方法來分類；
(2)已有的詞彙和音節的形式（CVC、CV、VC、CCV）；(3)語音串中序列的困
難。以下分別加以說明。

## （一）語音庫（speech-sound inventory）

語音庫指的是目前個案所發展或具備的語音表現，例如：以一個兩歲十一
個月的兒童小華為例，蒐集小華的語言樣本（修改自吳咸蘭，2000）並發現小
華的詞彙庫（word inventory），如表 6-1 所示。

表 6-1　小華的詞彙庫

| 正確發音 | 小華的發音 |
|---|---|
| 要（一ㄠˋ） | 一ㄚˋ/yà / |
| 杯子（ㄅㄟ ㄗ˙） | ㄅㄝ ㄉㄜˋ˙/ bē dɤ / |
| 葡萄（ㄆㄨˊ ㄊㄠˊ） | ㄅㄨˊ ㄅㄚˊ/bú bá/ |
| 月亮（ㄩㄝˋ ㄌㄧㄤˋ） | 一ㄝˋ 一ㄚˋ/ yè yà / |
| 球球（ㄑㄧㄡˊ ㄑㄧㄡˊ） | ㄉㄛˊ ㄉㄛˊ/dó dó/ |
| 狗狗（ㄍㄡˇ ㄍㄡˇ） | ㄉㄛˇ ㄉㄛˇ/dŏ dŏ/ |
| 麥當勞（ㄇㄞˋ ㄉㄤ ㄌㄠˊ） | ㄝˋ ㄚˊ/èá/ |

註：修改自吳咸蘭（2000）。

小華的語音庫已有：聲母ㄅ [p]、ㄉ [t]，韻母一 [i]、ㄚ [a]、ㄛ [ɔ]、ㄝ [ɛ]
和ㄨ [u]。相較於同齡兒童的語音庫應該要具備聲母ㄅ [p]、ㄆ [pʰ]、ㄇ [m]、
ㄋ [n]、ㄌ [l]、ㄎ [kʰ]、ㄍ [k]、ㄏ [x]、ㄑ [tɕʰ]，以及除了ㄩ [y] 以外的韻母，
顯然小華還有八個聲母和十五個韻母尚未發展出來。他會的是雙唇和舌尖不送
氣的塞音，韻母也只會部分的單韻母。

## （二）音節和語彙結構

因為每一個中文字都可獨立視為一個單音節，故需檢查兒童是否具備聲母
和韻母結合的形式（CV）。而小華已經具備 CV 音節形式，但複韻母的韻尾都

被省略（ㄠ [aʊ]、ㄟ [eɪ]、ㄡ [ou] 和 ㄤ [aŋ]），中文 CVV 和 CVC 的音節形式小華還不會。而在多音節詞彙部分，如「麥當勞」，中間的弱音節完全被省略（syllable reduction）。由前述二項評量，小華可能是一位口語發展遲緩的兒童，可診斷為語音異常。

## 三、錯誤音的評量

錯誤音的評量有三個工具可以使用：毛連塭（1986）的「修訂國語構音測驗」（適用於國小學生）、許天威等人（1992）編製的「國語正音檢核表」（適用於國中和國小的學生），以及鄭靜宜（2018）的「華語兒童構音與音韻測驗」（APTMC）。前二者年代久遠，雖可用以診斷錯誤音發生在哪些聲母和韻母，並計算錯誤音的個數，但缺乏常模對照。鄭靜宜的「華語兒童構音與音韻測驗」（APTMC）則較為完整，為標準化測驗，具備常模資料可以對照百分等級。該測驗包括五個分量表，可以評估兒童在不同語境中可正確說出二十一個華語聲母的構音能力：一為詞語構音測驗，評估詞語語境，以三十六個詞語為材料；二為語句構音測驗，評估句子情境，以十二個句子為材料；三為圖片描述測驗，評估自發性言語，以五張連續故事性的彩繪圖片為材料；四為可刺激性測驗，評估簡單仿說情境，以九十六個多音節非詞題項為材料，依前三個構音分測驗之錯誤音選題施測；五為最小音素對比測驗，評估在最小音素對比詞之聽辨與說出的能力，以九十六對最小音素對比詞語為材料，依前三個構音分測驗之錯誤音選題施測。一般常用前二個測驗，即詞語構音測驗和語句構音測驗，其他可根據需要加以選擇。「Jeng 靜宜的語言治療資源網」（https://www.jengspeech.com/wp/）提供線上有關語音異常的各分項評估，可以在線上錄製語言樣本，由 AI 加以判讀，亦是讀者可用以參考的資源。

## 四、音韻歷程分析

蒐集兒童的語言樣本後，標示出錯誤音，再依其錯誤的型態，寫入音韻歷程分析表（如表 4-2 所示）。作者以上述個案小華的語言樣本進行分析，可以發現小華所使用的音韻歷程主要為：複韻母尾音ㄨ [u] 的省略（ㄠ [aʊ] 說成ㄚ

[a]）、不送氣化（ㄆ [pʰ] 和ㄊ [tʰ] 說成ㄅ [p] 和ㄉ [t]），以及聲母省略（ㄇ [m] 和ㄌ [l]）等。鄭靜宜（2011）的研究發現，學前兒童出現最多的音韻歷程依次為：不捲舌化、後置化、塞音化、塞擦音化和不送氣化。音韻歷程出現率會隨著年齡增加逐漸下降，其中以後置化、塞音化、塞擦音化和不送氣化降幅最大。相較於一般兒童的語音中，五十五位語音異常兒童有較多的音韻歷程次數和種類。然而她也發現：語音異常兒童的音韻歷程的類別和同齡普通兒童相近，若以音韻歷程出現之個數和種類數作為預測變項，進行區別分析，正確率可達83.4%。

歸納而言，語音異常的評量應包括：口腔功能檢查、語音評估、錯誤音的評量，以及音韻歷程之分析，根據評估診斷結果，可以先確認個案是因為口腔功能不佳或有聽覺異常問題，而導致單純的構音錯誤，抑或是有音韻處理的困難，後者常見伴隨注音符號學習困難，特別是明顯的拼音或聲調困難，以及其他聽讀說寫的問題。單純構音訓練較為簡單，但若受限於舌頭結構或口腔組織的缺損，就必須因應不同需要建立差異化的目標，不需要一致的標準，亦即要求完全正確如一般人；後者的訓練則必須加上音韻知識的學習，例如：音韻覺識（phonological awareness）課程循序漸進的教學（請參閱本章第五節），以下說明介入策略。

## 第四節　語音異常的介入策略

### 一、聽辨訓練

首先根據錯誤音和音韻歷程進行聽覺辨識，亦即對比音的分辨，可以先由差異較大的語音開始，例如：是「阿公」還是「阿東」，此時可用不加注音符號或音標符號的圖片加以輔助。之後，進行最小音素對比的語音，例如：給予個案「兔子」圖片，問「兔子」和「肚子」哪一個是對的呢？給予個案「蓋子」圖片，問「袋子」和「蓋子」哪一個是對的呢？「通通」抓起來和「冬冬」抓起來，哪一個對呢？或教學者說出「袋子」，請個案將圖片貼在本子上或找出圖片交給教學者。

## 二、擴大語音庫

利用語音置位法（phonetic placement）或語音漸進修正法（sound approximation）教導目標音。使用前者教學時，教學者要告訴個案該音素的發音部位和方法，並先行示範正確發音，再以壓舌板指出發音的正確位置，教導個案嘗試發出正確音；使用後者教學時，並不強調第一次就發出正確音，而是由一個近似音，教導個案逐漸接近正確音。以下分別說明幾個困難音素（ㄙ [s]、ㄌ [l]、ㄈ [f]、ㄍ [k]、ㄎ [kʰ]、ㄉ [t] 和ㄊ [tʰ]）的教學法。

### （一）教「ㄙ」[s]

1. 以語音漸進修正法進行教學，步驟如下：
    (1) 把舌頭伸出，如發英文的 /θ/ ，讓個案慢慢將舌頭縮回放在上齒背後，或教學者用壓舌板幫助個案把舌頭縮進上下牙齒之間。
    (2) 教個案發ㄊㄧ [tʰi]，用力呼氣，再慢慢發成 [tʰs] 或 [s]。
    (3) 教個案發以下配對的對比音：踢西、泰賽、偷搜、他撒、禿蘇。
    (4) 教個案發ㄊ [tʰ]（舌頭放在上齒背後），將手掌放在嘴前感受氣流流過舌頭和嘴唇。
    (5) 教個案發ㄒㄩ [ɕy] 後，嘴唇收回微笑發ㄧ [i]，舌頭再稍微向前吹氣。
    (6) 把吸管放在舌頭中間凹槽，然後吹氣發ㄙ [s]。
2. 以語音置位法進行教學，步驟如下：
    (1) 將舌頭放在上齒背。
    (2) 將舌頭平抬。
    (3) 舌頭離開齒背 0.5 公分。
    (4) 上下牙齒靠近。
    (5) 氣流從舌中凹槽吹出。

### （二）教個案「ㄌ」[l]

1. 教個案看著鏡子把舌頭放在上牙齒齦的位置，預備說出ㄌ [l]。
2. 再降低舌位說ㄚ [a]。
3. 說ㄌㄚㄌㄚㄌㄚ [la la la]，再說ㄌㄧ ㄌㄨ ㄌㄟ ㄌㄞ [li lu leɪ laɪ]。

4. 用壓舌板碰觸上牙齦，告訴個案把舌尖放在壓舌板所指位置後，把舌頭彈開發ㄌ [l]。

## （三）教個案「ㄈ」[f]

1. 教個案將上齒輕咬下唇吹氣，可以放一支羽毛或紙片試驗。
2. 個案說ㄚ [a]，再按步驟一說ㄈ [f]，要能聽到氣流的聲音。

## （四）教「ㄎ」[kʰ]和「ㄍ」[k]

教學前可讓個案喝一口水，仰頭如同漱口，再吐出，告訴個案聲音是由舌頭後方水所在的地方發出來。若個案年齡太小或會嗆咳，則不要使用這個方法。步驟如下：

1. 輕壓個案的面頰下後半部（舌根處），要他發小聲 /kʌ/。
2. 把舌尖放在上齒背，舌根隆起後很快放掉。
3. 教學者示範發出扣槍的聲音ㄎㄚ [kʰa]，或咳嗽的聲音。
4. 教個案提起舌根再提起舌尖，先發ㄎ [kʰ]，再發ㄊ [tʰ]。

## （五）教「ㄊ」[tʰ]和「ㄉ」[t]

1. 教個案看著鏡子把舌尖放在上齒齦的位置，很快的把舌頭放下，彈一下，讓空氣跑出來，發出ㄉ [t] 或ㄊ [tʰ]（ㄊ [tʰ] 的氣流較ㄉ [t] 強，因此可以先教個案儘量送出氣流）。
2. 要個案發ㄆ [pʰ]。
3. 要個案把舌尖放在雙唇間發ㄆ [pʰ]。
4. 把舌尖放在上唇發ㄆ [pʰ]。
5. 將舌尖放在上齒齦發ㄊ [tʰ] 或ㄉ [t]。

練習過程中個案可能會因為過於緊張，以致於發音器官太過用力，因此在練習幾次之後可給予休息。如果個案已學會發出某個音，可以請個案記住本體感覺，在錯誤嘗試中逐漸進步，並建議教學時，先用力送氣發出送氣音後，再學不送氣音。

# 第五節　訓練音韻覺識能力

## 一、音韻覺識的定義

Torgesen 等人（1992）指出，音韻覺識是個體對自己所說語言的音韻結構的敏感度，而且能說出覺知內容的能力。Lane 等人（2002）指出，音韻覺識是說話者對音韻的覺察、分析和組織的能力，而人類話語的結構分為字、音節、首尾音和音素等四個層次。音韻覺識能力可以分為分析性、結合性、分析性加結合性和內隱的音韻覺識，分別說明如下。

### （一）分析性的音韻覺識

1. 韻腳的指認（recognition of rhyme）：「好」、「飽」這兩個字押韻嗎？「好」、「飽」、「牌」哪一個聽起來和另外兩個不一樣？

2. 分出聲母、介母和韻母（isolation of initial, medial and final phonemes）：在「跳」字中，第一個聲音、中間的聲音和最後的聲音是什麼？

3. 聲音的分割（sound segmentation）：在「跳」字中，有哪三個聲音？

4. 指認音節數（identification of the number of syllables）：「學校」、「麥當勞」各有幾個音節?

5. 聲音和字的配對（sound-word matching）：「貓」的第一個聲音是ㄇ [m] 嗎？

6. 詞和詞的配對（word-word matching）：「貓」和「馬」的第一個聲音是一樣的嗎？

7. 音素刪除（sound or phoneme deletion）：說「跳」時，若不說ㄊ /t/，會變成什麼聲音？

8. 指出被刪掉的音素（pointing out the phoneme deleted）：說「跳」再說「要」，什麼音被去掉了？

9. 音節省略（syllable deletion）：「學校」不說「學」，剩下什麼？

10. 打拍子遊戲（tap game: tap and read the words）：打拍子說語詞，例如：「麥當勞」拍三下、「學校」拍兩下。

11. 音素分類（categorization of phoneme）：「挑」、「貼」、「天」、

「撇」哪一個和其他幾個不一樣？

12.計算音素（counting phoneme）：有幾個聲音在「飄」裡頭？

13.拼出有音但無意義的字（invented spelling）：例如：「丂一ㄠ」[kʰiɑʊ]。

## （二）結合性的音韻覺識

1. 音素合併（sound blending）：將「ㄊ」[tʰ]、「一」[i]、「ㄠ」[ɑʊ] 拼成一個聲音。

2. 音節合併成詞（syllable blending）：把「麥」、「當」、「勞」連著說出來（例如：英文的 pre-si-dent）。

3. 增加音素（phoneme addition）：「要」加一個「ㄆ」[pʰ]變成什麼聲音？

## （三）分析性加結合性的音韻覺察

1. 聲音取代（sound substitution）：說「票」，然後用「ㄊ」[tʰ]取代「ㄆ」[pʰ]會變成什麼聲音？

2. 說押韻的字（rhyme production）：說出所有和「ㄠ」[ɑʊ] 押韻的字。

3. 聲音交換（sound exchange）：將「皮包」的聲母互相交換，變成「鼻拋」。

## （四）內隱的音韻覺識

告訴我哪一個聲音是真的字（telling a real word）：「包」或「ㄖㄠ」[ʐɑʊ]？

## 🔳 二、音韻覺識的評估

在臺灣，有關音韻覺識的評估工具，有三種：一為曾世杰等人（2005）編製的「聲韻覺識測驗」，該測驗根據中文語音的特性，共發展出四個分測驗，含「聲母覺識」、「韻母覺識」、「結合韻覺識」和「聲調覺識」。二為「音韻覺識診斷測驗」，有六個分測驗，包括：「注音符號認讀測驗」可認讀三十七個注音符號、「聲韻結合測驗」可評量受試者將聲母和韻母結合的能力、「去音首測驗」可評量受試者將聲母和韻母分割的能力、「假音認讀測驗」可評量受試者對於非中文語音的假音解碼能力、「假音認讀流暢性測驗」可評量受試

者對假音解碼的流暢性，以及「聲調覺識測驗」可評量受試者對聲調的覺識能力；評量的對象是小一到國三學生，可以團體或個別施測。還有一個音韻覺識的評估工具為「學齡前兒童音韻覺察測驗」，由楊淑蘭（2004）編製，包括：「聲母區辨」、「韻母區辨」、「聲調覺識」和「聲韻母混合區辨」等四個分測驗，楊淑蘭以此工具進行研究發現，學前構音／音韻障礙（語音障礙）的兒童之音韻覺識能力較一般兒童為差。由音韻覺識評估工具的內容可以得知音韻覺識能力的要素，包括組合性和分析性的音韻能力，也可以說是一種後設音韻（metaphonology）。

## 三、音韻覺識的教學

Gillon（2004）指出，音韻覺識能力和音韻訊息的儲存、搜尋皆同屬於音韻處理能力（phonological processing abilities）的一部分，也是後設語言覺識能力（metalinguistic awareness）的一部分，且可以包括三個層次：音節、音首─韻尾和音素。而過去不論受試者說中文或英文的研究，都證明音韻覺識能力可加以訓練而提升（傅淳鈴、黃秀霜，2000；曾世杰、簡淑真，1996；Bradley & Bryant, 1983; Lundberg et al., 1988）。楊淑蘭（2000）也指出，音韻處理能力是可學習而得，尤其是注音符號的教學，對增進音韻處理能力有極大的幫助；張淑婷等人（1999）也在研究中發現，注音符號的教學有助於兒童提升中文的音韻覺識能力，以及音韻覺識能力與認字能力間有顯著相關。由此可知，音韻覺識能力與說中文兒童在學習注音符號的表現上關係密切。

Torgesen 與 Mathes（2000）認為，音韻覺識的教學有兩個主要目標：(1)幫助兒童發現詞中的音節和音素，辨識音素間的相同與不同；(2)幫助兒童做字母和聲音的連結，用字母表徵音素。而根據 Goldsworthy（1996）的建議，音韻覺識的訓練計畫應包括三個層次：(1)增加詞彙覺知，將句子分解至詞彙；(2)增加音節覺知，將詞彙分解至音節；(3)增加語音覺知，將音節分解至語音（引自錡寶香，2006）。楊淑蘭（2000）歸納整理有關音韻覺識的文獻，並以Goldsworthy（1998）的《音韻覺識活動資源手冊》（*Sourcebook of Phonological Awareness Activities I & II*）一書（兩冊）為基礎，根據中文的語音特性編製了一套音韻覺識訓練課程。楊淑蘭（2003）將前述課程運用於構音／音韻異常兒童的構音錯

誤矯正，獲得良好成效。此音韻覺識訓練課程分為詞彙、音節和音素等三個層次：(1)在詞彙層次的教學重點，包括：在成人讀出語料時，數出詞的數量、從片語或句子中辨認遺漏的詞和補上遺漏的詞；(2)在音節層次的教學重點，包括：數音節、將音素合併為音節、刪音節、增加音節、顛倒音節和音節替代；(3)在音素層次的教學重點，包括：音素區辨、字首聲音的配對、聲母配對、韻母配對、切割音素（聲母、韻母和介音）、說出押韻字、剔除聲母或韻母、由詞彙或句子找出特定聲母或韻母的字（音節）、音素合併、聲母或韻母替代、分辨真假音和拼出非語音。由此可見在訓練音韻覺識能力時，應先訓練學生辨認句中的詞彙結構（word boundary），再由字詞結構找出音節，將音節切割為韻頭和韻尾，最後教學生音素辨別分析的能力，進而協助孩子將音素與慣用符號（例如：注音符號）作連結，之後整合不同的音素拼出熟悉的語音，或找出、拼出非口語中的語音。音韻覺識的教學過程是有層次且漸進的，音韻覺識課程大綱請見附錄六。簡欣瑜與劉惠美（2017）指出，語音異常兒童中，有音韻困難和其有較多非典型語音錯誤的兒童，他們的語音問題可能是來自於其內在音韻系統發展不完整所導致，這可能影響他們發展聲韻覺識能力，因而造成聲韻覺識能力也較差。建議針對這一群孩子，可以在治療方案中融入音韻覺識的訓練。

## 第六節　語音異常教學實例

以下以第三節中兩歲十一個月的小華為例，說明可以進行的教學方法。

### ◆ 一、擬定教學目標

因為小華不滿三歲，因此將教學目標設定為增加語音庫和詞彙庫，亦即一方面增加小華日常生活的語彙，同時在教學語彙時，擴展他的語音，因此必須考量他出現的音韻歷程，以及注意語音如何被正確發出。

## 二、規劃教學流程

### （一）以已有語音為起點擴展詞彙

1. 小華已經可以單獨發出ㄚ [a] 和ㄨ [u]，將這二個音素快速合併為ㄠ [ɑʊ]，練習說出：要、不要、貓、抱。

2. 同上述教學一樣，小華已經可以單獨發出ㄝ [ɛ] 和ㄧ [i]，將這二個音素快速合併為ㄟ [eɪ]，練習說出：背、黑和飛，延伸練習「背包」和「背（娃娃）」。

### （二）擴充新的字音

1. 小華已經會發出ㄅ [p]，教導他強烈的送出氣流成為ㄆ [pʰ]，亦即改善不送氣化的音韻歷程，而學會送氣。教導如何送氣可採用以下活動：練習吹蠟燭、吹吸管（泡泡）、吹手掌（感受手掌中的氣流），然而個案學會送氣活動，並不表示他便會發出送氣音，仍然需要多加練習，個案才能類化。練習說出：手「帕」、害「怕」；可以玩男生女生「配」遊戲，說出「配」時強烈送出氣流。

2. ㄊ [tʰ] 的教學方法可以仿照ㄆ [pʰ] 的方法，先說出ㄉ [t] 時，舌尖放在上齒背，比賽發出氣流。練習說出：踢、踏和推（球），延伸練習青蛙「跳」和「貼」紙「貼」在頭上。舌尖音ㄉ [t]、ㄊ [tʰ] 的教學，可比擬為射飛機，表示舌尖需要用力。

### （三）新語音的教導

1. 選擇案主年齡正要發展的音素：正常三歲兒童的語音發展，應該已學會ㄅ [p]、ㄆ [pʰ]、ㄇ [m]、ㄋ [n]、ㄌ [l]、ㄎ [kʰ]、ㄍ [k]、ㄏ [x]、ㄑ [tɕʰ]，以及除ㄩ [y] 之外的韻母，目前個案差一個月便滿三歲，因此由上述正常之語音目錄中，選取較為簡單且個案已經學會的發音部位（雙唇）ㄇ [m] 作為目標，再結合已經學會的ㄠ [ɑʊ] 和ㄟ [eɪ]。ㄇ [m] 為雙唇鼻音，先讓個案把手放在教學者的鼻樑上，感受氣流通過振動鼻腔的感覺，再請個案把手放在自己的鼻樑上，以發出與ㄅ [p] 和ㄆ [pʰ] 相同發音部位但帶有鼻音的ㄇ [m]，再練習：媽、貓、喵喵、媽媽、摸和買（試

探ㄞ [aɪ]）。

2. 若個案已學會ㄇ [m]，則試探ㄋ [n]、ㄌ [l]、ㄎ [kʰ]、ㄍ [k] 和ㄏ [x]，以了解何者對案主較容易，此係結合第四節舌尖音和舌根音的教學方法，從容易者著手。

### 三、教學時注意事項

1. 和家長溝通找出兒童最常使用的詞彙作為練習內容。
2. 配合兒童的認知能力，以自然互動或遊戲方式進行活動。
3. 採用多感官的教學方式，以聽、說、看、摸和做一起進行，效果更好。
4. 以一個相同發音方法或部位的音素群組為教學目標，例如：送氣音 [pʰ、tʰ、kʰ] 一起練習，採循環式的練習。
5. 利用音韻覺識的要點，蒐集兒歌或編寫兒歌，再教兒童練習，例如：「好六叔、好六舅，送我六斗六升的好綠豆，過了秋收了豆，再還六叔六舅六斗六升的好綠豆。」此外，兒歌中的《小星星》可以練習「ㄒ」[ɕ]；《洗澡歌》可以練習「ㄌ」[l]；《造飛機》可以練習「ㄈ」[f]，但需要在個案已精熟目標音才練習兒歌，效果較佳。
6. 在嘗試錯誤的過程中，當個案發出正確音時，教學者應立即給予鼓勵，並請個案記住本體回饋的感覺。
7. 當個案能正確說出一個音節時，必須把目標音類化至音節的不同位置，聲母則出現在第一音節或第二音節，另外也要練習逐漸增加同音節中的音素，以及拉長音節數，例如：西瓜、東西；新奇、擔心；大西瓜、小西瓜；西瓜很甜、很甜的西瓜。
8. 個案會經歷不穩定到穩定的類化過程，當個案習得後又出現扭曲音或錯誤音時，教學者可以模仿個案的錯誤方式，再一次提醒個案正確的發出語音，年齡愈大的個案因為已經習慣使用錯誤之語音方式，訓練類化更不容易，也更需要個案的自覺和自我修正。

### 四、將家長視為合作夥伴

面對語音異常兒童，可教導家長以下的原則：

1. 放慢說話速度，正確的說出每一個聲音和聲調。
2. 不急於糾正錯誤發音，因為過度的糾正，個案會逃避說話且喪失說話信心，只要重複正確的發音給個案聽。
3. 如果兒童說話的語速過快，家人必須協助提醒個案放慢說話速度，家人說話時，也應儘量緩慢清楚的說出每一個音節。

　　鄭靜宜（2020）已出版《兒童語音異常：構音與音韻的評估與介入》一書，提供相當詳細的典型和非典型之語音異常的說明，也完整的介紹介入方法，以及其個人研究上的發現和心得。之後，錡寶香等人（2022）亦出版《兒童語音障礙：理論與實務》一書，書中的教案也可作為設計介入方案的參考來源。

## 本章小結

　　本章主要說明構音異常和音韻異常的不同，前者是單純的語音錯誤，主要是周圍神經控制的言語機轉出現錯誤，但不會影響語言的其他層面；而音韻異常則是中樞神經功能異常，造成音韻層次的音素辨識、區分和整合問題，會影響語言的其他層面，例如：聽、說、讀、寫，此二種異常情形也可以合併稱為語音障礙。語音障礙的評估可以由聽辨不同音素、語音資料庫、音節和語彙結構、錯誤音，以及音韻歷程加以評量。音韻異常兒童的音韻覺識能力不足，音韻覺識能力包括：分析性、結合性、分析性加結合性和內隱性的音韻覺識，也是一種後設音韻能力。語音障礙的介入策略，若為單純的構音障礙，則可以由語音聽辨練習著手，進入個別音素的教學；若為音韻障礙，則需要分析個案發生的音韻歷程，由音韻處理的缺陷，進行音韻覺識的訓練，增加音韻覺識能力，再根據個案發生的音韻歷程，進行教學與訓練。本章未說明非典型的語音異常之相關評估與介入，讀者可參考所列專書，自行深入了解。

## 問題討論

1. 構音異常和音韻異常有何不同？

2. 哪些人較可能有構音障礙？

3. 請說明分析性的音韻覺識能力有哪些？

4. 如何進行構音障礙個案的教學和訓練？

5. 音韻障礙個案的教學方法和構音障礙的教學方向有何不同？

6. 對於有聲調錯誤或混淆不清的個案，介入前應有哪些重要的考量？

# ❀ 參考文獻 ❀

中文部分

毛連塭（1986）。**修訂國語構音測驗**。臺北市立師範學院特殊教育中心。

吳咸蘭（2000）。**構音活動教學彙編**。國立高雄師範大學特殊教育中心。

張淑婷、黃秀霜、劉信雄（1999）。國小一年級學童兒歌熟悉度、音韻覺知能力及注音符號學習成就相關研究。載於八十八學年度師範學院教育學術論文發表會論文集。國立臺北師範學院。

許天威、許享良、席行蕙（1992）。**國語正音檢核表使用手冊**。欣欣文化。

傅淳鈴、黃秀霜（2000）。國小學童後設語言覺知之測量及其與認字能力之相關研究。**教育心理與研究**，**23**（2），383-414。

曾世杰、陳淑麗、謝燕嬌（2005）。**聲韻覺識測驗**。教育部特殊工作教育小組研究成果報告。

曾世杰、簡淑真（1996）。**國語文低成就學童之工作記憶、聲韻處理能力之研究**（I）。行政院國家科學委員會專題研究成果報告（編號：NSC84-2421-H143-001-F5）。

國立臺灣師範大學國音教材編輯委員會（編纂）（2011）。**國音學**（新修訂第八版）。中正書局。

楊淑蘭（2000）。有關中文音韻覺察研究未來可能的新方向。**特殊教育文集**，**2**，137-160。

楊淑蘭（2002）。音韻異常和構音異常的評估。**特殊教育文集**，**3**，151-170。

楊淑蘭（2003）。必也正名乎：構音障礙應改為構音／音韻障礙。**特殊教育季刊**，**86**，16-23。

楊淑蘭（2004）。學齡前構音／音韻異常兒童口語：動作機轉的結構與功能之研究。載於國立臺灣師範大學特殊教育學系（主編），2004 **特殊教育論文集：追求卓越**（頁209-215）。國立臺灣師範大學特殊教育學系。

鄭靜宜（2011）。學前兒童華語聲母之音韻歷程分析。**特殊教育學報**，**34**，135-170。

鄭靜宜（2018）。**華語兒童構音與音韻測驗**。心理。

鄭靜宜（2020）。兒童語音異常：構音與音韻異常的評估與介入。心理。

錡寶香（2006）。兒童語言障礙：理論、評量與教學。心理。

錡寶香、陳佳儀、張旭志、謝采蓉、宋韋均（2022）。兒童語音障礙：理論與實務。心理。

簡欣瑜、劉惠美（2017）。語音異常兒童的聲韻覺識能力之探討。**特殊教育發展期刊，63**，15-24。

Ferrand, C. T.（2006）。構音系統〔林香均譯〕。載於林珮瑜、何恬、李芳宜、林香均、李沛群、蔡昆憲（譯），**言語科學：理論與臨床應用**（頁185-252）。心理。（原著出版年：2001）


## 英文部分

American Speech-Language-Hearing Association. [ASHA] (2014). *Speech and language disorders and diseases.* http://www.asha.org/public/speech/disorders/

Bauman-Waengler, J. (2000). *Articulatory and phonological impairments: A clinical focus.* Allyn & Bacon.

Bradley, L., & Bryant, P. E. (1983). Categorizing sounds and learning to read: A causal connection. *Nature, 301*, 419-421.

Gillon, G. T. (2004). *Phonological awareness: From research to practice.* Guilford Press.

Goldsworthy, C. L. (1996). *Developmental reading disabilities: A language-based treatment approach.* Delmar, Cengage Learning.

Goldsworthy, C. L. (1998). *Sourcebook of phonological awareness activities: Children's classic literature.* Delmar, Cengage Learning.

Gordon-Brannan, M. E., & Weiss, C. E. (2007). *Clinical management of articulatory and phonological disorders* (3rd ed.). Lippincott, Williams & Wilkins.

Ingram, D. (1976). *Phonological disability in children.* Elsevier.

Lane, H. B., Pullen, P. C., Eisele, M. R., & Jordan, L. (2002). Preventing reading failure: Phonological awareness assessment and instruction. *Preventing School Failure: Alternative Education for Children and Youth, 46*(3), 101-110.

Lowe, J. L. (1996). *Workbook for the identification of phonological processes* (2nd ed.). Pro-ed.

Lundberg, I., Frost, J., & Petersen, O. P. (1988). Effects of an extensive program for stimulating phonological awareness in preschool children. *Reading Research Quarterly, 23* (3), 263-284.

Owens, R. E., Farinella, K. A., & Metz, D. E. (2015). *Introduction to communication disorders: A lifespan evidence-based perspective* (5th ed.). Allyn & Bacon.

Owens, R. E., Metz, D. E., & Farinella, K. A. (2010). *Introduction to communication disorders: A lifespan evidence-based perspective* (4th ed.). Pearson.

Stoel-Gammon, C., & Dunn, C. (1985). *Normal and disordered phonology in children*. University Park Press.

Torgesen, J. K., & Mathes, P. (2000). *A basic guide to understanding, assessing, and teaching phonological awareness.* Pro-ed.

Torgesen, J. K., Morgan, S. T., & Davis, C. (1992). Effects of two types of phonological awareness training on word learning in kindergarten children. *Journal of Educational Psychology, 84*(3), 364-370.

# 第七章 發展性語言異常（障礙）

## 第一節 發展性語言異常的定義和特徵

Owens 等人（2015）開宗明義表示，語言障礙（language impairments）不是單一類型的異常或遲緩，造成的原因也十分多元，有些是天生的，有些是後天造成，通常他們都有聽覺理解和口語表達的困難，而且這些困難表現在語言的各個成分中，包括：形式、內容和功能。Bernstein 與 Levey（2002）提出語言處理系統基模（如圖 7-1 所示），指出人類在處理語言和產出語言的過程中，由環境輸入的訊號，包括：聽覺的語音訊號、姿勢和動作，以及文字和圖形的視覺訊號，經過屬於周圍神經系統管理的聽覺和視覺系統的處理，進入中樞神經系統，而中樞神經系統掌管的功能則包括：注意、記憶、認知能力，並處理語言的四個向度（音韻、語法、語意、語用）、非語言系統（nonlinguistic system）與副語言系統（paralinguistic system）（或稱超語言系統）、建立語彙系統（lexical system），之後透過口語系統和觸覺系統，分別輸出口語、姿勢和動作（文字和圖形）。在這個模式中，若在輸出之前的任何一個環節出現困難或缺失，可能導致輸出錯誤，就會形成語言障礙。

Nicolosi 等人（1983）認為，語言障礙（language disorder）是個體無法妥善使用語言符號，以達成有效的溝通，包括任何表達或接收語言要素的困難，程度由輕微的語言不正確、語言內容貧乏、語彙缺乏到甚至完全不會說話。而 Bloom 與 Lahey（1978）則認為，語言（發展）遲緩兒童表現出來的現象，包括：(1)很少或完全不會說話；(2)輕微或完全不能理解指令；(3)使用不尋常的詞語來表達；(4)句法錯誤而無法達成溝通的目的。ASHA（1993）對語言障礙的定義，認為語言障礙牽涉的層面包括：(1)語言的形式（音韻、語型和語法系統）；(2)語言的內容（語意系統）；(3)語言在溝通時的功能（語用系統）（p. 40），此定義不僅包括口語，也包括書寫的語言。Paul 等人（2018）出版的著作《從嬰

### 圖 7-1　語言處理系統基模

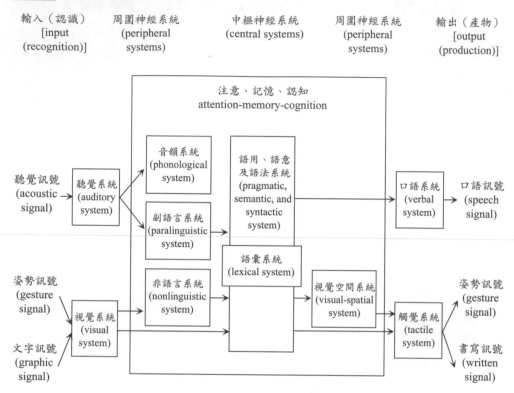

| 輸入（認識）<br>[input<br>(recognition)] | 周圍神經系統<br>(peripheral<br>systems) | 中樞神經系統<br>(central systems) | 周圍神經系統<br>(peripheral<br>systems) | 輸出（產物）<br>[output<br>(production)] |

注：引自 Bernstein 與 Levey（2002, p. 26），獲得 Allyn & Bacon 授權。

兒到青少年的語言障礙》（*Language Disorders from Infancy through Adolescence*）也是使用此定義，在此書封面指出，語言障礙出現在聽理解、說話、閱讀、書寫（含寫作）和溝通（listening, speaking, reading, writing, and communicating）等方面。

由語言缺陷、語言發展遲緩、語言障礙、特定型語言障礙（SLI）和以語言為基礎的學習障礙，多年來有不同的稱呼和定義。2016 年，由英國牛津大學 Bishop 教授帶領的一群學者，透過德懷術（Delphi）研究法取得共識，討論把「特定型語言障礙」更名為「發展性語言障礙」（DLD）。而名為 CATALISE 的小組則由 Bishop、Snowling、Thompson 與 Greenhalgh 所組成（Bishop et al., 2016, 2017）建議使用 DLD 來指稱神經發育異常而造成的語言障礙。他們認為使用

DLD 的優點包括：可以說明 SLI 和 DLD 都是指神經發育缺損而造成語言學習的困難，但 DLD 是長期存在的，使用 DLD 在應用的廣度和識別度都比 SLI 來得更好。他們也在英國和美國同步進行推廣與宣傳工作，同時兩個國家的公立學校語言治療服務也開始使用 DLD，McGregor 等人（2020）也贊成以上的看法，Leonard（2020）由 200 年的歷史觀點討論特定型語言障礙的更換名稱，因為這些個案的發生學（etiology）或稱病因學並不清楚，DLD 強調神經發育的問題是比較好的名稱。在 Paul 等人（2018）出版的語言障礙專書中，雖然封面採用的名稱是語言障礙，但內容中的許多地方也是採用 DLD。書中（p. 9）有提到 DLD 是否有次群組存在？雖然 DLD 的本質不易改變，但因為年齡增長，其困難的語言向度也有可能改變，但在 Bishop 等人（2017）的討論中，對 DLD 的次類別仍然沒有共識（Paul et al., 2018）。

　　國內《身心障礙及資賦優異學生鑑定辦法》（教育部，2013）所稱的語言障礙，包括：構音異常、嗓音異常、語暢異常、語言發展異常。其中，「語言發展異常」是指表現出「語言之語型、語法、語意或語用異常，致語言理解或語言表達較同年齡者有顯著偏差或低落」，便是此處所討論的語言障礙（language disorder）或 語 言 學 習 障 礙（language-learning disability）（ASHA, 1993）。目前國際上傾向更名為 DLD，顯見國內語言障礙鑑定原則的用語已明顯和國際脫節，急需修訂，在作者所參加的修訂小組目前研議將「語言發展遲緩」更名為「發展性語言異常」，故本章的章名亦使用「發展性語言異常（障礙）」，指的是語言理解、語言表達或二者顯著落後於一般同齡者，而其異常情形並非因為生理器官缺損、社會文化和環境因素，或教學不當所造成者。

　　統整上述不同學者和國際學術的定義和用語，可以發現 DLD 會出現在語言五個向度的任何一個向度（語音、語型、語法、語意、語用）或不同向度的組合，亦即在語言的形式、內容和功能都可能受到影響，兒童的語言缺陷會表現在聽覺理解、口語表達、閱讀表現和書寫（寫字和作文）作品上，指的是個案在口語和書面的理解，以及口語和書面的表達上有顯著困難，需要特教教師和語言治療師的關注，而其語言困難可能延續至成人時期（Lyons, 2021）。Le 研究團隊由 2020 年開始發表多篇的論文（Le et al., 2020），發現兒童和青少年（4～13 歲）的語言能力愈好，其生活品質量表分數愈高，尤其是在社會和學校

功能方面，而低語言能力的兒童之健康相關的生活品質（health-related quality-of-life）也較差。

## 第二節　發展性語言障礙的原因

　　在本書第一版中提到，造成語言障礙的原因是多元的，包括：認知障礙、聽覺障礙、學習障礙、特定型語言障礙和情緒障礙（Owens et al., 2015; Paul, 2001），因為語言符號相當抽象，且建立語彙系統、組織句法和適當使用語言，牽涉到多面向的認知能力和執行功能（executive function）（Bernstein & Levey, 2002）。智能障礙者大多伴隨語言障礙，在智能障礙專書中都會說明，為節省篇幅在此不再贅述，本書將補充聽覺障礙者的溝通障礙。而學習障礙與語言障礙的數十年糾葛，最近有學者開始倡議二者可以合一（Brown III et al., n.d.）。Brown III 等人（1996）曾寫過《學習障礙的診斷和處遇：不同專業間／全人取向》（第三版）（*Diagnosis and Management of Learning Disabilities: An Interdisciplinary/Lifespan Approach*, 3rd ed.）一書，他們提到許多學者的研究結果，發現學齡前有語言遲緩或困難的兒童到學齡時便會產生學習困難，但此議題牽涉甚廣，應該還需要時間磨合。過去作者曾在台灣學障學會電子報撰寫短文，說明國內學者和實務工作者的看法，有興趣的讀者可以參考（楊淑蘭，2008）。而美國國家聾人和其他溝通障礙機構（National Institute of Deaf and Other Communication Disorders [NIDCD]）則認為二者是不同障礙，但指出 DLD 是個案成為學習障礙的核心因素（core factor）。因情緒障礙而有溝通障礙者，比較明顯的有選擇性緘默症和思覺失調症（schizophrenia），前者若發生在學齡前則容易影響語言學習，而後者則因為病理原因導致個案對時空條件產生混亂或固著，以及因幻聽或幻覺而導致語無倫次或喃喃自語等現象；若二者的病理原因消失，亦即情緒障礙緩解，則可回到較正常的語言水準，此不在本書的討論範疇。

　　本書第二版僅說明 DLD 的成因，不再將智能、生理缺陷（聽力缺損）和情緒障礙所造成的語言學習困難列入本章範圍，而特定型語言障礙在本章中便稱為 DLD。Tomblin 等人（1997）的流行病學研究發現，7.4%學前兒童有語言障礙；Rescorla（1989）發現，有十分之一的學步兒無法達到典型語言發展的里程

碑，但較大兒童的語言缺陷比率會降低（引自 Paul, 2001）。Norbury 等人（2016）在英格蘭的調查中，以分層取樣從 12,398 名四至五歲兒童選取五百二十九位作為研究對象，發現僅有「語言障礙」（LD）兒童的普遍率是 9.92%，所以他們的結論是：在一個有三十位兒童的班級中，大約會出現二位語言障礙兒童。根據他們的研究，DLD 整體的普遍率為 7.58%，遠高於泛自閉症者 1.1% 的出現率和聽力缺損者 0.165% 的出現率（McGregor, 2020）。DLD 並非因為智能低落、生理功能缺損、環境因素和社會文化因素所導致（NIDCD, n.d.）。根據 Paul 等人（2018）的看法，導致 DLD 的原因有以下四項。

## 一、遺傳因素

過去二十多年來，由於基因科技的進展，家族成員和雙生子的研究證實了遺傳對 DLD 的影響。在雙生子的研究中發現，同卵雙胞胎二人同時都有 DLD 的可能性比異卵雙胞胎更高，同卵雙胞胎有高達 50～75% 機率二人同時有 DLD。然而，因為 DLD 是相當異質性的群體，像是有一對四歲的雙胞胎，他們的基因影響幾乎看不出來。Bishop 團隊曾經說非詞複誦（non-word repetition [NWR]）和語型句法（morphosyntax）的表現和遺傳有高度相關，但二者彼此之間的關聯卻很低。而聽覺處理和遺傳的關聯不大，而是受到環境因素影響。因此，基因和環境都對語言的發展有重大影響（NIDCD, n.d.; Paul et al., 2018）。特殊基因與語言能力的關聯在過去一些研究中被發現，例如：在 Li 與 Bartlett（2012）的研究中，第七對染色體上的 FOXP2 與稀有且複雜的言語和語言障礙有關，但和一般普通的語言障礙則無關。

Mountford 等人（2022）回顧且整理了有關語言障礙的基因研究，有以下幾項發現。

### （一）由單一基因造成不同病理原因的言語和語言障礙〔monogenic causes of idiopathic speech (i.e., CAS) and language disorders〕

Chen 等人（2017）以外顯子組（exome）的基因定序方法進行研究，發現無相關的四十三位嚴重 SLI 個案中，有三個變體在基因 ERC1、GRIN2A 和 SRPX2 上，可以充分解釋帶有這些基因的個案因而有語言困難。他們也檢測出一些與

神經發育性障礙有關的候選基因，扣除前述三個，另有多達二十六個基因和兒童言語失用症（CAS占多數）、SLI和DLD有關（引自Mountford et al., 2022）。

拷貝數變異（copy number variant [CNV]）是遺傳物質區域的缺失或重複，範圍從幾百個鹼基到整個染色體臂。我們每個人都攜帶了許多CNV，有些是從父母遺傳的，有些是新發生的，其中部分對我們的生物學影響很小並且可以耐受，而另一些則可能導致疾病，例如：染色體16p11的缺失與外顯型CAS有關。Simpson等人（2015）的研究發現，語言障礙個案和其未受影響的親屬都發現CNV比重增加，他們認為比較重要的是哪些基因受到CNV的干擾。另外，Kalnak等人（2018）發現，DLD組比對照組有更多和更大罕見的CNVs（引自Mountford et al., 2022）。

## （二）一般基因模式

### 1. 連鎖分析

學者到20世紀才開始研究與語言障礙相關基因組的所在區域，發現和SLI有關的是16q24（SLI1）和19q13（SLI2）。與這些區域有關的是二個特定基因：C-mad inducing protein（CMIP）和calcium-transporting ATPase type 2C member 2（ATP2C2），二者都有中度效果量的一般風險變體。其他研究也發現，CMIP和SLI群組與一般人的語言、閱讀和拼字有關聯。因為連鎖分析（linkage analysis）是以區塊為主，經常一個區塊有幾百個基因，因此又有以下的基因組關聯研究（genome-wide association studies [GWAS]）。

### 2. 基因組關聯研究

近來有兩項研究以後設分析（meta-analysis）的方式，將多個不同的GWAS群組（隊列）合併為一項大型研究。基因組關聯研究（GWAS）是一種可以將來自較小群組規模GWAS的統計數據匯集在一起，以增加統計效力，是具有成本效益的基因鑑定（gene identification）方法。Eising等人（2021）使用了二十二個不同群組和五種變項的測量：詞彙閱讀、非詞閱讀、拼寫、音素覺識和非詞拼寫（word reading, non-word reading, spelling, phoneme awareness and non-word spelling）進行研究，在使用十九個群組和33,959位個案資料後，他們發現詞彙閱讀與變體（variant）rs11208009有相關，該變體位於基因區域之外，但仍在三

個潛在候選基因（DOCK7、ANGPTL3、USP1）附近，並與其有連鎖不平衡（linkage disequilibrium）的關係。他們表示，閱讀和語言特質（language traits）二者都有一個基因基礎，而這遺傳基礎是與智商（IQ）表現有很大的不同（引自 Mountford et al., 2022）。

　　Mountford 等人（2022）回顧言語—語言障礙的基因相關研究，整理了非常多生物學上與基因相關的研究取向，另外還有遺失的遺傳力（missing heritability），其包括：基因與基因的互動、基因與環境的互動。他們指出因為命名的不同和對 DLD 診斷標準缺乏共識，導致在探討語言障礙（SLI/DLD）遺傳結構的研究採用了不同表型（phenotype）（每一個研究設定的標準不同），這些差異使得跨遺傳研究結果的比較和複製變得困難，也阻礙了合併群組以增加樣本量後設分析的進行。因此，未來如果取得一致的共識，才能更深入了解 DLD/SLI 在生物學上表觀遺傳的基因與基因、基因與環境的相互影響。因為 Mountford 等人的論文含括許多遺傳學的知識，在此僅作簡要的介紹。

## 二、神經生物學因素

　　過去使用核磁共振（magnetic resonance imaging [MRI]）的研究發現，DLD 兒童和同儕的下額迴（inferior frontal）、下頂葉（inferior parietal cortex）、連結這些區域的白質功能不同，一致性的結論是 DLD 個案有非典型的不對稱語言皮質（asymmetry language cortex）。Paul 等人（2018）提醒，這些研究因樣本小、參與者年齡不同，以及設定選取參與者的標準不同，有時會出現不一致的結果，是需要特別注意的部分。fMRI 可用以了解參與者在進行語言任務時的腦部活動，有二個研究發現，與控制組相較，在被動聽的時候，DLD 個案的腦部是較不活躍的，因為他們對詞彙的音韻結構之解碼能力比較弱，目前已經有研究證實 DLD 兒童的紋狀體比一般兒童有過度活躍的情形。Bishop 等人（2010）以功能性經顱都普勒超音波（functional transcranial Doppler ultrasound [fTCD]）測量語言障礙和一般兒童說話時的腦部血流活動，研究發現 DLD 兒童的左腦血流活動較少，證實 DLD 兒童的左腦側化不完全，點進網頁，這篇論文有一個解說影片可以觀賞。

　　其他還有使用腦電圖（EEG）測量說話時腦部電位的改變。事件相關電位

（event-related potential [ERP]）屬於腦電圖的一種，過去研究使用 ERP 為測量方法發現，在刺激出現四百毫秒（N400）時會出現一個負的波峰在中央頂葉區，此是處理語意的指標，例如：相對於語意正確時，語意衝突〔例如：sleep furi-ously（睡得很憤怒）〕時便會出現 N400，表示此時大腦的工作量增加。Ors 等人（2001）發現，DLD 兒童和其父親都有較大的 N400 反應，但在 Kornilov 等人（2015）的研究卻得到減弱效果。其他研究則發現在違反主詞—動詞的一致性（例如：she run）時，成人會有 P600 的反應，這是處理句法時產生的，大約在刺激出現後六百毫秒時在中央—頂葉產生正向波峰延遲（peak latency）。有DLD 病史的青少年和一般同儕在違反句法規則（例如：they talks on the phone）任務的句子較短時會出現，但研究較長句子的結果卻有不同，DLD組的P600較晚出現，波幅減小且時長也較短，而二組在句法判斷正確與否的分數上也有組間差異。

另外，還有使用聽覺差異的腦波圖，當出現連續一樣的聲音，中間夾雜不同聲音時，會在一百至三百毫秒間出現一個負向改變（mismatch negative [MMN]），此是聽覺解碼和潛在追蹤聽覺訊息的指標。Bishop 等人（2010）的研究發現，DLD 兒童的 MMN 反應比一般兒童來得較弱。Paul 等人（2018）指出，雖然已有許多研究證實DLD個案似乎在大腦處理語言的功能不及一般人，然而大腦是相當複雜的結構，而且是相互關聯，也有一些相異的研究結果，因此還是得抱持謹慎的心態，除了基因遺傳因素和大腦功能差異，環境因素也會影響個案的行為表現，不應該被忽視，以下說明環境因素。

### 三、環境因素

關於低社經家庭和DLD的關係，有些研究結果顯示二者是有關的，尤其是母親的教育程度，然而也有許多研究發現二者並無相關，Paul 等人（2018）指出，低社經父母通常也反映了可能的遺傳影響，因為父母自身有語言缺陷，以致於無法提升社經地位，轉而可能有遺傳和負向環境二者的影響同時惡化兒童之語言發展，提醒臨床工作者和特教教師須注意低社經且有DLD兒童的多元弱勢。另外，在多語言環境的兒童是否會因此干擾他們的語言發展，Paul 等人認為答案是否定的，父母可以用自己覺得最容易溝通的語言和孩子互動，但需要

提供豐富的語言輸入。國內由於外籍配偶較過去增加，部分兒童的母語並非國語，導致其中文詞彙量不足，也不會使用中文句法，此時若以標準化測驗工具施測，就容易得到低估的結果，因此最好使用非語言智力測驗和不需要太多中文語言能力的語言測驗（例如：「修訂畢保德圖畫詞彙測驗」），較能了解兒童真實的認知能力。課程評量則儘量採用課程本位評量，以增加兒童詞彙庫和特定句法為目標，並以教學內容為評量內容；這些兒童在密集式的介入教學後，不久便可以跟上同儕的語言水準。

## 四、認知模式

認知模式著重在為何 DLD 兒童的語言發展無法和其他領域之發展齊頭並進，尤其在句法和語型句法向度。許多語言學家認為，語型經常影響了句法，因此合併了這二個字。DLD 兒童的認知能力在以下各向度也經常出現困難。

### （一）聽覺處理缺陷

口語主要是由聲音所組成，因此與語言障礙有關的能力被認為是和聽覺處理訊息有關。有學者指出，DLD 兒童對知覺較快和較短的聲音有困難，導致他們在知覺和分類有意義的音素對比出現問題。英文的句法標示（marker）常常出現在非重音和短的語音之上，因此 DLD 兒童會在韻律（rhythm）和知覺處理出現困難。但也並非有聽覺處理困難的兒童就會有語言缺陷，根據 Strong 等人（2011）的文獻回顧，介入音韻處理並不一定可以改善語言和讀寫能力，因此二者之間的因果關係尚無法確定。

### （二）處理能力的侷限

因為知覺能力不足，便無法將訊息留存。過去的研究發現，DLD 兒童的工作記憶（working memory）和音韻短期記憶（phonological short memory）表現比同儕差。工作記憶通常以二句話來作判斷，例如：「球是圓的」vs.「西瓜是紫色的」，且要求複述「圓的」和「紫色的」。此處有以物易物的概念，複述要求愈高就需要更多的能力，對 DLD 兒童來說，句子愈長和愈複雜，困難度就愈高。以音韻短期記憶來看，音素愈多就愈困難，因此非詞複誦表現愈差的兒童，

語言缺陷就會愈明顯。

　　許多研究也發現，語言障礙兒童在處理聽覺任務的測驗中之表現比較差，此看似因為低層次的聽覺處理能力影響了高層次的聽覺理解表現，但事實上並非如此，這個由下而上（bottom-up）的解釋，並未把先備知識考慮進來。當個體有足夠的先備知識，雖然詞彙的字母較長，卻反而較容易背熟，例如：消防車「fire truck」，如果兒童已經知道「fire」是火、「truck」是卡車，反而很容易熟記。語言障礙兒童在處理新的訊息時，因為認知資源（cognitive resource）的不足，在處理語言的過程中，需要比其他兒童花費更多努力和注意力，因此一個自動化的歷程可以較為省力。也就是說，語言處理的過程不只是由下而上的歷程，也需要由上而下（top-down）的過程，亦即加強兒童學習語言的先備知識，讓語言產出的過程經過練習而形成自動化歷程，此應該有助於語言障礙兒童提升語言能力。DLD 兒童的詞彙庫較小，因此可以幫助他們學習新詞彙的支持就更少。口語工作記憶的過程複雜，DLD 兒童的口語工作記憶也比較差，而他們的非口語工作記憶表現也同樣不佳。研究顯示，DLD 個案也可能有一般認知向度的缺損，進而影響他們的語言能力。

## （三）歷程缺陷

　　Ullman 與 Pierpont（2005）指出，描述性記憶和歷程記憶第一次被學者分開，尤其句法是以原則為基礎的學習（rule-based learning），並提出以下的假設：DLD 兒童是以描述性記憶補償他們在歷程記憶的缺陷，尤其是歷程記憶和動作學習很有關聯。近年來，許多研究發現 DLD 兒童在歷程學習上的缺陷，對於要學習有順序性的任務顯得更加明顯。然而，研究也發現以認知缺陷為標的之介入結果，卻不如直接以有缺陷的語言行為作為介入目標的效果來得好，因此造成不同的 DLD 表現，有可能發生的認知缺損並非單一因素。Paul 等人（2018）提醒，DLD 兒童常會有行為問題或動作協調缺陷而模糊了他們語言缺陷的本質，約有 30%早期被診斷有 DLD 的兒童和青少年有心理健康問題。

# 第三節　語言障礙的內容

　　語言障礙的內容主要是依據語言的不同向度，由內容、形式和功能審查個案出現的異常現象（Lerner & Johns, 2012; Owens & Farinella, 2024; Paul, 2001），說明如下。

## 一、語意異常

　　在二歲之前，兒童用以表達的詞彙已有三百個，三至四歲時則已有900～1,300個。兒童透過快速連配（fast mapping）由相似情境推論詞彙的意義，且在相似情境中使用，而逐漸學會不同類別的詞彙，例如：地點介係詞、節奏（快和慢）、數量詞（多和少）、家人稱謂（哥哥和妹妹）等。語意發展和認知能力的發展有密切關係，慢慢由單詞增加為雙詞和句子（Owens & Farinella, 2024）。

### （一）語彙發展遲緩

　　DLD 兒童的理解能力和表達能力不一定是連動的，雖然理解能力正常，但語彙數量及種類少，或僅會使用具體詞類而缺乏抽象詞類，例如：小一男童把「豬大哥、豬二哥、豬小弟」，說成「一大豬、二大豬、三大豬」。DLD 兒童學習新詞彙的能力不及一般兒童，會將「放煙火」說成「點火」；國一生會把「導盲犬」說成「牽看不見的人的那種狗」。

### （二）尋字困難

　　尋字困難類似失語症中的命名困難（anomia，或稱為 dysnomia），個案雖認識並了解其所聽到的詞彙，但卻無法順利說出該項詞彙（例如：將「時鐘」說成「手錶」），或以描述性說明來表達（例如：以「看幾點的那個」來表示「時鐘」），甚至完全用錯語詞。此類型個案的說話速度慢、經常停頓，或出現不流暢、文法有錯誤和說話時會使用過多手勢。詞彙如果未能適當歸類，也會很難被搜尋出來使用（word retrieval），某位教師告訴作者，上述小一學生一天要說上五十個「然後」，詞彙搜尋費時也會影響句子的組成，所以不斷出現

填充詞（filler）以連貫句子。

## 二、語法異常

　　二歲左右，兒童已會使用二至四個詞彙來進行表達，到了五歲時，已經習得 90%的成人語法。在三歲前，兒童已很會使用主詞加動詞，五歲時會將各式詞類用進句子裡，句子愈來愈長，開始有否定句、疑問句、祈使句和各式複合句。說英文的兒童會使用綁定詞素（bound morpheme）（例如：時態和複數），到四歲時的 MLU 已經有 3.6～4.7（Owens & Farinella, 2024）。但 DLD 兒童在語法上有以下幾項異常情形。

### （一）語法結構發展遲緩

　　Chomsky（1957）認為，兒童自然而然能將所學詞彙運用於句子裡。二歲半至三歲的一般兒童會使用簡單的句子，之後開始使用複合句；語法結構發展遲緩兒童的發展順序也與一般兒童相同，但其語言結構較同年齡兒童的語法來得簡單或不完整（引自 Paul, 2001）。前述 DLD 兒童到了七歲仍然只會使用簡單句，而不會使用複合句，因此需要許多的「然後」來串接。

### （二）語法結構發展異常

　　語法結構發展異常兒童常有句法顛倒（例如：「我看警察小偷抓了」）、添加（例如：「我昨天今天錢丟了」）、省略（例如：「警察小偷抓了」），或混淆錯用（例如：「中秋節點火，ㄕㄥˋ」、「打打痛」）的情況。語法結構發展異常兒童未來在閱讀和書寫時也會發生困難，尤其是中文的「把」和「被」的句法經常使用錯誤。

## 三、語用異常

　　Paul 等人（2018）整理出 DLD 兒童常見的語用和社會性互動的問題，他們認為 DLD 個案並非如泛自閉症個案的「異常」，而是顯現出「不成熟」，在開啟話題、維持話題、要求和提供澄清、輪替、符合情境的回應上有困難。他們不了解其他人的想法和難以從非口語線索了解其他人的情緒，無法統整語言和

情境的關聯性，以致於無法在語段中產生推論，也不了解隱喻性的語言（figurative language）。他們不知道如何應用語用原則，包括：提出要求時過於直接；對話時不知對方想知道什麼，常常自說自話；回應別人時，文不對題；對話輪替時，需花費較長的時間才回應等。社會性語言的缺陷導致 DLD 兒童比起一般兒童更難發展友誼，較容易被欺負或霸凌，以及自信心低落（Redmond, 2004, 2011）。Van den Bedem 等人（2018）針對不同年齡階段 DLD 個案的研究發現，不論有無 DLD，年幼兒童較年長者自陳被害（victimization）的經驗較多，而除了情緒調控能力外，只有語用能力和 DLD 個案的受害情形有關。呂信慧（2016）的博士論文發現，遲語兒兩歲時的情緒行為達臨床須注意的比率高於對照組，到四歲時在「溝通領域」、「日常生活領域」及「社會領域」的適應行為仍不如同齡一般兒童。而「母親教育程度」能顯著預測遲語兒四歲時的「溝通領域」與「日常生活領域」之適應行為。因此，DLD 個案的語用能力是不容忽視之問題，但國內目前缺乏 DLD 兒童語用的相關研究。

## 四、語音異常

　　口語困難兒童的語音庫太小，語音發展遲緩，常有許多扭曲音，語音清晰度低。即便兒童喜歡說話，但對聽話者來說是一大挑戰，聽話者往往聽不懂個案的說話內容，只好根據語境的脈絡（context）來猜測個案要表達的內容。需注意的是，若只有語音錯誤或語音清晰度太低，並未有其他語意、語法或語用困難的個案，則僅能診斷為語音異常（見第六章）。

## 五、語言理解和表達困難

　　DLD 兒童的口語理解和表達能力都顯著落後於同齡兒童（錡寶香等人，2012），以下由語言理解和表達二向度來看 DLD 兒童的語言困難。

### （一）理解性語言困難

### 1. 快速連配能力

　　此能力是指兒童在接觸新詞次數較少的情形下，還能快速連結新詞與其指稱物品之間的能力。許多 DLD 兒童在幼兒期的理解性詞彙比較少（Vermeij et al., 2021），即使年齡增長，理解性詞彙量逐漸增加，但詞彙知識仍不及同齡的一般兒童（McGregor et al., 2013）。然而，與同齡兒童相較，當兒童學習新詞的次數愈多，DLD 兒童在學習名詞和動詞的表現與同儕的學習成果之差距則愈大，而動詞的難度比名詞更高，即便透過快速連配習得新詞，維持時間也較短。DLD 兒童需要比同儕更多的接觸次數及較長的學習時間，才能習得新詞（Beverly & Estis, 2003; Eyer et al., 2002）。

### 2. 詞彙辨識（word recognition）速度

在此速度是指區辨詞彙和指認詞彙的時間。Leonard（2014）認為，SLI 兒童不僅詞彙量不足且詞彙知識也不足，因此他們表徵語意的能力較弱，需要較多時間區辨和指認詞彙。van Alphen 等人（2021）以追視法（eye movement）研究荷蘭的學前兒童發現，相較於同齡一般兒童，疑似 DLD 兒童停留在目標圖片的時間和由干擾圖片轉移的時間都比較長，且他們指認圖片能力和其口語表達能力有相關。McMurray 等人（2019）也以追視法研究美國的青少年發現，DLD 青少年抑制音韻干擾圖片的能力較弱，需要較長的時間區辨目標詞彙。

### 3. 語句理解能力

Leonard 等人（2013）指出，語句中需要注意的訊息愈多，DLD 兒童就愈難理解。Balthazar 與 Scott（2018）明確說明，非典型詞序、距離較遠的關係子句、句子結構複雜（例如：語意可逆的被動句、附有代名詞和反身代名詞的句子），對於語言障礙兒童更為困難，他們以每週一至二次教導他們副詞子句、有受詞補語的句子和關係子句，可以提升五、六年級語言障礙兒童處理句子的相關能力。

## （二）表達性語言困難

### 1. 平均語句短和句法不完整（less MLU and more incomplete sentence）

錡寶香（2006）指出，學前 DLD 兒童通常有較晚出現詞彙結合、平均語句長度較短、語序顛倒或替代、語句不完整、複雜句使用頻率低等問題。錡寶香等人（2012）研究發現：(1)學前 SLI 兒童在二年後小一時，仍有 57% 的語言表現低於平均數 1.25 個標準差或在百分等級 10 以下（SLI 鑑定標準），而未達 SLI 標準的兒童約在百分等級 20 左右；(2)SLI 兒童的口語理解與表達能力都顯著落

後於一般兒童，且注音符號能力和識字能力有較多困難。研究結果支持 SLI 的語言問題將持續到學齡之後，雖然日常對話的困難度減少，有可能追上同儕，但在複雜任務的表現依然落後。郭家榮與楊淑蘭（2022）的研究結果發現，學前 DLD 兒童在看圖說故事的語速、言語不流暢和表達性語言能力（相異詞數、修正後相異詞彙比率、平均語句長度、口語表達測驗分數）上皆比一般兒童顯著為弱，三者間亦有顯著相關。DLD 兒童在分類上雖屬語言障礙，但明顯也有言語缺陷。

Vandewalle 等人（2012）的研究指出，DLD 學童敘事的平均語句長度明顯較一般兒童短，且兩者差距並未隨年齡增長而消失。Nippold 等人（2008）的研究發現，DLD 青少年在說明任務中的平均 T 單位長度比一般對話長，但仍顯著短於同儕，且使用關係子句和副詞子句的比例比較少。DLD 青少年的語法表達雖然會因任務複雜度而改變，但整體表現仍比一般同儕為差。

## 2. 語法促發（syntactic priming）

是指兒童先聽成人使用一個含有特定句型的語句描述圖片後，較容易使用相同的句型來描述該圖片。語法促發的效果也會出現在罕用句型上，例如：被動句（Messenger et al., 2012; Rowland et al., 2012）。DLD 兒童的語句產出困難與內隱學習能力較弱有關，他們較難偵測或歸納出話語中的語法規則（Obeid et al., 2016）。Garraffa 等人（2018）研究發現，相較於同儕，DLD 兒童在看圖造句時，不會使用與促發語法句型相同的被動句型，對他們而言，快速歸納聽到的語言中之抽象語法規則是較為困難的。

劉惠美（2017-2019）的研究發現，國小 SLI 兒童的語言理解與表達、構詞覺識、聽覺理解、閱讀理解、口語敘事能力、心智推論能力、工作記憶、認知計畫、認知轉換等語言處理能力、社會認知能力和執行功能大多顯著低於對照組，而相關分析也顯示語言處理、心智推論和執行功能之間有相互關聯，且心智推論和執行功能可以有效預測語言能力。由神經功能來看，SLI 組比起沒有 SLI 的同儕，在顳葉區、前額葉、腦島和下部頂葉區等的活化更為明顯，此顯示 SLI 兒童在分類語音知覺和聽覺工作記憶的處理歷程比一般兒童需要更多的腦部活化，而 SLI 兒童的上顳區和腦島的活動和 SLI 兒童的語言能力有關聯。

歸納本節除了由內容、形式和功能的角度探討 DLD 兒童的語言缺陷，另外

由語言理解和表達的方向思考造成 DLD 兒童之語言困難，以下說明 DLD 的評量。

## 第四節　語言障礙的評量

語言障礙的評量與第五章所談的評量流程都一樣，先由與個案密切接觸的家長或其他相關專業人員進行篩選，或者發現兒童有語言問題時加以轉介，此時應先與家長或老師面談，蒐集個案的語言發展史及其語言障礙出現在語言的哪一個向度，蒐集與語言障礙有關的資料。以下為與家長晤談的問題舉例：

1. 孩子什麼時候會叫「爸爸或媽媽」？_____歲_____個月
2. 孩子什麼時候會說「媽媽打打」？_____歲_____個月
3. 孩子說話很快以致於聽話的人聽不清楚嗎？□是　□否
   其他（請說明）：_____
4. 孩子說話有明顯的錯誤音嗎？□是　□否　如果是，是哪些音呢？
   _____
5. 孩子說話會吞吞吐吐、卡住、重複語音或語詞嗎？□是　□否
   如果是，請描述孩子說話情形：_____
6. 孩子會唸兒歌或童詩嗎？□會　□不會
7. 孩子會講簡短的故事嗎？□會　□不會
8. 孩子所說的話能夠被其他人理解嗎？□父母　□老師　□兄弟姊妹
   □陌生人　□親戚　□同學　□無人能聽懂
9. 孩子能理解您對他所說的話嗎？□是　□否
10. 您第一次帶孩子評估語言問題是在孩子_____年級_____學期時或___
    __歲_____個月時。
11. 孩子是否接受過語言治療？情形如何？是否有進步？_____
12. 請用您自己的話描述目前孩子說話的情形：_____
13. 請用您自己的話描述目前孩子語言學習的情形：_____

如果個案為學齡兒童，則需再詢問 14～19 題：

14.孩子讀課文時流暢嗎？□是　□否
15.孩子會抄寫課文嗎？□是　□否
16.孩子會經常寫錯字嗎？□是　□否
17.孩子的中文字寫得如何？□端正清楚　□歪七扭八
18.孩子在學校的語文（國語）成績如何？一般月考平均考_____分
19.孩子的語言能力會影響他／她的學習嗎？_____

　　晤談之後，觀察在不同情境中（與家長互動、教室上課或下課和同學說話等）個案使用語言的情形，再施測標準化語言測驗〔請參考第五章表 5-2，語言理解和表達能力都需要施測，如果懷疑兒童有語音異常（如表 7-1 的「五時候」可能是「有時候」），則需要再施測構音和音韻相關測驗〕，針對個案顯現的問題或懷疑個案可能發生的障礙，評估語言的不同向度，最後蒐集語言樣本進行分析。表 7-1 是一位國小一年級男生，特教教師請他說一個故事（自選），以下為轉譯《三隻小豬》故事的語言樣本。

表 7-1　DLD 兒童的說故事語言樣本

> 　　二大豬買一個買一個石頭，阿三大豬買一個買一個鑽頭。大野狼就來了，他就個菜，他就趕快躲起來。五時候，房子就壞了。然後然後然後然後然後那個遇到豬就跑進石頭作的房子，然後就他就打她，就他就會爆炸。他就一大豬二大豬跑進那個跑進那個三大豬的房子鑽頭，然後哭也沒用，打也沒用，打打痛。然後然後然後然後然後大野狼就生氣，跑出那個洞，那個趕快燒火，然後然後然後然後大野狼就很痛苦，他就跑走了。他就然後然後一大豬二大豬三大豬就很開心，沒有大野狼了。

　　由上述的語言樣本可以初步看出，這位男童幾乎都使用簡單句，明顯在使用較長句子時會出現「然後」，也有許多錯誤句，例如：「他就打她，就他就

會爆炸」、「打打痛」、「沒有大野狼了」（大野狼逃走了）。詞彙的使用方面，他使用「一大豬、二大豬、三大豬」替代「豬大哥、豬二哥、豬小弟」，語言樣本中的「房子鑽頭」不知道所指為何（可能是「房子的磚頭」），有關非口吃式不流暢分析可參考本書第八章。本個案除了請家長填寫語言調查表和蒐集語言樣本之外，建議由教師勾選附錄二「語言障礙學生在教室中可能出現的行為」，施測「修訂畢保德圖畫詞彙測驗」和「學齡語言障礙評量表」，進行綜合研判。

## 第五節　語言障礙介入的理論根據

對語言如何習得的看法不同時，所衍生的介入策略自然就不同。根據不同的語言習得理論，其所強調不同的治療重點，說明如下。

### 一、行為理論

成人的重要工作是提供正確的示範，並在兒童產出正確的語言形式時給予增強。除了使用增強策略，還要利用行為改變技術的塑造和鏈接原理，例如：兒童將「學校」說成「微笑」，教學者可使用ㄒㄩ [ɕy] 為刺激，引發兒童發出噓噓聲，若兒童正確模仿，教學者便給予獎勵，之後才要求其發出正確的「學」，再逐漸拉長語句，使兒童的語言形式接近成人的語言形式。

### 二、心理語言學的句法論

心理語言學的句法論強調兒童天生學習語言的能力，成人僅需要教導個別語言中的特殊轉換原則，例如：英語中的不規則複數動詞和時態的變化；中文的量詞、疑問句和不同類別的複合句形式。由簡單文法轉換到複雜文法，像是教學者問兒童：「你家為什麼沒有養小動物呢？」兒童回答：「我媽媽說不行養（小動物）。」正確的中文語法「不行」之後不可以使用動詞，若要使用動詞，則要改為「不能」，此時教師需教導兒童使用正確的說法，例如：表 7-1「打打痛」的正確說法為「大野狼被打得很痛」，此被動句的用法需要反覆練習。

## 三、心理語言學的語意／認知模式

教學者根據 Piaget 的認知發展論，幫助兒童發展認知能力，以了解周遭事物的關係，練習分類、配對、時間順序、因果邏輯，由具體事例到抽象概念，從單一具體動作到序列操作過程，由簡單句型到複雜句、複合句，以學習語言，例如：應用腳本理論（script theory）說明一件事（請見第八節的說明）。

## 四、社會語言學理論

成人與兒童先建立良好的互動關係，藉由一來一往遊戲式的互動學習語言，成人將兒童的語言加以延伸和修飾，藉由遊戲或實際社會情境的互動練習，例如：扮家家酒是兒童模擬成人的互動模式，其中強調功能性的語言使用。語言的重要功能即是維持人際關係和社會參與，在自然情境中練習語言，以及在社會情境中學習語言，是最好學習語言的方法。

## 五、生產論

除了 Chomsky 的不學而能的天生論，支持生產論的學者認為語言是人類進化的產物，在環境的刺激下，為能夠生存而學會語言，因此成人應該提供足夠的環境刺激，激發兒童大腦神經學習語言。

不同的語言習得理論，能提供專業人員思考如何設計最適合個案的語言介入方案，以及在實施介入方案時使用有效的教學策略。

## 第六節　語言障礙的介入策略一：聽覺理解和記憶

Paul 等人（2018）指出，專業人員介入前的計畫可考慮圖 7-2 的方向。

不論是特教教師或治療師，在執行介入訓練前，都應思考兒童的需要和個人擅長的方式，設計最適合個案的介入方案。前述 Balthazar 與 Scott（2018）使用的介入策略便是焦點刺激（focused stimulation）；楊淑蘭與張嘉芯（2023）提供給表 7-2 的小一男童，也是採用焦點刺激介入策略，以增加個案的詞彙量為目

圖 7-2　介入方案的取向和介入策略

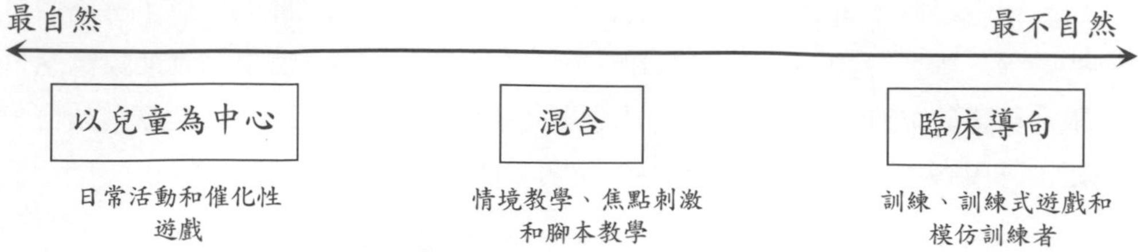

最自然 ←　　　　　　　　　　　　　　　　　　　　　　→ 最不自然

| 以兒童為中心 | | 混合 | | 臨床導向 |
|---|---|---|---|---|
| 日常活動和催化性<br>遊戲 | | 情境教學、焦點刺激<br>和腳本教學 | | 訓練、訓練式遊戲和<br>模仿訓練者 |

標，且根據個案學習新詞的速度較慢而調整教學內容，減低每一次介入的詞彙量，便能明顯看到個案的改變。以下提供具體的介入策略，介入提供者根據評估結果，語言障礙兒童的語言缺陷各有不同，教學者可針對個案需要的不同語言能力進行教學。本節說明聽覺理解和記憶的教學策略，讀者可以自行搭配選擇。腳本教學在本章第八節介紹，環境教學法（或譯為情境教法）屬於「情境教學」，則在第十二章泛自閉症的溝通障礙中說明。

## 一、聽覺理解

　　Owens（2012）指出，幼兒的語言理解是同時使用歸類（bracketing）和群聚（clustering）二種策略。歸類是將片語和子句加以分割，而這種分割需要透過母親說話的暫停、音調改變和母音拉長等韻律的訊號作為線索；像是母親說：「喔！打打！」「喔」之後有暫停，「打打」時作出打人的手勢，兒童了解「喔」是警告的聲音，「打打」是打人的意思。群聚則是利用詞彙內可預測的音韻單位，每一個語言都有特定的音韻組織和音素順序，強調詞彙與詞彙間的轉換（word-to-word transition），像是成人說：「去　麥當勞　吃　漢堡」，而不會是：「去麥當　勞吃　漢堡」。在口語的理解過程中，個案需接收音韻（語音）訊息、暫時儲存於工作記憶系統，並加以解碼（知覺、區辨，再和詞彙庫的音韻資料比對），理解音韻（語音）訊息的意義，若訊息單位較長或較多，將會加重大腦處理音韻訊息的工作負荷，因此透過有系統的訓練，能幫助與語言學習有關的聽覺理解和記憶能力，以便學生可以在理解語言訊息後，將其儲存於長期記憶，此亦有助於語言表達時，詞彙的提取和組織。

## （一）注意聽

練習說話前，教導個案聽話的態度和方法，亦即能夠「注意聽」，策略如下：

1. 訓練兒童傾聽的態度：身體微傾，眼神注意說話者，不插嘴。
2. 以不同的聲音讓兒童分辨：如人物、自然、器物和情境等。
3. 知道不同聲音的功能：如救護車、消防車、警報聲和電話聲等。
4. 聽語詞做動作：教學者編撰一小段話，請個案在聽到指定的詞彙時做出動作，例如：聽到「老公公」要做順鬍鬚的動作，教學者可故意穿插近似詞（如老東東、小公公或倒公公）。
5. 聽字音（音節）做動作：教學者編撰一小段話，請個案在聽到指定的語音時做出動作，例如：聽到「老」要拍手，教學者可故意穿插近似語音（如腦、考或倒）。
6. 聽音素做動作：教學者編撰一小段話，請個案在聽到指定的音素時做出動作，例如：聽到「ㄌ」的聲音要拍手，教學者可故意穿插近似音素的語音（如ㄋ、ㄎ）。
7. 聽指令做動作：由簡單到複雜（如站起來、拿國語課本、走到老師這裡來、把書放進箱子裡），由單一指令到多個指令。

## （二）聽能理解

作者參考李漢偉（1996）的示意法，可以使用以下的詞彙理解教學策略，增進個案理解詞彙的能力：

1. 實物示意：如指著書說這是「書」。
2. 圖畫示意：如指著圖卡說這是「小鳥」。
3. 模型示意：如指著模型汽車說這是「汽車」。
4. 動作示意：示範後再請學生做動作，例如：教學者做出「捏」的動作並發出正確語音，再請學生模仿動作，嘴巴說出正確聲音。
5. 情境示意：如指著「燈」說「燈掛在上面」，指著「地」說「球掉進地下的洞裡」。
6. 類推示意：如指著眼睛說用眼睛「看」，指著嘴巴說用嘴巴「吃」，指

著耳朵說用耳朵「聽」。

7. 翻譯示意：如用閩南語解釋 [kʰa]，就是「腳」。

8. 語言解釋：如說明貓有四隻腳，叫起來喵喵喵。

9. 舉例說明：如糖果甜甜的，蜂蜜也甜甜的。

10. 對比說明：如安靜是沒有聲音，吵鬧有刺耳的聲音。

11. 換句話說：如「你的聲音很好聽」，也可以說成「你的聲音聽起來很舒服」。

12. 問答說明：如這是什麼？他會叫嗎？可以吹嗎？（答案：陶笛）

教學後，可要求個案指認物品，此時，教學者拿出圖卡、照片、模型或實物，問：「哪一個是機器人？」回答錯誤時，告訴個案物品的正確名稱，並請個案複述。其次，要求個案聽指令做動作，教學者說出指令，個案必須做出動作，如教學者說：「拍拍手、閉眼睛，從 1 數到 5。」個案必須做出正確反應，回答錯誤時，教學者示範，並要求個案模仿，反覆練習數次。或教學者問：「糖果甜甜的，什麼也甜甜的？」若回答錯誤時，給予一點點蜂蜜，告訴個案：「蜂蜜味道甜甜的，和糖果一樣。」接著重新再問一次先前的句子。上述的教學，名詞常以具體實物、模型、圖片和照片教學；動詞常以動作示範或實作練習；形容詞具象者以實物為主，例如：顏色、長短和味道；相對概念則以實物比較，例如：輕重、大小；抽象概念則須透過具體化，例如：「討人喜歡的」，像是小英常大聲向長輩問好，所以是個「討人喜歡的」孩子。透過不同方法的整合教學，增加個案的理解能力。

## （三）聽覺整合訓練

聽出言語中的重要訊息可以使用以下的教學策略：

1. 聽出說錯的話：「小明晚上去上學」、「冰淇淋熱熱的」，上述的畫線部分有錯誤，請個案更正。個案若不知道，可用實物、圖片或照片輔助說明。

2. 聽出說錯的字音：爸爸有一條皮「蓋」（帶）；鑽（磚）頭蓋的房子。

3. 重組語句：教學者說：「我戴手錶忘記。」請個案說出正確的句子：「我忘記戴手錶。」

4. 聽出感受或心情：小明生日時收到好多禮物，覺得很「高興」；媽媽看到房間被小明弄得亂七八糟，覺得很「生氣」。

5. 聽出相同的部分：教學者說：「小明和媽媽去買菜，王媽媽也叫小華去買青菜。」教學者問：「小明和小華都去哪裡？」「小明和小華都做了什麼事？」

6. 聽出人、時、地、物：教學者說：「早上小華在學校哭得很傷心，因為錢不見了。」教學者問：「誰在哭？」「小華在哪裡哭？」「小華什麼時候哭？」「什麼不見了？」若個案不會回答，可給予實物、圖片或照片提示說明。

7. 聽出發生的事情：同上例，教學者問：「小華怎麼了？」

8. 聽話與推理：同上例，教學者問：「小華為什麼哭？」

## 二、聽覺記憶

在語言表達的過程中，學生需要運用理解的語言符號（包括：語音訊息、語彙知識和語法組織），連結成可被聽者所理解的語言形式加以回應，因此語言產出過程，大腦在處理語言訊息時，必然需要記住以語音、手勢動作或書面語言形式編碼而成的語言訊息。過去的研究發現，有言語—語言發展遲緩的語言障礙或認知障礙學生，在聽覺處理和快速整合聽覺訊號上，其記憶的能力較差（Lerner & Johns, 2012），可能與其注意力、工作記憶能力和聽覺記憶廣度不足有關，因此聽覺記憶的訓練可增進語言的學習。以下說明聽覺記憶的形式和內容。

### （一）聽覺記憶的形式

錡寶香（2006）指出，聽覺記憶的形式包括二種類型：句子複述和口語指示，說明如下：

1. 句子複述：指記憶一個完整句子的語意和語法，教學者可說出一句話，請個案複誦。

2. 口語指示：指記憶多個單位的語意（概念），教學者可說出二個三角形和一個長方形，請個案複誦。

作者認為還應該增加「音韻工作記憶」，例如：非詞記憶。非詞複誦（NWR）能力和兒童的音韻工作記憶能力息息相關，經常在研究中作為音韻處理能力的指標（Wanger et al., 1999），又可分為有語音的音節組成和無語音的音節組成，前者有：空天、麥當勞；後者有：ㄋㄨㄢ、ㄍㄨㄢˊ、ㄉㄟ、ㄆㄨㄣ。

## （二）聽覺記憶的內容

聽覺記憶的內容也是執行聽覺記憶訓練的重要教材，說明如下。

### 1. 非詞訓練

例如：數字（如複誦 54931）、聲母（如複誦ㄅㄧㄋㄉ）、韻母（如複誦ㄨㄤㄩㄛ）、有語音的非詞（如複誦蔡、清），以及沒有語音的非詞（如複誦ㄋㄨㄢ、ㄉㄟ、ㄑㄩㄣ）。

### 2. 語詞記憶訓練

(1)由單一語詞（籃球）到多個語詞（羽毛球、躲避球、籃球）。

(2)同類語詞（羽毛球、躲避球、籃球；籃球、操場、籃框、球員、教練）。

(3)不同類語詞（叔叔、籃球、昨天、三角形）。

### 3. 語句的記憶

教學者說：「昨天媽媽帶小英去電影院看電影。」請個案複誦，不同句型的範例請見表 7-2。

## 三、聽覺理解與推理表達

增進理解與推論能力可以使用以下的教學策略：

1. 聽出說話者的目的：教學者說：「你借我鉛筆，我請你吃東西。」說話的人想要做什麼呢？

2. 分辨是否合理（符合情境、時間等）：請個案修正錯誤之處（畫線部分）：

   (1) 看電影時，小明在跳舞。

   (2) 星期天晚上，小明去上學。

   (3) 小明從口袋掏出一隻大公雞。

表 7-2 不同句型聽覺記憶訓練範例

| 句型 | 教學者示範 | 學生複誦策略 |
|---|---|---|
| 簡單句 | 1. 這是三明治。<br>2. 我比你高。<br>3. 玫瑰花很香。<br>4. 書放在桌上。<br>5. 小貓從山洞跑出來。 | 1. 開始時可以圖片提示，再逐漸退除<br>2. 先記憶短句再逐漸拉長<br>3. 個案須先理解重要概念 |
| 簡單長句 | 1. 綠油油的稻穗隨風搖擺。<br>2. 中秋節的月餅很好吃。 | |
| 複雜句（含包接句） | 1. 二哥很壞打我。<br>2. 月亮圓又大。<br>3. 媽媽幫我綁的頭髮很好看。<br>4. 我喜歡吃爸爸煮的飯。 | |
| 複合句 | 1. 雖然我還小，可是我的力氣很大。<br>2. 他既是一位警察，（他）也是一位歌手。<br>3. 小明因為沒有趕上公車，只好走路回家。 | |

3. 推論原因和結果：

　(1)「小明錢不見了會怎樣（所以他哭了）？」請個案說出答案。

　(2)「小明一邊唱歌，一邊跳舞。」小明做了幾件事？

　(3)「雖然小明拼命跑，火車還是開走了。」請問小明坐上火車了嗎？

4. 分辨是否切題：小華說：「到我家去玩好不好？」小明回答：「我沒有鉛筆。」這樣對嗎？

5. 聽取段落大意：教學者說：「昨天小明到外婆家玩，外婆帶他到市場，買他喜歡吃的香腸和青菜，外婆還煮了好多好吃的食物，小明覺得很開心。」請個案說出大意：「昨天小明到外婆家，外婆煮了很多好吃的菜，小明很開心。」

6. 聽故事說大意：教學者說《放羊的孩子》的故事，請個案說出大意。

7. 聽故事說主旨：問個案《放羊的孩子》的故事，主要想告訴我們什麼呢？「說謊得不到他人的信任」或「說謊時，其他的人就不相信他了（不聽他的話了）」。

進行聽覺理解和聽覺記憶教學時，可使用以下策略：

1. 使用閃示卡：教學者先讀出閃示卡上的語詞，再放到背後，除了聽覺刺激，另外可增加視覺提示。
2. 使用小小錄音機或錄影機策略：請個案複述聽到或看到的內容。
3. 教學者先說一個故事，請個案按照故事內容，排出圖卡順序。
4. 將寫有語詞或句子的紙卡，蓋住正面並加以排列，讓個案說出記得的語詞或句子，教學者可協助翻牌，最先排成一條線的人得分，類似賓果遊戲。或者教學者可將語詞或句子以魔鬼氈黏貼在海報上，先由個案加以記憶後，翻轉蓋住，個案指出第幾排第幾個是某詞彙，正確且連成一條線者得分，可以分組比賽增加趣味性。
5. 聽寫測驗或寫筆記：將學過的語詞、句子、段落和篇章寫下。

教學時，個案若未能正確反應時，教學者可給予手勢、嘴型和動作等提示，再逐漸退除提示。

## 第七節　語言障礙的介入策略二：提升語意和句法能力

大多數發展性語言異常兒童都有詞彙量不足、用錯詞彙或搜尋詞彙費時較長，以及語法錯誤或無法說出完整語句的困難，以下說明如何擴充詞彙和增進句法能力的策略。

### 一、擴充詞彙庫

語意領域與詞意和內容有關，單詞知識存在於心理辭典或長期儲存詞彙庫中（Dollaghan, 1992）。Beck 等人（2002）提出的分層詞彙模型（tiers of vocabulary model [TVM]），將詞彙教學分為三層：第一層是日常生活中使用的單詞，可以從日常對話中習得，例如：站、來、蘋果、快樂；第二層中的詞彙，在各種語言材料中被高度使用，稱為高頻詞彙，是學生在教育環境中學習和理解特定文本很重要的詞彙，是最適合教學的目標詞，例如：排列、比較、感激、興奮；第三層中的單詞僅限於特定領域且屬於特定區域，最好在特定主題的脈絡中或在獨特的課程（數學或自然科學）中學習，例如：原子、六角形、催眠和

隱喻。因此，如果發展性語言異常個案尚未將第一層和第二層的詞彙完整學習，便進入特定領域的課程發展，就會遭遇困難。照理而言，沒有語言異常的兒童學習第一層詞彙並無困難，因此教師或語言治療師應該是要教第二層詞彙，但有語言異常的兒童，在學習母語的第二層詞彙時已經開始遭遇困難，甚至於無法學好第一層詞彙，如同表 7-1 個案，連豬大哥和豬小弟也沒有學會，在此種情況下，則有必要由第一層的日常詞彙進行教學。以下說明詞彙學習的重要策略。

## （一）擴大詞彙庫

先了解兒童的詞彙庫，以兒童日常需要及興趣為起點，增加兒童的語彙，例如：(1)家人稱謂（阿姨、姑姑、叔叔、伯伯、伯母、舅媽等）；(2)生活日用品（熱水壺、吹風機、微波爐等）、玩具（汽車、遙控飛機、積木等）；(3)日常活動（接力賽跑、逛百貨公司、滑直排輪、看醫生等）。由單音節詞、疊字至雙音節詞和雙詞的組合，進而發展成句子。

## （二）加強語意網絡

師生共同選取主題，並以腦力激盪法，透過聯想形成語意網絡，例如：以冬天為主題，將有關的詞彙連結在一起，包括：景物、氣候和節日等，如圖 7-3 所示。

圖 7-3 以「冬天」為例的語意網絡圖

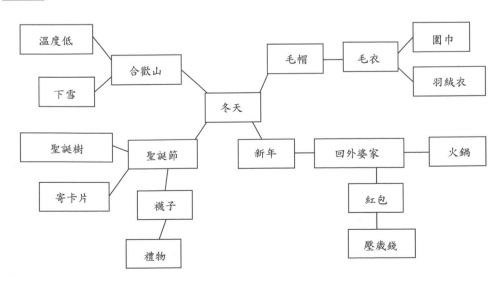

## （三）語詞接龍

由一個語詞的最後一個音節聯想一個新的語詞，例如：老師→師父→父親→親人→人類……，以此類推，開始時可以容許以同音異字接龍，詞彙逐漸增多後，只能使用正確字，若兒童聯想的是同音異字（吐司→絲巾），教學者必須解釋二者之不同。

## （四）語詞分類

將個案學過的詞彙放在一起，根據不同原則，例如：動作、食物、人物、動物，或形容天氣、脾氣和景色等，加以歸類，以賓果遊戲方式完成。

## （五）語詞配對

由單一配對開始，例如：桌子—椅子、碗—筷子、手—腳、學生—老師；再擴充為多重配對，例如：學生—老師 vs. 員工—老闆；魚—水 vs. 人—空氣。

## （六）說相反的事

這是增加形容詞和名詞的好方法，如教學者說：「大西瓜。」個案回答：「小西瓜。」另外，例如：大人 vs. 小孩、高興 vs. 悲傷。

## （七）形容詞使用

以「西瓜」為主題，說出所有形容詞，例如：綠色的（皮）、紅色的（肉）、甜甜的、脆脆的、有香味、橢圓形、圓形、條紋、多汁等。

## （八）特殊詞類的學習

例如：代名詞（你、我和他）、連接詞（因為、所以）、量詞（一匹馬）、所有格（我的、你的）。

## 二、增進句法能力

除了教學者的示範，可以用逐漸拉長語言單位的方式，協助個案建立句法的觀念，說明如下：

1. 由雙詞「爸爸車」進入簡單的片語，像是動詞片語（如吃飯、玩球和堆

積木）、名詞片語（如爸爸的車、有長背鰭的魚）、介係詞片語（如在公園、在桌上和在明天）。

2. 能正確使用不同的簡單句（如媽媽罵、這是什麼、娃娃睡覺和我比你高），簡單句由主詞和動詞組成（S+V），若使用及物動詞則需要在動詞之後加受詞（S+V+O），包括：直述句、命令句、否定句、疑問句和被動句，須分別練習。

3. 由簡單句逐漸增加修飾語（副詞、形容詞）而成為簡單長句（Adj+ S+ Adv+V+O），修飾語包括：時間、地點、順序（前後）、程度、顏色和大小等，例如：「綠色草地」、「公園裡有美麗的花」。

4. 由二個簡單句鑲嵌在一起成為複雜句或包接句，例如：「今天的月亮大又圓」、「幫我綁頭髮的是我阿姨」。

5. 二個簡單句或複雜句組合成附屬子句，例如：「我長大以後，（我）要當警察」、「如果功課沒寫完，媽媽會罵我」。

6. 不同類型的複合句：中文句型舉例如表 7-3 所示，這些句型對 DLD 兒童而言相當困難，需要教學者的示範和解釋，且同一句型需要反覆練習多次，兒童才可能學會。學齡兒童可以使用學校的國語課本中之每一課重要語句進行造句練習，例如：表 7-1 的 DLD 兒童要學習的句型之一便是「從……出來」，像是「老鼠從地洞跑出來」、「老師從教室走出來」等。

表 7-3　不同類型的複合句

| 句型名稱 | 例子 | 造句 |
|---|---|---|
| 並列句 | 又……又<br>一則……一則 | 他又唱歌又跳舞，真是多才多藝。<br>爸爸聽到兒子考上臺大，一則以喜一則以憂，喜的是他終於考上最好的大學，憂的是家裡沒有多餘的錢付學費。 |
| 遞進句 | 不但……而且<br>甚至 | 她不但是位英文老師，而且也是一位街頭藝人。<br>他不僅把老婆婆扶起來，甚至脫下雨衣讓她穿。 |
| 轉折句 | 雖然……卻<br>雖然……但是<br>儘管……還是 | 雖然下著大雨，警察先生卻仍站在雨中指揮交通。<br>壞人雖然受傷了，但是繼續逃跑。<br>姊姊和姊夫儘管分隔兩地，他們的感情還是很好。 |

表 7-3 不同類型的複合句（續）

| 句型名稱 | 例子 | 造句 |
|---|---|---|
| 假設句 | 如果……就<br>要是…… | 如果明天下雨，我就不去了！<br>要是沒找到小明，我們就自己去公園玩。 |
| 因果句 | 因為……所以<br>由於…… | 因為他生病了，所以沒來上學。<br>由於連日大雨沖刷，山上的土地公廟滑了下來。 |

註：有關中文的各種不同句型例句，建議參考錡寶香（2006）《兒童語言障礙：理論、評量與教學》一書第 140-143 頁。

# 第八節　口語表達（敘事）能力

很多有發展性語言異常的兒童害怕說話，因為他們對說話沒有信心，很容易就說「不知道」，因此加強兒童的口語表達，除了上述根據語言習得理論的原理原則進行教學之外，平時可以由易而難進行以下幾種教學方式。

## 一、增進口語表達能力的教學方法

### （一）提問

提問是最簡單的方式，卻可以增進口語互動，但必須由具體且容易找出答案的問題開始，例如：「今天穿的衣服是什麼顏色？上面的卡通圖案是什麼？」答案具體且有提示，兒童容易回答。之後再使用兒童必須思考或尋找答案的問題，例如：「哪一個小朋友最乖？為什麼她最乖？」如果兒童無法回答，教學者可給予提示：「她說話時會舉手，還有嗎？」

### （二）描述實物或圖片

給予日常生活經驗的單張圖片，例如：媽媽買菜。或提供一系列圖片（四張到八張），例如：(1)鬧鐘響了，妹妹起床；(2)妹妹去刷牙；(3)妹妹吃早餐；(4)妹妹吃完早餐，去上學。或是使用第四章說明敘事能力的《老鼠理髮師》簡單故事圖卡，教導個案跟著故事劇情說明圖畫內容，內容必須符合個案的生活經驗，例如：看醫生、購物和剪頭髮等。

## （三）說明活動內容

教學者給予不同顏色的黏土或畫筆，讓兒童用幾分鐘時間做出或畫出作品，教學者再針對作品內容發問，例如：「說說看你畫的魚，它長的樣子」、「哇！海底還有什麼呢？」請個案說明內容。

## （四）聽或看故事（CD、故事書或線上繪本）回答問題

開始時選擇較簡短、情節簡單的故事，在聽過或看過之後，回答問題。問題可以分成四種層次：(1)答案是顯而易見的；(2)答案必須尋找的；(3)答案必須是整合先備知識或貫串整個故事才能回答的；(4)答案必須是自己推論的。作者推薦文化部兒童文化館（文化部，2023）這個網站，裡面提供許多閱讀文本和有聲書，而過去的「繪本花園」也有動畫影音，讀者可以在 YouTube 搜尋「繪本花園」，即可找到好聽的故事，視聽效果佳，故事最後並提供思考問題，個案必須加以思考想出解決方案。但教學者仍必須事先看過這些故事，挑選兒童有興趣且符合其目前的語言能力。附錄七是「繪本花園」裡的故事《亂七八糟》之內容分析，係針對二組高低不同語言能力兒童所設計的語文課程，提供讀者參考。

## （五）分享比賽

以比賽方式，說出不同的經驗，例如：看過的電視節目和內容、去過的地方和特色、認識的人和個性。

## （六）故事接龍

藉由每一個人說一個完整的句子，編一個故事，前後二句的銜接必須合理才算通過，可以搭配玩偶、貼紙或漫畫人物進行。

## （七）扮家家酒

角色扮演個案喜歡的日常生活情境，例如：中秋節烤肉或到速食店點餐，讓個案模擬不同角色的語言使用，並學習與夥伴互動溝通。

## （八）小小舞臺劇

教學者先說故事，例如：「二隻羊要過橋，誰也不讓誰，天黑了他們都回不了家，最後解決的辦法是彼此各讓一步。」再分配角色和旁白，亦可製作道具增加真實感，給予不同角色需要的臺詞，並可以交換角色演出，再由觀眾講評。

## （九）使用腳本理論

Schank 與 Abelson（1977）提出腳本理論，介紹腳本、計畫和主題來解釋與說明故事層次的理解。腳本是一種心理架構，如同心理的劇本，一個心理事件包括可預測的行動、地點、角色和道具，而組成整個過程。因此過程中有行動者、行動或動作、描述的細節。以做 pizza 為例，行動者是兒童和母親，行動或動作包括去市場買菜、做 pizza、帶 pizza 到學校，細節包括買了哪些材料、做 pizza 的流程、最後帶來與老師同學的分享過程。在教師引導下，分段將心理劇本語言化，把整個過程敘說出來。

## 🔳 二、語言治療或教學的介入原則

Owens 等人（2015）提出語言治療的介入原則如下：

1. 介入目標在個案的聽、說、讀和寫的能力，包括：對話、敘事、說明和其他各種不同題裁的語言使用。
2. 擬定全面性的介入目標，而非只注重障礙向度。
3. 選擇能刺激兒童語言發展的介入目標，而非只注重障礙單一面向。
4. 根據個案的發展和需求選擇介入目標。
5. 實施情境教學，使目標的語言行為有更多發生的機會。
6. 利用不同題材和模式，發展適合的介入情境。
7. 充分利用治療情境，凸顯介入目標的重要性。
8. 重述兒童的語句，讓個案對照與成人語言形式之不同。
9. 以簡單但語句結構完整的示範讓個案學習。
10.利用各種口語和非口語誘發兒童使用語言，以滿足其需求，並能充分練習。

## 本章小結

　　美國學者 McGregor（2020）的研究結果發現：因有 DLD 而被認為有資格獲得臨床服務的兒童之百分比，仍然遠遠低於社區樣本中 DLD 普遍率的估計值。相對於其他神經發育障礙，有關 DLD 的研究數量仍然很少，其原因包括：對 DLD 缺乏認識、DLD 本身隱藏性的特質、根深蒂固的政策，以及語言治療師必須在學校環境中診斷 DLD 運作上的不協調。因此，需要提出更多方法來支持DLD 兒童，他提出以下的若干作為，包括：參與宣傳和提高大眾認識 DLD 活動；與服務的 DLD 家庭進行更清楚的溝通，並加強與學校教師的合作；實施以學校為基礎的語言篩檢；參與政府的決策；與現有的學校服務模式一起合作，並擴充學校語言介入的服務功能，並發展出適當有效能的服務模式。DLD 兒童可說是學前溝通障礙兒童的主要族群，McGregor 的觀點與作者（楊淑蘭，2023）的看法不謀而合。

　　本章主要是由語言處理模式說明個體處理語言的過程，在處理過程中如果個體出現困難，則可能發生語言障礙，此說明了語言障礙的定義和模式，以提供讀者檢視個案的語言障礙時能採用不同的觀點，並了解每一個觀點的優缺點。在第四節說明語言障礙的評量內容，讀者可以搭配第五章溝通障礙的評估方法和工具來實施，以提供簡單的語言樣本分析，就可以快速的發現語言障礙兒童的缺陷是出現在語言的哪些向度。第六節之後，讀者可以思考用哪一種語言習得的觀點介入，並選擇需要的教學技巧和策略；提醒讀者注意，對於發展性語言異常個案的介入切忌只關注在缺陷部分，應從全面性的觀點安排教學內容、選擇教材和教學方法（Owens & Farinella, 2024）。

## 問題討論

1. 語言障礙和言語障礙的不同是什麼？
2. 非詞複誦訓練可以提升個案的音韻記憶，如何設計由簡單到困難的介入內容？
3. 如何選擇聽覺理解障礙個案的介入課程？
4. 表達能力明顯落後於同儕的個案，應該如何規劃其介入課程？
5. 如何應用腳本理論協助發展性異常的兒童？

# ❀ 參考文獻 ❀

## 中文部分

文化部（2023）。兒童文化館。https://children.moc.gov.tw/index

呂信慧（2016）。遲語兒兩歲至四歲的語言發展預測與社會情緒特性〔未出版之博士論文〕。國立臺灣大學。

李漢偉（1996）。國小語文科教學探索。麗文。

教育部（2013）。身心障礙及資賦優異學生鑑定辦法。作者。

郭家榮、楊淑蘭（2022）。學前發展性語言障礙兒童語速、言語不流暢和表達性語言能力關係之研究。發表於台灣聽力語言學會年會暨學術研討會。

楊淑蘭（2008）。大家談學障、學障大家談：語言障礙與學習障礙的異與同：兼談學習障礙亞型的爭議。台灣學障學會電子報，**11**，13。

楊淑蘭（2023）。語言障礙學生不見了。載於中華民國特殊教育學會年刊（111 年度）（頁 169-192）。中華民國特殊教育學會。

楊淑蘭、張嘉芯（2023）。他有口吃嗎？嚴重口語不流暢兒童個案報告。台灣聽力語言學會 112 年度會員大會暨學術研討會（LO03），2。

劉惠美（2017-2019）。特定型語言障礙學齡兒童語言困難、社會認知及執行功能的縱貫關聯性：行為及神經證據。國立臺灣師範大學開放學者平臺。https://reurl.cc/9RdepY

錡寶香（2006）。兒童語言障礙：理論、評量與教學。心理。

錡寶香、張旭志、洪書婷（2012）。學前特定型語言障礙兒童進入小學的追蹤研究：語言、識字表現之探討。特殊教育學報，**36**，61-91。

## 英文部分

American Speech-Language-Hearing Association. [ASHA] (1993). *Definitions of communication disorders and variations* [Relevant Paper]. https://www.asha.org/policy/rp1993-00208/

Balthazar, C. H., & Scott, C. M. (2018). Targeting complex sentences in older school children with specific language impairment: Results from an early-phase treatment study. *Jour-

*nal of Speech, Language, and Hearing Research, 61*(3), 713-728.

Beck, I. L., McKeown, M. G., Kucan, L. (2002). *Bring words to life: Robust vocabulary instruction.* The Guilford Press.

Bernstein, D. K., & Levey, S. (2002). Language development: A review. In D. K. Bernstein & E. Tiegerman-Farber (Eds.), *Language and communication disorders in children* (5th ed.) (pp. 27-94). Pearson.

Beverly, B. L., & Estis, J. M. (2003). Fast mapping deficits during disambiguation in children with specific language impairment. *Journal of Speech-Language Pathology and Audiology, 27*(3), 163-171.

Bishop, D. V. M., Badcock, N. A., & Holt, G. (2010). Assessment of cerebral lateralization in children using functional transcranial Doppler ultrasound (fTCD). *Journal of Visualized Experiments, 43,* 2161.

Bishop, D. V. M., Snowling, M. J., Thompson, P. A., Greenhalgh, T., & CATALISE consortium. (2016). CATALISE: A multinational and multidisciplinary Delphi consensus study: Identifying language impairments in children. *PLOS ONE, 11*(7), e0158753. https://doi.org/10.1371/journal.pone.0158753

Bishop, D. V. M., Snowling, M. J., Thompson, P. A., Greenhalgh, T., & the CATALISE-2 consortium. (2017). Phase 2 of CATALISE: A multinational and multidisciplinary Delphi consensus study of problems with language development: Terminology. *The Journal of Child Psychology and Psychiatry, 58*(10), 1068-1080. https://doi.org/10.1111/jcpp.12721

Bloom, L., & Lahey, M. (1978). *Language development and language disorders.* John Wiley & Sons.

Brown III, F. R., Aylward, E. H., & Keogh, B. K. (1996). *Diagnosis and management of learning disabilities: An interdisciplinary/lifespan approach* (3rd ed.). Singular.

Brown III, F. R., Aylward, E. H., & Keogh, B. K. (n.d.). *The relationship between language and learning disabilities.* https://www.ldonline.org/ld-topics/speech-language/relationship-between-language-and-learning-disabilities

Dollaghan, C. A. (1992). Adults-based models of the lexical long-term store: Issues for language acquisitions and disorders. In R. S. Chapmen (Ed.), *Process in language acquisition and disorders* (pp. 141-158). Mosby Year Book.

Eyer, J. A., Leonard, L. B., Bedore, L. M., McGregor, K. K., Anderson, B., & Viescas, R. (2002). Fast mapping of verbs by children with specific language impairment. *Clinical Linguistics & Phonetics, 16*(1), 59-77.

Garraffa, M., CoCo, M. I., & Branigan, H. P. (2018). Impaired implicit learning of syntactic structure in children with developmental lanugage disorder: Evidence from syntactic priming. *Autism & Developmental Language Impairments, 3*. https://doi.org/10.1177/2396941518779939

Kornilov, S. A., Magnuson, J. S., Rakhlin, N., Landi, N., & Grigorenko, E. L. (2015). Lexical processing deficits in children with developmental language disorder: An event-related potentials study. *Developmental Psychopathology, 27*(2), 459-476. https://doi.org/10.1017/S0954579415000097

Le, H. N. D., Mensah, F., Eadie, P., McKean, C., Sciberras, E., Bavin, E. L., Reilly, S., & Gold, L. (2020). Health-related quality of life of children with low language from early childhood to adolescence: Results from an Australian longitudinal population-based study. *Journal of Child Psychology and Psychiatry.* https://doi.org/10.1111/jcpp.13277

Leonard, L. B. (2014). *Children with specific language impairment.* MIT Press.

Leonard, L. B. (2020). A 200-year history of the study of childhood language disorders of unknown origin: Changes in terminology. *Perspectives of the ASHA Special Interest Groups, 5,* 6-11.

Leonard, L. B., Deevy, P., Fey, M. E., & Bredin-Oja, S. L. (2013). Sentence comprehension in specific language impairment: A task designed to distinguish between cognitive capacity and syntactic complexity. *Journal of Speech, Language, and Hearing Research, 56*(2), 577-589. https://doi.org/10.1044/1092-4388(2012/11-0254)

Lerner, J. W., & Johns, B. H. (2012). *Learning disabilities and related mild disabilities: Teaching strategies and new directions* (12th ed.). Wadsworth Cengage Learning.

Li, N., & Bartlett, C. W. (2012). Defining the genetic architecture of human developmental language impairment. *Life Science, 90*(13-14), 469-475.

Lyons, R. (2021). Impact of language disorders on children's everyday lives from 4 to 13 years: Commentary on Le, Mensah, Eadie, McKean, Schiberras, Bavin, Reilly and Gold (2020). *Journal of Child Psychology and Psychiatry, 62*(12), 1485-1487.

McGregor, K. K. (2020). How we fail children with developmental language disorder. *Speech, Language and Hearing Services in School, 51*(4), 981-994. https://pubs.asha.org/doi/full/10.1044/2020_LSHSS-230-0000

McGregor, K. K., Goffman, L., Van Horne, A. O., Hogan, T. P, & Finestacke, L. H. (2020). Developmental language disorder: Applications for advocacy, research, and clinical service. *Perspective, 5*(1), 38-46. https://pubs.asha.org/doi/full/10.1044/2019_PERSP-19-00083

McGregor, K. K., Oleson, J., Bahnsen, A., & Duff, D. (2013). Children with developmental language impairment have vocabulary deficits characterized by limited breadth and depth. *International Journal of Language & Communication Disorders, 48*(3), 307-319.

McMurray, B., Klein-Packard, J., & Tomblin, J. B. (2019). A real-time mechanism underlying lexical deficits in developmental language disorder: Between-word inhibition. *Cognition, 191*, 104000.

Messenger, K., Branigan, H. P., McLean, J. F., & Sorace, A. (2012). Is young children's passive syntax semantically constrained? Evidence from syntactic priming. *Journal of Memory and Language, 66*(4), 568-587.

Mountford, H. S., Braden, R., Newbury, D. F., & Morgan, A. T. (2022). The genetic and molecular basis of developmental language disorder: A review. *Children (Basel), 9*(5), 586. https://doi.org/10.3390/children9050586

National Institute of Deaf and Other Communication Disorders. [NIDCD] (n.d.). *Is DLD the same thing as a learning disability?* https://www.nidcd.nih.gov/health/developmental-language-disorder#Is-DLD-same

Nicolosi, L., Harryman, E., & Kresheck, J. (1983). *Terminology of communication disorders, speech-language-hearing* (2nd ed.). Williams & Wilkins.

Nippold, M. A., Mansfield, T. C., Billow, J. L., & Tomblin, J. B. (2008). Expository discourse in adolescents with language impairments: Examining syntactic development. *American*

*Journal of Speech-Language Pathology, 17*, 356-366.

Norbury, C. F., Gooch, D., Wray, C., Baird, G., Charman, T., Simonoff, E., Vamvakas, G., & Pickles, A. (2016). The impact of nonverbal ability on prevalence and clinical presentation of language disorder: Evidence from a population study. *Journal of Child Psychology and Psychiatry, 57*(11), 1247-1257. https://doi.org/10.1111/jcpp.12573

Obeid, R., Brooks, P. J., Powers, K. L., Gillespie-Lynch, K., & Lum, J. A. G. (2016). Statistical learning in specific language impairment and autism spectrum disorder: A meta-analysis. *Frontiers in Psychology, 7*, 12-45. https://doi.org/10.3389/fpsyg.2016.01245

Ors, M., Lindgren, M., Berglund, C., Hägglund, K., Rosén, I., & Blennow, G. (2001). The N400 component in parents of children with specific language impairment. *Brain and Language, 77*(1), 60-71. https://doi.org/10.1006/brln.2000.2423.

Owens, R. E. (2012). *Language development: An introduction* (8th ed.). Pearson.

Owens, R. E., & Farinella, K. A. (2024). *Introduction to communication disorders: A lifespan evidence-based perspective* (7th ed.). Pearson.

Owens, R. E., Farinella, K. A., & Metz, D. E. (2015). *Introduction to communication disorders: A lifespan evidence-based perspective* (5th ed.). Allyn & Bacon.

Paul, R. (2001). *Language disorders from infancy through adolescence: Assessment and intervention* (2nd ed.). Mosby.

Paul, R., Norbury, C., & Gosse, C. (2018). *Language disorders from infancy through adolescence: Listening, speaking, reading, writing, and communicating* (5th ed.). Elsevier.

Redmond, S. M. (2004). Conversational profiles of children with ADHD, SLI and typical development. *Clinical Linguistics & Phonetics, 18*(2), 107-125.

Redmond, S. M. (2011). Peer victimization among students with specific language impairment, attention-deficit/hyperactivity disorder, and typical development. *Journal of Speech, Language, and Hearing Research, 42*(4), 520-535.

Rowland, C. F., Chang, F., Ambridge, B., Pine, J. M., & Lieven, E. V. (2012). The development of abstract syntax: Evidence from structural priming and the lexical boost. *Cognition, 125*(1), 49-63.

Strong, G. K., Torgerson, C., Torgerson, D., & Hulme, C. (2011). A systematic meta-analytic review of evidence for the effectiveness of the Fast Forword language intervention program. *The Journal of Child Psychology and Paychiatry, 52*(3), 224-235. https://doi.org/10.1111/j.1469_7610.2010.02329.x

Schank, R. C., & Abelson, R. (1977). *Scripts, plans, goals, and understanding*. Lawrence Erlbaum Associates.

Ullman, M. T., & Pierpont, E. I. (2005). Specific language impairment is not specific to language: the procedural deficit hypothesis. *Cortex, 41*(3), 399-433. https://doi.org/10.1016/s0010-9452(08)70276-4. PMID: 15871604.

van Alphen, P., Brouwer, S., Davids, N., Dijkstra, E., & Fikkert, P. (2021). Word recognition and word prediction in preschoolers with (a suspicion of) a developmental language disorder: evidence from eye tracking. *Journal of Speech, Language, and Hearing Research, 64*(6), 2005-2021.

Van den Bedem, N. P., Dockrell, J. E., Van Alphen, P. M., Kalicharan, S. V., & Rieffe, C. (2018). Victimization, bullying, and emotional competence: Longitudinal associations in (pre) adolescents with and without developmental language disorder. *Journal of Speech, Language and Hearing Research, 61*, 2028-2044. https://doi.org/10.1044/2018_JSLHR-L-17-0429

Vandewalle, E., Boets, B., Boons, T., Ghesquière, P., & Zink, I. (2012). Oral language and narrative skills in children with specific language impairment with and without literacy delay: A three-year longitudinal study. *Research in Developmental Disabilities, 33*(6), 1857-1870.

Vermeij, B. A., Wiefferink, C. H., Scholte, R. H., & Knoors, H. (2021). Language development and behaviour problems in toddlers indicated to have a developmental language disorder. *International Journal of Language & Communication Disorders, 56*(6), 1249-1262.

Wanger, R., Torgesen, J., & Rashotte, C. (1999). *Comprehensive test of phonological processing*. Pro-ed.

# 第八章　口吃

　　語暢異常是指言語上的不流暢。Manning（2010）把言語不流暢分為口吃和非典型的語暢異常（atypical fluency disorders），所謂非典型的語暢異常包括：迅吃、後天獲得的口吃（acquired stuttering）、偽裝的口吃（possibility of malingering）。後天獲得的口吃又可以分成神經性口吃（neurogenic stuttering）和心理性口吃（psychogenic stuttering），簡單的說，前者是因為腦神經病變或損傷所造成的言語不流暢，後者則是因為心理創傷所造成。Silverman（2004）也是把語暢異常分為口吃和其他語暢異常（other fluency disorders），在其他語暢異常部分又分為：迅吃、神經性口吃、心理性口吃，以及其他自稱有口吃症狀的情形。因此，本章和第九章主要說明專業人員較容易接觸到的口吃和迅吃二大類的流暢性異常，其他類別如有需要，則在各類障礙中附帶說明。

　　口吃是一種複雜且多面向的溝通障礙（Smith & Kelly, 1997; Yairi & Ambrose, 2005）。Bloodstein（1995）指出，傳統上認為口吃是一種說話韻律的障礙，也就是說話的流暢度異常。口吃的發生率約為 4～5%，盛行率則約為 1%，經常發生於兒童二歲半至五歲之間，也就是學齡前（Bloodstein et al., 2021; Yairi & Ambrose, 2005），因此像是 ICF-11 就稱為發展性口吃（developmental stuttering），強調開始於兒童早期，是一種神經性發育的障礙，就國內目前的人口數推估大約有二十三萬人有口吃。本章分別說明口吃的定義和發生學、影響口吃發生的因素、口吃的評估與診斷，以及口吃的治療。

## 第一節　口吃的定義和發生學

### 一、口吃的定義

　　根據《精神疾病診斷與統計手冊》（第五版）（DSM-5）（APA, 2013）一書的定義，口吃是一種神經發展性異常（neurodevelopmental disorder），主要是

發生於兒童期的語暢異常（childhood-onset fluency disorder），分類號碼為315.35。其診斷標準包括：(1)根據年齡，個案明顯或經常性的發生下列其中一種以上的言語流暢性中斷或說話時間性上的不恰當：聲音和音節重複、聲音拉長、破碎字（broken word，字中的停頓）、聽得到或聽不到的暫停、單音節的重複、生理的緊張和說話逃避口吃的字等；(2)說話時產生焦慮或限制有效的社會互動，對於個人的學業、生涯和社會溝通造成單獨或合併的影響；(3)發生在早期發展階段；(4)並非因為言語動作的異常或醫療問題，例如：中風、腫瘤或腦傷所引起。如果發生時間晚於兒童期或無法確診為口吃時，則歸類於成人期的語暢異常，分類號碼為307.0（APA, 2013）。楊淑蘭（2017）曾歸納多位國內外學者及美國聽語學會對口吃的描述，認為口吃者的最大表現在於口語不流暢，包括：說話重複、拉長、用力或中斷，即是學者所稱的主要行為或核心行為；次要的特徵為身體伴隨口吃而產生的行為，例如：眨眼、跺腳和發出聲音等。另外，有許多學者關心口吃者因其口語不流暢而產生的負面情緒或態度反應，或者由這些反應再對口語不流暢造成更大的負面影響，形成惡性循環。Manning（2001, 2010）認為，口吃者的言語不流暢與負向心理反應，長期將形成生活不適應的狀態。

## 二、口吃的發生學

　　許多人（包括口吃者本身）都對為什麼會出現口吃感到好奇，甚至將口吃的原因簡化為緊張和焦慮的心理因素所造成，其實這是不正確的（楊淑蘭，2014）；雖然 DSM-5 指的口吃是在兒童期的早期發生，且是腦神經功能異常所造成，而這個論點在新近的研究中亦得到支持（Chang & Zhu, 2013），但大多數研究口吃的學者都認為，造成口吃的原因有多種因素，是環境和個體互動的結果。有關口吃發生學的不同論點，以下分別加以說明（楊淑蘭，2017）。

### （一）生理因素

　　由過去研究發現，口吃是因為和語言相關的中樞神經系統之障礙，在以下的生理作用產生缺失，而導致口吃的發生：

　　1. 胚胎期較高的男性賀爾蒙（testosterone）造成的左腦半球異常，因此不

論任何年齡，男性口吃的比率都高於女性。

2. 口吃者的左右腦功能側化不完全，在進行語言活動時，右腦過度活躍，干擾了左腦的功能，以致於發生口吃（Fox et al., 1996, 2000）。

3. 左腦灰質的量隨著口吃嚴重度而減少，故影響口吃者的說話流暢度（Kell et al., 2009）。

4. 大腦中監控言語組成與規劃的 Brodmann 21/22 區，和控制言語運動的言語動作區之間神經迴路的整合，比一般人來得差，因而導致口吃現象（Chang & Zhu, 2013）。

5. 口吃基因：Ambrose 等人（1993）的研究發現，口吃者的親人中有較多口吃者，此證實遺傳影響口吃的發生。因此，近年有關口吃基因的研究也不曾間斷，基因和口吃的關係是不可否認的，但確切的口吃基因尚未被證實（Kraft & Yairi, 2012; Yairi & Seery, 2023）。

## （二）心理因素

許多人認為口吃是心理緊張而導致的，分為以下不同的解釋：

1. 口吃是壓抑心中衝突產生的精神官能症：這是由古典精神分析的角度解釋口吃的發生。因為壓抑在內心的親子衝突或口腔期的心理需求無法獲得滿足，導致潛意識的痛苦轉化而成的演說焦慮。

2. Johnson（1946）的錯誤診斷理論（diagnosogenic theory）認為，當兒童說話重複或遲疑時，若被父母認為是不正常的口吃，父母對這些正常的不順暢過度關心和糾正，此時因為兒童想避免產生這樣的挫折，故愈要求自己注意不要發生口吃，卻反而愈緊張而產生口吃。

3. 個體受到驚嚇、生病、創傷或壓力，以致於言語機轉崩壞，無法流暢說話。

4. 由學習理論的觀點來看，口吃是古典制約和操作制約反應所學習來的，口吃者對某一個困難音或困難的說話情境會引起強烈的焦慮，遭遇相同的聲音或情境便容易口吃；或因口吃後，緊張焦慮降低，使得口吃行為獲得增強，因此不流暢行為持續增加。

## （三）心理語言學觀點

心理語言學觀點是由言語產生的認知歷程來說明為何會發生口吃，如下所述：

1. 要求—能力模式（demand-capacity model）：Starkweather（1997）認為，個體的言語機轉如同一部機器，其工作量或生產量是有一定的限制，若說話的困難度超過言語機轉的能力，包括：(1)對運動神經肌肉要求的情況：如在時間壓力下說話、句首的第一個字，或較長的字等，對說話者都會造成負擔而產生口吃；(2)對語言表達要求的情況：如個體處於快速的語言發展期，需要同時學習句法和字彙，又被要求把話說得正確時；(3)對社會性、情緒性技巧的要求：如個體必須用合乎禮儀的方式說話，或到一個陌生情境（新學校）說話時；(4)對認知能力的要求：如個體需要說明許多事件或解釋事件的細節時，其言語流暢度容易受到干擾。在上述的情況中，若已經超過個體言語機轉的負荷，就容易出現口吃現象（引自楊淑蘭，2017）。

2. 內在修正假設（covert repair hypothesis）：Postma 與 Kolk（1993）認為，在說話之前大腦會將說話的命令傳遞至語言中樞，將發音的指令加以編碼，此時大腦迴路偵測語音的計畫（phonetic plan）若有錯誤，想要修正這些錯誤，所以形成中斷或拉長。口吃者處理語音訊號較一般人來得慢，因此同時激起的語音較多，容易被選錯。陳緯玲與楊淑蘭（2012）發現，說中文口吃兒童的構音能力並未比一般兒童差，而是在音韻能力（拼音、區辨和非詞複誦）有缺失，間接支持了上述的論點。

3. 口吃最容易發生在片語的第一個字，可能與口吃者在運作句子的過程中，切割片語或搜尋片語的障礙有關（Yang, 2000）。

4. 口吃常發生在兒童二至三歲的語言快速成長時期，因為語彙的快速增加、學習成人的句法，使得兒童無法應付而產生語句中斷的現象，類似貿易中的以物易物（trade off）。60～80%的兒童口吃頻率會逐漸減少，恢復正常，稱為自發性的恢復（spontaneous recovery），這些兒童並無須接受治療（楊淑蘭，2017）。若以認知資源不足的觀點來看，兒童早期的神經功能無法同時應付語言各向度成長所需的資源，因而在流暢度發生障礙，其道理是相通的。

關於口吃形成的原因，雖然最新的研究證實，口吃者在兒童期負責聽覺計畫和言語動作執行功能的腦神經整合運作功能不佳，但大多數的學者仍認為，口吃是多種因素交互產生的結果。

## 第二節 影響口吃發生的因素

在歐洲，口吃的普遍率約為 1%或稍高，而美國的口吃普遍率約少於 1%（Bloodstein, 1995）。根據口吃基金會（The Stuttering Foundation [SF]）在 2007 年的統計指出，美國約有三百多萬人有口吃，相當於總人口數的 1%（SF, 2010），但若一生中曾經有口吃經驗的人則約有 5%（Yairi, 2005）；若以美國的比率推估，那麼在臺灣約有二十三萬人有口吃，而高達一百一十五萬人曾經有口吃。口吃的普遍率在兒童期會高於成人期，因此一般在幼兒園和小學中不難發現口吃兒童。究竟是哪些因素導致兒童成為口吃者？又有哪些因素可以幫助專業者判斷個案是屬於高風險，而需要更多介入或協助？皆可以參酌以下的變項再做決定（引自楊淑蘭，2017）：

1. 性別：在任何年齡中，男童的口吃發生率都比女童高，兒童早期之男女口吃的比例約為 3：1，到了成人時，約為 4：1 或 5：1。推論性別比例改變的可能原因是，一般而言，男童比女童容易有異常現象，對壓力的承受力較差，其次是女童的復原率高於男童。

2. 年紀：任何年紀都可能發生口吃，但絕大多數發生在五歲以前，也就是 DSM-5 宣稱的兒童期早期；因此學齡後發生的不流暢情形，就須考慮發生口吃時是否有腦創傷事件或心理創傷事件。

3. 家族史：口吃者比非口吃者有更多親人中也有口吃現象，而家中有已復原的口吃者，其復原的比率也比較高。此外，發生口吃的原因與遺傳、學習或家人的過度關心都有關。

4. 社經地位：口吃者容易發生在中上社經程度的家庭，因為這些家庭對說話的要求較高，給孩子的壓力比較大。但另有研究亦發現，口吃會發生在中下社經程度的家庭裡，可能是這樣的家庭生活壓力比較大。

5. 雙生子：其口吃的比率高於 1%。而同卵雙生子比異卵雙生子，同時罹患口吃的比率來得高。

6. 腦傷、智能不足和雙語者患口吃的比率高於 1%，高於一般人的發生率。

　　因此欲考量個案是否成為口吃者，必須由性別、口吃發生的年齡和家族史等來綜合研判。

## 第三節　口吃的評估與診斷

　　口吃個案求助時，建議先以表 8-1 進行檢測，確認個案是否為口吃者之後，才進入正式評估。表 8-1 是本書作者參考 Culatta 與 Goldberg（1995）的「口吃檢核表」（Differential Screening for Stuttering Checklist）、最新且可靠的研究結果，以及說中文口吃者的研究發現，重新編製的口吃評估篩選表，可在正式評量前使用，以確認個案是否為口吃或其他原因造成的不流暢。

表 8-1　口吃評估篩選表

| 題號 | 指標 | 與口吃有關 | 與其他類別不順暢有關 |
|---|---|---|---|
| 1 | 開始 | 學齡前 | 不一定 |
| 2 | 發展現象 | 有些開始便很嚴重 | 改變不大 |
| 3 | 家族史 | 有家族史 | 迅吃有，其他不一定有 |
| 4 | 發生學 | 腦功能異常和其他環境因素 | 在特殊事件後發生（迅吃無） |
| 5 | 適應效果 | 在第五次讀出相同篇章時不順暢減少 | 在第五次讀出時不順暢沒有減少或減少的數量非常少 |
| 6 | 自動化語言 1（說星期幾） | 相當順暢 | 很少或沒改變 |
| 7 | 自動化語言 2（說每個月名稱） | 相當順暢 | 很少或沒改變 |
| 8 | 自動化語言 3（從 1 數到 20） | 相當順暢 | 很少或沒改變 |
| 9 | 和他人一起讀（讀一分鐘，不計算前三十秒） | 順暢性進步 | 對順暢性沒有影響 |
| 10 | 唱歌 | 順暢性進步 | 對順暢性沒有影響 |
| | 整體檢核 | 常伴隨說話焦慮 | 未伴隨說話焦慮 |

註：參考 Culatta 與 Goldberg（1995）及 Silverman（2004）。

　　根據以上各項指標經確認後，若認為個案極可能為口吃者，即進入正式評估的階段。首先進行基本資料蒐集，包括：個案背景、發展史（生理、語言）、醫療史和家族史等，若個案為學生，則需增加學業成績（語文和數學），成人則增加工作情形。與家長晤談時，多了解家長：(1)對口吃的態度；(2)在兒童口吃時的處理；(3)其他家人對口吃的態度和處理；(4)孩子口吃的情況；(5)孩子對口吃的反應；(6)家長對治療的期望。

　　之後，準備數位錄音機或錄影機蒐集代表性的語言樣本。因為口吃容易因溝通情境不同而改變，建議有不同情境（與治療師、父母、老師、手足、同儕、講電話和治療室外）和不同方式〔對話、閱讀、描述事件、獨白和自動化語言（數數）〕的語言樣本。目前使用上較普遍的口吃評估和診斷方法有三種，分別說明如下。

## 一、「口吃嚴重度評估工具」

　　Riley（1972）編訂「口吃嚴重度評估工具」（Stuttering Severity Instrument for Children and Adult [SSI]），之後再經過三次修訂，為診斷說英語口吃者嚴重性之標準化工具，並於 2009 年完成第四版（SSI-4）。他使用七十二位學前（二歲十個月至五歲十一個月）兒童、一百三十九位學齡兒童（六歲一個月至十六歲十一個月）和六十位成人（十七歲以上）建立信度、效度和常模的標準化工具，具有簡單、客觀和敏感的特點，可作為臨床工作或研究統計之用，並同時適用於兒童和成人（Riley, 2009）。診斷內容包括三部分（每部分各有一個分數）：(1)口吃頻率（stuttering frequency）是指口吃事件百分比SS%（percentage of stuttered syllables）；(2)持續時間（duration）是指最長的三個口吃事件之平均時長；(3)伴隨的生理動作（physical concomitants），包括：聲音、頭部和四肢的動作等，以上三者的分數相加得到總分後，對照常模表即可得到百分等級和嚴重度。此外，SSI-4 還有個案自陳報告、評定言語自然度的紀錄紙和電腦化計分系統（引自楊淑蘭、莊淳斐，2011）。

　　在臺灣，本書作者與學生根據 Riley 的 SSI-3 和 SSI-4 內容，共同修訂診斷說中文口吃者的「修訂中文口吃嚴重度評估工具（兒童版）」（楊淑蘭、周芳綺，2004）和「修訂中文口吃嚴重度評估工具（成人版）」（楊淑蘭、莊淳斐，

2011），其中的測驗材料完全根據華人文化進行編寫和繪圖，並建立說中文兒童和成人的信度、效度和常模資料，可作為評估口吃嚴重度的工具。

## 二、「兒童口吃測驗」

「兒童期口吃測驗」（Test of Childhood Stuttering [TOCS]）為 Gillam 等人（2009）所編製的另一份口吃兒童標準化評估工具，用來評估四至十二歲兒童的語言流暢性以及與口吃相關的行為，其主要目的是：(1)辨別兒童是否有口吃；(2)確定兒童的口吃嚴重程度；(3)記錄兒童流暢度隨著時間的變化，可以作為研究兒童口吃和臨床上測量兒童口吃療效的工具。TOCS 由三個部分所組成：第一部分為「標準化言語流暢度測量」（The Standardized Speech Fluency Measure），利用四個任務來測量兒童口吃並評定嚴重度，包括：(1)快速命名（rapid picture naming）：共有四十張圖卡，兒童要在最短時間內說出圖片內容，亦即測量在時間壓力下快速說單詞的流暢度，例如：看到蘋果要說「蘋果」；(2)模仿句子（modeled sentences）：給口吃兒童看二張並列的圖片，這二張圖片在重要細節上有一個不同之處，主試者以其中一張圖片示範一句話，兒童要說出與主試者一樣句法結構的句子，像是主事者說：「小男孩舉著旗子。」兒童對另一張圖則要說：「小男孩放下旗子。」，以評估了解兒童在必須說出不同句法複雜性句子時的流暢度；(3)結構化的對話（structured conversation）：以開放式問句問一則有連續順序情節的八張圖畫之故事內容，以測量兒童在對話式情境中的流暢度，以本書附錄一中的《老鼠理髮師》為例，問兒童：「長頸鹿為什麼來找老鼠理髮師？」兒童的回答應該是：「他想找老鼠理髮師剪頭髮。」；(4)敘述（narration）：兒童用第三個任務中的圖片說出故事，這是評量兒童在獨白情境（monologue context）的流暢度。

此外，還有第二部分的「行為觀察量尺」（The Observational Rating Scales），主要是由家長、教師和親友評估兒童的言語流暢度量尺（The Speech Fluency Rating Scale）和言語有關行為量尺（The Disfluency-Related Consequences Rating Scale）這二個量尺，以幫助臨床或研究人員蒐集口吃與相關資料。第三部分是臨床上的「補充評估」（The Supplemental Clinical Assessment），包括八項更仔細與不流暢有關的資料蒐集：臨床晤談、不流暢頻率和類型的分析、語

速分析、不流暢時長（duration）分析、重複長度的分析（repetition length analysis）、相關行為分析、口吃頻率分析和自然度分析。

### 三、口吃式不流暢

在人們學習說話的過程中，於二歲多時，詞彙和句法快速的成長，此時會發現兒童的言語中出現一些不流暢情形，例如：停頓、拉長、用力或重複，然而平時一般人也會出現像「我們我們……」這樣的重複，因此區分口吃和非口吃的不流暢，就顯得十分重要（Owens et al., 2015）。美國伊利諾大學口吃研究中心的Yairi 與 Ambrose（1996）認為，口語中的不流暢可分為：(1)一般人也常出現正常的不流暢（ND），目前改稱其他不流暢（other disfuency, OD），包括：修正（revision）、片語或多音節重複（phrase repetition or multisyllabic repetition）、放棄和插入（abandon and interjection）；(2)口吃式不流暢（stuttering-like disfluency [SLD]），包括：聲母或韻母的重複（part word repetition）、整個字（指單音節）的重複（single-syllable word repetition）和不合節律的說話（disrhythmic phonation），後者包含：破碎字詞和拉長音（phonation）。而其中 SLD 才是診斷口吃言語的重要指標（Yairi & Seery, 2023），中文範例如表 8-2 所示。評估者計算每說一百個音節的 SLD 出現次數，切截分數為每一百個音節三個 SLD，根據 Yang（2019）研究結果，學齡兒童由一年級至六年級 SLD/100 音節都不超過 1 個，因此說中文者應採用二個 SLD/100 音節做為切截點較為合適。使用 SLD 進行口吃評估時，其計算嚴重度評分表可參考楊淑蘭（2017）的附錄五（頁 315）。

表 8-2　口吃式不流暢和正常的不流暢的範例

| 類別 | 例子 |
|---|---|
| 口吃式不流暢 | |
| 　部分字重複 | ㄨㄨㄨㄛˇ去學校。 |
| 　單音節重複 | 我我我去學校。 |
| 　不合節律說話（拉長或用力或中斷） | 我……去學校。 |
| 正常的不流暢 | |
| 　片語或多音節重複 | 我們我們去學校、我們在我們在吃飯。 |
| 　修正 | 我去學校補習班。 |
| 　插入 | 然後我去學校。 |

口吃者的內隱行為（covert behaviors）之評估，也是專業人員必須特別注意的部分，例如：緊張、焦慮和逃避情形。在面對說話情境容易緊張和焦慮的口吃者可能會出現逃避行為，因而限制了他們的社交生活，或有少數口吃者可能伴隨精神疾病（憂鬱症或焦慮症），會增加治療的難度。臺灣目前還有「兒童溝通態度量表」、「兒童溝通焦慮（說話情況）量表」（楊淑蘭，2017，頁346-349）可供使用，「成人溝通態度量表」和「成人溝通焦慮量表」則正在發表中。

## 第四節　口吃的治療

有關口吃治療的技巧和方法，分為二部分來說明：第一部分是兒童口吃治療，第二部分是成人口吃治療（楊淑蘭，2017）。

### 一、兒童口吃治療

進行兒童口吃治療前，建議先考慮以下幾個因素：

1. 兒童的年齡：考慮兒童的年齡，主要是要了解兒童的認知能力是否能夠理解言語控制的技巧，並非以年齡強制區隔。年幼兒童一般以「間接指導」為原則，主要在督促家長改善溝通環境，亦即並不直接以改變兒童的言語為目標，而是改變父母或重要他人和孩子互動的方式，或對於孩子口吃的態度。

2. 兒童對口吃的覺察：兒童對口吃的覺察愈高，或曾經因口吃而被取笑時，可能會出現不願意講話、摀嘴巴或抿著嘴唇的行為，此時則需採用直接治療，亦即教導兒童減少不流暢的方法。

3. 兒童的口吃嚴重度：兒童口吃愈嚴重或口吃的第二癥狀愈明顯，則需採用直接治療。

4. 家長的能力和動機：考慮家長是否有能力改善環境因素，若家長自身處於危機狀態，無暇或無心照顧、協助兒童，則需採用直接治療。

間接治療的目標是重要他人，可請父母和兒童生活周遭的重要成人，改變說話的速度和方式，並能以正向的溝通態度和孩子互動。曾經有一位四歲男孩

的母親，在先生因癌症過世不久後，發現 4 歲的孩子出現言語不流暢行為，她懷疑孩子是否為口吃，於是作者建議母親嘗試下列方式，來幫助孩子流暢說話：

1. 放慢生活步調和說話速度，尤其不要催促孩子說話快、動作快，使孩子有良好的說話環境，找到安全的感覺。

2. 不要糾正孩子說話不順的現象，以免增加他的挫折感。

3. 表現出耐心聆聽的態度，不要中途打斷孩子說話，讓孩子充分表達自己的感受和想法。

4. 當孩子說話順暢，沒有出現口吃現象時，立即給予誇獎和鼓勵，例如：「你剛剛說得好棒！」讓孩子覺得說話不是一件困難的事。

5. 觀察記錄近二到三個月中，孩子的口吃頻率是否逐漸減少，若無減少趨勢，甚至增加，則應請語言治療師進行更仔細的評估與診斷。

口吃兒童的直接治療可採用 Yairi 的直接治療方法，分為十四次，每次四十五分鐘。在每一次治療中的開始和最後時間（可規劃五至十五分鐘），語言治療師以回聲方式模仿兒童快速且口吃的說話行為，每次治療中間的十至二十分鐘進行結構式活動。第一和第二次給兒童看三十張圖卡（例如：樹、花、馬等單音節詞），並示範輕鬆、緩慢的說話方式，要求兒童模仿，如果孩子做到緩慢而輕鬆的說話，就給貼紙作為增強物。之後，在結構式活動時間內逐漸將活動難度增加，由單音節詞拉長為二至三個音節，說明圖卡內容（例如：大樹、紅花或大榕樹）再拉長為句子（例如：「有一棵大樹」）。待兒童學會輕鬆緩慢的說話方式之後，再進行功能性遊戲活動（例如：扮演煮菜或搭計程車），語言治療師可用三至五個字的短句（例如：「先放青菜，再放鹽巴，再把菜炒一炒」）示範緩慢而輕鬆的說話，要兒童用同樣方式重複或回答，再用四至六個字（音節）的短句示範緩慢而輕鬆的說話（1～1.5 個字／秒），練習說四至五段的故事。最後練習玩遊戲（例如：大風吹），遊戲時要用緩慢而輕鬆的說話方式〔1～1.5 個字（音節）／秒〕。治療開始階段，讓家長透過觀察鏡學習如何使用緩慢而輕鬆的說話方式，在治療的第七次開始讓家長進入治療室觀察，第八次讓家長一起參與活動，回家後在家中練習，將活動進行速度放慢，父母協助兒童在治療室外，養成緩慢和輕鬆的說話方式，之後家長學習治療師的方式，並在家中扮演治療師的角色，在兒童說話流暢時給予增強物（例如：貼紙）。

Conture（1990）給學校教師以下幾項建議（引自楊淑蘭，2017）：

1. 對待口吃孩子和對待其他孩子一樣，不必因為他／她的口吃而減少或增加對他／她的要求。

2. 口吃的孩子無需特殊的幫助：溝通時無需糾正其發音或語言的使用，但拼錯字或發錯音，或在上文法課時文法錯誤，就必須像教導其他孩子一樣教他。

3. 強調正向、減少負向：兒童說得好時，多給表現機會；說得不好時，少叫他回答或使用口語。

4. 多給口吃兒童機會和團體一起說話、唱歌或閱讀。

5. 假如口吃孩子被捉弄或欺負，當他不在教室時，要教育其他孩子正確的觀念及態度。

大多數的口吃者都曾經歷被嘲笑的情形，因此喚起周遭的人們了解口吃和接納口吃是非常重要的。口吃者身邊的重要他人，例如：父母、老師和親友的支持，都可以幫助他們克服說話的焦慮和恐懼。

## 二、成人口吃治療

進行成人口吃治療，可採用以下的策略：

1. 自願的口吃（voluntary stuttering）：請個案模仿自己的口吃，在字的第一個聲音說出不費勁的重複，或者比他們平常口吃時更費力，這樣可以增加他們對自己口吃的覺察（只要在治療室中練習），也可以讓他們不害怕說話口吃（需在治療室外練習幾次）。進行此活動時，某些輕度口吃者會發現，其實別人並不是那樣在意他的口吃，但要注意某些口吃者可能會在原來不口吃的字詞也口吃了。

2. 輕發聲母（light consonant contact）：在預期會產生口吃的聲母，輕輕的讓接觸之部位力量減小，例如：發出ㄈ [f] 時，在上齒咬下唇時，減輕接觸的力量，讓氣流緩慢流出。

3. Van Riper 提出「口吃修正法」（stuttering modification），將控制口吃的發生分為三階段，以減輕口吃當下的嚴重程度。分別說明如下：

   (1) 暫停（cancellation）：口吃時先停下來想一想剛才怎麼了（自己在口

吃當下，做了什麼事），再重說一次口吃的字詞。如此可以減少口吃當下的嚴重性，也能避免案主想逃避口吃，提升他們公開自己口吃的意願。

(2) 拉出（pull-out）：在練熟暫停技巧後，發生口吃時，試著以相當順利、可以控制的延長來結束剛剛的口吃（卡住），類似輕發聲母；因為口吃時大多聽來都是非常用力和掙扎，如此練習便可減低口吃的嚴重性。

(3) 心裡有準備（preparatory sets）：熟悉前兩個技巧後，在要口吃前，便準備用較輕鬆和緩慢的方式來說出將要口吃的字，因為口吃之前肌肉常是非常緊張，且說出字的第一個音（可能是聲母或介音）時，發音器官會固著（卡）在某一個位置，因此說話前在心裡告訴自己以輕鬆和緩慢的方式說話，先吸氣再吐氣來發出聲音。

(4) 熟悉以上三個技巧之後，試著以相反順序使用這三個技巧。在口吃前，提醒自己以輕鬆有準備的方式說話，若不成功則在口吃發生時拉長聲音，再不成功則在口吃發生後暫停三秒，再重說一次口吃的字詞。

4. 放鬆練習：口吃時，常是因為說話之前或當下肌肉過度緊張，因此教導口吃者放鬆技巧，可以使用逐步放鬆或稱漸近式肌肉放鬆法（progressive relaxation）（Jacobson, 1938）或自我暗示放鬆法（或催眠放鬆）。

5. 使用行為學派的系統減敏感法（systematic desensitization）（Wolpe, 1958），降低口吃者在不同壓力情境下的焦慮，進行時可以和心理師合作使用生理回饋儀（electromyography biofeedback instrumentation）監控個體的膚電反應，以便能更快學會放鬆技巧。

6. 延遲聽覺回饋（delayed auditory feedback [DAF]）：使用 DAF 使語音延遲二百五十毫秒後，說話者才聽到自己說話的聲音，此時口吃者的說話會變得慢而延長，不流暢的現象將會減少。

7. 韻律式（節拍式）的說話：利用掛於耳後或眼鏡上的電子節拍器，使口吃者的說話如同打拍子，以減少口吃，但沒有節拍器時效果便降低，此時的言語自然度也會降低。

8. 說話時聽大聲的噪音：利用可攜式噪音器阻斷語音回饋，使口吃者減少說話的不流暢現象。
9. Perkins（1979）提出「流暢塑型法」（fluency shaping），主要的技巧包括：
   (1) 輕鬆起音（easy onset）：以類似嘆氣的聲音（ㄏㄜ [x ɣ]）起音，使聲音順著吐出的氣流流出，比較不費力，亦較不易口吃。
   (2) 放慢速度說話（speak slowly）：以一秒鐘一個音節開始練習，再逐漸增加語速，每分鐘增加十個音節，最後達到一般語速，約每分鐘一百八十至二百個音節。
   (3) 說短句（shorten sentence）：避免說長句，每一次吸進足夠的氣流再說話，句長儘量不超過七個音節，若有需要時，可換氣再繼續說話。
   (4) 換氣說話（take a breath）：在句子中的適當處換氣說話，而不是一口氣把句子說完，例如：「我家住在（換氣）和平東路（換氣）50之1號」，如此可減少口吃的嚴重性。

此外，減少發音時氣流的不順，教導口吃者監控呼吸的氣流，鼓勵他們在每一次說話前讓氣流自然的進出，可使說話順暢。用平順的方式深呼吸，在換氣時稍做停頓，放鬆胸、頸部的呼吸。Guitar（2006）建議，統整「流暢塑型法」和「口吃修正法」來協助口吃者增進口語的流暢度，且口吃者說話順暢時，周遭的重要他人應多給予讚美和鼓勵。教師應注意一般學生對口吃同儕的接納和正向關懷，事實上大多數口吃者的認知能力正常，在自己的領域裡亦努力表現和貢獻，我們的社會應給口吃者平等的機會發揮其潛力。

## 本章小結

本章主要說明口吃的定義、特徵、評估方法和治療策略。口吃的主要特徵是口語中出現重複、拉長和阻斷或用力等現象；口吃者說話時常伴隨身體動作的掙扎和臉部怪異的表情，或出現其他的聲音，此稱為第二癥狀。此外，許多口吃者受到言語不流暢的困擾，說話時容易緊張和焦慮，可能會逃避社交或公開說話的情境，或者造成生活上的困擾。目前有二個修訂自美國 SSI 的中文口

吃評估工具——分別適用於兒童和成人的「修訂中文口吃嚴重度評估工具」兒童版和成人版，也可以使用 Yairi 與 Ambrose（1996）的口吃式不流暢（SLD）進行評估，前者有常模可以對照，另有用於口吃兒童的兒童期口吃測驗。兒童口吃治療需考慮個案的年齡、口吃歷史、個案的覺察、父母的能力與動機，再決定採用直接治療還是間接治療。口吃的間接治療主要是協助兒童的重要他人改善溝通環境及其對溝通的看法，直接治療則有流暢塑型法，教導個案學會可控制的流暢，以緩慢輕鬆的方式說話；另一為口吃修正法，主要在改變口吃當下發生的口吃行為，實施時分成三個階段：心裡有準備、拉出和暫停。成人和較大的兒童接受直接治療，可以獲得良好的效果。口吃者周遭的重要他人對於口吃者的支持，可以間接協助他們克服說話的困難。讀者如欲對口吃有更深入的了解，建議參考本書作者的另一本著作《口吃：理論與實務工作》。

## 問題討論

1. 口吃的主要特徵是什麼？
2. 為什麼會發生口吃？
3. 哪些人較可能發生口吃？
4. 兒童口吃治療和成人口吃治療有何不同？
5. 口吃修正法的實施步驟是什麼？

# ❀ 參考文獻 ❀

## 中文部分

陳緯玲、楊淑蘭（2012）。口吃兒童音韻與構音語能力之研究。**特殊教育研究學刊**，**37**（3），59-88。

楊淑蘭（2014）。口吃相關議題之網路口碑分析。**特殊教育學報**，**40**，頁 55-82。

楊淑蘭（2017）。**口吃：理論與實務工作**（第二版）。心理。

楊淑蘭、周芳綺（2004）。修訂中文口吃嚴重度評估工具（兒童版）。心理。

楊淑蘭、莊淳斐（2011）。修訂中文口吃嚴重度評估工具（成人版）。心理。

## 英文部分

Ambrose, N., Yairi, E., & Cox, N. (1993). Genetic factors in childhood stuttering. *Journal of Speech and Hearing Research, 36*, 701-706.

American Psychiatric Association. [APA] (2013). *Diagnostic and statistical manual of mental disorders* (5th ed.) (DSM-5). Author.

Bloodstein, O. (1995). *A handbook of stuttering* (5th ed.). Singular.

Bloodstein, O., Ratner, N. B., & Brundage, S. B. (2021). *A handbook on stuttering* (7th ed.). Plural Publishing.

Chang, S. E., & Zhu, D. C. (2013). Neural network connectivity differences in children who stutter. *Brain, 136*(12), 3709-3726.

Culatta, R., & Goldberg, S. A. (1995). *Stuttering therapy: A integrated approach to theory and practice*. Allyn & Bacon.

Fox, P., Ingham, R. J., Ingham, R. C., Hirsch, T. B., Dowas, J. H., Martin, C. (1996). A PET study of the neural systems of stuttering. *Nature, 382*, 158-162.

Fox, P., Ingham, R. C., Zamarripa, F., Xiong, J. H., & Lancaster, J. L. (2000). Brain correlates of stuttering and syllable production: A PET performance-correlation analysis. *Brain, 123*, 1985-2004.

Gillam, R. B., Logan, K. J., & Pearson, N. (2009). *Test of Childhood Stuttering*. Pro-ed.

Guitar, B. (2006). *Stuttering: An integrated approach to its nature and treatment*. Lippincott Williams & Wilkins.

Jacobson, E. (1938). *Progressive relaxation.* University of Chicago Press.

Johnson, W. (1946). *People in quandaries: The semantics of personal adjustment.* Harper & Brothers.

Kell, C. A., Neumann, K., von Kriegstein, K., Posenenske, C., von Gudenberg, A. W., Euler, H., & Giraud, A. (2009). How the brain repairs stuttering. *Brain, 132*, 2747- 2760.

Kraft, S. J., & Yairi, E. (2012). Genetic bases of stuttering: The state of the art, 2011. *Folla Phoniatrica et Logopaedica, 64*, 34-47.

Manning, W. H. (2001). *Clinical decision making in fluency disorders*. Singular.

Manning, W. H. (2010). *Clinical decision making in fluency disorders* (3rd ed.). Singular Thomson Learning.

Owens, R. E., Farinella, K. A., & Metz, D. E. (2015). *Introduction to communication disorders: A lifespan evidence-based perspective* (5th ed.). Allyn & Bacon.

Perkins, W. H. (1979). From psychoanalysis to discoordination. In H. H. Gregory(Ed.), *Controversies about stuttering therapy* (pp. 97-127). University Park Press.

Postma, A., & Kolk, H. (1993). The covert repair hypothesis: Prearticulatory repair processes in normal and stuttered disfluencies. *Journal of Speech and Hearing Research, 36*, 472-487.

Riley, G. D. (1972). A stuttering severity instrument for children and adults. *Journal of Speech and Hearing Disorders, 37*, 314-322.

Riley, G. D. (2009). *Stuttering Severity Instrument for Children and Adults* (4th ed.) (SSI-4). Pro-ed.

Silverman, F. H. (2004). *Stuttering and other fluency disorders* (3rd ed.). Allyn & Bacon.

Smith, A., & Kelly, E. (1997). A dynamic multifactorial model. In R. F. Curlee & G. M. Siegel (Eds.), *Nature and treatment of stuttering: New directions* (pp. 204-217). Allyn & Bacon.

Starkweather, C. W. (1997). Therapy for younger children. In R. F. Curlee & G. M. Siegel (Eds.), *Nature and treatment of stuttering: New directions*. Allyn & Bacon.

Wolpe, J. (1958). *Psychotherapy by reciprocal inhibition*. Stanford University Press.

Yairi, E. (2005). *Research on incidence and prevalence of stuttering*. https://www.stuttering-help.org/research-incidence-and-prevalence-stuttering

Yairi, E., & Ambrose, N. G. (1996). *Disfluent speech in early childhood stuttering*. Unpublished manuscript, Stuttering Research Project, University of Illinois.

Yairi, E., & Ambrose, N. G. (2005). *Early childhood stuttering: For clinicians by clinicians*. Pro-ed.

Yairi, E., & Seery, C. H. (2023). *Stuttering: Foundations and clinical applications* (3rd ed.). Plural+Plus.

Yang, S. L. (2019, Nov). *Normative disfluency data for the school-age children who speak Mandarin*. Paper presented at The 2019 American Speech-Language-Hearing Association (ASHA) Convention, Orlando, Florida.

Yang, S. L. (2000). *The disfluency loci of stuttering and nonstuttering mandarin speaking preschool children and adults*. Unpublished doctoral dissertation, University of Illinois, Urbana-Champaign.

# 第九章　迅吃

　　雖然迅吃和口吃二者是語暢異常的大宗，但有關迅吃的文獻資料，分別散落在不同的英文書籍和研究報告裡，相較於口吃已經被研究超過一百年，研究結果豐富，也有許多口吃專書，而迅吃的實證研究仍是比較少，更遑論是中文的迅吃研究，因此幾乎沒有中文書籍系統性的說明迅吃。Duchan 與 Felsenfeld（2021）提及，迅吃在三百年前就已經被提出，但大家對迅吃仍然不夠了解。國際上有愈來愈多的語言病理學家研究迅吃（Ward, 2018），作者近年來持續進行有關迅吃兒童的相關研究，發現迅吃不但存在，且其語言上的困難比口吃還要複雜。第三屆國際迅吃研討會在 2023 年 9 月 15 至 17 日於波蘭 Silesia 大學舉行，而國際語暢異常研討會也經常是由國際口吃學會和國際迅吃學會（International Cluttering Association [ICA]）一起舉辦，作者在會期中也遇過迅吃者，在國內十多年前便有迅吃者來求助，不過當時作者對迅吃並不了解，因此將他安排與口吃者一起接受團體治療。在 Yu 與 Yang（2016）及 Yang（2013）的研究中，教師和家長其實在學前階段便已發現迅吃兒童的說話方式和一般兒童不同，表現出語速快又語音不清楚的情形。因此，本書特別將迅吃獨立成章，以便於專業人員工作時，能夠注意這一類過去經常被誤以為是構音異常的語暢障礙——一種少為人所知的言語異常。

## 第一節　迅吃的定義

　　Silverman（2004）指出，迅吃在歐洲受到的注意多於美國（三次的國際研討會都是在歐洲國家舉辦），迅吃起源於兒童期，是一種與基因遺傳有關的言語障礙。Colombat 在 1830 年代，是第一個將迅吃從口吃區分出來的學者，目前在英語系國家中，迅吃愈來愈受到關注，但仍有許多待釐清之處（引自 Alm, 2011）。Ward（2006）明確指出，迅吃是一種言語—語言障礙，和口吃有許多共通的特點，但也有許多部分是不同的，語言治療師常將之誤以為是口吃或其

他障礙，而在臺灣，迅吃兒童便常被診斷為構音障礙或學習障礙，但 Alm（2011）直指迅吃是一種言語─語言障礙。在《精神疾病診斷與統計手冊》（第四版）（DSM-IV）（APA, 2000）一書中，還存有迅吃的類別，是與口吃並列於兒童期發生的語暢異常，然而在《精神疾病診斷與統計手冊》（第五版）（DSM-5）（APA, 2013）中，卻看不到迅吃，這可能是因為目前學者們對於迅吃的定義尚未取得一致的看法，但迅吃確實存在，且經常與口吃共病。2015 年國際語暢異常研討會正式將迅吃與口吃並列，目前讀者在搜尋 ASHA 網頁的語暢異常時（ASHA, n.d.），會看到迅吃與口吃並列，篇幅與口吃一樣多，表示除了在歐洲，在美洲或其他地區，迅吃已被承認是一種語暢異常，而這是近十年內才出現的現象。

因為學者們對迅吃的看法不同，導致所下的定義也稍有不同，作者將有關迅吃的定義依照年代分為 2010 年之前和 2010 年之後，整理如下。

## 一、2010 年之前

Weiss（1964）最早為迅吃所下的定義是：「迅吃是一種言語障礙，其特徵是個案本身對問題毫無覺察，其注意力短暫，也有知覺、發音和言語運作的異常，大多數時間的語速很快。這是準備說話的思考過程的障礙，是遺傳的特性，是中樞神經不平衡所造成的言語表達障礙，影響了溝通的各個層面，包括：閱讀、寫作、韻律和音樂性。」可見在 1970 年代，已經對迅吃有著深入的觀察（引自 Ward, 2006）。Daly（1992, 1993）為迅吃者的表現做如下的說明：「迅吃是一種言語和語言處理過程的障礙，導致個案說話快速、韻律異常、零碎缺乏組織，而且經常讓人聽不懂，他們並非總是用加速的方式說話，但語言運作的異常狀況卻一直都存在。迅吃者的語言常讓聽者感到困惑，因為他們常說不完整的句子、錯誤的開始、聲音順序上的錯誤和尋詞的困難，他們內在語言的規劃不清楚，以致於言語混亂，迅吃者未能覺察自己的問題，且對自己語言不關心的態度，讓臨床專業人員感到困擾。他們似乎缺乏自我監控言語和覺察社會情境的技巧」（引自楊淑蘭，2010）。St. Louis（1996）曾以後設分析二十九個迅吃個案，整理出五十個迅吃的症狀，主要基於語言治療師的主觀意見。

Ward（2006）引用 Daly（1992）及 St. Louis 等人（2003）的定義，認為迅

吃是一種言語－語言處理的異常，導致快速、節律不正常、不一致且分散的、沒有組織的和經常性的不清晰語言，快速的語言不是一直出現，但語言規劃的問題卻一直存在。Ward（2006）認為，Daly 與 St. Louis 等人的定義有一些差異，並表示迅吃是一個多面向的障礙，同時包括了言語和語言的困難。他提出「迅吃光譜行為」（cluttering spectrum behaviour [CSB]）來包括所有迅吃行為的表現，但專家又無法診斷為迅吃個案，且認為有些迅吃者的不流暢是過多的片語修正、字的重複、重複的填充詞；他們也有預期的言語錯誤，但語速和節律是正常的，亦即他們表現出言語不流暢，但卻缺乏迅吃的某些核心特徵，此時的定義看起來相當不清楚。

St. Louis 等人（2007）認為迅吃是一種語暢異常，特徵是明顯的語速快或不規則，抑或二者都有（雖然有時測量並未超過常模範圍）。語速不正常的特徵常出現在以下一個或多個症狀裡：(1)過多的不順暢，但這些不順暢又和典型的口吃者不同；(2)說話時有過多的停頓，且常出現在不合語法或語意的位置上；(3)過多的語音共構，常出現在多音節字上（p. 299）。St. Louis、Bakker 等人（2010）認為，迅吃是一種語暢異常，在說母語時速度太快或太不規則，且會伴隨以下一種或多種症狀：(1)過多的正常不順暢；(2)過多的音節省略或重疊；(3)停頓、音節重音或韻律都不正常。

由上述說明可以知道，2010 年之前關於迅吃的實證性研究仍少，許多是臨床觀察，包括語言治療師的意見，約略可以看出迅吃者有語速快的問題，也有言語不流暢的情形，但和口吃式不流暢不同。

## ■ 二、2010 年之後

荷蘭學者 Van Zaalen 等人（2011）同意 Ward（2006）的看法，認為迅吃是一種言語─語言障礙，可分為語言性迅吃（linguistic cluttering）和動作性迅吃（motoric cluttering），前者因為電報式語言、過度語音共構（over coarticulation）和音節中的音素順序錯誤，而減低語言清晰度；後者因為文法編碼來不及跟上語速，以致於有句子修正、片語重複、插入（聲音和詞）和語意錯亂（paraphasias，使用非本意要用的字詞，但該字詞與原來要使用的字詞為相同語意類別）。Van Zaalen 等人認為，迅吃者有過多的不順暢，但並非典型的口吃，且經

常舌頭不靈活的說錯語音，還有不規則的語速、語調，而因此經常讓人聽不清楚（或語音清晰度不佳）。

St. Louis 與 Schulte（2011）提出最小公分母模型（lowest common denominator [LCD]），定義迅吃是說母語時的語速快或不規則或二者同時出現，並至少伴隨以下一項以上的特徵：(1)過多非口吃式不流暢（可稱為其他不流暢）；(2)過多音節結構不完整或省略；(3)異常的暫停、重音或韻律奇怪；(3)語音共構。Ward 等人（2015）的研究也採用 LCD 的定義，研究結論認為迅吃是一種言語運動的異常，而非語言異常。St. Louis 團隊在過去二十年間有許多迅吃的相關論文發表，LCD 也是目前最常使用的迅吃定義。Ward（2018）特別補充說明：(1)並非需要在說母語的大多數時候都會出現迅吃現象，只有在自然對話時有明顯和獨立的片段出現以上現象；(2)如果是多語族群，也會出現在個案習慣使用的外語上；(3)平均語速可能沒有超過一般人；(4)不規則是指說話扭曲或突然蹦出來；(5)他們的不流暢不是口吃式不流暢，而是少數一般人也會有的其他不流暢；(6)音節的毀損，包括：電報式語言、音節過短、在音節中過度語音共構，尤其是多音節詞，這樣便可以診斷為迅吃。

Yairi 與 Seery（2023）定義的迅吃是：語速過快或不規律，導致至少以下的一種情形發生：發音不精確（imprecise articulation）、語音和音節省略、不適當停頓、節律不正常、缺乏組織的言語異常（disorganized production）。

歸納以上學者所描述的「迅吃」，迅吃者的語速通常較快或不規則（聽者的印象是太快了，有一部分聽不清楚在說什麼）、整體的言語不流暢過多（但不是口吃式不流暢，而是屬於其他不流暢）、語音共構或有錯誤而清晰度低，亦有學者認為他們可能在語言運作上，有文法結構的問題；又因他們說話缺乏組織，常讓聽者不易了解其所說的內容，而影響可能擴及與語言有關的學習，像是閱讀和寫字。但迅吃者對自己言語和語言行為的覺察度並不高。

圖 9-1　聽者難以理解迅吃者的溝通訊息

## 第二節　迅吃的特徵

Daly 與 Burnett（1999）指出，迅吃者至少在以下五個向度中有一項是異常的，分別說明如下：

1. 認知：迅吃者對自己的溝通問題毫無覺察，自我監控能力差、思考沒有組織、注意力短暫、強迫性的口語和非口語行為、知覺有缺陷（聽覺、視覺處理或聽覺記憶很差）。

2. 語言：表達性或接收性語言或二者都有困難，這可能和其聽覺記憶差、注意力短暫、注意力無法集中有關。他們是低閱讀能力者，對音樂和文章沒有興趣。

3. 語用：迅吃者的語用能力很差，不會輪流、介紹、維持和結束話題。他們很難覺察非語言的細微訊號，例如：該換人說、聽者沒有興趣或失去注意力了。

4. 言語：迅吃者的不順暢特徵是不規律的語速，時而加速，說話零碎且衝口而出，強度變來變去，整體說話的韻律性差，轉換時像豹的動作一樣快速。

5. 動作：迅吃者的動作笨拙、不協調，而且有強迫性的動作。因此，字寫得很差，抄寫一段文字，看起來不成篇。而且迅吃者很難模仿一段簡單的節奏，也不會唱歌。

　　Manning（2010）指出，迅吃者說話讓人聽不懂，並非因為言語不順暢，而是說話缺乏組織、發音錯誤又說得很快，此稱為「tachylalia」，意指說話快而混亂，說話時詞彙位置錯亂，或使用贅字或無意義的字，而 Weiss（1964）及 Loban（1976）曾把這種現象稱做「迷失語的行為」（maze behavior）（引自楊淑蘭，2010）。

　　Guitar（2006）對迅吃者的口語特徵也有清楚的描述。他表示迅吃者說話快速，讓人聽不清楚，而且伴隨著不順暢，但迅吃者的不順暢與典型的口吃不同，他們的不順暢通常是字和片語的重複、修正和遲疑，但並沒有緊張的感覺。雖然他們說話很快卻不是連續的說，而是話好像突然蹦出來，夾雜著發音錯誤和不順暢。迅吃者容易分心、過動、有學習困難和聽覺處理問題等神經心理的異常現象。Van Zaalen 與 Winkelman（2009）提到，純粹迅吃（pure cluttering）的主要特徵是：(1)語速快和／或不規則語速，並伴隨：①音節和詞彙結構中的錯誤；②高頻率的正常的不流暢（ND）；③不合文法規範的停頓；(2)在 SSI-3 的分數小於等於 2（無或輕微口吃）；(3)在口語或書面語言都有文法和語意的錯誤；(4)「Brutten 言語情境檢核表」的分數在正常範圍。相較於所謂口吃是：(1)拉長的時間要長於 0.5 秒；(2)正常不流暢和口吃式不流暢的比率小於 1；(3)SSI-3 的分數達到中度；(4)沒有音節和詞彙結構中的錯誤和停頓；(5)在口語或書面語言都沒有文法和語意的錯誤。由此看出 Van Zaalen 與 Winkelman 特別強調的是，迅吃者有語速快或不規則、正常不流暢，以及音節和詞彙結構中的錯誤等現象。

　　Ward（2018）仍然強調迅吃光譜症候群的概念，除了 LCD 的核心描述外，另與迅吃有關的特徵，包括：(1)音調高低和大小聲沒有變化（monopitch and monoloudness）；(2)開始時正常，慢慢加速後，發生共構和語音模糊，愈來愈聽不清楚（festinant speech）；(3)語言的問題，又可分為：①和言語失用症一樣的音韻錯誤和典型的構音錯誤，例如：將 r 說成 l、音素替換等，他們的音韻編碼困難；②句法錯誤，簡化語句或電報式語句；③詞彙層次：和詞彙搜尋困難有關，所以經常使用填充詞，例如：「那」、「然後」，有詞彙替代的現象，

會將週六說成星期日；④語意／語用層次：難以組織語言訊息，無法持續一個主題等。

　　就作者觀察到的迅吃兒童，他們通常有正常的溝通意圖，但因口語速度過快，加上語音錯誤或有共構，說話不流暢，且可能伴隨語言障礙，又缺乏條理，有時候一整段話都讓聽者難以了解，若聽者經常反應聽不清楚，要求他們重新再說，反而會讓他們不想說話。

　　Ward（2006）也提到學齡期之迅吃兒童常伴隨 ADHD，而且有強迫行為和注意力短暫的現象，但這些行為問題通常會在兒童入學後，因為需要遵守團體規範才被注意到，通常被描述為上課不注意聽、慌慌張張、組織能力差、注意力不集中，降低了周遭人們對其語言問題和常寫錯字的注意，因此學者開始考慮迅吃和 ADHD、特定學習障礙（specific learning disorder [SLD]）的關係。迅吃個案可能伴隨 ADHD、學習困難和行為問題，因而容易產生不良的學業表現和生活適應的問題，在臺灣極可能被鑑定為學習障礙，而忽略其言語（speech）和語言（language）上的問題（引自楊淑蘭，2010）。Manning（2010）指出，迅吃是一種語速規律和認知－語言的問題（rate-regulatory problems and cognitive-linguistic problems），他們和口吃者不同，當口吃者覺得說話的情境很重要時，反而說得不流暢，迅吃者卻會說得流暢。迅吃和口吃一樣有家族史的影響，一個人可能同時有口吃和迅吃。

　　Yairi 與 Seery（2023）引述 Daly（1996）及 St. Louis 等人（2007）的看法，認為迅吃的特徵包括：(1)非口吃式不流暢；(2)過多不流暢（任何形式）；(3)過快語速；(4)不適當的暫停； (5)不精確的發音；(6)組織不佳的思考和敘事；(7)對迅吃問題缺乏覺察；(8)其他一般特徵，有非典型文法錯誤、非典型語音錯誤、不規律的嗓音品質（unregulated vocal quality）。

　　作者根據過去的研究經驗發現，若只有 Daly 與 Burnett（1999）所指的迅吃者五個向度中的一項異常，恐怕難以診斷為迅吃，因此歸納迅吃的主要特徵應有四項，包括：語速快或不規則（時而正常，因此可以聽出此時的言語內容，時而過快，便無法聽出此時的言語內容，然而若迅吃者伴隨嚴重口吃，則可能整體語速變慢）、發音錯誤（本身就有構音障礙，或因為語速過快而產生語音共構情形，或省略整個音節或音節前的聲母）、流暢度異常（自身伴隨口吃或

未伴隨口吃，但語詞和句法時常重複）和覺察異常（個案對自己的語言問題覺察少，或有覺察，但無法控制加速的言語；個案雖能覺察自己說話和同年齡者不一樣，但不知道自己到底做了什麼，或到底自己說話有何問題）。而次要特徵則包括：語言－認知能力（聽覺和音韻處理異常、認字和閱讀困難等）和其他（注意力、書寫、口語動作、非口語動作異常）二大項。在楊淑蘭的研究（Yang, 2014b）中發現，以所設定的三項標準進行診斷，迅吃的盛行率約為0.092%，而這些迅吃兒童全部伴隨構音障礙，三位伴隨口吃（42.87%），五位有語言障礙（57.14%）；聽者知覺他們的語速快，是其共通的問題，且有構音錯誤，言語中伴隨不流暢，但又非所有迅吃兒童都有語言障礙（LD）。迅吃者的語音錯誤原因可能是說話快速時，所發生的語音共構現象，語音動作幾近同時發出應該在不同時間點發出的音素（例如：說「牛媽媽」應該有 [nioumama] 八個音素，但迅吃者說話時啟動發音動作，會將 u 和 m 疊加在一起，人類聽覺無法處理成一個音素），或發音時受到前後音的影響（例如：同化現象，Hello Ketty 說成 Hello Keky），形成語音輸出的錯誤。

由表 9-1 可以發現，並非所有迅吃兒童都伴隨語言障礙，因此迅吃應該歸屬於言語障礙，而其中超過一半（57.15%）的迅吃兒童伴隨語言障礙。

表 9-1　迅吃兒童伴隨其他言語－語言障礙人數和百分比

| 障礙類別 | 男 | 女 | 合計 | % |
|---|---|---|---|---|
| 迅吃+構音 | 2 | 0 | 2 | 28.57 |
| 迅吃+構音+口吃 | 1 | 0 | 1 | 14.29 |
| 迅吃+構音+理解 | 1 | 0 | 1 | 14.29 |
| 迅吃+構音+表達 | 1 | 0 | 1 | 14.29 |
| 迅吃+構音+口吃+理解 | 2 | 0 | 2 | 28.57 |
| 總計 | 7 | 0 | 7 | 100.00 |

## 第三節　迅吃發生學

早期學者認為，迅吃是基因遺傳異常所導致（Arnold, 1960; Freund, 1952; Weiss, 1964）。Lauschinger 與 Arnold（1965）由 EEG 的證據顯示，迅吃者比口

吃者有更多的異常型態；Van Borsel 與 Vanryckeghem（2000）及 Van Borsel 等人（2003）認為，迅吃是妥瑞氏症的特徵之一。也有一些學者認為迅吃者有神經性的損傷，例如：Daly（1986）、St. Louis 與 Hinzman（1986），以及 Tiger 等人（1980）認為，迅吃和學習障礙的症狀有許多雷同之處（引自楊淑蘭，2010）。

Van Zaalen 等人（2011）認為，迅吃是語言自動化歷程的缺損（based on defective language automation）。Alm（2011）指出，根據目前的研究結果，迅吃的問題是導源於左腦前額葉中間壁（medial wall of the frontal lobe），此部分與傳統主管言語和語言的威尼克區和布洛卡區相比，在自發言語（spontaneous speech）中扮演著重要角色，包括：側邊皮質主管說話的動機、計畫片語、搜尋詞彙、文法單位和音韻編碼，還有執行動作順序和言語的輸出。和迅吃有關的是前扣帶皮質（anterior cingulated cortex [ACC]）、前輔助動作區（pre supplementary area [pre SMA]）和正輔助動作區（SMA proper）三者一起，以及來自基底神經節線路的輸入（input from the basal ganglia circuits）所共同協調的運動。ACC是自主動作和言語啟動、意志的注意和高層次錯誤監控的核心，ACC 和 pre SMA有密切關係，從選擇詞彙和詞彙型式再集合成片語，ACC、pre SMA 和正輔助動作區組成自發語言的樞紐（或稱為集合中心），由左腦側邊皮質區，像是威尼克區和布洛卡區以及鄰近區域搜尋所有語言的成分（retrieving all the linguistic components），並透過贏者全拿（winner-take-all）的機制，透過基底神經節線路由許多競爭者中選取一個詞彙，構音的時間性和語速控制是由受基底核和小腦連結的 SMA 管理。過去也有學者認為迅吃是言語失用症的一種類型，而迅吃者的語言缺陷也有學者認為是一種高層次的機體性失語症（high-level of organic dysphasia）。

Ward（2018）提到，迅吃與 ADHD、注意力缺失症（attention deficit disorder [ADD]）和言語失用症有共病現象，這與非言語神經功能異常有關，似乎類似巴金森氏症的步伐減省，尤其迅吃者在句子結尾會發生類似情形，前述多位學者提到迅吃者的書寫表現很差，他們的書寫也和口語類似，有字素（grapheme）省略和寫得難以辨認的情形。Van Riper（1992）則認為，迅吃是一種以聽覺為基礎，對時間知覺異常的現象（引自 Ward, 2006）。在 Molt（1996）的研究中，

以三位學齡前迅吃兒童為對象，發現他們在中樞聽覺處理（central auditory processing [CAP]），和聽覺事件的聽覺誘發電位（auditory evoked potential [AEP]）的波形與正常兒童相較有異常情形。在 Garnett 與 St. Louis（2014）研究中，請6位迅吃成人和6位控制組一般成人估計自己的五十個語句的使用時間，結果迅吃成人的估計時間比一般人多，Garnett 與 St. Louis 認為這可能與迅吃者的內在時鐘可導致他們語速過快。本書作者亦發現，曾經接受訓練的三位學齡迅吃兒童之注音符號學習，在二年級時都尚未達到精熟，他們的國語成績皆較數學差，有二位表示注音符號ㄤ、ㄢ、ㄣ和ㄥ很難區分，經過多次訓練仍無法聽辨正確，其中一位到了四年級上學期，聽寫語詞的注音符號仍然有很多錯誤，其口語聲調是正確的，但聽寫的聲調卻經常錯誤。

Van Zaalen 與 Winkelman（2009）認為，迅吃與口吃是二種不同的語言障礙，其病理原因並不同。迅吃是以語言為基礎的不順暢，且受到語速影響；而口吃是受到語言複雜度影響，有關動作執行的困難。在他們的研究中，以十三位右利的口吃者（沒有迅吃的症狀）和十三位迅吃者（沒有口吃的症狀），在讀出不同動作難度漸增的詞彙時，以血氧濃度相依功能性核磁共振（blood-oxygen level dependent [BOLD] fMRI）記錄大腦活動情形，以驗證他們認為迅吃者和口吃者的腦部活動應有所不同。他們根據 Alm（2004）的看法，認為口吃者的異常應該出現在基底神經節能力受損，以致於無法產出時間提示來啟動下一個言語動作；而迅吃和口吃，以及其他語暢的異常都應該與前額葉和副皮質有關。他們使用的測試材料包括言語規劃和語言計畫的任務：(1)重複連續說一至三音節以 [pʰ]、[tʰ]、[kʰ] 組合的非詞；(2)重複連續說三音節的高頻字；(3)重複連續說六至十四音節的低頻字。研究結果發現，二組都顯示出主要在前額葉和副皮質的神經活動，但二組不同的是，迅吃者在右側中腦前迴（precentral gyrus）、額下迴（inferior frontal gyrus）和左側腦島（left insula）有高度活化；而口吃者在右側主要動作皮質、顳葉和蒼白球有高度活化現象。他們的研究初步證實，口吃與迅吃的病理原因源自不同的腦區。LaSalle 與 Wolk（2011）則研究三位十四歲分別被診斷為口吃者、迅吃者和口吃─迅吃者的自然對話語言樣本中，其不流暢字的音韻複雜度。在找出詞性、熟悉度和音節數配對的流暢和不流暢字後，發現不流暢字比流暢字在音韻上較複雜，且較不常出現有可以產

生音韻相關的字（lower in phonological neighborhood density），亦即不流暢字較少，且有可以因增加、減少或替代字中音素而產生新字，而且在音韻上比較難發。他們認為口吃可能與音韻較為有關，而迅吃可能與語言比較有相關。Ward等人（2015）的研究發現，迅吃成人與一般成人相較，在二側大腦之外側面的前運動皮質和內側面的輔助動作皮質，有較高的活化情形，且在基底神經節活化增加，但在兩側的外側前小腦表面則出現活化降低的情形，以上異常的腦部活化與 Alm（2011）的看法高度一致，顯示迅吃成人在言語計畫和執行層次上出現運動控制問題。

　　總結而言，單純的迅吃很少，大多伴隨言語或非言語的異常，迅吃的發生學至今不明（Ward, 2018）。綜合上述學者的研究或解釋，目前有關迅吃的發生學仍然沒有定論，有待持續探討。

## 第四節　迅吃的評估與診斷

　　因為迅吃受關注的時間不若口吃那麼長，因此目前並未發展出學者們一致贊成的評估方法，亦尚無標準化評估工具。以下分別整理不同的文獻資料，並根據學者們的提議，將迅吃的評估與診斷之流程分為：評估內容、評估工具，以及重要變項的計算，說明如下（引自楊淑蘭，2010）。

### 一、評估內容

#### （一）個案史和晤談

　　因為迅吃者對自己的言語問題缺乏覺察，因此先與個案、個案的重要他人（例如：父母或老師）晤談，或請他們填寫問卷，以便達到以下的目的：

1. 了解迅吃者對迅吃問題的覺知，如個案會說：「別人都不明白我在說什麼。」
2. 了解迅吃對個案的學業、社交和工作有什麼影響。
3. 了解迅吃的問題存在多久。有可能在學前階段就已經開始，但到了學齡階段，周遭的人才表示無法了解個案所說的話。

4. 了解什麼時間和什麼情境下，迅吃會出現。迅吃者的情形變化很大，可能和好朋友說話時會比較順暢和清楚，但在重要場合則可能說得不清楚。

5. 了解個案和家人的基本資料。

6. 了解這時候求診的原因是什麼。

7. 其他相關的問題。

## （二）言語評估

因為迅吃和口吃一樣變化很大，因此要蒐集多情境的語言樣本。說明如下：

1. 請個案閱讀文章、說明一件事、與評估者進行對話，把個案說話的樣子錄影下來。

2. 分析個案語速（音節／分鐘），迅吃者的獨白和閱讀應該比對話來得慢，放慢說話速度是治療迅吃的重要方法，能夠放慢說話速度可作為預後的指標。

3. 語言樣本分析應該包括正常的不流暢和口吃式不流暢，口吃和迅吃可能同時存在，但其中之一比較嚴重。Manning（2010）引述 Daly 與 Burnett（1999）對迅吃者口語的描述：經常修正和使用插入、重複字詞或片語、思考沒有組織、敘述缺乏一致性、情節也沒有規則可言。因此，迅吃者的不順暢類別也是需要特別計算的，以找出不順暢的類型是否與口吃相同。

4. 計算多餘音節的比率，可作為進步的指標，例如：「昨昨昨天我去我去看電電影。」有十二個音節，而真正的意思是「昨天我去看電影」，實際上只有七個音節，因此多餘音節的比率是 5/12=41.67%。

5. 計算清晰度，由一位對個案不熟悉者來評定可以聽清楚的音節數，再除以全部音節數，計算百分比。

## （三）語言評估

Culatta 與 Wiig（2002）建議，評估迅吃者的語言問題，包括：語意、語法、語型和語用之間的關係，以及表達與接受性語言之間的相關。因為施測時必須計時，在有時間壓力下，迅吃者的分數會較低。評估語用行為可以將對話錄影，評估個案在輪流、提供完整訊息和修復對話等情形。Ward（2018）認為，許多

學者提到迅吃者有語言缺陷，可分為二種：音韻編碼和句法缺陷，前者出現語音共構和單字的縮短，後者則是片語重複和修正，以及插入字詞。Bretherton-Furness 等人（2016）的研究結果發現，迅吃兒童的音韻編碼能力不及於同齡一般兒童，而 Hsieh 與 Yang（2019）則發現相較於非迅吃兒童，迅吃兒童的言語清晰度和流暢度（口吃式不流暢和其他不流暢）都是比較差的，間接證實 Ward 的說法，但其中的病理原因仍有待探討。

　　此外，亦建議可用標準化語言評估工具和語言樣本分析，由量化和質性向度了解迅吃者的語音、語型、語意、語法和語用等不同向度的語言能力（引自楊淑蘭，2010）（請參閱本書第五章）。

## （四）認知評估

　　文獻中並未提過迅吃個案有認知障礙，但認知障礙者會出現迅吃的口語特徵，評估前應先釐清個案是否有認知障礙。

## （五）行為問題評估

　　Silverman（2004）指出，迅吃個案有行為問題；Ward（2006）也說他們的行為混亂。Manning（2010）指出，極端的迅吃者可能會有不成熟的反應、脾氣暴躁和情緒障礙病史；前述研究與 Yang（2013）的研究結果類似，父母都認為迅吃兒童脾氣不佳。楊淑蘭（2010）曾指出一位迅吃個案在學校的行為問題，包括：在普通班上課時隨意走動、捉弄同學，有時會拿沙子或石頭丟同學，其課本破爛不堪，挫折忍受力極低，不願嘗試困難工作，雖然部分行為問題需考量家長的教養態度和教師的處理方法，但這些行為問題也會影響治療的成效。過去作者進行口吃研究時發現，二位迅吃兼口吃之成人，一位有憂鬱和強迫症，曾有自殺意圖，評估時正求助於精神科服藥治療中；而另一位大學生，雖無情緒問題，但團體進行期間卻經常遲到、缺席或忘記帶講義，生活管理似乎不佳。作者也曾進行三位低年級迅吃兒童的個別治療，三位都有行為問題，相較於治療口吃和構音異常兒童，迅吃兒童需花費更多時間於常規訓練。關於迅吃者的行為問題需要更深入探討，但楊淑蘭與洪綺襄（2014）的個案並無行為問題。

## （六）評估與迅吃並存的障礙

迅吃伴隨的障礙可能包括：聽覺處理障礙、注意力障礙、過動、閱讀障礙、社會適應困難、寫字障礙和學習障礙。因此，在進行評估與診斷時，最好與聽力學家、心理學家、學習專家、閱讀專家和教師組成專業團隊一起評估。

Daly（1992）建議診斷時應取得個案的書寫樣本。Williams 與 Wener（1996）曾經描述一位二十歲左右同時有口吃與迅吃的個案，寫了一百四十八個英文字，其中有五十四個文法錯誤和拼錯字，字跡潦草難以辨識，有許多標點符號使用錯誤，尤其是逗點的誤用。Daly（1992）亦認為，他們的表達性溝通很差，無法說明對一件事或一個活動的看法，只會注意到一頁之中的個別字或標點符號。如果要他們讀出來，他們就好像想用一句話說完一頁的內容，開始讀時，好像蹦出來似的，強度很強，但結尾時卻又像是喃喃自語，一般的語速很快，唸長句時更快（引自 Manning, 2010）。Manning（2010）同意 Daly 和其同僚之觀點，認為迅吃是組織規劃語言（formulate language）的問題，因此迅吃者會有寫字問題，Manning 的書中呈現一位十六歲迅吃者的書寫樣本，字寫得很潦草難以辨識，且有許多錯誤。在 Yang（2013）的研究中，一位母親提到其迅吃兒子的寫字像在飄。

Van Zaalen 等人（2011）建議的評估內容，包括：閱讀、自發性語言、重述故事、口語動作機能的協調性和問卷調查，以分析個案的流暢度、語速、構音、語言和聲音。分別說明如下：

1. 閱讀：給予個案不同動作和語言難度的讀物，並要其讀出聲音，以及在有準備及沒有準備下讀出閱讀材料。

2. 語言：測試在不同語速下說出不同語言難度要求的話，例如：請他解釋一種電動玩具、說明自己喜歡的運動或休閒活動，或最近所發生的趣事，至少要錄下十分鐘，內容要有自己的陳述（narrative），而非只是複誦別人說過的話（iteration）。

3. 音韻部分的評估，建議由易到難，包括背誦（例如：在三秒鐘內，由 100 倒數到 1），年紀較大的個案請他唸困難的字（例如：statistic、chrysan-themum、tyrannosaurus，讀完後請他們連續唸三次），再請他們以一般正常速度讀熟悉的兒歌，之後再以最快的速度讀一次（Bakker et al.,

2011），或讀一些改變重音的字（例如：apply、application 和 applicable）；而年紀較小的個案則請他們對四張一至二個音節的圖卡命名（例如：狗、汽車、背包和溜滑梯），可以是同一語意分類或不同語意分類。

說故事也是很重要的方法，兒童和成人或青少年可選擇不同的故事。當個案說故事時，評估者要觀察：(1)說故事敘述時的邏輯順序和條理；(2)所使用的字、詞彙和句子的結構是否正確；(3)停頓的位置是否恰當；(4)言語的清晰度；(5)語用是否適當。作者認為，第二點指的是遣詞用字和使用的句子是否恰當，而第三點指的是說話會不會在非文法單位的界線上暫停，例如：「麥當勞」說成「麥當　勞」，或「烏龜沒　有在樹下睡覺」。此外，重述逐漸加長的句子（成人可以到二十個詞彙，十歲兒童為十四個，八歲兒童為十個），這可以評估聽覺記憶和個案溝通失敗的言語複雜度之層級。

Van Zaalen 等人（2011）也建議評估個案對溝通的覺察和情緒，因為缺乏覺察的個案可能覺得自己說得很好，而怪罪聽者聽不清楚。如果個案將溝通失敗歸因於自己，可能會發展成對說話的恐懼，有關對溝通的態度可以用溝通態度量表施測。因此評估迅吃時，最好同時調查個案是否伴隨其他障礙或有學習困難。

## 二、評估工具

目前尚無標準化的迅吃評估工具，主要是以切截分數判斷個案是否為迅吃者。Daly 與 Burnett（1999）發展了一個三十五題的「迅吃檢核表」，建議 35～55 分者是迅吃—口吃，55 分以上是迅吃。曹祐榮等人（2011）以 Daly 與 Burnett 的檢核表中譯版，篩選屏東地區 2,074 位國小二年級兒童，鑑定一般教師提送之九位未曾接受過語言治療的疑似迅吃兒童（二位分數未達 35 分，予以剔除），而進行測驗評估及蒐集語言樣本，透過語言樣本分析兒童之音韻歷程，並整理其在構音方面的特徵。研究發現，一般教師提送之疑似迅吃兒童皆為構音障礙而非迅吃，因此未能篩選出迅吃兒童。探討可能的原因是：(1)迅吃的出現率可能低於口吃；(2)英文轉譯的迅吃檢核表仍不夠明確或該量表的效度仍嫌不足；(3)一般教師對迅吃的認識不足；(4)家長傾向高估子女的語言能力。

Ward（2006）則根據多位學者和個人臨床經驗，發展出八個向度（含說話

速度和不流暢；發音；語言和語言流暢度；思路不清沒有組織；對說話的流暢度／語音／語意／語言錯誤沒有覺察；書寫；注意；其他非語言特性和其他）的「迅吃檢核表」（Cluttering Checklist [CC]），共有四十一題。Ward 的工具為三點量表，以 1 代表正常，2 代表有些不正常，3 代表明顯不正常，但 Ward 並未說明幾分以上是迅吃，作者以該檢核表勾選 2 才是異常，因此 82 分以上至 123 分為迅吃者，分數愈高愈嚴重。Daly（2006）則又發展出新的量表，稱為「迅吃預測量表」（Predictive Cluttering Inventory [PCI]），比 Daly 與 Burnett（1999）的三十五題「迅吃檢核表」更仔細，包含四大類內容，共有三十三題（十題關於語用，十題為口語動作控制，八題是語言認知，五題為動作協調—書寫），為七點量表，若填答「總是」得 6 分，填答「未有」則得 0 分，總分超過 120 分則為純粹迅吃者（pure clutterer）。Daly 認為很少有純粹迅吃，得到 80～120 分較多，此稱為迅吃－口吃者（clutterer-stutterer）（請參閱 ICA, n.d.），根據這二年作者的研究經驗，大多數迅吃者伴隨口吃。

　　Van Borsel 與 Vandermeulen（2008）針對二十六個語言治療師的七十六位（3.8～57.3 歲）唐氏症個案，以 PCI 為工具，請語言治療師就工具中的題項勾選受試者的言語—語言情形，結果發現六十位（占 78.95%）是迅吃者，十三位（占 17.11%）是迅吃－口吃者。他們認為迅吃的診斷仍需有一致的共識，而 PCI 尚不算是一個對迅吃診斷敏銳的工具。Van Zaalen 等人（2009a）以 10.6～12.11 歲說荷蘭語的兒童為研究對象，用他們的自發性談話、重述故事和閱讀語言樣本，加上父母報告資料為評估材料，再使用荷蘭語的 PCI 讓專精於語暢異常的八位語言治療師來評量後，發現：不論是主觀或客觀的測量，PCI 都無法敏銳的區分出迅吃兒童。Van Zaalen 等人（2009b）再使用 PCI 以因素分析和群聚分析進行研究，結果發現包含二個群聚：言語計畫（speech planning）和語言成分（language component），以及四個因子：言語產出（speech production）、語言產出（language production）、警覺（alertness）和其他行為（other behaviors），而這個結果並不同於 St. Louis 與 Schulte（2011）的最新定義（引自 Bakker & Myers, 2010）（2010 年該文尚未出版）。Van Zaalen 等人（2011）根據前述三個研究的結果認為，Ward（2006）的 PCI 若作為迅吃的區分性診斷工具，其敏感性不足，但可有效作為迅吃症狀可能的篩選工具。Myers 等人（2012）比較迅吃者

和非迅吃者之自然對話裡的單一及群聚的不流暢頻率和形態，發現除了群聚的修正（revisions in clusters）和群聚中詞彙的重複（word repetitions in clusters），其他都無法區分二組之間的不同，亦即迅吃者與一般人的不流暢頻率和型態大同小異。作者在國內所進行的研究，於篩選過程中發現，即便個案分數達到切截點（CC≧82、PCI≧80，任一項達到即符合標準），但主要分數可能是集中在語言異常和注意力部分，而非語速、構音和流暢度的部分，因此可能得到的判斷是語言障礙兒童，而非迅吃兒童。

最新的評估工具為 Ward（2018）專書中所提供之「迅吃與其相關特徵的檢核表」（Checklist of Cluttering and Associated Features [COCAF]）（pp. 382-383），大項分為：(1)言語速度和言語流暢度；(2)構音；(3)語言和語言性流暢度；(4)沒有組織的思考；(5)書寫；(6)注意力；(7)其他非口語特質；(8)其他。以過去的研究和實際接觸的迅吃個案，作者並不同意這樣的分類，主要在言語速度和流暢度不應歸為同一類，另外有關思考、書寫、注意力和非口語部分，並非診斷迅吃的主要特徵，應該將它們分開，不要放入迅吃診斷內容，而是放入相關的評量。

## 三、重要變項的計算

### （一）語速

Van Zaalen 等人（2011）認為，語速的計算係使用十至二十個流暢的詞彙，來計算平均每秒可以說幾個音節〔音節／秒（syllable/second [SPS]）〕。然作者認為，以詞彙計算語速可能不夠正確，因為迅吃兒童時而正常、時而快速的說話方式，若以一段敘述（discourse）或一個主題的說明（narrative with a topic）計算平均語速（音節數／秒數）應該較正確，但若伴隨口吃個案，則須考慮扣除重複或拉長的時間。

### （二）不順暢類別和頻率

Van Zaalen 等人（2009b）提出不順暢比率，以正常不流暢的數量（number of normal disfluency）除以口吃式不流暢（SLD）的數量發現，獨白和重說故事

的不順暢比率可以區分迅吃者和口吃者，但閱讀則否，且不順暢比率高於或等於 1.7 才可稱為迅吃者，不順暢比率雖然可以區分迅吃者和口吃者，但也不應該視為唯一之標準。作者建議用 SSI-4 或 SLD 來計算不順暢類別和頻率，以了解迅吃者的不順暢情形。

## （三）句子結構錯誤的原因

Bretherton-Furness 與 Ward（2012）想了解迅吃是否是以語言困難、言語動作和語速為基礎的障礙，他們使用「Mt Wilga 高層次語言測驗」（Mt Wilga High Level Language Test [MWHLLT]）比較迅吃成人與非迅吃成人在說故事過程和簡單說明事件順序任務時，是否更容易有尋詞困難和更多迷失語的行為（maze behavior）。結果發現，在完成句子的不同命名作業結果是分歧的，迅吃成人的尋詞和句子完成時間比非迅吃成人花費的時間長，但是在語意分類的命名作業結果卻相反。迅吃成人在被要求解釋如何完成一般日常活動時，會出現較多迷失語，但在陳述一個他們記得的舊故事時，其迷失語二組卻無不同。因此，迅吃者需要較多時間處理尋詞和完成句子，但語意分類是沒有困難的；迅吃者在不同敘事能力的結果則難以解釋，因為這是有關迅吃成人的研究，需要兒童的研究來加以比較。

## （四）注意力和言語監控

迅吃者的父母和朋友常告訴語言治療師，迅吃者在治療室比他們放鬆時說得更好，因此有必要進行治療室外的語言樣本之錄音。而重複讀出文章時，迅吃者常忘記要注意文章內容而出現較多錯誤，此點和口吃者不同。

## （五）對自己言語障礙的覺察

迅吃者較難覺察自己當下的語言問題，因此建議將說話過程加以錄音，並以五點量尺方式讓個案評估自己的語速、清晰度和不順暢等主要特徵，以了解個案自己的言語問題，並增加其覺察度。

Myers 與 Bakker（2013）認為，St. Louis 與 Schulte（2011）所提的由專家文獻所整理的迅吃診斷，亦即最小公分母模型（LCD），包括：語速快／不規則語速、不流暢、語調異常和／或過度或者不正確的語音共構，而排除了語言編

碼和語用問題，此不能說是嚴謹的定義。他們認為自己發展的「迅吃嚴重度評估工具」（Cluttering Severity Instrument [CSI]）是以雙管齊下的方式（a two-pronged approach）來評量迅吃嚴重度，一方面使用 Bakker 所發展的軟體，研究者和臨床工作者可以評估錄音語言樣本出現的迅吃語音，並測量出現迅吃言語的百分比；CSI 的第二部分是由使用者的知覺透過九個向度來評定整體迅吃的嚴重度（含整體清晰度、說話速度的規則性、說話速度、發音正確度、典型不流暢、語言缺乏組織、段落的管理、迅吃百分比和語調的使用）。

　　Myers 與 Bakker（2013）的研究目的在於如何找到一個加權公式來評定迅吃的嚴重度，他們請三十一位迅吃專家（平均有十九年的經驗）採九點量尺來評定上述九項與迅吃有關的言語－語言特徵和語言樣本中有多少比率（%）的迅吃。九點量尺中，1 表示不重要，9 表示非常重要。詢問這些迅吃專家，當其聽到迅吃的語言樣本時，他們是由溝通的哪一個向度（或哪些向度）來判斷那是迅吃的發生？結果發現，大多數特徵都是落在量尺中表示重要的那一端：第一是語音清晰度（8.10 分），第二是語速規則性（7.90 分），第三是語速（7.53 分），第四是發音正確度（7.08 分），第五是典型不流暢（6.97），接著為語言缺乏組織（6.53 分）、迅吃百分比（6.30 分）、段落的管理（6.12 分）和語調的使用（5.98 分）。此外，由相關分析結果來看，語速快和語速不規則有顯著相關，語速快和不流暢之間、語速不規則和語調的使用之間，也有相關；且他們認為，語速快和語速不規則、語調的使用和不流暢是符合 St. Louis 與 Schulte（2011）最小公分母模型（LCD），但其餘向度雖對迅吃嚴重性是重要的，但彼此間並無相關。這些相關分析結果顯示，每一個溝通向度對整體迅吃嚴重性的貢獻度不同，這也顯示專家們對這些向度在迅吃嚴重性的觀點（perceptual pathway）是不同的。Myers 與 Bakker 認為，上述九個向度與迅吃是有關的，應該被包括在迅吃嚴重性的多樣性面貌中。作者較認同 St. Louis 與 Schulte 的看法，認為應該將語言認知排除在迅吃診斷標準之外，因為部分迅吃兒童並無語言障礙。

　　Van Zaalen 等人（2011）認為，很難在兒童八歲前給予迅吃診斷。但作者在屏東縣市篩選 10,934 名低年級兒童，發現有七名典型的迅吃兒童，透過導師的描述，可以看出這些兒童基本上都有語速快、語言缺乏組織、不流暢和構音錯

誤的現象；而訪談其中三位迅吃兒童的四位父母後，也都發現低年級迅吃兒童在學齡前就已經存在言語問題，家長的共同描述是語速快和聽不懂（Yang, 2013）。可見迅吃的診斷應該無需等到八歲以後，而是約在國小一年級即可由敏感度較高的老師和家長提報，透過語言樣本的蒐集和標準化工具的評量，便可診斷迅吃。在 Yang（2013）的研究中，所有父母約在兒童四歲（幼兒園中班）時便觀察到子女說話快且不清楚，若能及早給予迅吃兒童正確診斷並提供適當的介入，應能減少他們的學習問題。

## 第五節　迅吃的發生率、普遍率與復原率

目前並未有文獻同時提及迅吃的發生率與普遍率。Van Zaalen（2011）認為，純粹迅吃者（pure cltuttering）應該很少，由學者的文獻推估，約占不流暢兒童的 5～16%。Weiss（1964）認為，純粹口吃約占 21%，而純粹迅吃約占 7%（引自 Van Zaalen et al., 2011）。Daly（1986）表示其個案中有 5% 是單純的迅吃，完全沒有口吃特徵，如果個案同時有迅吃和口吃特徵者，則比率提升至 35～40%（引自 Manning, 2010）。Preus（1992）統整七名由口吃母群中找出迅吃—口吃者的研究結果，認為迅吃－口吃者約占 35%（18～67%），意味著每三位口吃者中有一位迅吃者（引自 Van Zaalen et al., 2011）。St. Louis、Bakker 等人（2010）指出，純粹迅吃者約占語暢不順群體的 5～17%，如果合併有口吃之迅吃者，則占 30～67%。St. Louis、Filatova 等人（2010）對四個國家進行研究，結果發現有 33% 是迅吃，60% 是口吃，7% 是兩者兼有。

Van Zaalen 等人（2011）認為，隨著語速增加，青少年的迅吃比率會增加，因為失去言語控制、清析度降低，且溝通要求比過去高，因此迅吃者大概在青少年前期（約十歲左右）才會被注意。目前有關迅吃的普遍率都是來自口吃母群的推估，若以 1% 作為口吃普遍率，而迅吃普遍率似乎是口吃的三分之一，以此推算迅吃者的普遍率應為 0.33%，即千分之三點三。然而目前確定的是，迅吃的不順暢與口吃不同（雖然有部分迅吃者也有口吃），根據近年來作者的研究經驗，迅吃者有口吃的比率不低，但從口吃母群中要找出迅吃者並不合理，然而在語言發展過程中，不流暢是因為語言變得複雜才出現或者在迅吃的初期就

發生，需要長期縱貫性研究來證實。Ward（2006）指出，迅吃和口吃一樣有性別比率的差異，都是男多於女，約為 4：1，但其比率是否隨著兒童成長而有不同，目前並無相關實證資料。

曹祐榮等人（2011）的研究因為篩選的人數過少，並未發現迅吃兒童；Yang（2014）由屏東縣市的低年級兒童母群篩選後仔細評估，並採用嚴格的標準，必須同時有語速快、不流暢和構音缺陷，共篩選 11,007 位兒童，扣除父母為其他國籍者六十九人（不扣除大陸籍），再扣除身心障礙兒童（不扣學習障礙）四人，在 10,934 位兒童中發現七位兒童（含一位原住民）有迅吃現象，全部為男生，普遍率為萬分之六點四（0.064%），以前述普遍率加上推估未完成評估程序兒童（家長不同意評估）的普遍率推論，迅吃在臺灣的普遍率為 0.092%，略低於千分之一，在此研究中並未發現迅吃女童，但在臺灣各縣市的調查卻發現迅吃女童，因此仍可推論，迅吃女童確實比男童少。

## 第六節　迅吃的介入

Yairi 與 Seerly（2023）指出，有關迅吃的介入目前只有少數零星之個案研究資料。Lanouette（2011）指出，治療效果的優劣是治療師和迅吃個案二者的相關因素都必須考慮，目前需要特別注意二點：(1)缺少療效的相關研究；(2)個案的覺察很差。根據作者之治療經驗，迅吃兒童的行為問題（例如：不服從指令、挫折忍受力低和注意力時間短等）也是治療或教學時要面對的挑戰。Daly（1993）指出，迅吃治療比口吃治療更花時間，且更需要結構化；Myers（1992）曾提出協同取向的迅吃治療，包括：增進流暢性、放慢語速和增進韻律感、增進構音、增進語言功能和增進自我監控等五大項。以下分別說明Guitar（2006）、Ward（2006）、Manning（2010）、Lanouette（2011），以及 Myers（2011）的介入方案。

### 一、Guitar 的介入方案

Guitar（2006）根據 Myers（2002）及 St. Louis 數年的工作經驗報告和團隊

的治療策略，加上他個人的意見，整理了以下的介入方法（引自楊淑蘭，2010）。

## （一）增加個案對自己語速的覺知和降低語速的能力

1. 用快、中和慢三種不同速度晃動自己的手臂或走路，來刺激個案對不同速度的覺察。在教導個案做動作時，注意知覺的回饋。
2. 教導個案用不同的速度說話，晃動身體不同部位或走路，注意自己的知覺回饋，以加強對速度的覺知。
3. 用快和慢的音樂來控制動作或走路的速度。
4. 進行兒童治療時，利用遊戲或活動，當孩子講得太快就得到一張「說太快」的牌子，或是給治療師一張「說太快」的牌子。
5. 教導個案由聽者的語言和非語言訊息，來發覺自己說太快或別人聽不懂，例如：聽者皺眉頭或露出疑惑的表情、重複提問剛剛個案說什麼，此時便要注意放慢說話速度。
6. 閱讀時，在文章中的逗點和句號處做上記號，例如：以閃黃燈或紅燈的方式讓個案降低語速。
7. 教導個案在與人對話時，適度分段或停頓。
8. 對兒童使用語速的觀念，並用開車做比喻，例如：現在用時速七十五公里或三十五公里開車。
9. 當朗誦詩歌時，教導個案輕重音和音調的抑揚頓挫。

## （二）增進語言技巧

1. 教導個案利用撰寫故事或將自己的想法分類、編排順序，寫在卡片上，然後看著卡片大聲說故事或讀一段話。
2. 讓個案參與劇本和表演，以便他們可以學會跟隨腳本或與人輪流對話。
3. 教導個案描述的技巧。
4. 教導個案使用有附屬子句的複合句。

## （三）增進流暢性

1. 使用聽覺回饋延遲法，使個案放慢說話速度，以增加流暢性。目前有軟

體式的語音訊息延遲裝置，由耳機將個案的語音訊息較慢傳送到個案耳
朵，使個案說話時語速放慢，此時不流暢會減少。

2. 使用聽覺回饋延遲法，調到最大的延遲速度（二百五十毫秒）時，要求
個案忽略聽覺回饋，教導個案本體感受（proprioception），用正常速度
講話。

## （四）增加個案對迅吃的知識和覺察

1. 用 Daly 與 Burnett-Stolnack（1995）的檢核表上之行為，讓個案了解自己
的問題和迅吃的現象。

2. 讓個案轉譯和分析自己迅吃的言語。

3. 幫助個案覺察、了解自己說話很快，且說話時沒有組織的思考歷程。

## 二、Ward 的介入方案

Ward（2006, 2018）指出，目前語言治療師仍然難以明確診斷迅吃者與正常
者之不同，因此有人使用「邊緣性迅吃」（borderline cluttering）一詞，他認為
「迅吃光譜行為」（cluttering spectrum behavior）可能是較佳的稱呼。但無論使
用怎樣的專有名詞，語言治療師必然要考慮個案有無語言或言語問題，或其他
與口語無關的問題，以建立個案對自己語言問題的了解，此對任何取向的治療
而言都是很重要的。Ward 於 2018 年所提出對於迅吃的治療，與 2006 年有所不
同（對此有興趣的讀者，可參考該書第一版），他認為語速和覺察是大多數學
者認同的治療方向，而不同學者（Van Zaalen & Reicheal, 2015）卻認為語言規劃
因素是迅吃的核心問題，所以要由語言著手，但 Ward 個人基於 2015 年的研究
結果，認為言語運動的缺陷才是主要核心問題，控制言語動作並在語速控制下，
個案便有時間規劃語言，對於發音、語暢和語言相關問題，都能提供時間獲得
較好的改善，作者同意 Ward（2018）的觀點。在 Ward 的 2018 年著作中，是以
年齡來說明應該採用的治療方法，說明如下。

## （一）學齡前

目前沒有五歲以下的治療實證資料，他建議密切觀察兒童的迅吃特徵之變

化，可見 Ward（2018）不認為迅吃診斷要等到兒童 8 歲了，方能進行。

## （二）學齡

在英國指的是五足歲以上的孩子，在學校輕微的迅吃特徵，像是發音不太清楚，很可能就會被教師忽略。而家長因為對迅吃不了解，即便發現孩子的語速過快或不規律，伴隨發音不清楚和語音共構，或節律異常，會解釋為還沒長大或只是與其他孩子不一樣而已。到了二或三年後，迅吃症狀較為明顯且影響語音清晰度和學習，教師便會開始注意到迅吃個案的問題，此時同儕可能會因為聽不懂而疏離個案，但個案並不知道造成同學不理會的原因是什麼。父母也才開始擔心，頻頻要個案慢慢講，但最後也懶得再提醒，因為效果並不大。所以，Ward（2018）認為迅吃兒童的治療方向，是讓孩子成為自己的治療師，而不是教導他們什麼。

Scaler 與 St. Louis（2010）提出「後門策略」（back door approach），是指孩子在治療中扮演主動改變的角色，而非被動被告知要做什麼改變，最重要是引發兒童自動改變的動機，進而自我管理。他們使用二個重要概念：「我說了什麼？」（what I said），指語音的正確性；「我怎麼說的？」（how I said it），指言語的流暢性。可使用有趣的謎語遊戲，孩子能很快抓到二個概念的重點。家庭作業也能幫助孩子觀察同儕說話，他們發現別人說得快時也會說錯，有時也會出現不流暢，甚至自己的父母也一樣。此分為三個層次：

1. 調節（moderation）：是指控制語速的能力，若控制得好，清晰度和流暢度都可以獲得較好的控制。
2. 調整（modulation）：是指控制和改變特定情境下的行為，包括：大小聲、腔調韻律，和語言學有關的言語行為。
3. 監控（monitoring）：是指治療中的自我監控，特別是言語和語言部分的自我監控。

因此，Ward（2018）也特別提到 Myers（2003, 2011）及 St. Louis 與 Sculte（2011）的想法，強調言語和語言有時是不可分割的，尤其在治療時必須特別考量。作者的三階段治療由發音、語速控制、語言和言語整合的治療，呼應了 Ward 於 2018 年的看法。

## 三、Manning 的介入方案

Manning（2010）指出，有些迅吃個案會出現防衛和對抗的心態，不容易建立成功的治療關係，但如果迅吃個案能夠覺察自己的語速過快和不規則語速，能監控和降低說話速度，甚至不需特別的指導，便會有所進步。而且迅吃者在求助語言治療師前，可能已經接受過許多其他專業人員的協助，因此語言治療師必須先了解個案是單純迅吃，還是迅吃－口吃，其治療主要仍是以增進語言規劃和語言產出速度（rate of speech production）同時進行。Manning 主要以 St. Louis 等人（2007）的分類，並統整多位學者的意見，建議以下的治療方法。

### （一）自我覺察和監控技巧

1. 把錄音或錄影放給個案聽或看，以便指認和監控迅吃的言語。
2. 在說話前，改變身體動作的不同速度（例如：擺動手的速度）。
3. 加強覺察聽者對不清晰口語的反應。
4. 增加對發音動作的本體覺和動作覺之回饋（使用不同的回饋機制）。
5. 有目的的改變說話速度，從最慢到最快。

### （二）語速、發音和清晰度

1. 和語言治療師一起朗讀，開始時讀很快，當個案跟著語言治療師的聲音，語言治療師要逐漸改變速度。
2. 模仿和改變用指頭或其他物品打拍子的節奏，跟著說話或數數。
3. 使用類似窗戶的卡片（window-card）露出字，讓個案看到部分的字，慢慢讀出來。
4. 倒著讀文章，一次倒回去讀一個字，讓個案忍受緩慢的速度。
5. 使用不同節奏的重複片語，改變不同字或片語的重音。
6. 看著寫的字或用鍵盤打出來的字說話。
7. 朗讀時，看著標點符號，自然的放慢速度。
8. 提高對最後音節或聲音的覺察。
9. 跟著治療師或其他人的聲音說話。

## （三）語言和說明技巧

1. 說話前寫下要說的話。
2. 與人溝通時，注意適當的輪替，以免說太多話。
3. 對於中度複雜的事物，描述步驟的順序。
4. 練習一次只說一個想法。
5. 先把要說的故事按順序寫下來，再說出來。
6. 練習說笑話時，強調正確的順序和時間性。

## （四）流暢性

1. 針對重複、發錯音、修正和插入之處，分析錄好的語言樣本。
2. 使用語速改變技巧和流暢塑型法的呼吸、發聲和發音，以增進流暢度。

## （五）了解和描述迅吃特徵的能力

1. 利用本體覺回饋，比較快、慢和不規則語速。
2. 比較口吃和迅吃有關的情緒（焦慮、急迫感）和行為（逃避、期待和不同型態的不流暢）。
3. 比較良好和差勁的語用技巧對溝通的影響。
4. 透過角色扮演，了解聽者聽不懂時的口語和非口語線索。

## （六）發聲、呼吸和動作技巧

1. 練習流暢塑型法的呼吸、發聲和發音，以增進流暢度。先練習說需要較短呼吸的句子，再練習需要較長呼吸的句子。
2. 說漸漸加長的句子時，拉長母音。
3. 訓練口語動作技巧。
4. 用畫線的紙，練習寫字。

## （七）家人、朋友和雇主的支持

1. 在治療室中，家人、朋友練習對迅吃個案的說話技巧，並給予好與不好的回饋。
2. 和有同樣溝通問題的個案相互練習（例如：到口吃協會）。

3. 參加在學校或工作情境的團體社交性談話。

Manning（2010）的介入方案是一種綜合取向的治療方法，較強調個案的覺察和監控，並加強言語訓練，包括：說話速度、流暢性和發聲與動作技巧；他也加入語言訓練，但主要方法是寫下再說。此外，重要他人的支持和參與也是治療迅吃的重要內容。

## 四、Lanouette 的介入方案

Lanouette（2011）以 Weiss（1964）的定義，提出迅吃治療的重要元素，包括下列五大項。

### （一）語速：需改善速度、節奏和語調

1. 速度：(1)每一句話（片語）開始的第一和第二個聲音要輕輕的說出，再帶出之後的其他聲音；(2)以延遲聽覺回饋（DAF）讓個案經驗慢慢說話，把話說清楚；但個案可能會抱怨這樣說話很奇怪，且目前仍缺乏 DAF 應用於迅吃個案的研究；(3)用開車時速來對比快和慢，要求個案說的很快，超過自己的能力，以對照說話快和慢的差異；(4)以嚼口香糖誇大口腔動作的說話方式，對比個案含糊的說話方式。

2. 節奏：指的是每分鐘以特定拍子說話：(1)因為迅吃者常忽略標點符號，可用紅筆把句子分成適當單位，或標示暫停的地方；(2)練習時暫停，治療師先給訊號，但逐漸改由個案自己給自己訊號暫停；(3)個案和治療師一起讀詩歌，找出應該暫停的地方，大聲唸出來。

3. 語調：主要在練習強調不同詞彙時，產生的意義不同；迅吃者說太快時，無法區分直述句或問句。教迅吃者拉長母音，以作為強調的標記，以及音調高低和大小聲變化的意義。

此外，他也引用其他學者的七項技巧，建議以此來改善迅吃者的語速。語速控制的介入策略說明如下：

1. 教導如何放慢語速：治療師示範和提醒個案放慢語速。

2. 拉長語音：治療師示範拉長音節和詞彙中的母音，並持續發聲。

3. 節奏性的線索：治療師指著文章中的字，以手指打拍子做訊號。

4. 節拍器：使用節拍器，設定每分鐘九十次。

5. 手指頭／腳打拍子：治療師示範每次用手指頭或腳打拍子時，說一個詞。

6. 節奏板：治療師指著節奏板的詞彙，一次說一個詞。

7. 延遲聽覺回饋：將DAF設定延遲二百五十毫秒，由治療師示範和教導。

## （二）動作

迅吃者經常出現語音共構、取消重音節或發音動作的不精確，以致於語音清晰度差。傳統單音的教導可以增加正確發音，教導動作規劃（例如：發音方法、位置和發聲的特質）。此外，還有：(1)過度共構：以 St. Louis 與 Myers（1998）的方法強調誇張重音節，且把多音節的每個音節說清楚，還可以教導個案說每個音節時打拍子；(2)含糊的發音：使用Daly（1996）的動作規劃技巧，包括正確、流暢和語速練習，先正確的說出多音節詞的每個音節，之後連續流暢的說出十個詞彙，最後在固定時間內說完；此強調正確的說出每個詞彙，再用繞口令做練習，透過本體覺和聽覺回饋，說出正確語音。

## （三）語言

部分迅吃者的詞彙搜尋和語言組織有困難，需要接受訓練。此外，語言的組織即是改善「迷失語的行為」，包括：重複、錯誤的開始和修正、令人難以理解的說話方式。治療師必須釐清這是原因還是結果，可以用一套連續圖片，請個案說出故事，把語言樣本轉錄出來，勾選出與圖片相關的訊息，其他剩下的就是迷失語。之後，讓個案聆聽轉錄稿，以了解自己受到迅吃的影響。

## （四）語用

語用的技巧包括：(1)不同目的使用不同語言；(2)根據聽者的需要和情境調整語言；(3)注意和回應非口語訊息；(4)覺察自己必須說明主題，以便聽者能了解；(5)知道回應時該說什麼是恰當的；(6)能適當的維持或轉換主題；(7)談話過程中維持眼神接觸；(8)能以不同行為或不同說法回應不同的溝通夥伴。

## （五）認知

由於許多迅吃者並未覺察因為自己說話太快以致於聽者不理解，因此訓練個案自我監控是治療的重要目標，包括：(1)自我監控：教導個案重複評估自己的表現和指認出哪些行為需要改變，可以用書面語言樣本來指認，或以錄影帶

一次一至二個句子來檢討，並可用量尺方式來評量與不同溝通對象的表現；(2)沉默：不會沉默是迅吃者另一個認知缺陷，他們常說得太多（作者亦同意）；Daly（1996）採用放鬆、視覺想像和呼吸練習來加強注意力和容忍沉默，教導個案監控沉默和說話的階段，可以減少過度冗長的說話；(3)傾聽：一些迅吃者不會注意溝通夥伴的口語或非口語訊息，故教導迅吃者使用微小鼓勵（真的！嗯、我了解、點頭和身體前傾等）、反映性評論（喔！你喜歡下棋！）和直接發問（我不了解、可以再說一次嗎？你的意思是……），以幫助減少誤解他人的語意，並可增加溝通效能。

Ward（2006）特別指出，唯有在個案自我覺察和自我監控之下，才會有好的療效。Lanouette（2011）認為，個案對自己的言語缺乏覺察，原因可能是：(1)個案不能覺察或不關心自己的語言異常；(2)自我覺察機制有缺陷，可能是對時間的知覺較差；(3)他們無法控制言語和其他行為。

## 五、Myers 的認知行為取向介入方案

Myers（2011）提出以語速控制為中心的認知行為取向（cognitive-behavioral approach）之介入方案，包括以下幾項重點。

### （一）覺察和了解迅吃與相關行為

1. 以兒童為治療對象時，要使用適合年齡的說法，例如：讓兒童聽說話速度很快的廣告臺詞；想像開得很快的火車快要脫軌了；在一個亂七八糟的抽屜東翻西找，還是找不到東西。
2. 用語言作對比，例如：清楚好聽和雜亂聽不懂。
3. 討論迅吃的言語對生活的負面影響，例如：別人聽不懂，不想跟他作朋友；學校老師也聽不懂，以為他說錯了。

### （二）發展放慢語速的技巧

特別教導暫停的技巧，例如：逗點時，語氣該暫停，增加對說話節律的覺察，可以採跟著音節用指頭點和手臂晃動來控制。教導迅吃者覺察內在驅使快速說話的強迫行為，調整和減緩速度。

## （三）發展監控、調節和調整（monitoring, moderating, and modulating）的技巧

讓口吃者聽自己錄下來的語言樣本，並發現問題。教導個案知覺言語的快和慢，以及快和慢的身體動作、走路與跑步。注意聽者聽不懂時的訊號，可以分析其他說者錄好的語言樣本。監控和調整說話的發音和清晰度，誇大說話的動作，以強化對正確發音的動作知覺，尤其對於詞尾和非重音的音節，以及多聲母群集，對於重音則拉長和加強韻律的變化。說話時，特別注意話語的重點，尤其是講得比較長時，亦即說話時先組織要說的話，例如：使用卡片，或給一個例子，請個案說出前後排列順序的原因，如何才是有條理的說明。發展出對自己口語的覺察度，了解哪裡說錯了、別人聽不清楚。

Ward（2006）指出，很少人同時研究口吃和迅吃，例如：Weiss（1964）提到的口吃症狀中，大多數是迅吃；而 St. Louis 等人（2003）也表示，口吃治療之後，往往會發現其中有迅吃，而反之亦然。在治療迅吃時發現，因為迅吃者的話常很快的說出來，往往會產生口吃現象，但口吃問題較不凸顯，因此先處理迅吃再處理口吃可能是比較恰當的方法。降低語速應是首要工作，這時也可以學習控制口吃當下的方法，但此時會出現的問題是，迅吃者往往有過度語音共構的情形，也需要強調發音的正確性，這與口吃矯正強調的輕鬆緩慢說話可能會有衝突，過去的迅吃者也可能被當成口吃加以治療而有好的效果。Ward（2018）也提到其他與迅吃共病的障礙如何治療，例如：泛自閉症和 ADHD，讀者可自行參考其著作。Ward（2006, 2018）特別指出，唯有在個案自我覺察和自我監控之下，才能有好的療效。

迅吃兒童的語速過快（並非每一句），影響了語音清晰度，若又同時具有語言問題（詞彙少、語法錯誤和敘述缺乏條理），將會使口語清晰度更差，以致於家人以外的聽者，難以理解其口語表達，因而造成迅吃兒童之情緒困擾或行為問題。因此，若個案的口吃並非很嚴重，且無認知障礙，則建議採取控制語速和增進構音能力的策略，並同時加強語法和語意。因為反覆練習構音此類單調的練習，容易讓迅吃個案覺得挫折，若能加入語法和語意詞彙的學習，則介入內容會變得多元，再適時的強調發音方法，則可減少因為無效能的口語表達帶來的挫折感。當然語速的控制是迅吃介入中的首要工作，當個案發現「慢

慢說，別人便可聽得懂」時，則可增強其信心，使介入的效果更好。迅吃者的個別差異極大，治療師或教師應先列明個案之優勢與弱勢能力，採用適當之介入策略，例如：伴隨 ADHD 之個案，必須請求心理師或精神科醫師介入；若有學習障礙，則應同時由資源班教師進行補救教學，而其行為問題，則需由教師和家長之共同協助才能改善。專業團隊合作模式在迅吃個案的介入方案，則更形重要（楊淑蘭，2010）。

　　迅吃介入的實證研究相當少，大多數是個案的臨床報告，例如：Healey 等人（2015）。楊淑蘭與洪綺襄（2014）發現，經過十次共 6.6 小時的試探性實驗教學後，迅吃個案的注音符號認讀由十六個進步至二十四個，口語表達能力在標準化測驗中亦由百分等級 5 進步至 18，語音清晰度提升 2.7%。研究結果顯示，音韻覺識取向之注音符號教學有助於伴隨語文學障之學齡迅吃兒童的注音符號認讀及拼讀，但其言語問題仍需由語言矯治的角度進行介入，方能協助個案提升注音符號學習和溝通效能。Kuo 與 Yang（2021）採用倒反實驗設計發現，教導迅吃兒童以拍打策略控制語速，確實可以降低迅吃兒童的語速，並提升語音清晰度和流暢度，是少數具嚴謹控制的實證資料。

　　根據目前的治療經驗，作者認為每次治療時，可先與個案進行互動式對話，以了解個案自發性語言，其是否學會放慢說話速度、修正錯誤語音（即進行自我監控），再進入構音矯正，接下來引入語言規劃與組織訓練，但全部過程都必須在控制語速之下進行，治療效果會較好。然而，迅吃兒童的快速說話方式相當難改變，需要長時間配合重要他人的提醒，以逐漸養成習慣。但如 Lanouette（2011）所說，迅吃兒童是激動的一群，經常難以安靜傾聽，需要使用行為改變技術、團體競爭可使上課較為有趣，較適合迅吃兒童。目前仍缺乏迅吃的實證本位實務工作（evidence-based practice）之相關資訊，但因為有愈來愈多人對迅吃感興趣，隨著美國聽語學會也將迅吃的定義和相關說明公布於網站，份量與口吃一樣多，加上第三次國際迅吃研討會的舉辦，也有愈來愈多的學者對迅吃感興趣，此現象應會逐步改善。Judy Kuster 整理了許多網路上關於迅吃的資料，讀者可參考 https://web.mnsu.edu/comdis/kuster/cluttering.html。

## 本章小結

　　本章說明迅吃的定義、特徵、評估方法和治療策略，但有關迅吃的文獻資料，分別散落在不同的英文書籍和研究報告裡，幾乎少有中文書籍有系統的討論迅吃，因此在本章中提供較多的資料，以便專業人員對迅吃有更多認識。迅吃兒童的特徵為語速快或不規則，整體而言有過多的不流暢和構音錯誤或不精確的語音，因此語音清晰度差，且有一半以上的迅吃兒童伴隨著語言障礙。目前並無迅吃的標準化評估工具，而是採用 St. Louis 的最小公分母模型定義作為鑑定基準，因此評估時需要蒐集語言樣本，最好能讓個案自發性的說一段話或說一個故事，計算語速並同時分析錯誤音和音韻歷程，其次分析不順暢發生的型態和比率。兒童則要施測語言測驗，包含理解和表達能力，建議再訪談重要他人，以便做綜合性的評估。迅吃個案對自己的言語和語言行為的覺察度不高，介入時首先要提高個案的覺察度、教導個案控制語速、增進流暢行為、修正錯誤構音方式，並加強口語表達的組織和條理性，過程中必須採用具體方法，明確教導個案自我監控，才能有效改善迅吃行為。

## 問題討論

1. 迅吃和口吃在特徵上的差異為何？
2. 如何提高迅吃個案的自我覺察？
3. 迅吃和口吃在治療上的差異為何？
4. 如何教導迅吃個案控制語速？
5. 如何教導迅吃個案提高說話的條理性？

# ✿ 參考文獻 ✿

## 中文部分

曹祐榮、龔士琦、張毓鑫、陳紫綺、楊淑蘭（2011）。屏東地區國小迅吃兒童構音異常之試探性研究。**特教論壇，10**，33-48。

楊淑蘭（2010）。迅吃：有學習困難的語言障礙。**特殊教育季刊，114**，1-9, 21。

楊淑蘭、洪綺襄（2014）。音韻覺識取向注音符號教學對國小伴隨學障之迅吃兒童介入效果之研究。**聽語學誌，32**，1-20。

## 英文部分

Alm, P. A. (2004). Stuttering and the basal ganglia circuit: A critical review of possible relations. *Journal of Communication Disorders, 37*, 325-369.

Alm, P. (2011). Cluttering: A neurological perspective. In D. Ward & K. S. Scott(Eds.), *Cluttering: Research, intervention and education* (pp. 3 -28). Psychology Press.

American Psychiatric Association. [APA] (2000). *Diagnostic and statistical manual of mental disorders* (4th ed.) (DSM-IV). Author.

American Psychiatric Association. [APA] (2013). *Diagnostic and statistical manual of mental disorders* (5th ed.) (DSM-5). Author.

American Speech-Language-Hearing Association. [ASHA] (n.d.). *Fluency disorders*. https://www.asha.org/practice-portal/clinical-topics/fluency-disorders/

Bakker, K., & Myers, F. L. (2010). *Recent developments in the Cluttering Severity Instrument (CSI)*. Paper presented in the International Online Cluttering Conference, 2010. http://www.mnsu.edu/comdis/ica1/papers/bakker1c.html

Bakker, K., Myers, F. L., Raphael, L. J., & St. Louis, K. O. (2011). A preliminary comparison of speech rate, self-evaluation, and disfluency of people who speak exceptionally fast, clutter, or speak normally. *Cluttering: A Handbook of Research, Intervention and Education*, 43-63.

Bretherton-Furness, J., & Ward, D. (2012). Lexical access, story re-telling and sequencing skills in adults who clutter and those who do not. *Journal of Fluency Disorders, 37*(4), 214-224.

Bretherton-Furness, J., Douglas, S., & Ward, D. (2016). *Phonological encoding in adults who clutter and adults who stutter*. https://api.semanticscholar.org/CorpusID:151534438

Culatta, B., & Wiig, E. H. (2002). Language disabilities in school-age children and youth. In G. H. Shames, & N. B. Anderson (Eds.), *Human communication disorders* (6th ed.) (pp. 218-257). Allyn & Bacon.

Daly, D. A. (1986). The clutterer. In *The atypical stutterer: Principles and practices of rehabilitation* (pp. 155-192). Academic Press.

Daly, D. A. (1992). Helping the clutterer: Therapy considerations. In F. L. Myers & K. O. St. Louis (Eds.), *Cluttering: A clinical perspective* (pp. 107-124). Far Communications (Reissued in 1996 by Singular).

Daly, D. A. (1993). Cluttering: Another fluency syndrome. *Stuttering and Related Disorders of Fluency*, 179-204.

Daly, D. A. (1996). *The source for stuttering and cluttering*. LinguiSystem.

Daly, D. A. (2006). Predictive of Cluttering Inventory [PCI]. *International Cluttering Association*. http://associations.missouristate.edu/ica/[Links].

Daly, D. A., & Burnett, M. L. (1999). Cluttering: Traditional views and new perspectives. In R. F. Curlee (Ed.), *Stuttering and related disorders of fluency* (2nd ed.) (pp. 222-254). Thieme.

Daly, D. A., & Burnett-Stolnack, M. (1995). Identification of and treatment planning for cluttering clients: Two practical tools. *The Clinical Connection, 8*, 1-5.

Duchan, J. F., & Felsenfeld, S. (2021). Cluttering framed: An historical overview. *Advances in Communication and Swallowing, 24*(2), 75-85.

Garnett, E. O., & St. Louis, K. O. (2014). Verbal time estimation in cluttering. *Contemporary Issues in Communication Science and Disorders, 41*, 196-209.

Guitar, B. (2006). *Stuttering: An interated approach to it nature and treatment*. Lippincott Williams & Wilkins.

Healey, K. T., Nelson, S., & Scott, K. S. (2015). A case study of cluttering treatment outcomes in a teen. *Procedia-Social and Behavioral Sciences, 193*, 141-146. https://doi.org/10.1016/j.sbspro.2015.03.253

Hsieh, H. C., & Yang, S. L. (2019, Aug). *Study on comparing the speech rate, intelligibility and disfluency between cluttering and noncluttering children*. Paper presented at The 31st World Congress of International Association of Logopedics and Phoniatrics.

Internal Cluttering Association. [ICA] (n.d.). *Clinical materials*. http://associations.missouri-state.edu/ica/Resources%20and20%20Links%20pages/clinalmaterials.htm

Kuo, C. Y., & Yang, S. L. (2021). *Effects of syllable tapping on rate control for children with cluttering*. Paper presented at the 12th Oxford Dysfluency Conference, Online.

Lanouette, E. B. (2011). Intervention strategies for cluttering disorders. In D. Ward & K. S. Scott (Eds.), *Cluttering: A handbook of research, intervention and education* (pp. 175-197). Psychology Press.

LaSalle, L. R., & Wolk, L. (2011). Stuttering, cluttering, and phonological comple-xity: Case studies. *Journal of Fluency Disorders, 36*(4), 285-289.

Manning, W. H. (2010). *Clinical decision making in fluency disorders* (3rd ed.). Singular, Thomson Learning.

Molt, L. (1996). An examination of various aspects of auditory processing in clutterers. *Journal of Fluency Disorders, 21*, 215-226.

Myers, F. L. (1992). Cluttering: A synergistic framework. In F. L. Myers & K. O. St. Louis (Eds.), *Cluttering: A clinical perspective* (pp. 71-84). FAR Communications. (Reissued in 1996 by Singular).

Myers, F. L. (2002). *Putting cluttering on the map: Looking back/looking ahead*. Paper presented at the Annual Meeting of the American Speech-Language-Hearing Association. Atlanta.

Myers, F. L. (2011). *Treatment of cluttering: A cognitive-behavioral approach centered on rate control*. Psychology Press.

Myers, F. L., & Bakker K. (2013). Disorders experts' saliency ratings of speech-language dimensions associated with cluttering. *Journal of Fluency Disorders, 37*(1), 9-19.

Myers, F. L., Bakker, K., St. Louis, K. O., & Raphael, L. J. (2012). Disfluencies in cluttered speech. *Journal of Fluency Disorders, 37*, 9-19.

Scaler, K., & St. Louis, K. O. (2010). Treatment of cluttering in a school-age child. In S. S. Chabon, & E. R. Cohn (Eds.), *The communication disorders casebook: Learning by example* (pp. 272-284). Pearson.

Silverman, F. H. (2004). *Stuttering and other fluency disorders* (3rd ed.). Allyn & Bacon.

St. Louis, K. O. (1996). A tabular summary of cluttering subjects in the special edition. *Journal of Fluency Disorders, 21*, 337-343. https://doi.org/10.1016/S0094-730X(96)00036-8

St. Louis, K. O., & Hinzman, A. R. (1986). Studies of cluttering perceptions of clu-ttering by speech-language pathologists and educators. *Journal of Fluency Disorders, 11*, 131-149.

St. Louis, K. O., & Myers, F. L. (1998). *A synopsis of cluttering and its treatment*. Invited paper presented at the International Stuttering Awareness Day On Line Conference. http://www.mnsu.edu/comdis/isad/papers/stlouis.html

St. Louis, K. O., & Schulte, K. (2011). Defining cluttering: The lowest common denominator. In D. Ward & K. S. Scott (Eds.), *Cluttering: Research, intervention, education* (pp. 233-253). Psychology Press.

St. Louis, K. O., Bakker, K., Myers, F. L., & Raphael, L. J. (2010). Cluttering. In J. H. Stone & M. Blouin (Eds.), *International encyclopedia of rehabilitation*. http://cirrie.buffalo.edu/encyclopedia/article.php?id=262&language=en

St. Louis, K. O., Filatova, Y., Coskun, M., Topbas, S., Ozdemir, S., Georgieva, D., McCaffrey, E., & George, R. D. (2010). Identification of cluttering and stuttering by the public in four countries. *International Journal of Speech-Language Pathology, 12*, 508-519.

St. Louis, K. O., Myers, F. L., Bakker, K., & Raphael, L. J. (2007). Understanding and treating cluttering. In E. G. Conture & R. F. Curlee (Eds.), *Stuttering and related disorders of fluency* (3rd ed.) (pp. 297-325). Thieme.

St. Louis, K. O., Raphael, L. J., Myers, F. L., & Bakker, K. (2003). Cluttering updated. *ASHA Leader, 8*(4-5), 20-23.

Van Borsel, J., & Vandermeulen, A. (2008). Cluttering in Down syndrome. *Folia Phoniatrica et Logopaedica, 60*(6), 312-317.

Van Zaalen, Y., & Reicheal, I. (2015). *Cluttering: Current views on its nature, diagnosis, and treatment.* Thinkstock.

Van Zaalen, Y., & Winkelman, C. (2009). *Broddelen: een(on)begrepen stoornis.* Coutinho.

Van Zaalen, Y., Wijnen, F., & Dejonckere, P. (2009a). Differential diagnostic characteristics between cluttering and stuttering-Part one. *Journal of Fluency Disorders, 34*(3), 137-154.

Van Zaalen, Y., Wijnen, F., & Dejonckere, P. (2009b). Differential diagnostic characteristics between cluttering and stuttering-Part two. *Journal of Fluency Disorders, 34*(3), 137-154.

Van Zaalen, Y., Wijnen, F., & Dejonckere, P. (2011). The assessment of cluttering: Rationale, tasks, and interpretation. *Cluttering: A Handbook of Research, Intervention and Education*, 137.

Ward, D. (2006). *Stuttering and cluttering: Frameworks for understanding and treatment.* Psychology Press.

Ward, D. (2018). *Stuttering and cluttering: Frameworks for understanding and treatment* (2nd ed.). Psychology Press.

Ward, D., Connally, E. L., Pliatsikas, C., Bretherton-Furness, J., & Watkins, K. E. (2015). The neurological underpinnings of cluttering: Some initial findings. *Journal of Fluency Disorders, 43*, 1-16.

Weiss, D. (1964). *Cluttering.* Prentice-Hall.

Williams, D., & Wener, D. L. (1996). Cluttering and stuttering exhibited in a young professional. *Journal of Fluency Disorders, 21*, 261-270.

Yairi, E., & Seery, C. H. (2023). *Stuttering: Foundations and clinical application* (3rd ed.). Pro-ed.

Yang, S. L. (2013). *The views of parents on Mandarin-speaking children with cluttering.* The poster presentation in the 9th Asia Pacific Conference on Speech, Language, and Hearing (APCSLH 2013) (p. 108), Taiwan.

Yang, S. L. (2014). *An epidemiological study on Mandarin-speaking school-age children with cluttering.* The oral presentation in the 2nd world conference on cluttering, Eindhoven, The Netherlands.

Yu, Y. H., & Yang, S. L. (2016, August). *The viewpoints of significant others on preschool children with cluttering.* Paper presented at the 30th World Congress of International Association of Logopedics and Phoniatrics, Dublin, Irelan.

# 第十章 聽力損失和溝通困難（聽覺障礙）

## 第一節 聽力損失的定義

世界衛生組織（World Health Organization [WHO]）所列的聽力障礙稱為「耳聾和聽力損失」（deaf and hearing loss），意思是指聽力損失的人無法像聽力正常的人一樣聽到聲音，其聽力損失的程度從輕度到重度不等（相關描述請參閱第三節），輕度、中度或中重度聽力損失的人會很難聽懂對話。雙耳嚴重或極重度聽力損失的人稱為「耳聾」，在沒有聽力輔具的支持下，無法聽到任何聲音（WHO, 2023b）。以下說明國內外有關聽力損失和耳聾（聽覺障礙）的定義、聽覺系統，以及聽力測試。

### 一、聽覺障礙的定義

聽力損失簡稱「聽損」，國內特教界普遍稱為「聽覺障礙」（hearing disorder），簡稱「聽障」。目前在美國聽語學會（ASHA）網站中，並沒有 hearing disorder 一詞（2014 年當時使用），而是使用 hearing loss（聽力損失或聽能損失）。在 Owens 與 Farinella（2024）的著作中，則稱為「聽力學和聽力損失」（audiology and hearing loss），作者推論可能是為了避開「異常」的概念，因為有許多人即便有聽力損失，但並未造成身心上的障礙，例如：六十歲以上老人的聽力逐漸喪失，25 分貝以內聽不到並未對其造成嚴重困擾。但也誠如 Owens 與 Farinella 所說，許多人誤解聽力損失是因為年紀大所造成，事實上從剛出生的嬰兒到老年人都有可能發生聽力損失，對人類生活品質的影響是全面性的，包括：言語和語言發展、學習成效、人際互動、工作成就，乃至於心理健康。而有趣的是，DSM-5 並未將聽力損失列在某一類障礙中（APA, 2013），亦即並未獨立成一類。在討論「語音異常」的網站中，例如：PsychDB（2021）提到，

聽力損失是造成語音異常的原因之一，若個案的語言能力缺陷未超過預期值，就應該診斷為語音異常。

以上說明了因為生理缺陷造成學習言語或語言上的困難，會隨著個案發生聽力損失的年齡而有很大不同。許多聽力損失者並無語言學習的問題，主要原因是聽力損失的個案除非伴隨智能障礙、學習障礙或其他環境的弱勢，導致語言學習過程的困難，一般而言，其主要障礙應該是語音異常。因此，WHO也是稱作「耳聾和聽力損失」，而不用「聽覺障礙」。

在臺灣，《身心障礙及資賦優異學生鑑定辦法》（教育部，2013）第 5 條提到：

本法第三條第三款所稱聽覺障礙，指由於聽覺器官之構造缺損或功能異常，致以聽覺參與活動之能力受到限制者。

前項所定聽覺障礙，其鑑定基準依下列各款規定之一：

一、接受行為式純音聽力檢查後，其優耳之五百赫、一千赫、二千赫聽閾平均值，六歲以下達二十一分貝以上者；七歲以上達二十五分貝以上。

二、聽力無法以前款行為式純音聽力測定時，以聽覺電生理檢查方式測定後認定。

國內目前正在積極推動修訂《身心障礙及資賦優異學生鑑定辦法》，聽覺障礙也在其一，修訂小組委員初步建議刪除前述年齡的分別，亦即不分七歲或六歲，而是以學前和學齡來區分，並且增加高頻 4,000Hz 的測量，將四種頻率的音量加以平均。另外，除了列出優耳（better ear）的損失音量，也建議列出劣耳在四種不同頻率的平均損失音量。未來通過立法可能的標準如下：

1. 優耳之五百赫、一千赫、二千赫、四千赫聽閾平均值達二十五分貝以上。

2. 劣耳之五百赫、一千赫、二千赫、四千赫聽閾平均值達三十五分貝以上。

另外，亦增列單側聽損的鑑定，但在新的鑑定辦法公布前，以上修正僅供讀者參考，仍需以教育部最後公告的內容為準，而學者在修訂時，主要是以符合目前國際上聽力損失定義的方向為參考基準。讀者也可在本章第四節看到WHO在 2023 年 3 月 2 日所公布的嚴重度分類作為參考。

## 二、聽覺系統

人類的聽覺系統（如圖 10-1 所示），包括：聽覺器官「耳朵」、前庭耳蝸神經（vestibulocochlear nerve）、聽覺腦幹（auditory brain stem）、大腦的聽覺皮質（auditory cortex of brain）。耳朵和前庭耳蝸神經屬於周圍聽覺系統，聽覺腦幹和聽覺皮質屬於中樞神經系統。耳朵用來聽取聽覺訊號，結構主要分為外耳（outer ear）、中耳（middle ear）和內耳（inner ear）三個部分；前庭耳蝸神經為十二對腦神經中的第 VIII 對，是負責控制內耳的腦神經，又可分為掌管聽覺的耳蝸神經和掌管平衡覺的前庭神經。一般而言，若一個人有聽力損失，指的是周圍神經的問題；若一個人有聽覺中樞神經的缺陷，指的是處理聲音或語音訊號或所謂聽覺處理的問題（Owens & Farinella, 2024）。

耳朵有三個部分：外耳，包括耳廓（pinna）和外耳道（external auditory meatus）。耳廓外觀為不規則漏斗狀，內有軟骨、肌肉、皮膚，藉由韌帶附著於二側顳骨之上（醫學百科，無日期）。外耳的功能主要是蒐集聲音，聲音由耳道傳入，大腦首先會判斷聲音出自空間的何處，此稱為定位（localization）。耳道的底部是鼓膜或稱外甲／耳鼓（concha 或 eardrum）（Owens & Farinella,

圖 10-1 耳朵構造圖

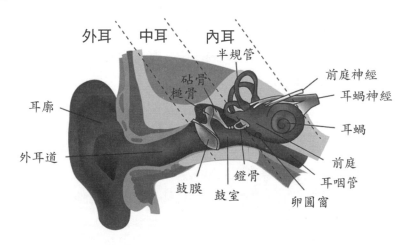

2024），小耳症（microtia）患者有明顯的外耳異常，根據缺損嚴重程度一般分為三級（國際小耳症研究中心，無日期）。中耳自鼓膜之後開始到耳蝸（coch-lea），包括：鼓室、鼓竇、乳突、耳咽管，其中的重要結構還包含鼓室內的三塊聽小骨（槌骨、砧骨、鐙骨）。鼓膜的功能在將聲波經鐙骨底板傳至內耳，此時聲波可被加強二十倍。三塊聽小骨藉韌帶與肌肉和鼓室壁相連，當鼓室的肌肉收縮時，鼓膜內收，可緩和低音對耳的刺激。耳咽管或稱聽管、咽鼓管、歐氏管（Eustachian tube、E-tube 或 auditory tube），是連接鼻咽部至鼓室的管道，正常情況下是關閉狀態，但會階段性打開，以維持鼓室二側的壓力平衡（Owens & Farinella, 2024）。兒童耳咽管平直容易因感染而有中耳炎，若黏膜發炎捲曲導致管腔狹窄、氣壓調節困難、鼓室內成負壓和中耳疼痛，此是航空性中耳炎的病因。中耳的主要功能是克服聲波從空氣介質到液體介質傳導的阻抗（醫學百科，無日期）。卵圓窗（oval window）是一塊薄膜在鐙骨底板之後，是進入內耳的入口。

聲波由空氣經過外耳道傳入鼓室，並由三塊聽小骨的傳送進入卵圓窗。內耳的結構複雜，其扮演二個重要角色：其中一個稱為耳蝸，負責傳送聲波進入中樞聽覺系統；另一個稱為前庭系統（vestibular system），負責提供有關平衡的訊息。耳蝸像一片指甲，含有特殊的神經，會對聽覺訊號做出反應，稱為聽知覺接受器細胞（auditory sensory receptor cell），由二種迷路（labyrinth）作為通道：外淋巴（perilymph）和內淋巴（endolymph）。聲波經外耳道到達鼓膜，引起振動，鼓膜振動又通過聽小骨而傳達到卵圓窗，使卵圓窗膜內移，引起前庭系統的外淋巴振動，而耳蝸管中的內淋巴、基底膜和螺旋器等則發生相反振動。封閉的耳蝸窗膜也隨著上述振動而振動，其方向與前庭膜方向相反，有著緩衝壓力的作用。基底膜的振動使螺旋器與蓋膜相連的毛細胞發生彎曲變形，產生與聲波相應頻率的電位變化（稱為微音器效應），進而引起聽神經產生衝動，到聽覺中樞引起聽覺。

如圖 10-2 所示，聽覺傳導通道的第一級神經元位於耳蝸的螺旋神經節，其樹突分布於耳蝸的毛細胞上，其軸突組成耳蝸神經，由橋腦進入，止於延髓和腦橋。在交界處的耳蝸核，更換神經元（第二級神經元）後，發出的纖維橫向行進到對側組成梯形體（或稱斜方體），向上行經中腦下丘交換神經元（第三

圖 10-2 聽覺神經

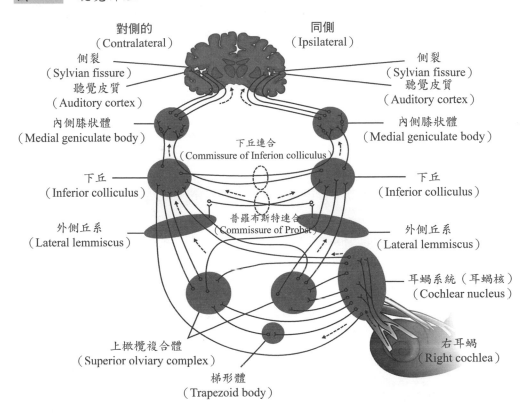

對側的
（Contralateral）

同側
（Ipsilateral）

側裂
（Sylvian fissure）

聽覺皮質
（Auditory cortex）

內側膝狀體
（Medial geniculate body）

下丘連合
（Commissure of Inferion colliculus）

下丘
（Inferior colliculus）

外側丘系
（Lateral lemmiscus）

普羅布斯特連合
（Commissure of Probst）

側裂
（Sylvian fissure）

聽覺皮質
（Auditory cortex）

內側膝狀體
（Medial geniculate body）

下丘
（Inferior colliculus）

外側丘系
（Lateral lemmiscus）

耳蝸系統（耳蝸核）
（Cochlear nucleus）

右耳蝸
（Right cochlea）

上橄欖複合體
（Superior olviary complex）

梯形體
（Trapezoid body）

級神經元）後上行，止於丘腦後部的內側膝狀體，再換神經元（第四級神經元）後，發出纖維經內囊到達大腦皮層顳葉聽覺中樞，當神經衝動傳至聽覺中樞則產生聽覺。另外，耳蝸系統（耳蝸核）發出的一部分纖維經中腦下丘，下行終止於腦幹與脊髓的運動神經元，是聽覺反射的反射弧（醫學百科，無日期）。聲音是物理現象，物體震動產生聲波，赫或赫茲（Hz）為頻率單位，表示聲波每秒震動的次數（次／秒），是德國物理學家 Heinrich R. Hertz 所發現。頻率亦即音高，頻率高則聲波短、聲調高，一般人的耳朵可聽到 20～20,000 Hz，一般人說話的頻率則介於 500～2,000 Hz。聲波的刺激除了頻率，還有強度（intensity）和音長（duration），最後傳送至顳葉的聽覺皮質進行解釋。聲音的強度單位是分貝（dB），數值愈大，聽到的聲音就愈大，亦即音量愈大，表 10-1 是一般人耳朵聽到不同聲音的音量大小。音長則是聲音持續的時間，例如：唱歌時

表 10-1　一般人耳朵聽到的音量大小

| 音量 | 情境 |
| --- | --- |
| 10 分貝 | 1.5 公尺，小聲說話 |
| 30～65 分貝 | 三至六公尺，一般談話 |
| 65 分貝 | 引擎加速聲 |
| 90 分貝 | 工廠噪音或瀑布聲 |
| 125 分貝 | 人耳覺得不適 |

拉長三拍，即是一拍時的三倍時間。在測量發音的氣流量時，通常會使用音長至少五秒的測試。

純音聽力檢查（pure-tone audiometry [PTA]）是一種用來測量聽力敏感度的行為測試，牽涉到周圍和中樞聽覺系統。純音閾值（pure-tone thresholds [PTTs]）表示個人至少在 50%的時間內聽到的最柔和聲音。聽力靈敏度繪製於聽力圖（顯示強度與頻率函數的圖表，如圖 10-3 所示）上，分別在 500、1,000、2,000、4,000 Hz 聲音測試時可聽到分貝數的平均值，稱為平均聽力閾值（pure tone average [PTA]），若達 90 分貝的音量才聽得見，則表示個案有 90 分貝的聽力損失。

## 三、聽力測試

Owens 與 Farinella（2024）指出，聽力測試不是一個測驗便可以完成，而是需要使用一整套測驗工具。首先是聽力篩選，衛生福利部國民健康署（2023a）提到有關新生兒聽力篩檢，是指出生後二十四至六十小時的新生兒，可以在與該署簽訂合約之醫療院所進行聽力初篩，若初篩未通過，則應在出院前三十六至六十小時進行複篩或是滿月前做複篩，只要是具有本國籍、未滿三個月之新生兒皆可享有新生兒聽力篩檢的服務。

1950 年代，先進國家開始發展大規模的聽力篩檢，使用的是行為觀察聽力檢查法（behavioral observation audiometry [BOA]），受測者在控制噪音的聽檢室中，接收由聽檢儀器所播放的各式聲音，包括：純音、語音、噪音、不同頻率或音壓的測試，最常用的有純音聽力檢查（PTA）、語音聽力檢查（speech audiometry [SA]）、遮蔽檢查（masked audiometry，主要在避免非測試耳受到跨傳聲

音的影響）。純音聽力檢查又分為骨導（bone conduction [BC]）和氣導（air con-
duction [AC]）二大類：前者是將骨振導動器放置在耳後乳突或前額，乳突的振
動能量少，能比前額更容易獲得閾質；後者則是使用塞耳式或貼耳式的耳機或
揚聲喇叭（loud speaker）接受聲音，聲音傳遞時經過外耳、中耳、內耳、腦幹，
再到聽覺皮質。此時，受測者至少要有 50% 的次數能夠聽到不同頻率的最小音
量，測得的聽閾記錄在純音聽力圖（如圖 10-3 所示）中。其次使用語音進行檢
測，目的在了解受測者對語音的覺察和辨識閾值，以及和純音聽力檢查結果的
一致性（劉樹玉等人，2018），分為言語覺察閾值和言語辨識閾值，前者適用
於詞彙不足或無法複誦語音或語詞的個案，後者是由受測者複誦字詞，常用的
材料有音素、非詞、單字詞、雙字詞、片語、語句。國內新近有張秀雯（2019）
的「聽障兒童圖片式語音辨識能力測驗」，其中的刺激詞選自於「臺灣小學生

圖 10-3　聽力圖

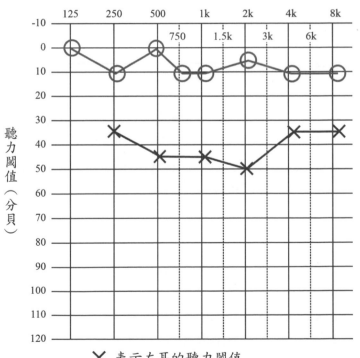

❌ 表示左耳的聽力閾值
⭕ 表示右耳的聽力閾值

最常用的單詞和短語語料庫」，適合評估六歲以上詞彙水準的聽力損失兒童。

至 1970 年代之後，聽覺性腦幹反應（auditory brainstem response [ABR]）成功應用在嬰幼兒聽力評估上，大為改進檢查效果。但因其價格昂貴且檢查費時，不適合進行全面性的聽力篩檢，於是逐漸以高危險群的新生兒為篩檢對象，只需檢查十分之一的新生兒，即可得到可信的資料，是較符合經濟效益的篩檢方法（衛生福利部國民健康署，2023b）。根據美國小兒科醫學會（American Academy of Pediatrics [AAP]）的建議，將聽障兒的辨識提早至出生後三個月，以便在出生後六個月可以開始復健治療，早期聽語復健對雙側性聽損兒童尤其重要（AAP, 2021），歐美先進國家大多數醫院已將新生兒聽力篩檢列入常規檢查，我國亦同。WHO（2023a）亦建議，所有新生兒應在出生後三個月內接受聽力篩檢，最好是在出院前完成，針對未通過初步篩檢者，必須做進一步的聽覺性腦幹反應檢查，而且在六個月大之前接受聽能復健。因此，新生兒聽力篩檢是有其必要性，尤其是對所謂聽障高危險群之新生兒（下一節詳細說明），更是如此。

初步聽力篩檢的結果並不必然是正確的，Owens 與 Farinella（2024）指出，學齡兒童可能在檢查時受到環境噪音或分心事件的影響而未通過，但在隔音室裡施測理解性聽覺測驗時卻通過，表示其聽力是正常的。許多證據顯示，早期診斷出聽力損失及早處理，對於聽損兒童往後能否正確發音，以及其語言和教育的發展是相當重要的。因為聽力發展主要在出生後的前六個月，這時期的聽力對於以後正常說話和口語的發展有極大影響，若能在三至四個月大前就診斷出聽力損失，對問題的處理較為理想。但事實上並不容易做到，即使是歐美對聽損兒童福利極為重視的國家，目前的計畫也只能期望在 21 世紀以前做到對聽損兒鑑別診斷的年齡能提早到平均不超過十二個月大（衛生福利部國民健康署，2023b）。

## 第二節　聽力損失的出現率和原因

在本章開始之處提到，目前美國聽語學會（ASHA）和 DSM-5 並未單獨列出聽覺損失類，主要是因為其出現率比起其他溝通障礙（例如：語音障礙、口吃、語言障礙）是較少的，以下由不同來源說明聽力損失的出現率及其原因。

## 一、聽力損失的出現率

WHO（2023a）指出，每個地區和國家都有耳聾和聽力損失者，是一種普遍現象。接近全球人口的 20%，亦即約超過十五億人患有聽力損失，其中有 4.3 億人達到障礙程度，預計到 2050 年更可能有高達七億人因聽力損失而有身心障礙。而全世界約有 3,400 萬名兒童患有耳聾或聽損，其中 60%的病例是可預防的；另外，高達 30%的六十歲以上老人患有聽力損失。根據衛生福利部國民健康署（2023b）的資料，新生兒先天性雙側重度感音性聽障之發生率約為 1/1000，如果加上中、輕度或單側性聽障，其發生率達 3/1000，顯示先天性聽障應屬常見疾病，比先天性甲狀腺功能低下的發生率（1/3000～1/4000）還要高。造成聽力損失的原因為何？是否可以因為醫療進步、衛生條件提升，或家長的關注度提高，而減少聽損的發生率呢？

## 二、聽力損失的原因

美國小兒科醫學會（AAP, 2021）指出，約有 1～3/1000 新生兒出現不同程度的聽力損失，而造成聽力損失的高危險因子包括以下幾項：

1. 有先天性或遺傳性感音性聽損的家族史。
2. 母體有子宮內感染之病史，例如：先天性梅毒或高膽紅素（超過或達到換血臨界值）。
3. 出生時體重少於 1,500 公克之早產兒。
4. 嬰兒期曾得過細菌性腦膜炎或腦炎，以及有顱顏異常情形。
5. 早產兒時期或新生兒時期有嚴重缺氧病史，例如：持續性胎兒肺高壓循環、生產窒息。
6. 使用潛在性耳毒性藥物超過五天，插氣管內管超過十天。

上述這些聽損高危險群新生兒約占先天性雙側重度感音性聽覺障礙個案的一半，換言之，另外一半從病史或家族史中是無從得知任何危險因子的；又如有些嬰兒在子宮內即得到巨細胞病毒感染，出生後臨床上無任何症狀，此種個案仍有 10%的機會發生漸進性聽損。WHO（2023b）依照聽損發生在生命的不同時期，又可分為出生前、出生時、出生後三個時期的不同原因，如表 10-2 所示。

表 10-2　一生中造成聽力損失的原因

| 時期 | 原因的本質 | 原因 | 應考慮的重點 |
|---|---|---|---|
| 出生前 | 基因 | 1. 家族遺傳的基因<br>2. 與聽覺有關的基因突變<br>3. 近親結婚的父母 | 有聽損家族史或近親結婚的新婚夫妻應接受基因諮詢，以了解嬰兒可能聽損的風險。嬰兒出生時也要密切注意，並在嬰兒早期接受聽力檢查 |
|  | 懷孕期的問題 | 1. 懷孕期間的疾病，例如：風疹又稱德國麻疹（rubella）和其他病毒感染<br>2. 性傳染病，例如：梅毒<br>3. 懷孕期間服用可能造成聽損的藥物（耳毒性藥物） | 懷孕婦女應注意：<br>1. 注射疫苗<br>2. 保持良好衛生<br>3. 定期確認和治療感染 |
| 出生當下或剛出生時 |  | 1. 早產或嬰兒體重少於 1,500 公克<br>2. 難產缺氧或出生時窒息<br>3. 出生後黃疸，造成永久性聽損 | 1. 注意母親和嬰兒的臨床照顧<br>2. 定期檢查聽力，給予聽能復健 |
| 出生後（兒童期或晚年） | 耳蠟（耳屎）、耳朵感染、耳朵黏液〔黏膠耳（glue ear）〕 | 1. 任何年紀皆有可能發生耳蠟塞住耳道，造成聽損<br>2. 外耳、中耳和內耳感染導致發炎 | 造成程度不等的聽力損失，透過移除耳蠟、吃藥，甚至手術來治療 |
|  | 耳毒性損傷 | 1. 抗生素，例如：鏈黴素、慶大黴素<br>2. 抗瘧藥，例如：奎寧、氯奎寧 | 審慎使用藥物，定期檢查耳朵，提早治療因藥物造成的聽損 |

表 10-2　一生中造成聽力損失的原因（續）

| 時期 | 原因的本質 | 原因 | 應考慮的重點 |
|---|---|---|---|
| 出生後（兒童期或晚年） | | 3. 用於治療抗藥性結核病的多種藥物注射劑<br>4. 工作有關的耳毒性化學品，例如：溶劑 | |
| | 噪音 | 長期暴露在工作環境噪音、戴耳機聽音樂、突然的槍聲或爆炸聲 | 配戴防護耳罩、避免長期聽大聲的音樂或處於大量噪音環境 |
| | 意外事件 | 頭部意外傷害傷及耳朵 | 配戴防護頭盔 |
| | 老化 | 因年紀增長使得耳蝸和聽神經退化 | 早期發現，配戴助聽器（hearing aid [HA]）幫助溝通 |
| | 其他情況 | 耳硬化症（耳朵內骨骼的額外增生）和耳朵腫瘤，但本訓練手冊未提及 | 造成的原因目前還不清楚，發現時應求助醫療專家 |
| | 其他疾病 | 罹患腦膜炎、麻疹、腮腺炎等疾病，或是 HIV／愛滋病、伊波拉病毒或 COVID-19 感染。聽力損失可能是由於感染，或是治療高血壓和糖尿病等慢性疾病時，也會造成聽力損失 | 許多疾病可以透過接種疫苗來避免 |

註：引自 WHO（2023b, pp. 77-79）。

　　吳振吉（2015）指出，遺傳性聽損大多屬於單基因的遺傳疾病，而根據遺傳模式，可分為體染色體隱性遺傳聽損（約占 75～80%）、體染色體顯性遺傳聽損（約占 20%）、X 染色體性聯遺傳（約占 2%）、粒線體遺傳（約占 1%）。

目前已經發現與聽損有關的基因超過一百個，根據全球統計，最常見的體染色體隱性耳聾基因為 GJB2，在某些族群中約占近 50% 的非症候群型聽損案例。而臺灣常見的耳聾基因，以 GJB2、SLC26A4 和粒線體 12S rRNA 三個基因為主。吳振吉團隊的研究也發現，前述三個基因變異在聽損病人中所占的比例依序為 21.7%、14.4%、3.8%，其中最常見的變異分別為 GJB2 基因的 c.109G>A（p.V37I）與 c.235delC 變異、SLA26A4 基因的 c.919-2A>G 變異，以及粒線體 12S rRNA 基因的 m.1555A>G 變異。但檢測這三個常見基因時，也只能診斷出約三分之一的病例，其他三分之二的病因仍然不知，但如果要全面檢測耳聾基因，則成本昂貴並耗時，目前實際應用上還不可行。

半世紀前因為醫療未進步，作者的表弟便在當時治療腹瀉後，留下永久的聽力損失。因此，除了遺傳、基因突變和老化是生物體的變化之外，許多造成聽損的原因是可以事前預防的，在國民教育提升、婦女生產照護的進步和普及、父母積極關注嬰幼兒健康狀況和聽力檢查下，聽損個案應該可以儘量控制在一定的範圍之內。附錄八是一位早期聽損但非先天性原因造成的男士，在作者邀請下說明自己的聽損經驗和相關看法。

## 第三節　聽力損失和聽力異常的分類

Owens 與 Farinella（2024）指出，兒童和成人的聽損程度有經驗上的不同，若兒童的聽損發生在語言發展之前或當下，可能會影響其接收性和表達性語言的發展，而聽損發生在成人時，因其語言已經發展完成，故接收時缺失的資訊，成人可以用已有的知識和經驗加以補足，此稱為聽覺性封閉（auditory closure）。因此，正常的聽力，成人的損失設在 25 分貝，兒童為 15 分貝。輕微／輕度到重度的分類則是看個案的聽力損失情形，也視個案存有的聽力情形，此稱為殘存聽力（residual hearing），很少有人完全聽不見，若是完全聽不見或幾乎聽不見就稱為耳聾。

在討論聽覺損失的分類和個案的經驗時，讀者需要了解以下幾個重要用語。「優耳」是指聽力較好的耳朵，若有單側聽損或二側聽損的程度不同，則個案常常會出現以優耳側耳傾聽的情形。《特殊教育法》對於聽覺障礙的鑑定基準

是以聽覺靈敏度（hearing sensitivity）為依據，聽力損失 90 分貝稱為「聾」（deaf），聽力損失 25～90 分貝則稱為「重聽」（hard of hearing）。「聽覺靈敏度」是指個案對聲音的感受力，受到聽力影響較大，而「聽覺效能」（hearing efficiency）則是對聲音的知覺或相關線索的判斷，受到個案的智力、學習動機和學習策略等影響較大。

　　WHO（2023b）將聽覺障礙者根據聽力損失的嚴重度分為七類，加上單側聽損，共有八類，如表 10-3 所示。

表 10-3　聽力損失程度的分類和聽覺經驗

| 聽損類別 | 優耳聽力閾值（分貝） | 大多數成人在安靜環境下的聽覺經驗 | 大多數成人在吵雜環境下的聽覺經驗 |
|---|---|---|---|
| 正常聽力 | 小於 20 | 聽聲音沒有問題 | 聽聲音沒有問題或有一點小問題 |
| 輕度聽損 | 20 到小於 35 | 聽對話沒有困難 | 聽對話可能有困難 |
| 中度聽損 | 35 到小於 50 | 聽對話可能有困難 | 聽對話可能有困難，難以參與對話 |
| 中重度聽損 | 50 到小於 65 | 聽對話有困難，但提高音量就沒有困難 | 聽大多數的對話和參與對話有困難 |
| 重度聽損 | 65 到小於 80 | 聽不到大多數的對話，即便提高音量也可能聽不到 | 非常困難聽到語音和參與對話 |
| 極重度聽損 | 80 到小於 95 | 即便提高音量也聽不到聲音 | 聽不到對話 |
| 完全或所有聽力損失（耳聾） | 95 和大於 95 | 無法聽到語音和大多數環境中的聲音 | 無法聽到語音和大多數環境中的聲音 |
| 單側聽損 | 優耳小於 25，劣耳大於 35 | 聽語音沒有問題，除非聲源在劣耳處 | 對定位聲源，聽到語音和參與對話可能有困難 |

註：1. 表中的聽覺閾值是指優耳在 500、1,000、2,000、4,000 Hz 能聽到的最小音量之平均值。
　　2. 引自 WHO（2023b）。

## 第四節　聽力損失者的語言發展和困難

　　WHO（2023b）列出五歲前兒童聽能和言語發展的里程碑（如表 10-4 所示），任何兒童如果未能達到發展的里程碑，原則上家長即需要懷疑兒童可能發生聽損的情形，而儘速帶至醫院接受聽力檢查。

表 10-4　五歲前兒童聽能和言語發展的里程碑

| 年齡 | 聽能和反應 | 說話 |
|---|---|---|
| 出生至三個月 | 1. 會被大的聲音嚇到<br>2. 父母講話時，變得安靜或會微笑 | 發出咕咕聲 |
| 三個月至六個月 | 1. 眼睛會朝向聲音的來源<br>2. 父母改變說話的語調時，會做出回應<br>3. 會注意發出聲音的玩具<br>4. 會注意聽音樂 | 1. 單獨或與其他人一起玩耍時，會發出咕咕聲和牙牙學語聲。<br>2. 會發出類似成人說話的學語聲，例如 /pa/、/ba/ 或 /mi/ |
| 七個月至一歲 | 1. 會轉頭看向聲音的來源<br>2. 聽到有人叫他的名字時會轉頭<br>3. 能理解常用的物品和人，例如：「水」和「爸爸」<br>4. 開始對單詞和短語做出反應，例如：「不要」、「過來」或「還要嗎」 | 1. 會發出較長咿咿呀呀的聲音，例如：/mimi/、/upup/、/bababababa/<br>2. 會模仿不同的語音<br>3. 會說出一、兩個詞，如「嗨」、「狗」、「爸爸」、「媽媽」或「呃哦」（可能會發生在一足歲，但聽起來還不是很清楚） |
| 一歲至二歲 | 1. 在要求下能指認身體的部位<br>2. 遵從單一指令，例如：「滾球」或「拿著玩具」<br>3. 會回答簡單的問題，例如：「那是誰」或「你的鞋在哪裡」<br>4. 聽簡單的故事、歌曲和押韻兒歌 | 1. 會說許多新詞<br>2. 會提出問題，例如：「這是什麼」或「那是誰」<br>3. 會將兩個單詞放在一起，例如：「糖果多一點」或「沒有了」 |

表 10-4　五歲前兒童聽能和言語發展的里程碑（續）

| 年齡 | 聽能和反應 | 說話 |
|---|---|---|
| 二歲至三歲 | 1. 能理解相反的意思，例如：「過去和回來」、「大小」、「上下」<br>2. 能遵從兩個指令，例如：「拿起湯匙」和「放在桌上」<br>3. 能快速理解新的詞彙 | 1. 幾乎所有東西都有一個詞來稱呼<br>2. 會談論一些不在同一個空間的事情<br>3. 會同時使用三個詞一起說明一件事物<br>4. 說話時可能會重複一些單詞和聲音 |
| 三歲至四歲 | 1. 會回應其他人從不同房間的呼叫<br>2. 能理解顏色的詞彙，例如：紅色、藍色、綠色<br>3. 能理解形狀的詞彙，例如：圓形、方形<br>4. 能理解家人的稱呼，例如：兄弟、祖母、阿姨 | 1. 會回答「是誰」、「是什麼」、「在哪裡」等簡單問句<br>2. 會說押韻的單詞，例如：「刀—貓」<br>3. 說出的話大多數人都能理解<br>4. 會說出「什麼時候」和「怎麼了」的問句<br>5. 會把四個單詞放在一起說 |
| 四歲至五歲 | 1. 可以聽從更長的指令，例如：「穿上睡衣」、「去刷牙」或「選一本書」<br>2. 能聽清楚並理解在家裡和學校交談的大部分內容 | 1. 大多數說話時不會重複聲音或詞<br>2. 會唸字母和數字<br>3. 會講小故事<br>4. 可以持續和溝通夥伴對話 |

　　以上有關五歲兒童的聽能和言語發展里程碑和本書第四章所說明的兒童在不同向度之語言發展是一致的。在出生至六個月間，聽損兒童的語言發展和一般沒有聽損的兒童是一樣的，會經過喉部測試運動發出聲音、咕咕聲和牙牙學語聲等，但若是兒童在出生初期就發生聽損，會因為沒有周遭環境的聽覺刺激，也缺乏對自己聲音的接收，而逐漸在語音、語意、語法、語型、語用的學習上，慢慢的落後一般兒童。影響聽障兒童語言學習的因素，主要為發生聽損的類別、

年齡、嚴重度、接受聽覺介入訓練、配戴聽覺輔具的年齡，以及兒童的智力、學校教學、家庭環境的支持等因素，而有不同結果，進而影響其學習成效、人際互動、生涯發展、生活適應。若聽損發生於學語之前，聽能復健能夠愈早開始成效愈好，但若是聽損發生於語言學習完成後，則學習上會比較容易，但也需要家庭和學校支持等因素的配合。張蓓莉（1989）研究三至六年級的國小聽障生發現：聽覺障礙學生的語言能力比同齡耳聽學生為低弱，而且隨著年級增加而差距加大，有關因素包括：教育安置、年級、智力、配戴助聽器、認知能力、閱讀課外書籍，以及父母和家人的溝通能力與聽障生的國語能力有顯著相關，可以解釋語言能力總變異量的 46%。

　　根據 WHO（2023a）最新資料顯示，約有 5%的人會因聽力損失而需要復健服務，到了 2050 年，每十人約有一人有聽力損失，亦即全球預計將有近二十五億人出現一定程度的聽力損失，其中至少七億人需要聽能復健。因為不良的聆聽習慣，超過十億的年輕人可能面臨永久性、可避免的聽力損失風險。然而，預估每人每年僅需要不到新臺幣 40 元（1.40 美元）的額外投資來擴大全球性耳部和聽力保健服務，在十年內，每投資 1 美元將獲得近 16 美元的回報，因此除了積極預防之外，對於已確定為聽力損失的個案，應該給予適當的介入。

## 第五節　聽力損失者的介入方法與策略

　　聽力損失的影響可以透過早期發現和介入來減輕，其中包括針對幼兒及其家庭的專門教育計畫和手語教學。近年來，輔助聽損的科技技術日新月異，包括：助聽器、人工電子耳（cochlear implant [CI]）、隱藏式字幕、其他電子設備等，可以幫助任何年齡的聽力損失人士，人們也可以受益於言語治療、聽力復健和其他相關服務，減輕因聽力損失造成的負面影響，增進生活適應能力（WHO, 2023a）。根據衛生福利部國民健康署（2023b）的資料，國內重度聽障診斷出來的年紀平均為一歲半，中、輕度聽障則為三歲半至四歲，皆已錯過語言學習之關鍵時期。因此，及早發現及早給予介入訓練，是世界各國共同努力的方向，以下說明重要的教學訓練和介入方法或策略。

　　2024 年 1 月 23 日美國紐約時報刊登一則新聞，11 歲的 Aissam Dam 有感音

性的耳聾，在幾乎聽不到任何聲音的情況下，接受費城兒童醫院的基因治療（gene therapy），他將好的基因植入內耳，他才能第一次聽到世界的聲音（Kolata, 2024），基因治療帶給因基因遺傳或變異的聽損者可期待聽到聲音的未來。此外，根據WHO（2023b）提供的聽能復健（hearing rehabilitation），包括：助聽器、人工電子耳、手語（sign language），以及復健性的治療，以下分類加以說明。

## 一、助聽器

因為大多數的聽損並無法由藥物或手術治療而痊癒，因此使用助聽器（HA）來放大聲音，便是最好的方法，可幫助聽損者提高聽的品質，而助聽器的配戴必須經過聽力師或受過專業訓練可執行選配助聽器的人員協助，選擇適合個人使用的助聽器。助聽器必須在聽損者清醒時完全配戴，尤其是對聽損兒童更為重要，因為他們必須隨時接受聲音刺激來學習新的事物。助聽器的功能必須依賴電池的電力方能運作，因此每隔幾天必須更換電池或檢查電池的電力。使用助聽器的聽損者也必須學習如何保護助聽器設備，例如：避免放置於潮濕的環境，以及簡單的問題排除。耳朵發炎時不適合配戴助聽器，可能會使發炎的情形更為嚴重（WHO, 2023b）。

一般助聽器的基本構造包括：(1)麥克風：蒐集聲音並將之轉換為電能；(2)擴大機：助聽器的最核心構造，通常放置於晶片內，用來放大聲音，亦即擴大電能，除了音量放大外也必須顧及音質，所以是十分複雜的技術；(3)接受器：將放大的電能再轉為聲音後傳入耳朵，也就是揚聲器。常用的助聽器有耳掛式、耳道式、內耳式、深耳道式、眼鏡式、口袋式，後二者因為體型大且較笨重，目前較少人使用，但深耳道式雖然體型小但對重度聽損的效能不佳，也容易引起耳道不適，配戴者也不多（劉殿楨，2018）。

2000年後，數位技術的進步，類比信號被數位信號所取代，數位信號可以處理較複雜的聲音功能，輸出的聲音準確、噪音小且耗電少，目前壓縮振幅的壓縮式助聽器，只放大了原來較小的聲音，可減少配戴者的不適感。其次，助聽器的麥克風和降噪功能皆會影響助聽器的效能，隨著科技的進步，助聽器也愈來愈好，但其價格不菲（劉殿楨，2018）。助聽器的配戴是相當複雜且專業

的工作，選配時必須依賴聽力師的專業能力，建議聽損者選擇個人適合的助聽器，而且必須考量年齡大小，是否有能力管理自己的助聽器。另外，聽損者的經濟情況也是選配時的考量因素，經濟能力有限者必須依賴政府補助，否則在選擇上便會受到限制。選配完成後，需要配戴期間的微調和復健，再以效益量表和語音測試等主客觀方式評估配戴後的效益。

## 二、人工電子耳

人工電子耳（CI）也稱為人工耳蝸，是一種電子設備，使用對象為重度和極重度的聽損者，他們無法使用助聽器來提升聽話品質，需要透過手術將人工電子耳植入在內耳裡。人工電子耳和助聽器不同，是將聲音轉換為電子訊號，電子訊號會刺激內耳絨毛，再將訊號由聽覺神經傳送至大腦。人工電子耳由以下的部分組成：(1)用於收取聲音的麥克風；(2)位於耳朵或頭上後方的外部處理器，看起來和助聽器很類似，可以將聲音轉換成電子訊號；(3)從外部處理器到輸入內部發送電子訊號的發射器；(4)手術時放在耳後皮膚下方的內部零件，將電子訊號傳送到耳蝸，以活化聽覺神經（WHO, 2023b）。CI 和 HA 的不同是配戴在外部的傳統助聽器會放大聲音，並利用聲學路徑透過耳道傳遞訊號。相較之下，CI 既有外部配戴的聲音處理單元〔通常稱為語音處理單元（speech-processing unit）〕，也有透過手術植入的內部部件。CI 為耳蝸內的靜纖毛（毛細胞／感覺細胞）提供直接的電刺激（Gfeller, 2009）。

衛生福利部於 2022 年 10 月 20 日公告修正《身心障礙者輔具費用補助辦法》及附表「身心障礙者輔具費用補助基準表」（衛生福利部，2022），自 2023 年 1 月 1 日開始實施。人工電子耳的補助對象為十八歲以上、未滿六十五歲，有口語能力〔言語可懂度分級（speech intelligibility rating [SIR]）3 分以上〕，個人未曾接受全民健康保險人工電子耳給付者之優耳聽力劣於 90dB HL，且符合下列所有條件：(1)感覺神經性聽力障礙病史在五年以內，或感覺神經性聽力障礙病史超過五年且持續配戴助聽器者；如因成效不佳中斷配戴助聽器，中斷期間不得超過五年；(2)如屬先天性聽覺機能障礙者，經電腦斷層或核磁共振攝影確定至少具有一圈完整耳蝸存在且無其他手術禁忌者。合乎上述規定者，需經耳鼻喉科醫師開立診斷證明書，以及聽力師、語言治療師、社工師組成之評估

團隊（如有必要時加上精神科醫師、心理師），出具輔具評估報告書及術後聽能語言復健計畫書，則可補助新臺幣 60 萬元。但並非每一位重度或極重度患者都適合植入人工電子耳，必須經過醫療團隊嚴謹的評估才能確知。植入人工電子耳手術器材費用，一般約在新臺幣 60 至 70 萬元之間，目前政府對此項費用有不同金額的補助（衛生福利部國民健康署，2015）。

　　Moein 等人（2017）以說波斯語植入人工電子耳的兒童和一般兒童進行比較，發現裝有人工電子耳的兒童比一般兒童在聲調的覺知和產出都顯著為弱，聲調覺知和產出能力與兒童植入人工電子耳的年齡和時間長短有顯著相關。黃仲鋒（2018）指出，聽損時間愈短、術前殘存聽力佳、術前讀唇（lip reading）和字詞辨識能力佳、年齡小、智商高、完整沒有骨化的耳蝸、家長的投入多、較多的口語訓練者，他們在植入人工電子耳的術後效果比較好。聽損兒若在一歲半前接受人工電子耳手術，在三歲時便可以達到同齡正常兒童的語言發音能力，但聲調的測試結果仍不及單字和句子的測試結果，此顯示現代人工電子耳在聲調辨識部分仍有改善空間。

## 三、手語

　　手語是口語的重要替代方式，目前全世界被使用的手語超過二百五十種，對於嚴重或極重度聽力損失的兒童和成人，學習和使用手語可以幫助他們與人溝通。在助聽器或執行人工電子耳手術都不可行、沒有效益或不被接受的情況下，學習手語是另一個重要管道，可以幫助極重度或聾啞人士能夠與他人進行交流，也可以幫助他們學習，並從教育和人際互動中受益；同時，家庭成員、照顧者和教師也可以學習使用手語，以便和其進行溝通。手語與口語相似，有一套複雜的規則，可以透過手、臂、嘴巴的動作和位置來傳達不同想法和情緒反應，極重度或聾啞人士可以從受過教育並熟悉和使用手語的人學習這套溝通系統（WHO, 2023b）。就作者所知，一些無口語或低口語者的泛自閉症者，亦可透過學習手語而找到與人溝通的方法。

　　自然手語是聾人社群約定俗成自然產生的語言，透過視覺和肢體動作呈現一套語法規則，和口語的發展歷程十分相似，有牙牙學語期、單詞期、雙詞期，其音韻部分是由位置、手形、方向、動作組合而成（劉秀丹、邢敏華，2018）。

大多數手語的位置在頭和臉的部分，再加上身體和手臂，例如：臺灣手語的「謝謝」，便是以一手舉起在胸前，拇指關節上下重複彎曲來表示。蔡素娟等人（2022）所發展的「臺灣手語線上辭典」中之手形，分為一隻手指、二隻手指、三隻手指、四隻手指、五隻手指，各有九、十九、十七、六、十二個手形，一共列出了五十個手形。方向是指手或手臂所指向或移動的方向，例如：「占便宜」的手語，是以一手五指分開，掌心向下移動，同時五指做收攏動作。動作是指打手語的特定動作，例如：上述「占便宜」的例子，五指做收攏動作。

手語因不同運動方向和空間變化而產生不同的詞彙，例如：「錢」，是以食指和拇指圍成圈來表示錢幣形狀，衍生出「錢」的手形向上直線運動為「貴」、手形向下直線運動為「便宜」、手形由內向外直線運動為「買」、手形由外向內直線運動為「賣」（劉秀丹、邢敏華，2018）。

臺灣手語是臺灣聾人社群所使用的語言，其主要詞彙與語法起源於日治時期日本聾人教育教師所使用的日本手語。1949 年之後，增加中國手語的詞彙，隨著時代演進近年有許多新詞彙產生。「臺灣手語線上辭典」由中正大學語言學研究所蔡素娟等人編纂，讀者只要將想要搜尋的詞彙以文字輸入，即會出現真人錄影的手語並有中英雙語文字說明，目前的第四版收錄了 4,100 個詞彙，並增加五百六十個常用詞之例句（蔡素娟等人，2022），不失為學習臺灣手語的重要資源。

至於聽障者應該使用口語還是手語，至今仍然被二派擁護者強烈的辯論著（黃秀溫、唐薇，無日期）。手語在使用上有侷限性，因為一般人的主要溝通方式是口語，大多數人並不會手語，而且手語適用於近距離和明亮的環境下，然而對極重度聽損和聾人來說，學習口語過於困難，使用手語可以產生認同感，以美國手語（American sign language）被接受為正式語言為例，幫助他們形成聾人文化而得到支持。然而，許多聽障兒童的家長，尤其是本身為聽人的家長，深怕子女學習了手語便難以學會口語，因此要求教師不可以教導孩子手語；同樣的情形也發生在無口語或低口語的泛自閉症兒童身上，家長總是期待孩子有一天能說出口語。作者的想法是：支持適當的手勢可以幫助難以學習口語的族群，當然也包括極重度和聾人個案，當他們無法以任何輔具或手術改善來獲得聽人的語言，手語就是他們的語言。學習手語使得聽障族群可以暢所欲言，也

如黃秀溫與唐薇（無日期）在文中所倡議，打手語是一種選擇的權利，聽損者可以選擇自己喜愛的溝通方式，用以和其他的人溝通。

### 四、讀唇或讀話

讀唇或讀話（lip reading or speech reading）就是閱讀唇語，又稱為口語閱讀，是透過視覺上解釋說話者的唇、臉部、舌頭的動作來理解語言，而不僅僅依賴聽覺訊息的傳達。聾啞或重度聽損的人經常使用唇語閱讀作為補充他們對口語理解的方式。有學者認為讀唇和讀話是一樣的，但也有人認為二者是不同的，讀唇僅靠視覺，而讀話則要同時聽語音和發音的動作，包括視覺和聽覺二種（陳小娟等人，2018）。作者把讀唇和讀話視為相同的意義，因為聽損者看著溝通夥伴說話，也是同時接受聽覺訊息和視覺訊息，只是會因聽損程度不同，可能產生不一樣的聽覺效果。

讀唇並非只依賴說話者嘴巴的動作，還包括說話者的面部表情和手勢，以理解其口語。讀唇不可能達到百分之百的準確，會受到多種因素的影響，例如：說話者的口語清晰度、觀看說話者的角度和距離、聽損者對於談話內容的背景知識，以及環境干擾程度等。陳小娟等人（2018）指出，單以讀唇來辨識語音，對華語聲母的正確率（percentage of constant correct [PCC]）為 28.57%，單韻母的正確率為 51.09%。視覺和聽覺並用會比只用視覺效果好，重度聽損者可以提升 19～28%語音（單音節）的辨識度，然而極重度聽損者則可以提升 1～15%。

聽損者即便使用手語、配戴助聽器或植入人工電子耳，溝通時也會合併使用讀唇。一般人聽話時會兩眼注視溝通夥伴，聽損者亦同，如此可以增強聽損者的溝通能力。但讀唇和讀話的正確率不高，因為其有多項限制，包括：說話者的語速過快、唇部動作不清楚或發音錯誤（捲舌說成不捲舌）、部分語音的發音動作無法看清楚（例如：舌根音和鼻音韻母）。另外，華語的聲調是頻率的變化，亦即聲帶震動的快慢並無法看出來，若處在噪音背景或環境干擾下，以及語言和發音的變化，例如：同一語音在不同地區可能發音方法不同，國語也經常有一字多音或同音異字的情形。當聽損者長時間盯著溝通夥伴的嘴部動作，也可能產生疲勞，讀唇所面臨的這些挑戰，會減少聽損者的語音辨識和理解的正確率。歸納而言，讀唇或讀話仍是一項有價值的技能，可以作為聽力不

足的補充管道，可幫助聽損者更能理解溝通夥伴的口語，並在適當的情境下有效的和其他人溝通。

Tye-Murray 等人（2022）以電腦輔助系統遊戲（computer-based speech perception training games）訓練聽損兒童的語音辨識，比較三種訓練團體：聽覺訓練、視聽覺訓練、結合聽覺與視聽覺訓練（auditory training, audiovisual training, and a combination of these two）的效果後發現，單獨接受聽覺訓練的兒童的聽能表現比讀話表現好，而接受視聽覺訓練的兒童在聽能和讀話表現上都比較好。而且經過訓練的談話者比沒有訓練過的談話者，對於聽損兒童的類化效果會更好。

## 五、口語的表達和理解

聽損個案學習口語（oral language）的過程需要特教教師和語言治療師的協助，以及家長的支持。在學習口語之前，他們需要配戴助聽器或接受人工電子耳植入手術，以便能提升聽的能力，進而和聽人一樣學習說話，以口語和其他人交流互動。以下介紹常用的幾種具有實證效果的教學方法。

### （一）聽覺口語法

聽覺口語法（auditory verbal therapy [AVT]）從 1950 年代開始發展，目前已實際實施於許多國家的聽損兒童。1980 年代有四位重要的推手：D. Ling、C. Griffiths、H. Beebe 和 D. Pollack，不遺餘力推展 AVT 的實務和出版工作。AVT 包含四個重要元素：(1)早期認定並使用聽覺輔具，以達到最大的聽覺效果；(2)透過傾聽學習口語；(3)視家長為兒童的主要教師，且是治療中的重要參與者；(4)從幼兒期就到普通班就讀，和一般兒童一起學習（Estabrooks et al., 2020）。此時，AVT 已經由歐洲傳到北美，最後這些實務工作者成立了國際聽覺口語溝通委員會（International Committee of Auditory Verbal Communication [ICAVC]），期間對 AVT 有多種稱呼出現，最後學者們決定使用 auditory-verbal approach。然而到了 1980 年代，又改名為 auditory verbal international（AVI），但不論名稱如何更動，最重要的原則就是以聽覺學習口語。之後，他們開始設立 AVI 治療師的專業執照，必須通過考試，並確立 AVI 治療師（auditory verbal therapist [AVT]）的

實務工作必須遵循以下十大原則，其核心仍是以聽覺為口語學習的基礎（Asp, 1985）：

1. 推動聽損新生兒到兒童期的早期診斷，並立即給予聽能管理和 AVT。
2. 推薦立即評估和使用適當的聽覺輔具，以獲得最大效益的聽覺刺激。
3. 引導和訓練父母幫助他們的孩子以聽覺為知覺模式來學習口語。
4. 引導和訓練父母個別化的主動參與聽覺口語治療，作為孩子在發展聽力和口語過程的主要催化者。
5. 透過兒童的日常生活來創造一個支持以聽力學習語言的環境。
6. 引導和訓練父母協助孩子統整聽力和口語，並融入兒童的生活。
7. 引導和訓練父母使用自然發展型態的聽力、口語、語言、認知和溝通。
8. 引導和訓練父母幫助孩子透過聽力監控自己的口語。
9. 持續實施正式和非正式診斷，以發展個別化 AVT 計畫，評估兒童和家庭在此計畫的進步和成效。
10.從兒童早期給予適當的支持性服務，以便能與聽人同儕接受一樣的教育。

　　由以上原則可以看出家長在 AVT 中扮演的重要角色，透過殘餘聽力學習語言的重要性，且要提供支持性協助，使聽損兒童達到一般同儕的標準。在臺灣，雅文兒童聽語文教基金會（https://www.chfn.org.tw）是最早推動 AVT 的機構，且持續不間斷的倡導並實踐 AVT 的實務原則，早年最具特色的是強調治療師和家長在教學和互動上，要以手遮口，鼓勵聽損兒童利用殘餘聽力，而不靠讀唇來學習口語，近年來已不強調以手遮口，而是指導兒童使用不同感官知覺辨識環境的刺激。基金會更推動以家庭為中心的 AVT，其特色包括：(1)以聽覺學習；(2)重視聽能管理；(3)專業團隊合作；(4)家長深度參與；(5)一對一個別教學；(6)診斷式教學；(7)在自然情境學習（雅文兒童聽語文教基金會，無日期a）。建議讀者參考林桂如等人（2014）所著《以家庭為中心的聽覺障礙早期療育：聽覺口語法理論與實務》，可以更深入了解 AVT。

## （二）語調聽覺法

　　語調聽覺法（verbotonal method [VTM]）創始於歐洲，1954 年克羅埃西亞 Guberina 教授將以聽覺為本位的口語教學方法應用於聽損兒童，獲致良好效果，

而後推廣至美洲，甚至亞洲的日本，聽損兒童能夠融入一般學校是其最大成效（陳小娟等人，2018）。VTM能幫助聽損兒童建立良好的口語和聽能技巧，主要是以正常聽力兒童的發展模型為基礎，並強調協助聽損兒童發展良好的節奏、語調和聲音品質的重要性，特別是受過訓練的教師和臨床治療師使用高品質的放大器及振動觸覺輸入的儀器，稱為吉伯尼亞語調聽覺通用系統（system universal verbotonal audition Gubernia [SUVAG]）。SUVAG是由Guberina教授研發，可以修飾輸入聲音的頻率，包括：低頻、高頻、特殊頻率和混合頻率，提供廣泛的頻率刺激輸入，並可透過截止頻率和濾波器的斜率來修改頻率反應，強調適合每位聽損兒童的最佳聽覺頻率區域（optimal field of hearing），在最適當的聽覺閾值聆聽語音，可以刺激大腦獲得最佳反應，是一種聽覺的輔助儀器（簡稱聽輔儀）。透過密集的介入後，兒童的節奏、語調模式、聽力技巧可以同時發展，介入目標是將聽損兒童融入一般教育和社交情境中，融入比率在60～90%之間，然而家長扮演的角色是支持性的，而非如聽覺口語法的治療性，重要的是滿足每位家長的需求和技能（Asp, 1985）。

　　陳小娟等人（2018）指出，VTM運用語音參數（speech parameters）、身體動作（body movement）、遊戲情境（play situation）和兒歌與童謠（nusery rhythms），綜合多種知覺和高層次的反應進行聽損兒童教學，包括：本體感覺、聽覺、感覺、認知，重視多感官的發展，統合左右腦的功能。語音參數則包括頻率、音量、時長和音質等的變化，除了覺察，也要根據聽損兒童的參數，調整其發出正確語音。身體動作是指，大肌肉的控制可類化至說話時小肌肉的控制，也注意到肌肉的緊張和放鬆，觀察聽損者說話用力的肌肉是否正確和適當，因為聽損者經常由視覺觀察一般人的說話樣子來學習，但並非每一個語音動作都可以被清楚看到，可藉由道具或模仿來幫助他們正確使用發音器官，而放鬆喉部肌肉可以改善音質。遊戲情境是指，治療師透過兒童創造的角色扮演，或者是欣賞漫畫和卡通影片，幫助聽損兒童在遊戲中學習自然說話。作者認為遊戲對兒童具有療癒的功能，是兒童的最愛，容易放鬆的學習和了解不同角色應該如何說話。兒歌與童謠通常有簡單的旋律和韻腳，聆聽或唸讀非常有趣，作者小時候每每看到軍人列隊行走、步伐整齊，就會唸起《阿兵哥錢多多》的閩南語童謠，聽損兒童也能藉由唸誦兒歌學習知識、調律（prosody）和聲韻。在

德國電影《走出寂靜》（*Beyond Silence*）中，女主角的男友在啟聰班授課，其中採用的就是VTM，片中的聽損學生首先趴在地板聆聽因聲波震動而放大的節奏，之後按著節奏舞動身體，用身體去感受節奏和韻律。

VTM和AVT的差異是在家長的角色不同。在VTM中，家長扮演支持性的角色，而非主動參與治療的角色，治療的對象強調兒童本身對不同語音變化的覺知和感受，更透過儀器的協助讓聽損兒童體驗不同參數的語音變化，也採用個別化的最佳聽覺頻率區域刺激大腦。VTM訓練課程中使用聽覺輔助儀器SU-VAG，加強聽損兒童對不同聲音的覺知和辨識，並找出最適合的最佳頻率閾值聆聽聲音，以及強調融入遊戲和韻律兒歌，這些都是和AVT不同之處，在理論基礎和實務操作上，二者是不同的。

## 六、其他教學方法

李芃娟（2008）設計了一套協助聽損學生進行聽能與說話訓練的電腦輔助系統，內容包括聽覺的覺察、辨別、辨識、理解四大部分，每一部分均有評量並搭配訓練。其中，覺察的內容有D. Ling（凌式）六音（/a/、/i/、/u/、/s/、/sh/、/m/）、國語的聲母和韻母；辨別的內容有聲音大小、長短、高低、聲調、節奏；辨識的內容有音素、單音節詞、語詞、短句、長句；理解的內容有聽覺理解。賴俞靜與劉惠美（2014）根據上述系統訓練了三位有中度和重度聽力損失的國中學生，以個案研究ABA跨受試者設計進行研究。研究結果發現：(1)聽損學生在聽辨表現上有良好維持效果，且聲調聽辨較語詞聽辨為佳；(2)能提升語詞清晰度和減少構音錯誤率；(3)六位教師和家長對本系統的接受度高，但三位聽損國中學生的接受度不高。研究者建議評量部分可以增加為句子，較為符合日常溝通情境，另外可加強本系統的遊戲性，以提升聽障學生的喜好度。

陳怡惠（2014）以準實驗研究設計探討音韻覺識教學對學前聽覺障礙兒童音韻覺識與早期閱讀能力的影響，研究對象為二十位學前聽損兒童，並以叢集取樣分為實驗組與對照組各十人。所有聽損兒童均接受前測，包括：「音韻覺識測驗」、「早期閱讀測驗」、「注音符號單音認讀測驗」、「托尼非語文智力測驗」。實驗組接受二十六週之音韻覺識教學，每週三次，每次二十至二十五分鐘；同時，控制組則接受原早療機構所教授的聽能復健課程。研究結果發

現，實施音韻覺識教學後，實驗組的音韻覺識和早期閱讀後測表現顯著優於前測。然而，實驗組在音韻覺識後測和早期閱讀後測分數雖都高於對照組，但二組未達顯著差異。

Gfeller 團隊出版了《音樂治療的理論與實務》（*An Introduction to Music Therapy: Theory and Practice*）第三版（Davis et al., 2008），書中第四部分強調將音樂治療應用於特殊需求族群。Gfeller 團隊自 1990 年代到 2006 年發表了二十多篇以音樂治療來幫助聽損兒童的論文，包括植入人工電子耳者，研究對象有兒童和成人。Gfeller 等人（2011）認為，有無數的音樂活動可以用來練習溝通技巧，包括：韻律的覺知和歌唱等，治療師應該和聽力師與特教教師合作，發展適合兒童的教學方法。當與植入 CI 者工作時，正確使用音樂治療的關鍵要素是：(1)專注於重要目標；(2)根據 CI 的技術特徵選擇音樂刺激，並創造適當的聲學環境；(3)根據每個孩子目前的發展調整因應任務，逐漸增加難度。Gfeller 等人（2011）的文章附錄 A 列出治療師與植入 CI 的學齡前兒童一起工作時要記住的方法、材料、環境調整或修改的快速參考。其中說明音樂治療應用於 CI 者的環境、選取的音樂、適時的播放背景音樂（說話時關掉背景音樂）、動作、人工電子耳的維護和故障排除等，是有興趣以音樂治療方向來幫助聽損者的另一種選擇，值得嘗試。

## 七、其他聽損者相關機構的支持服務

在國內溝通障礙的各子類別中，最早也是有最多協會支持的當屬聽覺損失類，主要有「婦聯聽覺健康社會福利基金會」（https://hh1314.org.tw），最早成立於 1996 年 2 月 26 日，為國內第一個服務聽損族群的基金會（當時稱為財團法人中華民國婦聯聽障文教基金會），由聽力師、聽語教師、社工組成的團隊，以聽損早療（零至六歲）服務為重點工作。基金會目前在臺北、臺中、高雄三處設有至德聽語中心，而且已將服務推展到全齡聽損者，目前工作重點除了聽損兒的早期療育，亦包括銀髮族聽覺復能。其次是「雅文兒童聽語文教基金會」，1996 年 12 月，倪安寧女士（臺灣媳婦美國人）因小女兒有重度聽損，為了幫助和女兒一樣的臺灣聽損兒童，引進聽覺口語法，自己也成為一位訓練師，親自教導聽損兒家長如何教養聽損孩子，但倪女士不幸在四十七歲便因乳腺癌

辭世，由先生鄭欽民繼續她的遺志，目前已設有北區中心、南區中心、宜蘭中心、中原中心，以及花蓮、嘉義、苗栗工作站，並定期出版《雅文聽語期刊》，對聽損兒的服務遍及臺灣各地，尤其強調以家庭為中心的早期療育（雅文兒童聽語文教基金會，無日期b）。其他還有像是由聽損兒童家長成立的「中華民國聲暉聯合會」（https://www.facebook.com/soundhome），在各縣市均設有分會。上述這些民間資源對推動聽損者教育、聽損者福利、聽損專業人員訓練、聽損兒家長支持等工作不遺餘力，也是找尋相關資源的最佳來源，對聽損個案亦或是特教人員和聽力師來說，都是最大幫手。

　　除了以上說明外，聽損者還需要額外的科技輔助，包括用於教室、會議室或劇院等特別的收音循環系統或 FM 系統，或是視覺警報信號器、字幕播放或聽打服務等，都可以幫助他們聽得更好，提升溝通效能。目前與聽損相關的訓練系統相當多，因為 3C 技術的進步，有許多應用軟體的開發，可以用於篩選聽損者，再作進一步的檢查。像是手機上即可使用的應用軟體：由 WHO 發展出來的 hearWHOpro 應用程式，是經過驗證可有效用於篩選成人的聽力損失，主要是基於噪音數位技術（digits-in-noise technology），該應用程式會在背景雜訊中顯示一組三位數，並提示使用者作出回應，此篩檢過程可確定一個人的信噪比（SNR），呈現使用者的聽力。使用者需要有Android或iOS程式設備，再從App store 或 Play 商店免費下載，並安裝 hearWHOpro 應用程式，建議事前準備一副優質耳機，以便消除噪音。目前，hearWHOpro已有中文、英文、法文、西班牙文版本，可根據本章文獻所列的WHO（2023b）著作 *Primary Ear and Hearing Care: Training Manual* 第99～100頁的實施步驟來免費使用。其他在App store中有超過十款的聽損相關應用程式，大多數是測量聽力，但都需要購買，讀者可以自行搜尋個人喜歡的應用軟體。

## 本章小結

　　本章第一節主要說明聽覺障礙的定義、聽覺系統的構造、聽力損失嚴重度的分類，在此節中可以發現國際權威機構和組織都只用「聽損」一詞，而不使用「聽障」，原因可能是並非有聽力損失就會造成障礙。其次，讀者需要了解

聽覺系統，包括聲音如何接受和傳導而產生意義，耳朵的結構和功能相當複雜，常見的疾病也會影響聽力，目前國內研究有三個基因的影響會造成遺傳性聽力損失。第二節和第三節說明聽損嚴重度的分類，以及不同聽力嚴重度可能有不同的聽覺經驗，作為專業人員必須留意聽損發生的時間和原因。第四節說明聽損者的語言發展和困難，聽損者的語言發展與一般同儕無異，但若聽損發生於學語之前，因為缺乏聲音的回饋，在語言學習上較為困難，教師和家長必須密切注意兒童的語言發展是否符合常模所描述，如發生遲緩情形，務必儘速進行聽力檢查，國內有免費新生兒聽力篩檢，可以早期發現並及早介入。

有關聽損者的介入策略與方法，如果個案已被診斷為聽力損失，並已發現嚴重度和原因，則應配合醫生指示，選擇配戴助聽器或實施人工電子耳植入術，以便讓個案有較佳的聽力，能夠順利的學習口語，以達到學習和人際互動上的要求。而無法配戴助聽器和人工電子耳的個案可以學習手語，則是另一個溝通管道，以獲得認同；另外，聽損個案亦需要學習讀話（唇），以幫助自己有更好的聽能理解。目前使用較多的口語學習方法，主要包括聽覺口語法和語調聽覺法，二者的理論根據和實務訓練有所不同，但都強調以聽覺為基礎來學習口語。聽覺口語法對家長參與、聽能管理和診斷式教學更加重視，而語調聽覺法主要運用儀器、身體動作、兒童遊戲和韻律兒歌做為重要教學內容，其他亦有運用聽能與說話訓練的電腦輔助系統、音韻覺識訓練、音樂治療來教導聽損個案學習語言技巧。最後，目前有許多科技輔具和應用軟體，可以作為聽力檢測和訓練的工具，來增強聽損個案的學習效果。

## 問題討論

1. 造成兒童聽覺損失的原因有哪些？
2. 您是否贊成聽損者學習手語？原因是什麼？
3. 聽覺口語法的教學重點有哪些？
4. 語調聽覺法的教學重點有哪些？
5. 您覺得音樂治療能對聽損個案產生療效嗎？原因是什麼？

# 推薦影片

1. 德國：《走出寂靜》（*Beyond Silence*）。
2. 美國：《悲憐上帝的女兒》（*Children of a Lesser God*）。
3. 韓國：《熔爐》（*Silenced*）。
4. 馬來西亞：《富都青年》（*Abang Adik*）。
5. 臺灣：《聽說》（*Hear Me*）。

# ❀ 參考文獻 ❀

**中文部分**

吳振吉（2015）。**遺傳性聽損**。https://www.ntuh.gov.tw/gene/Fpage.action? fid=565

李芃娟（2008）。**聽障學童聽能說話訓練電腦輔助教學系統**。國立臺南大學。

林桂如、洪右真、陳姵樺、馬英娟、林淑芬、陳俐靜、何文君、邱鳳儀（2014）。以
　　家庭為中心的聽覺障礙早期療育：聽覺口語法理論與實務。心理。

國際小耳症研究中心（無日期）。小耳症分級方式。 http://www.microtia.asia/over-
　　view2.html

張秀雯（2019）。**聽障兒童圖片式語音辨識能力測驗**。華騰。

張蓓莉（1989）。聽覺障礙學生之語言能力研究。**特殊教育研究學刊**，**5**，165-204。

教育部（2013）。**身心障礙及資賦優異學生鑑定辦法**。作者。

陳小娟、李國熙、李宗憲、羅意琪、劉樹玉、羅敦信、張秀雯、林玉霞、劉秀丹、黃
　　玉枝、管美玲、劉俊榮、李芃娟、鄧菊秀、邢敏華、陳怡慧、劉殿楨、黃仲鋒
　　（2018）。**聽覺障礙**。華騰。

陳怡惠 （2014）。音韻覺識教學對學前聽覺障礙兒童音韻覺識與早期中文閱讀能力之
　　影響。**特殊教育學報**，**6**，31-52。

雅文兒童聽語文教基金會（無日期a）。什麼是聽覺口語教學法。https://www.chfn.org.
　　tw/service/learn/12

雅文兒童聽語文教基金會（無日期b）。**雅文創辦人倪安寧女士**。https://www.chfn.org.
　　tw/about/index/about

黃仲鋒（2018）。人工電子耳。載於陳小娟（總校閱），**聽覺障礙**（頁
　　11-1～11-20）。華騰。

黃秀溫、唐薇（編譯）（無日期）。**身為一名聽障者，要使用手語還是口語？** https://
　　ttod.flow.tw/hearing-impaired-language/

劉秀丹、邢敏華（2018）。聽力損失者的語言、溝通模式與相關教學系統：手語。載
　　於陳小娟（總校閱），**聽覺障礙**（頁 8-1～8-27）。華騰。

劉殿楨（2018）。助聽器。載於陳小娟（總校閱），**聽覺障礙**（頁 10-1～10-23）。

華騰。

劉樹玉、羅意琪、羅敦信、張秀雯（2018）。聽覺功能評估。載於陳小娟（總校閱），聽覺障礙（頁 3-1～3-66）。華騰。

蔡素娟、戴浩一、劉世凱、陳怡君（2022）。臺灣手語線上辭典（中文版第四版）。國立中正大學手語語言學臺灣研究中心。https://twtsl.ccu.edu.tw/TSL/

衛生福利部（2022）。身心障礙者輔具費用補助辦法（身心障礙者輔具費用補助基準表）。作者。

衛生福利部國民健康署（2015）。什麼是人工電子耳？ https://www.hpa.gov.tw/Pages/Detail.aspx?nodeid=829&pid=4603

衛生福利部國民健康署（2023a）。新生兒聽力篩檢。https://www.hpa.gov.tw/Pages/Detail.aspx?nodeid=515&pid=542

衛生福利部國民健康署（2023b）。如何發現嬰幼兒聽力損傷：嬰幼兒聽力篩檢。https://www.hpa.gov.tw/Pages/Detail.aspx?nodeid=515&pid=522&sid=542

賴俞靜、劉惠美（2014）。電腦輔助教學系統對提高國中聽覺障礙學生聽辨能力及語詞清晰度之成效。https://www.tcda.org.tw/3090

醫學百科（無日期）。耳的結構。http://cht.a-hospital.com/w/%E8%80%B3


## 英文部分

American Academy of Pediatrics. [AAP] (2021). Newborn hearing screening and your baby. *Pediatric Patient Education*. https://doi.org/10.1542/peo_document074

American Psychiatric Association. [APA] (2013). *DSM-5 table of contents.* https://www.psychiatry.org/File%20Library/Psychiatrists/Practice/DSM/APA_DSM-5-Contents.pdf

Asp, C. W. (1985). The verbotonal method for management of young, hearing-impaired children. *Ear and Hearing, 6*(1), 39-42.

Davis, W. B., Gfeller, K. E., & Thaut, M. H. (2008). *An introduction to music therapy: Theory and practice* (3rd ed.). American Music Therapy Association.

Estabrooks, W., Morrison, H. M., & MacIver-Lux, K. (2020). *Auditory-verbal therapy: Science, research, and practice*. Plural.

Gfeller, K. E. (2009). Music and cochlear implants: Not in perfect harmony. *The ASHA Lead-*

*er, 14*(8), 12-13.

Gfeller, K., Driscoll, V., Kenworthy, & Voorst, T. V. (2011). Music therapy for preschool cochlear implant recipients. *Music Therapy Perspective, 29*(1), 39-49. https://doi.org/10.1093/mtp/29.1.39

Kolata, G. (2024). *Gene therapy allows an 11-year-old boy to hear for the first time.* https://www.nytimes.com/2024/01/23/health/deaf-gene-therapy.html

Moein, N., Khoddami, S. M., & Shahbodaghi, M. R. (2017). A comparison of speech intonation production and perception abilities of Farsi speaking cochlear implanted and normal hearing children. *International Journal Pediatric Otorhinolaryngology, 101*, 1-6. https://doi.org/10.1016/j.ijporl.2017.07.018

Owens, R. E., & Farinella, K. A. (2024). *Introduction to communication disorders: A lifespan evidence-based perspective* (7th ed.). Pearson.

PsychDB. (2021). *Speech sound disorder (phonological disorder).* https://www.psychdb.com/child/communication/speech-sound-disorder

Tye-Murray, N., Spehar, B., Sommers, M., Mauzé, E., Barcroft, J., & Grantham, H. (2022). Teaching children with hearing loss to recognize speech: Gains made with computer-based auditory and/or speechreading training. *Ear Hear, 43*(1), 181-191. https://doi.org/10.1097/AUD.0000000000001091

World Health Organization. [WHO] (2023a, Feb 27). *Deafness and hearing loss.* https://www.who.int/news-room/fact-sheets/detail/deafness-and-hearing-loss

World Health Organization. [WHO] (2023b, March 2). *Primary ear and hearing care: Training manual.* https://iris.who.int/bitstream/handle/10665/366334/9789240069152-eng.pdf? sequence=1

# 第十一章　腦性麻痺與溝通障礙

　　腦性麻痺（CP）個案是神經性言語障礙的主要對象，也是學校和身心障礙機構中經常需要面對的個案。CP個案因其損傷部位和嚴重性不同，所形成的言語或語言障礙也不盡相同。本章主要說明 CP 的定義、發生率、發生原因、CP個案的溝通問題、溝通問題評估、介入策略。

## 第一節　腦性麻痺的定義和發生原因

### 一、腦性麻痺的定義

　　Sachdev（2021）指出，腦性麻痺是一群障礙的通稱，她及美國疾病控制和預防中心（Center for Disease Control and Prevention [CDC], 2023）也都指出，CP是指個案因為不正常的腦部發育或發育中的腦部受到損傷（abnormal brain development or damage to the developing brain），導致動作控制的異常，包括：移動及維持平衡和姿勢的困難。

　　CP 經常發生在出生時或生命早期，若出生時就有，稱為先天性 CP（congenital CP），若出生後才有，則是後天性 CP（acquired CP），大多數人是屬於前者（Sachdev, 2021）。CP 是一種非進行性的障礙，也就是腦部損傷不會隨著個案成長而更壞，但因腦部損傷帶來的症狀卻可能時好時壞。CP 是造成兒童期身心障礙的最主要原因之一，也會伴隨抽搐（seizure disorder）和智能障礙，他們也會有學習困難及視覺、言語、聽力和語言問題，以及脊柱和關節問題（脊柱側彎和關節攣縮）（CDC, 2023）。Hallahan 等人（2012）指出，CP 個案因為腦部傷害，除了會造成動作和姿勢異常外，還有心理、癲癇（seizure）和情緒或行為的異常，是一種複雜的障礙，部分的個案非常輕微，但有些卻是非常嚴重，因此是一群異質的團體。有相當高比率的 CP 兒童除了動作異常外，還伴隨學習困難、視覺和知覺異常、言語問題、情緒和行為問題，以及認知障礙，亦可能

合併以上幾種異常的現象，因此他們會出現流口水且臉部表情扭曲的現象。大多數CP兒童的平均智力低於一般兒童，但有少數的智能甚至能達到資優水準。

教育部（2013）公布的《身心障礙及資賦優異學生鑑定辦法》第7-1條所稱之「腦性麻痺」，指的是「腦部發育中受到非進行性、非暫時性之腦部損傷而顯現出動作及姿勢發展有問題，或伴隨感覺、知覺、認知、溝通、學習、記憶及注意力等神經心理障礙，致在活動及生活上有顯著困難者。」

由以上三種定義可知，CP是一種腦部在出生前、中、後，以及之後兒童早期腦部受損所導致的非進行性動作障礙，而言語產出過程也需要神經和肌肉的活動，因此CP個案可能伴隨有溝通障礙和其他感官與學習上的障礙。

## 二、腦性麻痺發生的原因

CP的發生率約為2～5%，在臺灣約有超過一萬名的個案（鄭靜宜，2013），整體而言，男多於女，男女的比例約為4：1。CP發生的原因並不是十分清楚，但多數的研究支持可能是產前、產中和生產後之立即感染、出生時的傷害和腦部缺氧所造成，因此早產兒很容易發生CP。嬰幼兒在出生後的前幾年若發生嚴重的疾病，例如：腦膜炎、身體的創傷、嚴重脫水導致腦部受損，便容易造成CP。先天性CP兒童在子宮時，其腦部發育便已受到損傷，在出生的前幾個月可能未被發現，有70%的CP兒童是屬於先天的，另外20%的CP兒童是在分娩過程中造成的腦部損傷。在大多數情況下，先天性CP的病因是未知的，其可能造成風險的原因有以下幾種（CDC, 2023）：

1. 體重過輕：新生兒的體重少於2,500公克，甚至低於1,500公克，提高患有CP的風險。
2. 早產：雖然目前有關新生兒照護的技巧較過去進步，三十七週前出生的嬰兒，甚至更早到三十二週出生，患有CP的風險也會提高。
3. 多胞胎：母親懷有雙胞胎，甚至是三胞胎，其中一人在產前或產中已死亡，會提高存活嬰兒患有CP的風險，但多胞胎經常較有體重較輕和早產的問題。
4. 助產的技術：母親接受不孕症治療，會提高嬰兒患有CP的風險，因為不孕症治療常會有多胞胎和早產的問題。

5. 在懷孕期間受到感染：包含水痘、風疹、巨細胞病毒（皰疹型病毒）、弓形蟲感染症（由寄生蟲引起，其寄生在貓糞或未經煮熟的肉類中），以及其他無法檢測的懷孕婦女之胎盤或胎兒感染，都被認為是發育性腦損傷之重要原因。

6. 重度黃疸：黃疸是由過量的膽紅素在血液中所引起。通常肝臟會將膽紅素過濾掉，但新生兒的肝臟需要幾天時間來啟動這個作用。在大多數情況下，光療法可以清除黃疸，不會影響嬰兒健康。只有在極少數情況下，嚴重且未經處理的黃疸會損傷嬰兒的腦細胞。若母親和嬰兒之間的 Rh 血型不相容（指母親的身體會產生破壞胎兒血細胞的抗體），而導致嬰兒黃疸，會再造成嬰兒腦部的損傷。

7. 母體本身的醫療狀況：若母親患有甲狀腺問題、智力障礙或癲癇發作，其生出患有 CP 孩子的風險較高。

8. 生產過程的併發症：生產時發生的生理創傷和代謝異常，分娩過程中胎盤脫落、子宮破裂或臍帶問題等，可能會擾亂嬰兒的氧氣供應並導致 CP。

## 三、腦性麻痺的發生原因和分類

Owens 等人（2015）指出，CP 個案依其損傷的部位而各有不同，通常發生在運動皮質、錐體束系統（pyramidal system）、外錐體束系統（extrapyramidal system）、小腦（自主運動的神經系統可以分為錐體束、外錐體束，以及外加的上運動神經元路徑）。大多數 CP 個案可分成痙攣型（spasticity）、徐動型（athetosis）、失調型（ataxia），各占 60%、30% 和 10%。其他還有低肌肉張力和肌肉強度弱，稱為低肌張力（hypotonia），以及高肌肉張力，其肌肉僵直（myotonia）難以鬆弛，稱為高肌張力（hypertonia）。痙攣型和高肌張力的個案會產生拮抗關節的彎曲，肌肉張力過度增加，有「過度的牽張反射」（hyper stretch reflex），肌肉動作像是抽筋、用力、僵直和緩慢；徐動型個案在情緒激動或壓力情況下特別容易發生不自主的身體運動，在進行自主運動時特別明顯，是腦幹受傷所引起，身體成拱型；失調型的個案，其身體肌肉無法協調合作產生正確的動作，是小腦受到損傷，行走特別困難像是喝醉酒，內耳有關平衡的資訊無法傳達給個體，對個體的肌肉力度、效率和方向造成困難。

Brookshire（2003）指出，控制說話肌肉的中樞神經系統和周圍神經系統受到傷害引起的言語障礙，一般統稱為「呐吃」，此須與較高階中樞神經功能異常造成動作規劃和動作順序錯誤的言語失用症，以及語言單位處理異常有關的失語症做區分。

Darley等人（1975）列出六種類型的呐吃，其所損傷的部位如下（引自Brookshire, 2003）：

1. 痙攣型呐吃（spastic dysarthria）：上部運動神經元（直接或間接啟動的路徑）。

2. 徐動型呐吃（flaccid dysarthria）：下部運動神經元（腦和脊神經及肌肉本身）。

3. 運動失調型呐吃（ataxic dysarthria）：小腦或小腦控制的迴路。

4. 運動不及型呐吃（hypokinetic dysarthria）：錐體束外系統（通常是巴金森氏症）。

5. 運動過度型呐吃（hyperkinetic dysarthria）：錐體束外系統（舞蹈症和肌肉張力障礙）。

6. 混合型呐吃（mixed dysarthria）：多重的大腦和迴路的損傷。

鄭靜宜（2013）指出，CP是造成發展性呐吃（developmental dysarthria）的主因，是其腦部受損時間發生在神經系統成熟之前，所產生的言語問題，稱為發展性呐吃。和說話有關的神經系統之發育包括了運動神經和大腦語言皮質區的發展，CP 個案通常在語言發展過程就已受到因運動神經損傷造成的不能言語，因此會產生多面向的語言學習困難。Owens 等人（2015）直指呐吃者並非語言障礙（language disorder），許多呐吃者的語言結構、詞彙使用、閱讀理解是正確的，並在生理的限制下有效的與他人互動。當然，還有些呐吃者可能會有以下的溝通問題，作者參考Mecham（2002/2009）的溝通問題觀點及Brookshire（2003）呐吃的觀點，分別說明CP 個體的言語—語言問題。

## 第二節　腦性麻痺個案的溝通問題和言語特徵

Brookshire（2003）將呐吃分為五大類：痙攣型、運動不及型、運動過度型、運動失調型和弛緩型。Freed則將呐吃分為弛緩型、痙攣型、單側上運動神經元、運動失調型、運動不及型、運動過度型和混合型（Freed, 2000/2007, 2012/2014）。因此不同的學者在分類上，亦有些許的差異。

以下有不同學者分別說明 CP 個案的溝通問題，分別加以說明。

### 一、Mecham 的觀點

Mecham（2002/2009）指出，CP 個案的溝通問題，包括：言語機轉功能的缺陷、聽覺障礙、語言障礙、流暢度、構音、清晰度等問題，說明如下。

#### （一）言語機轉功能的缺陷

1. 生理結構和功能的異常：CP個案的肋廓扁平、胸骨凹陷、九到十二對肋骨突出，喉頭的位置過高或過低，形狀和大小可能也不正常。因為肌肉對甲狀軟骨不當的拉扯使得喉結特別突出，會出現上頷過高，舌頭或下頷的肌肉攣縮和咬合不正等情形。
2. 因為呼吸作用不正常，產生反向呼吸的情形，或因為肌肉痙攣或高張力造成咽部阻塞，喉部聲帶肌肉不協調或張力過強，導致聲門的開合不正常或施力不當。

#### （二）聽覺障礙

CP 兒童中有 6～16%高比率的重度聽障情形發生，這是因為胎兒容易出現黃疸，以及母嬰之間的 Rh 血型不相容所造成。

#### （三）語言障礙

大多數CP兒童有機體障礙，甚至是多重障礙，影響他們探索環境，也侷限了他們的生活經驗，因而對認知能力發展有不良的影響。部分個案也可能因為中樞神經系統受到損傷而導致智能障礙，使得語法和語意的發展受到嚴重的限制。而早期語言的學習大多以音韻方式呈現，CP兒童因為發音不正確或難以發音，而影響語言的練習，前述之多種因素連帶的影響其閱讀和寫字。

## （四）流暢度問題

因為不正確的呼吸和啟動說話肌肉的問題或肌肉顫動，CP 兒童常出現不流暢的言語，他們口吃的情形是一般語言障礙兒童的二倍。

## （五）構音問題

Mecham（2002/2009）指出，CP 兒童在構音方面最困難是：(1)使用舌尖的語音和需要精細動作的語音；(2)省略音的情形高於替代音和扭曲音；(3)舌頭的運動是所有發音器官中最困難的；(4)輪替運動進行遲緩；(5)功能性構音缺陷；(6)發音的困難度與前後相鄰的音有關；(7)尾音比中間音和音首來得困難；(8)構音清晰度不佳，其省力的構音習慣，導致語音不清晰。他們經常發生的音韻歷程，包括：省略子音群（雙子音或多子音）中的困難子音、塞音化、前置化和子音省略。

## （六）清晰度問題

因為構音扭曲或發生音韻歷程，重音在第一個音節的音容易發不清楚，加上描述時過於冗長或無法切中要點，都會降低 CP 個案的語音清晰度。在各類型 CP 兒童中，以徐動型的語音清晰度最差。

## 二、Brookshire 的觀點

Brookshire（2003）由語言病理學的角度，認為 CP 個案的語言障礙緣起於中樞神經和周圍神經的損傷，其言語障礙屬於運動神經障礙的一種，此稱為吶吃。但如果個案伴隨智能障礙或其他感官知覺障礙（例如：聽障、視障或其他感官障礙），便會產生語言障礙。根據 Brookshire 之說明，吶吃可分為五大類，作者將各類型吶吃的言語特徵，整理成表 11-1。

Brookshire（2003）認為，除了表 11-1 中的五種吶吃之外，尚有症狀較輕微的單側上運動神經元吶吃，其表現出輕微的構音不正確、較慢或正常的語速、正常聲音品質和共鳴、高張力、偏癱和過度反射，這些症狀是假性延髓狀態（pseudobulbar state）的一部分。假性延髓麻痺（pseudobulbar palsy）是因二側皮質延髓束不正常所導致雙側上運動神經元吶吃，其雙側臉部肌肉無力或麻痺，

表 11-1　不同類型呐吃的言語特徵

| 類別 | 痙攣型 | 運動不及型 | 運動過度型 | | 運動失調型 | 弛緩型 |
| --- | --- | --- | --- | --- | --- | --- |
| | | | 快速（舞動） | 緩慢 | | |
| 聲母 | 不精確 | 模糊難區分 | 不精確 | 不精確 不規則的發音錯誤 | 不一致的聲母錯誤發音 不規則的發音錯誤 | 不精確 |
| 韻母 | 扭曲 | | 扭曲 | 扭曲 | 降低語調 | |
| 噪音 | 緊困—粗嘎 連續氣音 | 粗嘎 | 粗嘎 緊困—粗嘎 連續氣音 | 被掐住的感覺，聲音突然停住，緊困—粗嘎 粗嘎 | 粗嘎 | 連續氣音、鼻漏氣、可聽見吸氣 粗嘎 |
| 音調 | 破裂 | 低沉 | 單調 | | | 單調 |
| 流暢度 | | 不恰當的停頓 | 不正常靜默的停頓，音素拉長，音素間距也拉長 | 不正常靜默的停頓，音素拉長，音素間距也拉長 | 音素拉長，音素間距也拉長 | |
| 共鳴 | 過度鼻音 | | 過度鼻音 | | | 過度鼻音 |
| 語調 | 單調低沉或斷裂 | 單調 | 單調 | 單調 | | |
| 音量 | 缺乏大小聲變化 | 缺乏大小聲變化 | 時而大聲時而小聲，或無變化 | 過度的音量變化或單調 | 不規則、過度的音量變化 | 缺乏大小聲變化 |
| 重音 | 減少，過多或無變化 | 減少 | 減少，過多或無變化 | 減少 | 過度，無變化 | |
| 語句長短 | 短片語 | 短而匆促的言語 | 短片語 | 短片語 | | 短片語 |
| 語速 | 緩慢 | 快，無法修正語速 | 時快時慢 | 緩慢 | 過度的語速變化 | |

表 11-1　不同類型吶吃的言語特徵（續）

| 類別 | 痙攣型 | 運動不及型 | 運動過度型 | | 運動失調型 | 弛緩型 |
|------|--------|-----------|-----------|---------|-----------|--------|
| | | | 快速（舞動） | 緩慢 | | |
| 其他 | 痙攣、偏癱、過度反射、假性延髓狀態 | 肌肉緊張、動作緩慢、顫抖、面具臉、佝僂（姿態彎曲） | 不規則構音錯誤、快速且無法持續的非自主運動 | 聲音卡住、緩慢、持續、不可預測和不自主動作 | 動作緩慢、反射減少、意圖性的顫抖，不在常軌上的目標導向動作，過度或不及的動作目標（dysme-tria） | 動作緩慢、反射減少、震顫和萎縮 |

註：灰色網底者為重要的區分性特徵。

流涎和雙側偏癱且動作緩慢。由表 11-1 可以看得出較嚴重的五種吶吃，不論何種類型，都有聲母發音不正確的問題，以及音量和嗓音控制的問題。在重音和語速方面，除了弛緩型吶吃外，其餘四種吶吃也都有困難；語句短是除了失調型吶吃較不容易出現外，其餘四種也都會出現。流暢度則是除了痙攣型和弛緩型外，其餘類型也都有困難。由此很明顯可看出，CP 個案可能在舌頭、喉部肌肉和呼吸系統的協調控制上有困難，若再伴隨智能障礙或其他障礙，則在語言的學習上會更加困難，可說是雪上加霜。

### 三、造成腦性麻痺兒童溝通問題的原因

Solot（1998）認為，CP 兒童的言語產出受到呼吸、發聲、共鳴、構音系統無法協調合作的影響，導致出現吶吃，而根源是言語動作的範圍、強度、精確度、速度、張力、穩定度、協調問題，說明如下。

### （一）呼吸

呼吸牽涉到頭部、頸部和胸腔的肌肉，空氣由鼻子吸入，進入咽喉，到達肺，若喉部的開合未與橫膈膜運動協調，則會產生不正常的呼吸，常見於痙攣

型 CP 個案的胸腔肌肉無法活動、低肌張力 CP 個案的呼吸深度和呼吸量不足、徐動型 CP 個案的肌肉不自主運動導致呼吸循環不規則和呼吸肌肉運動順序被干擾。CP 兒童主要的呼吸問題有氣流量不足、速度過快、呼氣動作控制不良和不同肌肉群無法協調，例如：在吸氣時上胸部肌肉凹陷，導致反式呼吸（reverse breathing），肋骨和胸骨塌陷，若未治療則吸氣量不足；或因頸部和肩部的屈肌力度不足，導致過度的肚子呼吸（belly breathing），而不是正確的腹式或橫膈膜呼吸（abdominal or diaphragmatic breathing）。

## （二）發聲

發聲是指氣流通過喉部，能提供口語的能量來源。音量是由氣流流過的速率（velocity）所決定，音高的變化是要調整聲帶的長度、緊張度和厚薄，然而聲帶麻痺（vocal paralysis）或長了東西〔例如：聲帶結節（vocal nodule）〕導致聲帶閉合不完全，易造成聲音沙啞或有氣息聲。音高、音量和聲音的品質都取決於 CP 的類型和程度，例如：如果聲帶閉合太緊，聲音如同被掐住；如果聲帶無法閉合，則氣流由聲門漏出，就會產生氣息聲。此外，若平靜呼吸時肌肉協調不良，也會有氣息聲，若缺乏有效率的呼吸，氣流不穩定則無法持續發聲。其他還有顎咽閉鎖不全（velopharyngeal incompetence or insufficiency）會產生過度鼻音、補償性的構音錯誤、音量減少和沙啞的嗓音。

## （三）構音

CP 兒童通常上牙齦發育不全，也因為肌肉顫動無法提高下顎，導致嘴巴開開，如果在自主運動損傷（dyskinesia），則會產生不自主運動，例如：抽搐或痙攣，或者伸肌外突（extensor thrust）。在過度的肌肉反射動作情況下，口腔動作隨意啟動，可能造成下顎過度伸展（extension），即便舌頭功能正常，但受限於下顎動作的困難，也會導致發音不正確；此外，舌頭可能過度突出，或是舌頭運動的範圍、力度、速度和協調等都有障礙，有時是唇無法閉合留住氣流來發出聲音，因此除了語音不精確，也有語調的問題，例如：過多的重音或沒有重音、語速慢、音素的間距拉長、音量過度變化或沒有變化。

除了上述的言語問題，Solot（1998）也認為，CP 兒童可能因為認知、知覺和情緒問題影響了語言發展，加上不清楚的語音可能較難得到成人的回應，以

致於減少被增強的機會。另外，身體上的限制也減少他們與同儕的互動，因此也會有語言問題。

鄭靜宜（2013）指出，呐吃的個體主要是因為疾病，導致在執行言語動作的神經和肌肉系統發生病變，肌肉出現衰弱、麻痺、無力或痙攣，因此說話動作無法被正常執行，個體便無法說出清楚的語音，而這只是神經病變出現症狀的一部分，連帶的也會影響吞嚥、呼吸、步行、姿態的維持和舉手投足任何的肢體動作。

## 第三節　腦性麻痺個案的語言評估

Hallahan 等人（2012）指出，CP 兒童除了動作異常，可能伴隨知覺和行為缺陷，因此一般的評估測驗可能不適合他們。Duffy（2020）指出，CP 個案的言語產出動作過程受到一個以上的損傷，因此在呼吸、發聲、共鳴、構音、語調節律等各方面都可能受到影響。根據鄭靜宜（2013）、Mecham（2002）、Brookshire（2003）和本書作者的經驗，CP 個案的言語－語言評估可由下列五個方面來進行。

### 一、言語生理機轉評估

了解說話生理機轉的結構和功能是否正常，分為呼吸、發聲（voicing）、構音和共鳴。

### （一）呼吸

#### 1. 測量肺活量

可以使用專業的電子肺量計測量，成年男子的肺活量約為 4,800cc，成年女子的肺活量則約為 3,200cc，六至十二歲兒童的肺活量約為 1,000～1,500cc，肺活量與身高和身體健康情形有關。若無專業設備，可以吹熄蠟燭或吹氣球活動來進行觀察。

## 2. 呼吸型態

正確的呼吸型態是橫膈膜－胸式呼吸（diaphragmatic-thoracic breath），呼吸時除了用到胸部肌肉，還有腹部肌肉。呼氣時，呼氣肌收縮，橫膈膜上推，肋骨被下拉，肺容積變小，肺內壓力變大，氣流溢出後，肺內形成負壓，有助於下一次吸氣。吸氣時，橫膈膜向下和向前收縮，吸氣肌協助使胸廓上抬和向下拉長，肺容積因此變大，肺內壓力變小，有更多的氣流進入肺部。93%的 CP 個案在吸氣時會暫停，一般人只有 63%的人會暫停（Bellaire et al., 1986），CP 個案要擁有正確的呼吸型態則需要經過訓練。

## 3. 言語呼吸群（breath group）

是指一次呼吸可說出的音節數。個體可以說出的音節數愈多，表示其呼吸支持說話的功能愈好，一般成人約為二十多個音節。CP 個案數數和讀一般文章，則分別約只有 4 和 5.1 個英文字；然經過訓練，之後在數數時可以達到 21 個字，讀文章可以達到 9.8 個英文字。減少說話時的暫停和增加言語呼吸群，可以使 CP 個案的言語聽起來較為自然（Bellaire et al., 1986）。

## 4. 口部壓力

鼓頰時以手輕壓，若可以支撐則表示口內壓力足夠。

## （二）發聲

通常以平時的音高發出母音，可用 /a, i, u, e/ 計算最長發聲時間，成人應可維持在十至十五秒，兒童為五秒以上便可。告訴個案，我們要來練習說「啊（/a/）」，使用一般的音量和音高，說得愈長愈好，然後加以計時。若為年幼兒童則可以說：「現在你和老師比賽說『啊』，看誰說得比較長哦！你先和我一起說說看，好，開始！」便開始計時。

## （三）嗓音品質

嗓音品質可使用聲學儀器進行分析，一般而言，可使用量尺法以主觀知覺方式評量嗓音的品質，例如：(1)輕微異常；(2)輕度異常；(3)中度異常；(4)重度異常；(5)嚴重異常。異常現象包括：嗓音中有氣息聲、粗嘎聲、沙啞聲（前二者的綜合）、緊困聲、耳語聲、語音中途停頓（只剩氣息）。

## （四）顎咽功能

先觀察小舌結構，由交談中的知覺評估個案是否說話帶有過重的鼻音，鼓頰時以手輕壓是否鼻下會出現氣流，若有氣流表示有鼻漏氣的情形（可將小鏡子放於鼻孔之下，若鏡面有霧氣）。再請個案由 1 數到 10，聽聽語音中是否帶有鼻音，亦可請個案發出 [m, n, ŋ]，測試其是否可正確發出鼻音。

上述評估亦可參考本書第四章有關言語－動作機轉的結構和功能（如附錄五）進行評估。

## （五）構音正確度

1. 計算語音清晰度：由蒐集的語言樣本計算語音清晰度。Yorkston 與 Beukelman（1984）提出二種計算語音清晰度的方法，一是使用五十個單音節字或二十二個句子（由五至二十二個詞彙組成），請個案讀出，再由一到二位對個案不熟悉的人寫下可以辨識的字或詞彙，以清晰可辨識的音節或詞彙除以語言樣本的總音節數或詞彙數，再乘以百分之百（可辨識的音節或詞彙數／總音節數或詞彙數×100%）加以計算。Shriberg 與 Kwiatkowski（1982）使用聲母的正確率（PCC），即正確聲母數除以整體聲母數，清晰度在 50%以下為重度，50～65%為中重度，65～85%為中輕度，大於 85%為輕度構音障礙。

2. 錯誤音型態：請根據本書第四章的音韻歷程分析表，分析歸納個案的構音錯誤型態或個案使用的音韻歷程。

## 二、語言能力評估

請根據本書第七章有關語言障礙的評估，了解 CP 個案在語言理解和表達的情形，或由語言的形式、內容和功能來評量。

## 第四節　腦性麻痺個案的語言介入

因為 CP 個案的主要溝通問題是在音韻方面，而語音清晰度是聽者所能辨識的語詞和音節數，因此這與溝通夥伴是否能夠理解個案所傳達的訊息有密切的

關係。De Bodt 等人（2002）使用線性迴歸模式，以構音、嗓音音質、鼻音性與調律來預測吶吃者的語音清晰度，發現語音清晰度和構音的相關最高，其次是調律，再來是嗓音，而和共鳴性的相關最低。由此可知，對於說英文的吶吃者而言，構音和調律二因素對語音清晰度有顯著的影響；而中文屬於聲調語言，聲調對於辨別語意的功能極大，因此推論對於說中文的吶吃者而言，構音和調律應該也是十分重要。在進行 CP 個案的教學訓練時，這二項是絕不可忽略的部分。Owens 等人（2015）認為，CP 的介入最好採用系統性的方法，要以整體口語輸出系統為目標，不是頭痛醫頭、腳痛醫腳的單一器官或組織的訓練。以下分別介紹 Solot（1998）、Mecham（2002）、Brookshire（2003），以及 Owens 等人（2015）的治療方法。

## 一、Solot 的治療方法

Solot（1998）認為，CP 兒童的溝通效能首先要考慮生理和發展的情況，因為各個系統之間會相互影響，因此設計治療方案時必須整體考量，不可一次只訓練一個次系統。可先透過適當的擺位和抑制不正常的反射動作，維持姿勢的穩定。如果兒童的肌肉過度伸展，嘴巴就會開開；如果頸部和軀幹的位置不正確，便無法產生正確的呼吸、發聲和發音。為了增進最佳運動效果，放鬆活動（relaxation activity）是最重要的，建議由無力到自主動作、整體到特定動作、被動到阻抗動作，以及發展控制新動作的耐受度，介入方法可由以下幾方面著手：

1. 呼吸訓練：快速吸氣之後，緩慢且控制的吐氣，在吐氣的高峰開始說話，練習說韻母、單音節字、多音節字、片語和句子，逐漸提高對發聲和構音的要求。調整每一口氣說話的適當音節數，語音會最清楚，教導個案在文法單位處換氣說話。

2. 在侷限的音量和音高範圍內，減少發聲開始時喉部的緊張程度，來增進聲音的品質。

3. 嚴重的顎咽閉鎖不全必須透過手術，或上顎蓋板改善過度鼻音情形，輕微的可以透過由無聲子音開始練習。

4. 構音的練習必須按照兒童的生理年齡和發展情況，教導發音方法和部位，有時受限於口腔結構的功能，兒童只能發出可接受的近似音。兒童如果

有嚴重的語音不清晰情況，則建議使用溝通輔具的協助。Solot（1998）也建議，CP 兒童應視其需要進行語言治療和溝通訓練。

## 二、Mecham 的腦性麻痺兒童之溝通障礙訓練方案

Mecham（2002）由溝通障礙的角度，建議對 CP 兒童的訓練可由增進對溝通訓練反應開始，因此有準備度訓練；其次，CP 兒童的溝通問題在於音韻系統的清晰度，清晰度牽涉到神經系統與肌肉動作的執行。此外，他的書中也非常重視並鼓勵 CP 兒童與他人進行溝通（Mecham, 2002/2009）。作者根據 Mecham 的重要觀點，再加以補充說明如下。

### （一）溝通前的準備度訓練

### 1. 動作方面

(1)頸部、軀幹和機體的穩定性有助於減少說話肌肉張力的溢流（overflow）：溢流是指一側肢體關節和肌肉發生動作時，另一側肢體所產生同步非自主性的肌肉活化情形，因此對於肌肉顫動的兒童非常重要。下頷突出的兒童可使用綁帶控制，讓孩子躺或坐在椅子上，之後用沙包穩定肩部及其他大肌肉群，或說話時一手用力握著另一手，此有助於放鬆和減少臉部的怪異表情。

(2)阻抗訓練：分為混亂（confusion）和促發（facilitation），前者是當某一部位運動時，另一部位會產生混亂的動作，例如：兒童無法把舌尖上抬時，叫他把頭往後頂住一個抗力，此時舌頭便可上抬。當個案企圖對抗阻力時，比較能控制隨意動作，但如果有其他方法可以使用時，儘量少用阻抗的方法。

(3)訓練吞嚥和減少流口水：使用特製奶嘴，將吸管放置於奶嘴中，訓練從奶嘴改用吸管吸取流質食品。餵食時，先把食物放在舌頭後端，再逐漸往前挪動，先由躺著進食，逐漸改變成半躺和坐姿。之後在兒童的胸前放枕頭，肚子趴在檯面（硬的板子），手放在檯面，並在前面放置鏡子，讓兒童看著自己進食以增加吞嚥食物的能力。減少流口水，則先要讓兒童儘量保持嘴唇的乾爽，口水流出來時，要求兒童吸吮，把口水送到舌

頭後部；吃水果時，要求孩子看著鏡子讓果汁由舌根流下去，不可由嘴唇流出來，可用前門和後門來比喻。

(4)鼻音過重的訓練：鼻音過重表示軟顎有痙攣或弛緩現象，以吹氣遊戲進行訓練，此部分可和物理治療師合作。「嘴巴開開」常常發生在肌肉顫動的CP兒童身上，他們經常有下頷過度下壓、舌頭外露和舌尖下垂的現象，此稱為「伸肌外突」，應提醒個案閉上嘴巴或訓練嘴巴開合動作。

## 2. 知覺和概念方面

(1)訓練注意力：先減少環境中的干擾刺激，再逐漸恢復干擾刺激強度，或開始時完全使用聽覺或視覺刺激訓練，先由辨識、區分、分類到抽繹要素（例如：「小明是五年級，小英是五年級，小明跟小英都是幾年級？」），逐漸訓練個案注意教學者呈現的刺激。

(2)聽知覺：

①聲音和物件：由熟悉的語詞開始，先準備六種會發出聲音的玩具和其圖片，例如：小狗、搖鈴、娃娃、火車、汽車、鼓。由聽、摸和玩來了解不同物件會發出不同聲音。之後，教學者發出聲響，兒童找出該物件，或教學者發出聲音，兒童說出名稱，也可由教學者發出聲音，兒童指認圖片。

②區辨音素：使用圖片訓練「兔子」和「褲子」的區分，此例請參考本書第六章。

③形成概念：由冰淇淋、泡麵、果汁中，選出哪一個是熱的？由水彩、鉛筆、紙中，選出哪一個可以用來寫字？以這樣的方式幫助兒童形成概念；請注意教學範圍要符合兒童經驗。

(3)社交和動機方面：教導家長鼓勵 CP 兒童獨立、結交朋友，不要過度保護兒童、提供豐富的探索經驗和正常的社交機會，教師和家長都要鼓勵溝通夥伴耐心傾聽，以減少孩子挫折。

## （二）直接訓練

1. 一般訓練策略：在實際生活中訓練，將情境和溝通目標結合，創造愉快生活體驗，但也需要機械式的複習和練習，教導兒童評量自己是否完成動作、其所說的方式和內容是否接近示範者的行為。

2. 語言訓練：(1)教導非口語的溝通，例如：手勢、表情和動作，必要時可使用溝通輔具（請參閱本書第十三章）；(2)依照年齡進行口語訓練：二歲時訓練單詞，例如：奶嘴、尿布、爸爸和媽媽；二歲半時訓練雙詞組合，例如：爸爸車、喝水；三歲時訓練組合三至四個詞，例如：我要喝水，此時也要注意發音的清晰度；三歲之後就是教導完整句子。訓練時，應注意兒童的詞彙量和句法的發展，例如：否定句和疑問句等不同的句型是否會使用，語言的訓練請參閱本書第七章。

3. 有助於 CP 兒童的溝通能力發展之技巧：(1)成人使用「示範」技巧讓兒童模仿正確的語言；(2)經常和兒童說話；(3)鼓勵自發性說話，只要兒童有溝通反應，就給予正向回饋，回答兒童的疑問，且當兒童描述任何事件時，都給予正向回饋並複述；(4)擴展兒童的語句。

4. 教導核心詞彙：教學者需要教導哪些詞彙呢？判斷標準包括：是否合乎兒童發展水準、是否合乎兒童經驗和興趣，以及兒童是否可以理解；可由重要他人提供建議，選擇重要的核心詞彙（core vocabulary）。作者建議參考中央研究院授權，由中華民國計算語言學學會（無日期）發行之「中研院中文核心辭彙表」（The Sinica Chinese Core Vocabulary），其包含 1,121 個中文高頻詞，有詞類、書面語與對話語料庫各詞彙之使用次數、頻率、詞頻排序、英文翻譯、中文例句與英文例句。鄭靜宜（2013）著作的附錄十四也提供華語常用語句材料，教學者可以作為參考，並依照前述六項原則，選取適合個案使用的詞彙進行教學。

5. 一般的教學方法對重度 CP 兒童的效益較小，建議搭配使用行為分析訓練進行教學。

6. 讀寫發展：兒童需要發展先備技能，例如：排序和整合感官能力（聽和說、看和寫、說和寫、說和看、記憶整合等），再訓練音韻覺識（請參閱本書第六章）的能力。教學識字和閱讀之前，先要克服眼動、視知覺、認知問題，且要擴展兒童生活經驗，以便兒童閱讀時較容易理解，也可以用故事來進行閱讀教學，本書附錄一的《老鼠理髮師》也是很不錯的教材。寫字則先由抄寫入手，必須注意擺位、準備助寫筆和紙張，作者建議可採用練習書法用的水寫紙，讓兒童沾水由塗鴉開始，描繪各種線條，再進入筆畫練習，最後才練習寫字。

7. 呼吸訓練：和物理治療師合作，可防止個案的胸廓變形，練習各種快慢深淺的呼吸方式，並練習吹氣控制方向，以一至三磅沙包放在個案下腹部（阻抗作用，練習呼吸）。

8. 嗓音控制：學習肌肉放鬆方法和自我暗示放鬆法（注意自己的呼吸和心跳）。

9. 流暢訓練：減少緊張和焦慮來增加流暢度（請參閱本書第八章和第九章）。

10. 構音清晰度訓練：教導兒童放慢說話速度，並使用傳統的構音訓練方式增加語音清晰度（請參閱本書第六章）。

11. 聽覺介入：(1)訓練兒童讀話能力，可先由兒童感興趣的材料著手，把聲音以擴音器放大，再逐漸回到一般的音量，作者建議由語詞，到片語和句子漸進式的訓練；(2)如果個案有嚴重聽力障礙則可以教導手語。

12. 沒有口語，或口語極難讓聽者了解的個案，則建議使用溝通輔具。

Mecham（2002）的介入方法，主要是由動作準備度開始，到言語訓練、語言訓練和全面性的溝通訓練。

## 三、Brookshire 的治療方法

依照Brookshire（2003）的建議，吶吃個案的言語治療可以分成間接治療和直接治療二部分。說明如下。

### （一）間接治療

#### 1. 知覺的刺激（perception stimulating）

目的在增加口腔結構知覺回饋的強度和數量。可以使用刷子以刷、觸和晃動方式，以及用冰塊接觸個案的唇、咽壁或軟顎。但除了軟顎部分，目前仍缺乏證據證明知覺刺激有助於個案的言語動作表現。

#### 2. 強化肌肉（muscle strengthen）

藉由訓練較無力的肌肉，可以增進吶吃個案的呼吸、發聲、構音和共鳴作用。雖然直接的證據仍不足，但強化肌肉的訓練對於弛緩型吶吃個案是最適當的方法，因為他們的肌肉無力且只能說出少數清楚的語音。當加強肌肉訓練後，

動作的速度和效率已經達到時，就應該訓練動作的範圍（range）和靈敏度（agility）。

### 3. 修正肌張力（modification of muscle tone）

對於肌肉高張力（hypertonicity）的個案，可使用 Jacobson 的漸進式肌肉放鬆法，協助個案減低肌肉張力；搖晃和咀嚼練習（shaking and chewing exercise）可以幫助說話時放鬆肌肉，也可以使用生理回饋儀以視覺和聽覺訊號教導個案放鬆說話使用的肌肉。對於肌肉低張力的個案則必須要求他用力，若無效時，要求個案說話時試著推或拉一個固定的阻抗物品，例如：推著桌子或椅子（輪椅）把手，或以自己的兩手握住或拉住，就可以增加肌肉張力。

### 4. 呼吸的容量和效率

調整身體姿態、位置和穩定度，可以讓呼吸作用在良好的基本生理機轉狀態下執行，強化呼吸的肌群可以增加肌肉張力，間接使聲門控制和構音清晰度進步，例如：在呼氣訓練時，讓個案慢慢的把吸進的空氣吐出來。在一些間接治療方案中，呼吸訓練往往也是第一階段的目標。

### （二）直接治療

### 1. 發聲（phonation）

(1)首要的是訓練個案有效能的讓氣流進出喉部和拉長說話的音節數。先練習拉長韻母（increase vowel duration），再訓練聲母和韻母結合的音節（CV），拉長的說出單音節，練習說不同的音量（大小聲），強化呼吸的支持。之後再訓練片語，達到一次呼吸的最佳音節數（optimal breath group），亦即一次舒適的呼吸可以說出的最多音節數；逐漸透過訓練，使最佳音節數提升。如果喉部控制因為痙攣而無法達成，可以使用放鬆、按摩喉部，或提供姿勢上的支持，此時可以和聲帶的發聲練習一起訓練。如果是弛緩型吶吃個案，在發聲練習時可使用推和忍住（push and bear down），利用波形圖提示個案放大聲音。

(2)對比重音訓練：訓練喉部強度時，使用以下句子：「小明打小華。」先問個案「誰」打小華，然後請他把完整句子說出時必須加重以強調答案，再依此類推，問小明打「誰」、小明「做了什麼事」。

(3)擴充音調範圍：①發聲時逐漸提高音調和慢慢降低聲調；②逐漸提高音調和慢慢降低聲調時，大聲數數；③說一串音節或字詞時，逐漸提高音調和慢慢降低聲調；④重音對比訓練，強調重要字詞時用力；⑤用誇張的方式提高音調或降低音調說話。

## 2. 共鳴

共鳴是受到口腔和鼻腔形狀大小影響所產生的。CP 個案主要的問題是鼻音過重，也就是在說非鼻音時，咽喉部的聲道沒有閉合，空氣由鼻腔流出。因此，最重要的是教導個案分辨何時發生鼻音過重，且要練習推和忍住的技巧，並加強咽喉部的肌肉張力。但個案若有嚴重的鼻音現象，只能以口蓋板或手術加以解決。

## 3. 構音

吶吃者的構音問題常常是直接治療的重點，他們比一般構音障礙要嚴重些。治療的步驟包括：模仿、誘發（由已會的音引導出不會的音）、語音置位法，並按順序練習聲母和韻母、音節、字詞和句子，當個案的發音位置不夠正確時，可以使用誇張的方法強調發音位置的正確性。如果個案要正確的發出某個音很困難時，可使用漸進修正法，使用類似音來替代正確音，也可以請個案放慢語速，如此可以增加調整發音器官的時間，也讓聽者比較有充裕的時間聽懂內容（請參閱本書第六章）。

## 4. 調律

此部分的訓練包括：語速、大小聲和語調。大小聲和語調部分之前已經說明，放慢語速主要可使用拉長聲音和增加停頓時間來放慢。訓練個案在語言單位，例如：語詞、片語或句子等可適當停頓之處稍做暫停，可以說得比較自然，因為在最佳音節數的訓練時並未考慮此部分。此外，教學者可使用打拍子，或讓個案跟著教學者一起說或使用節拍器（或燈光）加以輔助，也可以讓個案自己用手或腳打拍子，或每說一個字放一顆珠子到杯子裡，或以其他動作來控制語速。其他有關控制語速的輔助器材，還有定速板（由木板做成一格一格），由個案指著一個格子才能說一個詞，用手指移動速度控制語速，或使用口吃者經常使用的聽覺回饋延遲（DAF）來訓練降低語速（Freed, 2000/2007）。

## （三）其他

1. 環境控制和教育：因為教室或治療室裡比較安靜，而且是一對一的溝通，因此教育個案選擇良好的溝通環境和時間，調整室內光線可以照到臉上並調整聽者的位置，讓聽者容易看到個案的臉和聽到個案的聲音，也教導個案判斷或發問（「聽者是否聽清楚了」），若沒聽清楚，則需要放慢語速，做大說話的動作或重新說一遍等。

2. 醫療和手術：如果需要醫療處理，例如：嚴重的鼻音或有其他需要治療的部分，就需要轉介到醫院進行診斷與治療。

3. 溝通輔具：嚴重的 CP 可能導致口語清晰度太低，或完全沒有口語，屬於嚴重溝通障礙，此時即需要溝通輔具的協助，此部分請詳閱本書第十三章有關溝通輔具的說明。

Brookshire（2003）的治療方法強調先加強肌肉張力和呼吸運動的訓練，再直接根據個案的言語問題進行處理和練習，最後注意控制環境以增進溝通效果，必要時可採用醫療手術和溝通輔具。

## 四、Owens、Farinella 與 Metz 的治療方法

Owens 等人（2015）建議，CP 的吶吃個案之訓練，也是需要整合呼吸、發聲、共鳴、構音和語調各個系統，而特別的介入目標在增進呼吸功能，產生清楚的口語，此可以使用暫停／片語化策略（請參閱第八章），在肺內氣流較多時才開始說話，每次說話不要太長，使用短片語且多停頓幾次，這樣可以增加音量和清晰度。對於呼吸肌肉太無力的個案，例如：肌萎縮性脊髓側索硬化症（ALS）和痙攣型CP個案，則使用腹部的束帶來增加呼吸驅動的力度，此可以加強音量和嗓音品質。音量太小者則建議使用訓練嗓音大小的李希爾曼嗓音治療（Lee Silverman voice treatment [LSVT]），以密集式四週的訓練教導個案自我監控音量大小；若顎咽閉鎖不全則需要上顎蓋板。其次，重複練習有意義的詞彙和片語，以及放慢說話速度，可增加語音清晰度，或者亦可使用電子化的上顎蓋板（electropalatography [EPG]，又稱顎電圖），可以提供由電腦輸出的視覺刺激，監控舌頭和上顎接觸情形，個案即能學會如何控制舌頭以增加語音清晰度。其他有關口腔運動、按摩、擺位、以冰刺激，以及練習「吹」與「鼓頰」，

則較少有證據顯示是有效的。對於嚴重的吶吃個案，Owens 等人也建議使用溝通輔具。

　　楊青燕與劉惠美（2007）以調整說話速度訓練方案，來增加痙攣型CP者說話的清晰度，主要方法是擴大元音構音空間（擴大舌頭動作）及降低說話速度。接受訓練的是十六名痙攣型CP者，參加六週的調整說話速度訓練方案。研究結果顯示，調整說話速度訓練方案可提升痙攣型CP者的說話清晰度、擴展元音構音空間及增加元音時長，但對短文說話速度則無顯著差異；從兩週後的追蹤效果來看，CP者在說話清晰度及元音構音空間仍有保留效果，但元音時長和短文說話速度卻無保留效果。在前測和後測時，以元音構音空間大小對短文清晰度有顯著解釋力（32.7%和68.4%）；在後測時，元音構音空間的改變量對短文清晰度改變量的預測力為67.3%，此顯示痙攣型CP者的元音構音空間大小可作為說話清晰度的指標外，介入後所產生的元音構音空間之改變量，也可作為說話清晰度介入成效的參考依據。張曉涵與劉惠美（2012）探討延長言語時長和刻意停頓訓練方案，對痙攣型CP兒童的言語清晰度與自然度之影響。其中有十六位痙攣型 CP 兒童接受延長言語時長和刻意停頓訓練方案；另有十四位痙攣型CP兒童為控制組作為對照，接受互動式語文訓練方案。研究結果顯示，延長言語時長和刻意停頓訓練的介入能有效提升CP兒童的言語清晰度，且效果顯著優於互動式語文訓練方案；此外，實驗組說話速度降低，其音節時長、停頓時長與停頓數量隨之增加，但言語自然度則略為降低；控制組的前後測言語清晰度與自然度的表現雖達顯著差異，但清晰度的進步幅度有限。再進行共變數分析，發現實驗組提升言語清晰度、放慢說話速度的效果，皆較控制組為佳。二週和三週後的追蹤效果，實驗組在言語清晰度、說話速度及時間性聲學特徵的介入成果仍保留；控制組的言語清晰度有保留介入效果。實驗組在維持期的言語清晰度顯著優於控制組。

　　上述二個中文的研究均證明，擴大元音構音空間、降低說話速度，以及延長言語時長和刻意停頓的具體方法，皆可以增加說中文痙攣型CP個案的語音清晰度。Bellaire 等人（1986）指出，減少說話時的暫停和增加言語呼吸群，可以使CP個案的言語聽起來較為自然。

　　由以上的說明可以發現，在 CP 個案的介入方法中，個案對接受溝通訓練的準備工作很重要，可以使個案在肌肉穩定度、知覺和認知能力的發展上，有較好的基礎來接受言語、語言和溝通的訓練，之後需要針對呼吸、構音、調律、語速等加以訓練，再配合音韻覺識、閱讀和寫字，提升整體的語言能力。溝通訓練則要結合日常生活情境，並選擇訓練過程的溝通夥伴，必要時使用溝通輔具協助日常溝通。

## 本章小結

　　本章主要介紹 CP 的定義、特徵和發生原因。CP 是非進行性的神經運動障礙，因此個案除了有動作障礙之外，還可能伴隨聽覺障礙、智能障礙、癲癇，以及可能伴隨的心理適應困難等，CP 個案最重要的異常情形便是溝通障礙。而 CP 個案溝通障礙發生的原因，除了因為機體缺損和感官障礙外，主要是神經控制的異常導致肌肉無法執行言語動作，牽涉的範圍包括呼吸、發聲、共鳴、構音、節律等問題，因而 CP 個案的溝通訓練便要由前述這幾個向度著手。在溝通訓練之前，常要先克服因 CP 造成的肌肉張力、注意力和認知能力之缺損，經過調整後，再給予溝通訓練，包括：擴大肺活量、氣流順暢的進出、構音正確度、控制說話速度和其他語言的教學，並教導重要他人配合教學者進行複習與練習。鼓勵 CP 兒童在日常生活中進行溝通，同時訓練溝通夥伴給予正向回饋，以達到最佳效果。

## 問題討論

1. 造成 CP 的原因是什麼？
2. 請說明 CP 的主要溝通問題是什麼？
3. 如何增進 CP 兒童的呼吸作用以支持說話的功能？
4. 如何提升 CP 兒童的語音清晰度？
5. 如何與專業團隊人員一起協助 CP 兒童發展溝通技能？

# ✿ 參考文獻 ✿

## 中文部分

中華民國計算語言學學會（無日期）。中研院中文核心辭彙表（version 1.0）申請說明書。http://www.aclclp.org.tw/use_sccv_c.php

張曉涵、劉惠美（2012）。延長言語時長與刻意停頓對痙攣型腦性麻痺兒童言語清晰度的影響。**特殊教育研究學刊，37**（1），27-51。

教育部（2013）。**身心障礙及資賦優異學生鑑定辦法**。作者。

楊青燕、劉惠美（2007）。調整說話速度訓練方案對痙攣型腦性麻痺者說話清晰度的影響。**特殊教育研究學刊，32**（4），65-83。

鄭靜宜（2013）。**話在心，口難言：運動性言語障礙的理論與實務**。心理。

Freed, B. D.（2007）。**運動性言語障礙：診斷與治療**〔陳雅資、黃婷群譯〕。新加坡湯姆生學習亞洲私人有限公司。（原著出版年：2000）

Freed, B. D.（2014）。**運動性言語障礙診斷與治療**（第二版）〔陳雅資譯〕。新加坡商聖智學習亞洲私人有限公司台灣分公司。（原著出版年：2012）

Mecham, M. J.（2009）。**腦性麻痺與溝通障礙**（第二版）〔曾進興譯〕。心理。（原著出版年：2002）

## 英文部分

Bellaire, K., Yorkston, K. M., & Beukelman, D. (1986). Modification of breath patterning to increase naturalness of a mildly dysarthric speaker. *Journal of Communication Disorders, 19*, 271-280.

Brookshire, R. H. (2003). *Introduction to neurogenic communication disorders* (6th ed.). Mosby.

Center for Disease Control and Prevention. [CDC] (2023, Oct). *Cerebral palsy*. https://www.cdc.gov/ncbddd/cp/facts.html

De Bodt, M. S., Hernández-Díaz Huici, M. E., & Van De Heyning, P. H. (2002). Intelligibility as a linear combination of dimensions in dysarthric speech. *Journal of Communication Disorders, 35*, 283-292.

Duffy, J. R. (2020). *Motor speech disorders: Substrate, differential diagnosis and management* (4th ed.). Mosby.

Hallahan, D. P., Kauffman, J. M., & Pullen, P. C. (2012). *Exceptional learners: An introduction to special education*. Pearson.

Mecham, M. J. (2002). *Cerebral palsy* (3rd ed.). Pro-ed.

Owens, R. E., Farinella, K. A., & Metz, D. E. (2015). *Introduction to communication disorders: A lifespan evidence-based perspective* (5th ed.). Allyn & Bacon.

Sachdev, P. (2021). *What is cerebral palsy.* https://www.webmd.com/children/understanding-cerebral-palsy-basic-information

Shriberg, L. D., & Kwiatkowski, J. (1982). Phonological disorders III: A procedure for assessing severity of involvement. *Journal of Speech and Hearing Disorders, 47*, 256-270.

Solot, C. B. (1998). Promoting function: Communication. In J. P. Dormans & L. Pellegrino (Eds.), *Caring for children with cerebral palsy: A team approach*. Paul H. Brookes.

Yorkston, K. M., & Beukelman, D. R. (1984). *Assessment of intelligibility of dysarthric speech*. Pro-ed.

# 第十二章　泛自閉症與溝通障礙

　　泛自閉症（ASD）兒童在近十年來的個案數量較過去為多，美國疾病控制和預防中心（CDC）於 2012 年針對全國的調查發現，在八十八名兒童中就有一位 ASD 兒童，男童比女童多。大多數 ASD 兒童的 IQ 在 70 以上，但仍有 25% 的 ASD 個案有認知障礙，當特徵愈明顯，其語言和整體發展也就愈差（Owens & Farinella, 2024）。此外，ASD 兒童的社會互動缺陷（APA, 2013），也導致他們在使用語言上的困難，其獨特的語言模式需要特殊的介入方式。然而近年來，ASD 人士和進行 ASD 研究的學者自覺，學者們所提出的理論和治療方案是否符合 ASD 人士的需求，應該要聽聽他們的意見，強烈提出讓其自我發聲的倡議（Mega, 2023），這是作為教師、治療師和研究學者需要特別注意之處。本章主要說明 ASD 的定義、發生率、發生原因、ASD 兒童的語言發展、溝通問題、介入策略，提供介入時請務必考量個案本身的意願和需求。

## 第一節　泛自閉症的定義和發生原因

### 一、泛自閉症的定義

　　ASD 在《精神疾病診斷與統計手冊》（第五版）（DSM-5）（APA, 2013）裡，與認知障礙、注意力缺陷過動症和溝通障礙同屬於神經發展障礙，包括：自閉症、亞斯伯格症（Asperger's syndrome [AS]）、兒童期解離症和未特定廣泛性發展障礙。ASD 的診斷原則如下（pp. 50-51）：

1. 在多種情境下，不論是過去、現在和未來，持續發生社會溝通和社會互動的缺陷。
   (1) 社會－情緒交互性的缺陷，缺乏一來一往的會話互動，很少與人分享興趣、情緒和情感，在社會互動情境中不會起始或回應。

(2) 社會互動和社會範圍內使用的非口語行為之缺陷，不會統整口語和非口語的溝通，對於手勢的身體語言和眼神交會的非口語溝通不了解，不會使用臉部表情和非口語溝通。

(3) 對於發展、維持和了解人際關係和範圍有缺陷，例如：不會跟隨社會情境調整行為、不會分享想像的遊戲和交朋友、對同儕缺乏興趣。

ASD 的嚴重度是以社會互動和其偏限，以及重複行為的程度來判定。

2. 不論過去、現在和未來，至少有二項偏限和重複的行為、興趣或活動：

(1) 刻板和重複的動作、使用物品或說話〔例如：簡單的固定動作、排玩具、摺東西、回音式語言（echolalia）和一成不變的片語〕。

(2) 一致且沒有彈性的口語和非口語的例行行為或作息，有一點改變便會感覺十分困擾，無法轉換或改變，維持固定的思考模式，每天做一樣的事、吃一樣的食物。

(3) 高度偏限和固著的興趣，其強度和注重性都是不正常的，例如：對於不尋常物品的強烈依附和占有，過度固著的興趣。

(4) 對於環境刺激過高或過低的知覺，或對環境的某部分知覺向度有不尋常的興趣，對痛、溫度、聲音、材質有不尋常的知覺，過度的嗅和聞某個物品，固著於看某種光線或動作。

3. 症狀出現在發展的早期（但有時到了超過其能力限制時，才顯現出來，或因後期學會的策略而不明顯）。

4. 症狀導致個案在社會、職業或其他生活的重要領域之功能受到損害。

5. 上述的問題不能用智能障礙（智能發展遲緩）或整體發展遲緩來解釋。智能障礙和 ASD 經常伴隨出現，如果診斷二者為共病性的 ASD 光譜行為異常和智能障礙，其社會溝通必須低於一般的發展水準。

教育部公布的《身心障礙及資賦優異學生鑑定辦法》第 12 條所定義的「自閉症」（教育部，2013），是指「因神經心理功能異常而顯現出溝通、社會互動、行為及興趣表現上有嚴重問題，致在學習及生活適應上有顯著困難者」。其鑑定基準包括：「顯著社會互動及溝通困難」和「表現出固定而有限之行為模式及興趣」，共二項。

　　由以上的定義，可以看出 ASD 個案在社會性溝通的嚴重缺陷，而且此部分的特徵是診斷時的重要衡量標準，若 ASD 兒童伴隨認知障礙，則在學習和使用語言上會更困難。

## 二、發生泛自閉症的原因

　　美國於 2007 年調查三至十七歲的 ASD 者，其發生率約為 1.1%（Kogan et al., 2009）；2012 年，CDC 對全國的調查和前者約略相同，但到了 2022 年，CDC 的統計數據顯示美國泛自閉症的患病率已達 1.85%（1/36）。整體而言，ASD 個案男女的比例約為 4：1，在此次調查發現大多數 ASD 個案的認知能力是在正常之上（Owens & Farinella, 2024）。在臺灣，2014 年的 ASD 人數為 10,446 人，2022 年為 19,078 人，九年內提升了 8,990 人，因少子化明顯，但泛自閉症者的人數卻不斷攀升，每年約增加 1 千人，到 2023 年則已經高達 19,436 人（衛生福利部統計處，2023），原因為何有待探討。

　　ASD 的發生原因主要是神經心理功能異常，Frith（1989）由心智理論（theory of mind [TOM]）解釋 ASD 兒童的發生原因。心智理論說明個體能夠感同身受，了解他人的想法。ASD 兒童溝通時，能夠學會工具性手勢，卻無法學會傳達心理狀態（mental state）的手勢，他們無法感受自己的心理狀態，也無法感受或了解他人的心理狀態，例如：某一次期末考時，作者問一位大二的 ASD 學生是否需要老師協助看一下答題的情況，他的回答是：「我有問你嗎？」一般人可以在不同情境下，由語氣、表情、眼神和手勢等，推論他人的心理狀態，如同讀出別人的感受（read mind），但 ASD 個案卻沒辦法，所以對於溝通夥伴而言，他們似乎缺乏同理心，無法站在他人立場看世界，因此影響人際關係。除了對他人心理狀態的不了解，ASD 個案也缺乏對自我經驗的覺識，因而他們沒有自我意識的記憶（self-conscious memory）。Frith 也提到，ASD 兒童缺乏後設表徵（metapresentation）的能力，即所謂的次級表徵（second-order presentation），例如：兒童扮家家酒的時候，把空杯子當成裡面裝滿果汁來喝，這是中樞神經掌控的認知能力；但因為缺乏上述能力，ASD 兒童的溝通和社會情緒經驗與一般人不同。

　　ASD 個案之整體和重點思考能力的缺失〔弱核心統整理論（weak central co-herence [WCC]，又稱為中心聚合理論（central coherence theory [CC]）〕，是指個體喜歡或專注在細節而非整體。研究發現，ASD 個案在「藏圖測驗」之阻礙設計和尋找物件的任務分測驗（embedded figures task and block design subtest）中，表現出切割小細節能力和對小細節的超級注意力，但相對的，他們缺乏統整部件為整體的能力，所以他們難以把句子整合成段落（Baron-Cohen et al., 2001）。此外，他們有僵化、反覆、固著和缺乏彈性等特質，例如：他們經常有固著的興趣。作者過去任教於小學的中重度啟智班，有一位泛自閉症兒童非常喜歡小零件，教室裡的腳踏車被他拆解了，而某日他竟然在豔陽下企圖拔起一根釘入水泥地的鐵釘。van Lang（2003）發現，ASD 個案除了社會性溝通障礙，他們與心智理論相關的技能，以及在遊戲和日常生活情境中了解和使用假裝，或推論他人的動機和想法的社會認知能力部分有缺陷，在語言和行為的計畫、轉換和抑制也出現固定行為（stereotyped behaviors），導致他們在社會整體和重點思考能力的缺失。然而，整體和重點思考能力的缺失，只發生在低智力的 ASD 兒童，不會發生在中到高智力分數的 ASD 兒童身上。

　　雖然造成 ASD 兒童的語言問題之原因至今仍不十分清楚，但學者們都肯定並非環境因素所造成（Bernstein & Tiegerman-Farber, 2009）。Owens 與 Farinella（2024）提到 ASD 是生理因素所造成，約 65% 有神經方面的差異性，20～30%會發生癲癇，過去研究也發現他們有神經傳導物質血清素（serotonin）的異常、負責調節感官功能的小腦異常，以及掌管記憶和情緒的顳葉功能異常。15%的 ASD 兒童有非來自於父母的基因突變，2～6%有 X 染色體脆折症（fragile X syndrome），導致有認知障礙。

　　以團體而言，因為無法感受或了解他人的心理狀態，自我意識的記憶、後設認知表徵，以及重點和整體的思考能力，ASD 兒童的語言和溝通能力明顯落後同儕，尤其是在語用方面。如果一歲時仍未出現喃喃學語和手勢，則可能是 ASD 早期的徵兆，但在二歲前仍然難以確定 ASD 的診斷。

## 第二節　泛自閉症個案的語言發展和特徵

就 ASD 團體（非個案）而言，他們常有明顯的語言發展遲緩現象，特別是在語用向度。他們常用僵硬、類似機器人的聲音說話，而且與他人沒有互動，也常鸚鵡似的用平淡一致的語調學人說話。通常他們在語言形式的問題較語用和語意小，而副語言（或稱超音段）的語調、音量和語速有異常現象（Owens, 2015）。Bernstein 與 Tiegerman-Farber（2009）也說明，高功能自閉症（high-functioning autism [HFA]）或稱亞斯伯格症（AS）的兒童有適當的言語技巧，但行為和社交互動仍有高度的限制。以下說明 ASD 兒童的語言發展情形和語言特徵。

### 一、泛自閉症兒童的語言發展

Eisenberg（1956）指出，若 ASD 兒童六歲之前無口語，便難以發展出功能性口語，約有 25～60%嚴重的 ASD 兒童終身沒有口語表達能力（Owens & Farinella, 2024）。視線接觸是啟動溝通的第一步，ASD 兒童在三到六個月時便出現視線接觸異常（gaze aversion），之後他們的眼神和身體也不會靠近或轉向與他們說話的人（Bernstein & Tiegerman-Farber, 2009）。在二至九個月時，未能如正常兒童發展出手勢、手指（pointing）的行為，二至三歲時對簡單指令（例如：關門、拿報紙）無法理解、視線接觸異常、自發性或回答性的手勢異常、叫喚反應缺乏、緩慢移動和對其他兒童關心異常，其點頭（表示同意）、搖頭（表示否定）的非口語行為較唐氏症和正常兒童少（曹純瓊，1996；Tiegerman, 1993）。

Paul 等人（2018）指出，ASD 兒童早期有異常的動作發展、視覺注意和對物品有興趣。到了二歲時，社會行為的異常更加明顯，部分兒童出現退縮（regression）行為，其他異常行為還包括：減少眼神接觸、社會性笑容、社會性興趣、社會性啟動，對自己的名字缺乏反應，減少共享式注意（joint attention），以及出現異常的情緒調節。這些社會行為的缺陷經常伴隨手勢溝通和語言的發展遲緩，又因為缺乏共享式注意而影響語言的習得。

ASD 兒童與一般兒童在語言發展的不同，包括：(1)正常兒童在三、四個月

會開始發出各種母音，之後逐漸出現子音，ASD 兒童則未出現喃喃學語期；(2) 正常兒童在一至一歲半時會開始說出第一個單詞，ASD 兒童則較晚或終身無口語；(3)一些 ASD 兒童的始語期比較晚或不按正常發展狀況，有時會戲劇性的出現語言而說出完整句子（Tiegerman, 1993）。曹純瓊（1996）引述多位日本學者的研究發現，三分之一的 ASD 兒童原本有正常或較緩的語言發展，但在二歲左右會突然無語、對玩具無興趣、不微笑，其語彙能力似乎由上升驟降，此稱為折線型發展，因此這些兒童在兩歲之後才出現 ASD 兒童的語言特徵。Bernstein 與 Tiegerman-Farber（2009）也提到，ASD 兒童的語言發展過程與一般兒童不同，他們通常說出的第一個詞彙是清楚的，但有一段時間都不會說話（mute），直到四歲左右又突然會說話，而且模仿成人的句子長且清楚。

## 二、泛自閉症兒童的語言特徵

Paul 等人（2018）指出，ASD 兒童的語言差異性極大，從完全無口語到說話說得非常冗長都有，尤其在六歲之前，學齡後則會逐漸穩定。因此，學者懷疑 ASD 兒童是否存在二種基因型態，一種是正常的語言表型，另一種則是異常的語言表型。

### （一）語彙方面

ASD 兒童的語言常缺少冠詞、連接詞、助動詞、代名詞、介系詞和形容詞（Prizant, 1983）。

### （二）語法方面

Prizant（1983）透過五年的追蹤研究發現，ASD 兒童的平均語句長度（MLU）由 1.9 增加到 3.0，但句子結構仍缺少冠詞、連接詞、助動詞、代名詞、介系詞等功能詞，句子結構中有時態變化的問題，他們也很少使用關係子句或連接詞子句。

### （三）語音方面

ASD 兒童的語言學習通常是被動式模仿他人的聲音，他們會記住一大串的語音，但並非真正知道音韻的組織和了解語言的意義，他們的語調很像外國人

在講母語。他們的語音發展過程和一般兒童相似，但較為遲緩（Bernstein & Tiegerman-Farber, 2009），容易有音節省略及重複，會避免複雜語音或多音節，雖然仍有少部分 ASD 兒童的咬字清晰，但大多數語音單調且缺乏情感，韻律節奏（例如：尖聲說話）也異於正常兒童（Prizant, 1983）。

## （四）語意方面

正常兒童的語意發展是和概念發展息息相關，而且語意和句法結構不能分割，例如：過去式表示過去發生的事情，但 ASD 兒童無法了解過去式的意義；正常兒童在三歲之前就能把語意、句法和溝通意圖做連結，但 ASD 兒童無法同時處理和統整這三部分（Bernstein & Tiegerman-Farber, 2009）。ASD 兒童較能理解具體的物體名詞，但對抽象語言概念難以理解，所以只片段的了解他人談話內容。Williams（1992）指出，ASD 兒童習得的詞彙以名詞、形容詞較多，與一般兒童的名詞、動詞較多不同，但因為研究的樣本數較少，仍須進一步探究。

## （五）語用方面

語用是 ASD 兒童最明顯的困難，有以下幾項問題（Bernstein & Tiegerman-Farber, 2009）：

1. 僵化與不適當的社會性語言影響溝通的功能，例如：輪替、交互往來等。
2. 無法了解動作和溝通行為之間的關係，因此無法發展出早期的溝通互動行為，例如：注視他人、發聲遊戲、社會性行為（手勢或模仿），常以儀式化行為作為溝通方式。
3. 缺乏對溝通情境的了解，不知道情境中的人、事、時、地、物，不會因情境調整說話內容，機械式表達過去所知，非一來一往的互動式溝通，也會出現答非所問的現象。
4. 較少尋求注意的行為，較多回音式語言。

## （六）其他特徵

1. 自發性溝通行為：以身體接觸和發聲兩種類型最多，其功能以要求、引起注意與打招呼最多；障礙程度愈嚴重者，則身體接觸、發聲次數愈多，說話頻率愈少，感想與提供知識的功能愈少。ASD 兒童最常使用以身體接觸對教師提出要求（曹純瓊，1996）。

2. 代名詞的誤用：ASD 兒童經常出現代名詞反轉（pronoun reversal）的現象，意指他們所用的代名詞無法與指涉的參照物相配合，如兒童說：「你吃餅乾」，事實上是兒童自己正在吃餅乾。Cheng（2012）的研究比較了 ASD 兒童和一般兒童在三十分鐘裡，與母親一起玩遊戲時所出現的代名詞反轉之情形。研究發現，一般兒童出現的代名詞反轉不多，但 ASD 兒童的出現率高於一般兒童，他們會出現較多的第一人稱反轉，ASD 兒童較常將「你」反轉成「我」，一般兒童則較常將「我」反轉成「你」。

3. 回音式語言：Kanner（1943）認為，ASD 兒童的延宕回音式語言是隱喻性的，有傳達的意圖，Bernstein 與 Tiegerman-Farber（2009）也支持這樣的看法。在 ASD 兒童的語言中，「樓梯」可能代表到樓上，「湯」可能代表母親，有時很難理解為何兒童要選用「湯」代表母親，也許是母親常煮湯。Prizant 與 Duchan（1981）認為，必須在情境脈絡下研究回音式語言，他們記錄四名四至九歲的 ASD 兒童其 1,009 句回音式語言，將回音式語言的功能分為：(1)無焦點（nonfocus）：不面對說話者或無說話意圖；(2)準備（preparatory）：在互動前發出；(3)輪替（turn-taking）：有視線和動作，面對互動的人或事物，其語言無法被理解但有互動；(4)自我規範（self-regulatory）：重複自己決定做何種動作的語句；(5)聲明（declarative）：視線和動作均向著人或事物，並重複其名稱；(6)正向答覆（yes answer）：正向的回答（是）；(7)要求（request）：為獲得允許，重複說想要的物品或想做的動作。Mcevoy 等人（1988）則研究十八位四至十二歲ASD 兒童，分別和母親及一位研究者遊戲的錄影，他們將結果和 Prizant 與 Duchan 的結果進行比較，作者將之列成表 12-1。

　　雖然二個研究結果在類別的比率有所不同，但最高的前二項類別卻是一樣的，分別為輪替和聲明。Prizant 與 Rydell（1984）認為，立即（immediate）和延宕（delayed）的二種回音式語言，都是ASD 兒童語言複誦的正確性、語言理解和溝通意圖的連續行為，延宕回音式語言更是 ASD 兒童在陌生環境作為與事件連結的關係。Tiegerman（1993）認為，回音式語言是複誦他人話語的行為，為無語期至語言期的過渡階段，分為立即與延宕回音式語言，延宕較即刻回音

表 12-1　立即性回音式語言的功能類別之比較

| 類別 | Prizant 與 Duchan（1981）（%） | Mcevoy 等人（1988）（%） |
|---|---|---|
| 沒功能（nonfunction） | 4 | 9 |
| 輪替（turn-taking） | 33* | 61* |
| 聲明（declarative） | 26* | 17* |
| 複述（rehearsal） | 14 | 4 |
| 自我規範（self-regulatory） | 13 | 1 |
| 正向答覆（yes answer） | 5 | 1 |
| 要求（request） | 5 | 7 |
|  | 100 | 100 |

註：*表示最高和次高百分比。

式語言為多，且為自發性並具有語意的。在某個時期中，一些 ASD 兒童透過回音式語言來學習語言（Prizant et al., 1997），因此去除他們的鸚鵡式學語應該是不必要的，因為這是他們處理語言的策略，或對於所說的話表示同意之訊號。

　　莊妙芬（1997）分析各十二名的 ASD 兒童和智能障礙兒童在學校和家中的口語表達行為，發現：(1)詞彙方面：兩組兒童都是以主詞、動詞和受詞出現最多，抽象詞類少，智能障礙兒童有較多副詞；(2)語法表達方面：兩組的簡單句出現頻率相近，ASD 兒童有較多的不完整句；(3)語用方面：在工具性、社會性和個人性表達的語用上，智能障礙兒童在類別和出現率都比 ASD 兒童來得多；(4)ASD 兒童比智能障礙兒童有較多的仿說。

　　Paul 等人（2018）以形式、內容和功能三方面來說明 ASD 兒童的語言特徵。在形式方面，ASD 兒童習得口語後，通常在構音上不會有困難，但在音韻短期記憶上（例如：非詞測驗）則表現比同儕差。由兒童到成人 ASD 的研究，他們處理語調的表現也是比較差的。另外，在語素和句法的表現上，ASD 兒童也是表現比較差的，他們標示文法（時態和複數）的語素較弱，說話的句子較短且簡單，以及有異常語言表型的 ASD 兒童在句子複誦之表現也比較差。在內容方面，與同儕相比，大多數 ASD 兒童的詞彙表現較差，但有少數 ASD 兒童

卻在接收性詞彙的分數極高。他們在語意激發效果（priming effect）上也不如同儕。少數研究出現不同的結果，Paul 等人認為可能是 ASD 的組內差異太大所致。由語用來看，此問題在 ASD 族群是相當普遍的，尤其是描述主題和自我敘述最為明顯（discourse processing and narrative），其他還有會話技巧缺陷，不是開啟話題說太多、就是說太少；難以維持主題；會話回應太少；不適切的情境性或社會性的說話。由讀寫來看，ASD 兒童的閱讀能力比較弱，早期的語言能力可作為之後讀寫能力的預測指標。

## 三、造成泛自閉症個案語言問題的原因

1950 年代剛發現 ASD 兒童時，學者們認為 ASD 是因親子互動關係不良所導致的人際關係、動機和情緒等問題，但高達 75%的 ASD 兒童有認知障礙，ASD 兒童在一些語言的面向上，其認知能力超過他們的語言能力。但若 ASD 兒童缺乏認知能力便難以發展語言，但僅有認知能力也無法發展出高層次的語言（Bernstein & Tiegerman-Farber, 2009）。以下為造成 ASD 個案的功能性溝通障礙可能的原因如下：

1. 缺乏抽象能力，故對組織複雜的語言符號系統之學習有困難。
2. 無法將實際生活經驗轉化於語言結構中。
3. 無法建立有意義的、相關知覺－概念的連結及物體之間的關係。
4. 社會性互動障礙，缺乏溝通的意願，他們很少啟動溝通，也不太會回應他人的問題，對於溝通夥伴的話題無法接續。
5. 其他訊息處理過程的障礙，缺乏推理、組織和記憶等能力。

ASD 兒童的語言問題是中樞神經異常所造成，稱為中樞神經語言障礙（central language disorder）。然而，ASD 兒童的語言問題是否為遺傳而來的？目前仍無法確定（Bernstein & Tiegerman-Farber, 2009）。Paul 等人（2018）指出，50～70%的 ASD 兒童有認知障礙，他們的非語言 IQ 低於 70。新近的研究結果發現：28%的 ASD 兒童有平均智商水準且有 3%者的智商高於一般人，低智商的 ASD 表現是較差的，但智商高未必其學業成績和適應行為就比較好。ASD 缺乏統整資訊和注意力分配的能力，可能會影響他們的語言符號和社會訊息之學習。研究發現，了解說者的意圖和學習新詞彙的成效有正相關，難以了解隱喻

式語言（figurative language）和缺乏句法能力有關，因為無法了解文字語言（literal language）的意義。然而，目前學者無法以單一的認知缺陷來解釋 ASD 個案的語言問題。

## 第三節　泛自閉症個案的語言評估

ASD 兒童約在二至三歲時，便可以診斷出來。Owens 與 Farinella（2024）建議，若兒童在以下的發展過程未達到標準，建議進一步評估兒童的語言能力：

1. 到十二個月時仍無牙牙學語的行為。
2. 到十二個月時仍無手勢。
3. 到十六個月時未發展出常用的單詞。
4. 二歲時仍然沒有雙詞組合的自發性語言。
5. 在任何年齡階段失去語言和社交互動能力。

然而，ASD 兒童若伴隨著智能障礙，加上 ASD 的特質，會難以進行社會性互動，也不理解施測者的語言，因此在評估時容易造成一定程度的困難，也較難找到合適的評估工具，因此除了嘗試以第五章的評估方法和工具進行外，建議參考本書第十三章重度溝通障礙的評估方法，採用生態評量，由不同專業人員和家長共同觀察記錄，再進行語言樣本分析，以了解個案的語言障礙所在。若可以施測標準化工具，則以計算答對率對應其可能落在哪一個年齡水準。一般而言，ASD 者的語言水準經常是低於其本身的年齡水準甚多。劉惠美與曹鋒銘（2010）出版的「華語嬰幼兒溝通發展量表」（臺灣版）（MCDI-T）分為嬰兒版和幼兒版，由熟悉嬰幼兒的重要他人來施測，主要在評量八至三十六個月嬰幼兒在不同溝通情境的語言和溝通能力，作者認為適合用來評估 ASD 兒童的語言和溝通能力。

## 第四節　泛自閉症個案的語言介入一：多層次教學

根據 Prizant（1983）的建議，ASD 兒童的語言教學必須針對兒童的語言水準，設計適合兒童的介入方案，可分成三個層次說明教學的目標和技巧。

## 一、層次一：溝通意圖前期（preintentional or early intentional）

此時兒童並無溝通意圖、沒有眼神交會、缺乏口語能力，可能只有一些聲音。因此，介入目標設定為引發溝通意圖、了解溝通訊號及功能，並使用慣用的語言前溝通方式。介入的技巧包括：

1. 激發溝通意圖：在盒子裡裝入兒童喜歡的食物或物品，但他／她無法打開盒子；把喜歡的東西放置高處或藏起來；發點心時故意跳過該名兒童，以上作為的目的在引起兒童的溝通動機。

2. 改變奇特的溝通方式：教導適當手勢或動作，例如：指物或以其他手勢表達需求或要求，以代替「搶」或「尖叫」等不適當的溝通方式，也可以教導其畫圖或使用溝通板進行溝通。

3. 分析溝通互動的問題：教導視線接觸、身體姿勢、親密行為、音調的抑揚頓挫。教學者可示範擁抱、再見等溝通動作，要求眼睛看著教學者，或直接以手將個案臉頰扶正成面對面的溝通角度，若個案語速過快時，可以節拍器進行語速控制訓練。

## 二、層次二：中度溝通困難，引發性語言（emerging language）

此時兒童已有溝通意圖和些許口語，但口腔運動機能不佳，在語意和語用的使用上都不恰當。因此，設定介入目標為改善回音式語言、加強口腔功能。介入的技巧包括：

1. 無需去除立即或延宕的回音式語言，這可能是個案進入語言期的橋樑，應觀察回音式語言對於溝通是否具有意義。

2. 有些個案在激動、高興、憂傷時會發出高頻率聲音，並伴隨動作，表現出跳躍、搖頭或搖擺等，教學者應先安撫情緒，並以語言協助其表達，如教學者可說：「安安生氣了」、「安安很高興，我們小聲點」（做出小聲的動作）。

3. 個案的言語動作機能可能有困難，故發生流口水、舌頭運動不良和說話

困難等現象，因此可訓練其口腔運動機能。

4. 對慣用回音式語言的ASD兒童，治療師和家長可以參與示範方式和簡化的語句，來改變其語言型態，例如：教導「不要拿」、「我生氣」與「我要」的話語，或以畫圖和溝通板表示。

## 三、層次三：高級溝通功能，超越引發性語言（beyond emerging language）

此時期之ASD兒童已有能力使用語言作為接受與傳遞訊息的工具，但對於溝通情境的掌握或多重語意的了解仍有困難，其介入目標為分辨不同情境的社會性線索、了解社會習慣和解決溝通挫折。介入的技巧包括：

1. 以角色扮演教導啟始話題、結束話題及話題轉換。
2. 教導會話過程的互動，二人或團體的會話，專心聆聽、回應問題，但不要不斷的發問。
3. 練習不同情境的會話方式，例如：問候、要求、邀請、不同意或拒絕，以及發問的溝通技巧。
4. 學習選擇適當的溝通情境，例如：使用詢問和觀察在適當時機說話。
5. 以錄影方式教導、修正不佳的溝通方式，達到自我監控的溝通效果。
6. 學會主動溝通，避免被動反應，如果不了解溝通夥伴的談話內容，應使用「我沒聽懂，請再說一遍」或「我不懂，再說一次」的技巧。

## 第五節　泛自閉症個案的語言介入二：環境教學法

Kaiser等人（1993）認為，激發兒童學習語言和使用語言的動機非常重要，語言行為和兒童所獲得的增強必須緊密連結，兒童習得語言之後，要能夠應用在不同情境，因此語言技巧類化的失敗，是因教學者未能於實際情境中激發兒童的動機，使兒童藉由改變環境獲得增強。因而，環境教學法（milieu teaching，或稱情境教學法）對於缺乏動機的 ASD 兒童非常有幫助。Kaczmarek 等人（1996）認為，環境教學法或稱情境教學法的介入程序如表 12-2 所示。

表 12-2　環境教學法的介入程序

| 步驟名稱 | 程序說明 | 舉例 |
|---|---|---|
| 一、安排環境 | 安排環境增加個案使用目標語言的機會，例如：給予需求或協助、提供不充分的材料或中斷其活動 | 將門故意鎖住，兒童走向門，企圖開門，但無法打開 |
| 二、教學步驟 | | |
| 1.示範 | 兒童專注於被鎖住的門，此時成人示範目標語言 | 教學者說出目標語言：「打開。」拉兒童的手協助做打開的動作，然後放開手，等待兒童模仿 |
| 2.提示－示範 | 如果兒童仍專注於被鎖住的門，教學者以目標語言作為反應的問題問兒童 | 教學者問：「你要我做什麼？」 |
| 3.時間延宕 | 如果兒童仍專注於被鎖住的門，教學者以期待的眼神看著兒童，眼光在目標物和兒童間輪流交替，不說話的等待五秒鐘 | 教學者以期待的眼神看著兒童，眼神在目標物和兒童間輪流交替，並等待五秒鐘不說話 |
| 三、結果 | 教學者滿足個案的需求（開門）、示範並重複或擴展目標語言，強調目標語言 | 教學者打開門，並說：「你要我打開門。」 |

　　統整環境教學法對 ASD 兒童口語技巧訓練的實施步驟，如圖 12-1 所示（Choi & Kim, 2005），教學者應注意觀察兒童的需求或是兒童目前專注的興趣，給予目標語的示範，如果兒童的回應正確，教學者應給予口頭讚美，並延伸或修正不完整或不正確的語詞或語句，之後，再給予物品或協助完成要求（例如：開門）。如果兒童的反應不正確，則給予提示－示範；若兒童反應正確，則和前述正確反應的回饋一樣；如果兒童的反應仍然不正確，則採取第一次延宕，此

圖 12-1 環境教學法對 ASD 兒童口語技巧訓練的實施步驟

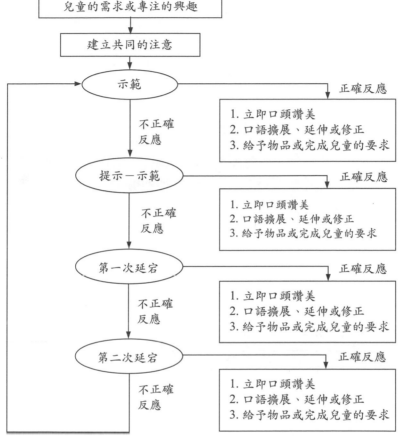

時以期待的眼神看著兒童，眼光在目標物和兒童之間輪流交替（例如：門和兒童），並等待幾秒。此時若出現正確反應，則給予正向回饋；若兒童的反應仍然不正確，則採取第二次延宕，教學者的反應與第一次延宕時相同。

　　Christensen-Sandfort 與 Whinnery（2013）以五個月的時間使用跨受試者的研究設計，證實環境教學法對學前特殊教育模式中的 ASD 兒童之溝通技巧具有維持和類化效果。Franco 等人（2013）以五至八歲兒童為對象，也發現環境教學法可以增加 ASD 兒童在遊戲情境中非口語溝通互動的數量。

# 第六節　泛自閉症個案的語言介入三：圖片兌換溝通系統

　　Bondy 與 Frost（1994）提出圖片兌換溝通系統（picture exchange communi-cation system [PECS]），教導 ASD 學生在社會情境中使用功能性溝通輔具（請參閱第十三章），其目的在發展自發性口語，要求學生把圖片拿給溝通夥伴，溝通夥伴會給予實質的增強物。Bondy 與 Frost（2002）發展出德拉瓦自閉症教學方案（Delaware autistic program），運用圖片兌換溝通系統訓練 ASD 個案，獲致良好效果。其教學的前提是學生必須了解增強物，知道如果要求即可以得到增強物，因此對不同學生要準備不同的增強物；增強物透過教學者的觀察和訪談家長，以建立符合需求、能強烈引起個案動機的增強物。PECS 強調，ASD 個案能主動以圖片要求自己想要的物品（增強物），利用圖片與他人溝通，並類化到不同的社會情境。PECS 適合不會功能性溝通、會使用功能性溝通但聽者無法理解，以及不會啟動溝通的 ASD 個案，此可以增加其平均語句長度和詞彙量。教學時共分為六個階段進行，如表 12-3、圖 12-2 所示。

表 12-3　圖片兌換溝通系統的教學步驟和學生反應

| 教學目標 | 說明 | 溝通夥伴反應（教學者） | 學生反應 | 環境配合 |
|---|---|---|---|---|
| 一、身體交換（physical exchange） | 教導學生如何溝通，最重要的是學生必須先啟動溝通 | 1. 引發學生交換反應<br>2. 學生碰觸到圖片，立即給予增強回饋：「你要○○○」，並給予物品<br>3. 重複上述步驟至學生學會 | 1. 拿起圖片<br>2. 給溝通夥伴圖片<br>3. 把圖片放在溝通夥伴手上 | 1. 等待學生啟始<br>2. 促發者身體上協助學生拿出圖片<br>3. 促發者提醒學生放開圖片 |
| 二、擴展自發性（expanding spontaneity） | 1. 訓練自發性溝通，過程與階段一相似，強調拉長距離<br>2. 學生會尋找溝通夥伴和溝通簿 | 1. 介紹溝通簿<br>2. 把圖片從溝通簿拿下來<br>3. 增加學生和溝通夥伴的距離<br>4. 增加學生與溝通簿的距離 | 1. 拿起圖片<br>2. 給溝通夥伴圖片<br>3. 把圖片放在溝通夥伴手上 | 1. 讓學生隨時帶著溝通簿<br>2. 編排溝通簿的圖片 |

表 12-3　圖片兌換溝通系統的教學步驟和學生反應（續）

| 教學目標 | 說明 | 溝通夥伴反應（教學者） | 學生反應 | 環境配合 |
|---|---|---|---|---|
| 三、圖片區辨（picture discrimination） | 學生靠近溝通簿來要求，從一列中選擇適當的圖片，面向溝通夥伴而且把圖片給溝通夥伴 | 1. 在溝通簿中放置二張圖片，一張為學生喜歡的物品，另一張為學生不喜歡的物品<br>2. 立即給予學生選取圖片之物品<br>3. 增加圖片數量 | 1. 學生從圖片中取出喜歡的物品交給溝通夥伴<br>2. 反覆練習至精熟<br>3. 在多張圖片中能快速和正確找出所要的圖片 | 1. 確認圖片的對比性<br>2. 準備多張圖片 |
| 四、句子結構（sentence structure） | 1. 能拿起「我要」字卡和喜歡物品的圖片，由左至右貼在溝通簿上的句子紙條（sentence strip）<br>2. 撕下句子紙條，交給溝通夥伴換取想要的物品 | 1. 等待學生主動拿圖片進行物品兌換時，教導學生把圖片放在「我要」字卡旁，協助反覆練習<br>2. 要求學生從溝通簿內將「我要」字卡及喜歡物品的圖片找出來<br>3. 教導學生把「我要」貼在句子紙條左側，喜歡物品的圖片放在右側<br>4. 教導學生把句子紙條撕起，交給溝通夥伴<br>5. 握住學生的手一起讀句子 | 1. 把圖片放在「我要」字卡旁，反覆練習直到精熟<br>2. 找出內頁「我要」字卡，貼在句子紙條左側，喜歡物品的圖片放在右側<br>3. 反覆練習<br>4. 和溝通夥伴一起讀句子 | 1. 先將「我要」字卡貼在句子紙條的左側<br>2. 把「我要」字卡及喜歡物品的圖片移至溝通簿內頁<br>3. 給聲音提示引導學生 |
| 五、回應「你要什麼？」（responding to "What do you want?"） | 能自發性的回答「你要什麼？」的問題 | 1. 手指著「我要」字卡，問學生「你要什麼？」若學生無法立即拿起「我要」字卡時，則利用身體提示引導學生拿取字卡<br>2. 問完「你要什麼？」延宕一至二秒，再指 | 回答物品圖片的稱呼 | 1. 先在溝通簿上將「我要」字卡貼在句子紙條的左側，喜歡物品的圖片貼在右側 |

309

表 12-3　圖片兌換溝通系統的教學步驟和學生反應（續）

| 教學目標 | 說明 | 溝通夥伴反應（教學者） | 學生反應 | 環境配合 |
|---|---|---|---|---|
| 五、回應「你要什麼？」（responding to "What do you want?"） | | 著「我要」字卡提示，逐漸拉長延宕時間，直到學生聽到問題後能自發性拿取字卡 | | 2. 以身體提示引導 |
| 六、反應性和自發性評論（responsive and sponta-neous com-menting） | 能自發性回應和回答日常生活簡單的問題，學習日常生活中物品的名稱 | 1. 增加「你看到什麼？」「你有什麼？」等簡單的問題，拿出物品，手指著「我看到」字卡，詢問學生「你看到什麼？」<br>2. 加入「我喜歡」、「我有」、「這是」等常見句子的教學<br>3. 學生精熟後，教導區辨不同句子的起頭，把「我要」、「我看到」等不同圖片放在溝通簿，讓學生選出正確問句，完成時立即給予增強 | 1. 將「我看到」字卡取下，黏貼在句子紙條左側，把物品圖片放在右側<br>2. 學生反覆練習達到精熟<br>3. 每天在不同情境練習不同句子的回應 | 1. 創造溝通環境或事件，讓學生有機會自發性的回應問題，例如：拿出一個神秘紙箱或有封口的袋子，問學生問題<br>2. 每天創造機會讓學生有機會問問題和請求 |

圖 12-2　圖片兌換溝通系統的教學重點

1. 促發者協助學生拿出圖片

2. 拿圖片給溝通夥伴

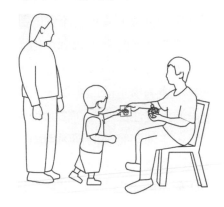

3. 「我要」字卡貼在左側，喜歡的物品圖片貼在右側

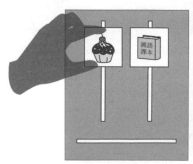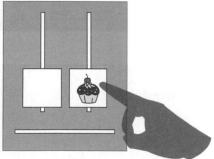

　　PECS 在第一階段是以身體動作幫助學生產生交換的行動，此需要二人共同教學，一位是溝通夥伴，另一位是坐於個案後面的促發者。一次一張圖片，不使用口語，每天在不同的時間和地點使用，且使用不同的增強物，圖片的符號要跟著學生的反應而修改，促發者的身體提示則需要逐漸褪除。在第二階段中，介紹溝通簿，不使用口語，教導不同的圖片，但在溝通簿上，一次只放一張圖片，再逐漸增加個案與溝通夥伴的距離，溝通夥伴甚至可到另一個教室，或溝通夥伴也可以由不同人擔任。在第三階段中，圖片的位置需不斷更換，以防止個案背誦圖片位置，如此才能真正學會區辨不同圖片。個案出現錯誤時，可利用錯誤修正（error correction），依示範（modeling）、促發（prompt）、轉換（switch）、重複（repeat）的四個順序反覆進行，指導個案學習。在第四階段中，教導「我要○○○」的句子，提供多張圖片練習，並更換不同的訓練者，在生活中提供自發性溝通的機會，鼓勵個案試著發出聲音（教師可給予嘴型或聲音示範），但不強迫個案說話。個案必須熟悉第四階段後，才能進入第五階段，因為二者有些部分相似。在第五階段中，強調學生能回應他人問題，說出「我要○○○」的完整句子。第六階段則強調自發性反應。在個案學會以上的所有階段後，再逐漸加入日常生活常用句型，並創造有趣的溝通環境或活動，讓個案除了回應問題外，能夠自發性的評論或回應，這才完成最終目標，也是本訓練課程的目的。經過不斷的練習，ASD 兒童能精熟不同的問題形式，除了能說出日常物品名稱，也能回答簡單的問句，教學者可再根據學生能力，拉長句子和教導複雜的句子。

　　Anderson 等人（2007）以圖片兌換溝通系統應用在一名六歲有語言發展遲緩的 ASD 兒童身上，教導該名兒童功能性溝通。結果發現，ASD 兒童除了在語言方面的改變，例如：增加要求（mending）、啟動（initiations）和詞彙累積量（cumulative word counts）；在非目標行為上，例如：遊戲和看電視等正向行為也會增加。Angermeier 等人（2008）研究了四位四至九歲的 ASD 和廣泛性發展障礙兒童，其使用與指涉物品相似度高或低的圖片兌換溝通系統之教學效果，並採取多重基準線設計的跨受試者設計。結果發現，在第一階段和第二階段中，高、低相似度圖片的學習效果並無不同，二種圖畫都有同樣的效果，可增進溝通的效果和效能。金字塔諮詢顧問公司（Pyramid Educational Consultants, Inc.）

的網站（http://www.pecsusa.com/）提供了非常豐富的 PECS 之相關資訊，讀者可以自行參考。

## 第七節　泛自閉症個案的語言介入四：視覺式社會故事

　　視覺提示對於 ASD 個案在學習上有良好的輔助功能，因此可以視覺式社會故事提升 ASD 個案的語言能力。Gray（1994）首先設計了連環漫畫和故事，來訓練 ASD 學生的社交性表達。他設計用社會性故事的連環漫畫中之對話，教導 ASD 學齡兒童和青少年對社交技巧和社交互動情境的了解，他也使用這項技巧來幫助父母和老師了解學生在某個社會情境中，所接收到的訊息以及他們的觀點是什麼（Gray, 1995a, 1995b）。社會故事是一種格式化的敘事能力，能引導有口語表達困難，特別是 ASD 學生畫下他們所感受的，並教導學生如何描述生活事件。此教學方法是基於 ASD 個案人多是視覺優勢的學習者，可透過視覺提示來增進 ASD 個案對人際對話的了解；使用簡單的線條圖畫，表示兩人或兩人以上之間的對話，並以連續幾幅圖畫描述過程中的溝通情形。因 ASD 學生在處理對話的溝通訊息上有顯著困難，故藉由漫畫圖形的提示，可以讓 ASD 個案掌握人際溝通交換的過程，以及事件發生的先後順序。此一教學法不需特別的教材，一般是先將白紙畫成四格或六格，然後在每格中畫圖，說明發生的過程及溝通對話情形（Glaeser et al., 2003）。在臺灣，邵寶誼與楊淑蘭（2011）也曾以此方法教導一名國中一年級的 ASD 學生，且獲致良好效果。首先，設計一套七節課的訓練課程，主要內容為以生活事件為核心，配合個案繪製的連環圖畫，加強其口語表達能力。個案在「兒童口語理解測驗」總分進步 17 分，百分等級由 2 進步到 3；在「學齡兒童語言障礙評量表」進步 20 分，百分等級由 1⁻ 進步至 7。由語言樣本分析來看，T 單位由十八個進步至二十六個，平均語句長度（MLU）由 4.94 進步至 5.42。結合生活事件與連環圖畫之語言介入，可有效提升 ASD 國中生之語言能力。

## 第八節　泛自閉症個案的語言介入五：輔助溝通系統

因為約有 30% 的 ASD 個案並無口語，因此在溝通訓練時採用輔助溝通系統（AAC）便是一個好的選擇。Agius 與 Vance（2016）比較三名 ASD 學前兒童，他們的語言功能受限，利用 PECS、iPad 或語音生成裝置（speech-generating devices [SGD]）產生語音療效。該研究採用多基線設計的適應性交替治療，以兒童能要求增強物作為依變項。視覺分析結果發現，所有參與者都在使用 iPad 或 SGD 情形下進行更多提示性試驗和課程次數。所有參與者都在 iPad 上學習了三步導航序列，其偏好調查沒有一致的結論，並且與獲得請求技能的速度無關。Agius 與 Vance 的結論是，PECS 和 iPad 都適合用於教導剛剛學習溝通的學前 ASD 兒童之請求增強物技能。但是，Lorah 等人（2022）歸納了九個單一受試交替治療設計研究，總共有三十六名 ASD 參與者，平均年齡為七歲（三至十三歲）。他們發現，與 PECS 和手語教學相較，移動式以科技為基礎的語音生成裝置（mobile technology based SGD），評估以下的變項：包括跨 AAC 模式的操作者、以證據為基礎的實務工作、偏好和參與者表現。由視覺和統計分析結果來看，大多數 ASD 參與者不僅更喜歡使用 SGD，而且使用這樣的裝置時的表現更好。因此，Lorah 等人建議實務工作者考慮使用有語音的科技 AAC 來幫助 ASD 兒童產出口語行為（verbal behavior）。但他們也建議，將來的 AAC 研究應納入青少年和成人 ASD 個案。

陳佩秀（2018）整理了 2010 至 2018 年應用平板電腦或 App 於 ASD 兒童的八篇國外研究和二篇國內研究，最後獲得十篇經出版或同儕審查的實證性研究，共計有五十四位個案。研究發現，多數 ASD 學童喜愛使用 iPod 或 iPad APP 產生語音來進行溝通，且若結合 PECS 或語音溝通器作為介入策略，其成效也較佳。在成效上，使用 SGD 不僅能改善 ASD 核心症狀，包括：語言、社會溝通與互動障礙，以及重複的固著行為等，更能有效提升參與活動的正向行為態度。

第一社會福利基金會一直嘗試以 AAC 教導 ASD 兒童，王俊凱（2018）在其網站上分享了一名就讀普通幼兒園、未滿四歲 ASD 女童的案例。該女童有良好的溝通動機，理解能力優於表達能力，平時以臉部表情、點頭或搖頭，或者以手指物等溝通行為表達需求。她能辨識圖片且記憶力良好，在使用 AAC 後，

該女童的語句可以有「我要……」、「我不要……」、「請幫忙（倒茶）」等，十歲時已能根據教師提問：「怎麼幫忙講話不清楚的○○」，她會回答：「可以用我以前用過的那枝筆來幫助他」這樣長度的語句，當然就作者來看，該名女童有可能並非 ASD，而是一位發展性語言障礙（DLD）的孩子。

## 本章小結

　　ASD 者有侷限和重複的行為、興趣或活動，而且在多種情境下持續發生社會溝通和社會互動的缺陷。除了智力正常的 ASD 個案，其餘經常有明顯的語言發展遲緩，特別是在語用和語意向度的障礙，超音段的語調、音量和語速有異常，即便有語言也是單調且被動的回應，他們缺乏推論溝通夥伴的感覺和想法的能力，也沒有與他人互動的意圖，無法將語意、句法和意圖加以統整，因此難以將生活經驗轉化為語言。約有 25～60%的 ASD 兒童沒有口語表達能力，甚至終身無口語。

　　ASD 個案較難使用一般標準化的語言評估工具來評量他們的語言能力，生態評量是較適合的語言評估取向，可由不同專業人員和家長共同觀察記錄，再進行語言樣本分析，了解個案的語言障礙所在，目前國內僅有一份工具較適合評量 ASD 兒童的溝通能力（劉惠美、曹峰銘，2010），讀者可加以使用。ASD 個案需要的語言介入方法，必須考量他們目前的語言能力，根據Prizant（1983）理論，分為溝通意圖前期、中度溝通困難和高級溝通功能。本章仔細說明環境教學法、圖片兌換溝通系統和視覺式社會故事，特別是對 ASD 個案有效的教學法。環境教學法透過環境安排和增強物的效果，激發個案的溝通動機和使用語言的習慣；圖片兌換溝通系統是溝通輔具應用的一種教學方法，其教學過程必須讓 ASD 個案了解圖片可以換得增強物，加強個案使用圖片溝通，逐漸的加入日常生活經常使用的簡單句型；視覺性社會故事則是利用 ASD 個案的視覺學習優勢，把他們無法理解的社會生活事件，以連環圖畫的方式呈現，再教導個案以口語表達出來；最後一節說明隨著科技進步，各式的語音生成裝署十分普遍，是實務工作者可加以應用的工具，例如：溝通板、平板電腦和各式 App。以上這四種教學策略都已有研究證實能增加 ASD 個案的語言能力，符合實證本位的

介入原則。最後提醒，早期診斷 ASD 兒童非常不容易，因為他們的變異性和個別差異極大，本章所舉第一社會福利基金會的案例極有可能便是一位誤診的個案，需要專業人士特別留意，而且在給予 ASD 個案介入策略時，務必詢問個案的意願和需求。

## 問題討論

1. ASD 個案的語言特徵與一般人有何不同？
2. 回音式語言對於 ASD 個案的功能為何？
3. 環境教學法對 ASD 個案的主要功能是什麼？
4. 請說明圖片兌換溝通系統教學的重要步驟是什麼？
5. 實施視覺式社會故事語言教學法的主要方法是什麼？
6. 輔助溝通系統（ACC）應用於 ASD 兒童的成效如何？

# ❀ 參考文獻 ❀

## 中文部分

王俊凱（2018 年 6 月 1 日）。輔助溝通系統幫助自閉兒表達需求。https://aac.diyi.org.
tw/aac_popular_science/knowledge/knowledge_017

邵寶誼、楊淑蘭（2011）。結合生活事件與連環圖畫之語言介入對提升泛自閉症國中
生語言能力之研究。發表於台灣聽力語言學會主辦之「99 年度台灣聽力語言學會
年會暨學術研討會」。

教育部（2013）。身心障礙及資賦優異學生鑑定辦法。作者。

曹純瓊（1996）。自閉症兒童的語言發展過程與其語言溝通能力特徵。特殊教育，
58，25-32。

莊妙芬（1997）。智能障礙與泛自閉症兒童口語表達能力之比較研究，特殊教育與復
健學報，5，1-35。

陳佩秀（2018）。平板電腦 AAC 應用對自閉症學童溝通表現之影響。東華特教，59，
1-9。

劉惠美、曹鋒銘（2010）。華語嬰幼兒溝通發展量表（臺灣版）。心理。

衛生福利部統計處（2023）。身心障礙統計專區：身心障礙者人數按類別及縣市別
分。https://dep.mohw.gov.tw/dos/cp-5224-62359-113.html


## 英文部分

Agius, M. M., & Vance, M. (2016). A comparison of PECS and iPad to teach requesting to
pre-schoolers with autistic spectrum disorders. *Augmentative and Alternative Communi-
cation, 32*(1), 58-68.

American Psychiatric Association. [APA] (2013). *Diagnostic and statistical manual of men-
tal disorders* (5th ed.) (DSM-5). Author.

Anderson, A., Moore, D., & Bourne, T. (2007). Functional communication and other con-
comitant behavior change following PECS training: A case study. *Behaviour Change,*

*24*, 1-8.

Angermeier, A., Schlosser, R., Luiselli, J., Harrington, C., & Carter, B. (2008). Effects of iconicity on requesting with the Picture Exchange Communication System in children with autism spectrum disorder. *Research in Autism Spectrum Disorders, 2*, 430-446.

Baron-Cohen, S., Wheelwright, S., Skinner, R., Martin, J., & Clubley, E. (2001). The autism-spectrum quotient (AQ): Evidence from Asperger syndrome/high-functioning autism, males and females, scientists and mathematicians. *Journal of Autism and Developmental Disorders, 31*(1), 5-17.

Bernstein, D. K., & Tiegerman-Farber, E. (2009). *Language and communication disorders in children* (6th ed.). Allyn & Bacon.

Bondy, A. S., & Frost, L. A. (1994). The picture exchange communication system. *Focus on Autistic Behavior, 9*, 1-19.

Bondy, A. S., & Frost, L. A. (2002). *The picture exchange communication system training manual.* PECS.

Cheng, M. (2012). Longitudinal changes in pronoun reversals in children with autism spectrum disorder and typically developing children. *Honors Scholar Theses,* 227. http://digitalcommons.uconn.edu/srhonors_theses/227

Choi, H., & Kim, U. (2005). Autism: Using milieu teaching strategies to instruct functional and generalized language. *Journal of Special Education: Theory and Practice, 6*(2), 357-375.

Christensen-Sandfort, R. J., & Whinnery, S. B. (2013). Impact of milieu teaching on communication skills of young children with autism spectrum disorder. *Topics in Early Childhood Special Education, 32*(4), 211-222.

Eisenberg, L. (1956). The autistic child in adolescence. *American Journal of Psychiatry, 112*, 607-612.

Franco, J. H., Davis, B. L., & Davis, J. L. (2013). Increasing social interactions using prelinguistic milieu teaching with nonverbal school-age children with autism. *American Journal of Speech-Language Pathology, 22*, 489-502.

Frith, U. (1989). Autism and "theory of mind". In C. Gillberg (Ed.), *Diagnosis and treatment of autism* (pp. 33-52). Plenum Press.

Glaeser, B. C., Pierson, M. R., & Fritschmann, N. (2003). Comic strip conversations: A positive behavioral support strategy. *Teaching Exceptional Children, 36*(2),14-19.

Gray, C. A. (1994). *The new social story book*. Future Horizons.

Gray, C. A. (1995a). *Social stories unlimited: Social storied and comic strip conversations*. Jenison Public Schools.

Gray, C. A. (1995b). Teaching children with autism to read social situations. In K. A. Quill (Ed.), *Teaching children with autism: Strategies to enhance communication and socialization* (pp. 219-242). Delmar.

Kaczmarek, L., Hepting, N., & Dzubak, M. (1996). Examining the generalization of milieu language objectives in situations requiring listener preparatory behaviors. *Topics in Early Childhood Special Education, 16*, 139-167.

Kaiser, A. P., Ostrosky, M. M., & Alpert, C. L. (1993). Training teachers to use environmental arrangement and milieu teaching with nonvocal preschool children. *The Journal of the Association for Persons with Severe Handicaps, 18*, 188-199.

Kanner, L. (1943). Autistic disturbances of affective contact. *Nervous Child, 2*, 217-250.

Kogan, M. D., Blumberg, S. J., Schieve, L. A., Boyle, C. A., Perrin, J. M., Ghandour, R. M., Singh, G. K., Strickland, B. B., Trevathan, E., & van Dyck, P. C. (2009). Prevalence of parent-reported diagnosis of autism spectrum disorder among children in the US, 2007. *Pediatrics, 124*(5), 1395-1403.

Lorah, E. R., Holyfield, C., Miller, J. et al. (2022). A systematic review of research comparing mobile technology speech-generating devices to other AAC modes with individuals with autism spectrum disorder. *Journal of Developmental and Physical Disabilities, 34*, 187-210. https://doi.org/10.1007/s10882-021-09803-y

Mcevoy, R. E., Loveland, K. A., & Landary, S. H. (1988). The functions of immediate echolalia in autism children: A developmental perspective. *Journal of Autism and Developmental Disorders, 18*(4), 657-668.

Mega, E. R. (2023). 'I am not a broken version of normal': Autistic people argue for a stronger voice in research. *Nature, 617*, 238-241. https://doi.org/10.1038/d41586-023-01549-1

Owens, R. E. (2015). *Language development: An introduction*. Pearson.

Owens, R. E., & Farinella, K. A. (2024). *Introduction to communication disorders: A lifespan evidence-based perspective* (7th ed.). Pearson.

Paul, R., Norbury, C., & Gosse, C. (2018). *Language disorders: From infant to adolescence: Listening, speaking, reading, writing, and communication*. Elsevier.

Prizant, B. M. (1983). Echolalia in autism: Assessment and intervention. *Seminars in Speech and Language, 4*, 63-77.

Prizant, B. M., & Duchan, J. (1981). The functions of immediate echolalia in autistic children. *Journal of Speech and Hearing Disorders, 46*, 241-249.

Prizant, B. M., & Rydell, P. J. (1984). Analysis of functions of delayed echolalia in autistic children. *Journal of Speech and Hearing Research, 27*, 183-192.

Prizant, B. M., Schuler, A. L., Wetherby, A. M., & Rydell, P. (1997). Enhancing language and communication: Language approcach. In D. Cohen & F. Volkmar (Eds.), *Handbook of autism and pervasive developmental disorders* (2nd ed.) (pp. 572-605). John Wiley & Sons.

Tiegerman, E. (1993). *Language and communication disorders in children* (3rd ed.). Macmillan.

van Lang, N. (2003). *Autism spectrum disorders: A study of symptom domains and weak central coherence*. http://dissertations.ub.rug.nl/faculties/medicine/2003/n.d.j.van.lang/

Williams, D. (1992). *Nobody nowhere*. Avon.

# 第十三章　重度溝通障礙

　　有嚴重言語或語言障礙的個案口語相當少，甚至完全無口語和語言表達的管道，可能需要溝通輔具的支持，但不表示他們不需要溝通，或沒有溝通需求，溝通對每一個體都是非常重要的。本章第一節先說明培養溝通能力對重度溝通障礙個案之重要性，第二節說明重度溝通障礙的評量和評量結果的應用，第三節說明重度溝通障礙個案之溝通技能，第四節說明教導重度溝通障礙個案溝通技能的策略，第五節為重度溝通障礙個案適用的替代與擴大性溝通系統（AAC），或稱為輔助溝通系統。

## 第一節　溝通能力對重度溝通障礙個案之重要性

　　人是社會性的動物，日常生活中少不了溝通，溝通是與他人建立關係的橋樑，溝通能力也是協助個體發展的重要工具。Downing（1999）指出，溝通之於人類生活的重要性，包括以下四個方面：(1)增加個人掌控力（empower），做自己的主人；(2)促進學習，發展個人潛能；(3)抒發情緒，增進生活適應；(4)建立人際關係，形成支持網絡；即便個案有重度溝通障礙，也需要藉由溝通達成上述的需求。

　　1960 年代開始，世界各地開始掀起重視每一個人的人權運動，例如：婦女、少數民族、同性戀者，許多身心障礙者也組成聯盟，以爭取自我的權力（Owens et al., 2015），然而具備良好的溝通能力，身心障礙者才能為自己發聲。人類生活需要應用各種知識，而許多知識皆以語言符號為基礎編輯成概念，重度溝通障礙者也需要和大多數人一樣，到學校求學、閱讀書報，以及在網路世界尋求各類資訊，以應付生活所需，具備溝通能力，才能回應他人的問題，說明解決的方案。因此，他們必須學習語言的符碼，建立概念形成系統的知識，以便應付環境挑戰，謀求個人的生存發展。

　　社會是二個以上的個體形成的組織，個體在與他人互動中會產生七情六慾，

故需要適當表達自己的情緒：當他人做了值得讚賞的事，表示佩服；對於喜歡的人，表示愛意；厭惡的事發生在自己身上時，表達負向感受；甚至必要時可以斥退惡人或保護自己的財物，這些都需要具備溝通能力才得以完成。溝通能力是建立人際關係最重要的敲門磚，結交朋友可以使身心障礙個案得到情感和實質上的支持，在學習適當的社交技巧時，必須依賴溝通能力來表達，「請」、「對不起」、「謝謝你」是無時無刻需要傳達給對方的用語，這也是重度溝通障礙者必須具備的基本溝通能力（Snell & Brown, 2011）。

身心障礙者能夠身心獨立不依賴他人，最重要的是具備生活自理能力，然而更進一步的是，如果能在職場上工作，經濟獨立完全不依賴他人，更可以提升身心障礙者的生活品質，而溝通能力便是執行工作時非常重要的能力，例如：一對重度聽障的夫妻想要經營一家快餐店，但大多數客人無法聽懂他們不清晰的口語，此時必須先解決溝通問題，他們才可能繼續經營這家餐廳，成功就業、獨立生活。因此，適當的使用溝通能力才能發展個人生涯特色。

溝通的發展是社會性的，從剛開始時只和照顧者互動，到身處不同文化受到各種環境的影響、學習不同的溝通方式，因而對於人類而言，溝通是由出生到老，一輩子都要用到的功能，是所有人在生活中皆不可或缺的能力，也是一輩子需要培養的能力（Owens et al., 2015）。許多身心障礙者在生命的中期或晚期才喪失口語溝通功能，例如：2014 年興起的為漸凍人〔肌萎縮性脊髓側索硬化症（ALS）〕募款「冰桶挑戰活動」（ice bucket challenge），許多漸凍人可能在青壯年發病，開始喪失口語溝通功能，但他們的認知能力尚未完全失去，仍有溝通的需求。因此，即便是一位重度溝通障礙者，他們可能患有 ASD、CP、運動神經元疾病或重度智能障礙等，都可以透過協助學習溝通方法，以適當的方式與他人溝通。

Snell 與 Brown（2011）把溝通的方式分為符號式溝通（symbolic form of communication）和非符號式溝通（nonsymbolic form of communication）。前者是指使用符號指涉特別的參照物，無須依賴情境，包括：手語、語音溝通的聲音、口語和書寫語言；後者並不使用符號，而是使用表情、聲調、動作和發聲（vocalization）來表達。對於重度溝通障礙者而言，只要是社會可以接受的方法，都是可以使用的溝通方式。另外，溝通的方式也可以分成使用輔具的溝通方法

（aided communication）和不使用輔具的溝通方法（unaided communication），不使用任何額外的器物或設施之溝通，稱為不使用輔具的溝通方法。而輔具又可區分為高科技的輔具（high-tech communication device）和低科技的輔具（low-tech communication device），前者有 DynaVox 系列電子溝通器，後者有相簿和圖畫式的符號等，將在本章第五節詳細說明，這些都是重度溝通障礙者在溝通時可以使用的方法。

## 第二節　重度溝通障礙的評量和評量結果的應用

Owens 與 Farinella（2024）指出，重度溝通障礙者通常無法清楚表達出自己的意圖，於是他們經常創造出自己的手勢，因此在使用溝通輔具之前，也需要先評估他們已經在使用的溝通方式，可能是手勢或其他方法，而這些溝通方法有些很難辨識，例如：有一位重度溝通障礙的女孩，總是在從操場回來時拍打自己的臉頰，經過仔細的觀察才發現，原來她在傳達想要「喝水」的需求。重度溝通障礙者大多數有智能障礙，但一般而言，口語量少或非常不清楚，因此對於施測人員是一大挑戰。以下說明評量原則、評量內容、差異分析（difference analysis）、錄影觀察，以及如何應用評量結果。

### 一、評量原則

專業人員在協助重度溝通障礙的個案時，首先必須了解個案目前的溝通能力、使用的溝通方式和其溝通效能，因此有必要進行溝通技能的評估，但是在評量時必須要注意以下幾點。

### （一）標準化工具較難測得需要的訊息

在第五章中，作者介紹了許多標準化語言評量工具，不過這些工具不全然適合重度溝通障礙者使用，主要是因為他們大多數少有口語或完全沒有口語，即便能夠施測，得到的結果也可能只是語言障礙的結論，無法得知個案的困難出現在何處，因此難以幫助教學者進行教學方案的設計與擬定，或設計適合的溝通輔具。但有少部分檢核表是由個案的教師或父母根據平時觀察來回答題項

所列問題，例如：「個案是否可以說出身體的三個器官」，此類檢核表也具有常模可以對照。

## （二）生態評量適合重度溝通障礙者

Downing（1999）及 Snell 與 Brown（2011）都指出，生態—功能性評量（ecological-functional assessment）或生態評量（ecological assessment）是在個案生活的自然環境中，以觀察法來分析個案的溝通技能是否達到環境的要求，以及個案是如何使用溝通技能的方式，這對於重度溝通障礙的個案而言，比標準化工具更為適合。生態評量直接針對個案在所處環境（家庭、學校和社區）中所表現的各項能力進行評量分析，最終的目的在教導個案適當的社會行為，協助個體社會化（張世彗、藍瑋琛，2022）；生態評量是在個案生活的情境中評量，較為自然且是歷程導向，可提供個案的典型反應。而溝通技能訓練便是表現適當社會行為的重要一環，是以個案為中心，在個案生活中需要觸及的範圍內，主要可能包括：家庭、學校、復健機構、鄰里社區、感興趣的社團、公民活動等，都可作為蒐集資料的範圍。

## （三）重要他人在評估團隊中扮演重要角色

不同於標準化評估工具，都是由經過訓練的專業人員進行施測，而適用於評量重度溝通障礙者的生態評量，需要下列人員一起參與：

1. 家人：不同家庭有不同的文化，若其來自非主流社會，其種族背景也會影響家庭中的溝通模式。重度溝通障礙者有許多生活事件必須得到家人協助，且家人可能是最了解個案的人，因此必須由家人的觀察來了解重度溝通障礙個案目前的溝通情形，且要熟悉其家庭溝通方式、家中需要的溝通情境，以及主要與個案日常生活起居事項有關的重要用語（例如：起床了、我肚子餓了、我想看魚）。

2. 教師：除了家人，學校情境也是個案最需要使用溝通能力的場所。學校和家庭使用的溝通方式和需要達成的任務不同，個案在學校必須學會的溝通技巧主要有：聽從指令、問話和社交用語（例如：你好、可以借我彩色筆嗎？）

3. 專業人員：除了上述二種人員，重度溝通障礙者最常接觸的就是協助復

健的醫師、語言治療師、職能治療師、心理師、社工師和物理治療師等專業人員，他們在與個案互動時，可提供不同的觀察角度並由其專業加入不同的意見，例如：物理治療師可提供良好的坐姿或站姿訓練，使呼吸更順暢，可以增進口語的輸出。

4. 同儕：主要是個案的同學，個案與同儕一起學習和參與活動，因此可由同儕提供重要的觀察資料，了解個案的溝通能力。

5. 其他人員：可能是個案的好友或親戚，平時與個案互動密切，了解個案的喜好，他們也能提供重要的資訊。

## 二、評量內容

針對重度溝通障礙者的評量內容，口語能力並非主要的觀察重點，可由以下二項進行評量（Downing, 1999; Snell & Brown, 2011）：

1. 溝通意圖：個案是否有意願與他人進行溝通，例如：重度 ASD 個案或極重度的認知障礙者可能對他人出現或表達需求的能力較弱，評估者需要透過仔細的觀察，這可由個案的眼神、聲音、姿勢或回音式語言等加以判斷，如老師問：「誰想當班長？」若小華露出渴望的眼神，身體也不斷扭動，即表示小華有強烈的意圖。又如：一位無口語的孩子拉著老師的手往外走，溝通意圖可能是想請老師看教室外的東西，或他／她想出去玩。

2. 接收性語言能力：評量個案是否了解溝通夥伴發出的訊息，如表 13-1 所示。

表 13-1　無口語個案的接收性語言能力舉例

| 教師啟動溝通 | 學生反應 | 說明 |
|---|---|---|
| 誰想用電腦？ | 學生看著電腦 | 學生了解教師的語意，且想用電腦 |
| 阿嬤來了！ | 學生露齒微笑，很開心的樣子 | 學生了解教師的語意，表示喜歡阿嬤來學校 |

雖然個案不是用口語表達，但可以推論出個案已經接收到老師發出的訊息，並且也有了回應。當作者上完《不會寫字的獅子》這個故事，隔天兒童把家中的信件帶來學校，表示他理解寫信和信件的語意。

## （一）表達性語言能力

由觀察個案的眼神、表情、聲音、姿勢、身體動作（行動）或回音式語言，了解個案所傳達的各類訊息，例如：大象男孩祥祥會以笑聲和甩動舌頭，表達看到老師對他的問題給了正確回應而感到開心（2006 大象男孩與機器女孩，無日期），如表 13-2 所示。

表 13-2　個案反應和可能表達的意義

| 個案反應 | 可能表達的意義 |
|---|---|
| 露齒微笑 | 理解且高興或歡迎 |
| 躺地上哭 | 抗議、不舒服 |
| 發出高頻聲音 | 高興或不願意 |
| 尖叫 | 興奮或引起注意或不喜歡 |
| 拉老師衣服 | 引起注意或要求 |
| 拍客人的手 | 打招呼 |

## （二）個案的語言形式、內容和功能

Downing（1999/2002）指出，評估重度溝通障礙者的溝通技能，須注意其形式、內容和功能為何：

1. 個案使用何種語言形式溝通：表情、手勢、聲音或實物等可作為表達的方式，個案可能使用其中一種或同時使用二種以上的方式來表達。
2. 內容：依個案的興趣、年齡、文化和溝通夥伴的不同，需要不同的溝通內容，而不是一成不變的，例如：具有嚴重溝通障礙的學生參加融合班級的美勞課與音樂課，需要的溝通內容是不同的。
3. 功能：個案是否達成溝通的意圖，例如：跑到門邊希望老師協助開門，而老師是否開門了？

## （三）高層次能力

　　雖然個案的口語不多，但是否能勇敢的開啟互動，例如：面向溝通夥伴或先伸出手表示友善、個案會使用溝通板開啟對話、個案會回應溝通夥伴的起始話題，或個案能夠維持交流的輪替。

## 三、差異分析

　　在生態評量中，教學者可以藉由評估個案是否完成任務的過程，來觀察如果個案未能完成任務，原因是什麼，記錄出現差異的理由，以作為擬定介入目標或調整環境的依據，此稱為差異分析（Downing, 1999），例如：老師與一位重度肢體障礙且沒有口語的學生之互動情形，如表 13-3 所示。

表 13-3　差異分析範例

| 教師行為 | 學生反應 |
|---|---|
| 教師說：「小明請把桌子擦乾淨。」 | 小明沒有反應 |
| 教師拿出三張圖片給小明指認 | 小明在三張圖片中正確指認擦桌子圖片 |
| 教師說：「小華請拿抹布給小明。」 | 小明拿到抹布後，把桌子擦乾淨 |

　　教學者在進行差異分析時，發現小明未能完成擦桌子的任務是因為身邊沒有抹布，他無法自行拿取抹布，並非聽不明白教師的指令，以致於沒有完成任務。因此，教師必須調整環境，將抹布掛在小明的課桌旁邊，或請同學小華拿抹布給小明，或者也可以幫助小明使用溝通輔具，以表達缺少抹布需要他人協助。

## 四、錄影觀察

　　Downing（1999）建議使用錄影設備錄下個案在不同物理環境、不同發生事件下與不同對象的互動和溝通情形，再由專業團隊人員一起觀察、記錄和討論，共同分析個案是否達成溝通功能。作者參考 Downing 的溝通技能功能性生態量表後，設計如表 13-4 的溝通功能分析紀錄表，可以提供團隊成員記錄個案在不同情境中使用溝通技能的情形，再共同討論。

表 13-4　溝通功能分析紀錄表

| 個案：張小華（重度自閉症、無口語）情境：上語文課 | | | 日期：○○○年○○月○○日 記錄人員：○○○ | | |
|---|---|---|---|---|---|
| 教學活動 | 教師行為 | 個案反應 | 溝通要求能力 | 差異分析 | 介入方法 |
| 預告說故事 | 教師說話 | 不斷翻書 | 傾聽 | 聽不懂 | 給他故事的圖片 |
| 說故事問問題 | 教師說故事並以故事人物演出 | 看一眼繼續翻書 | 傾聽、指認或回答 | 對故事主題沒興趣 | 把故事人物放置其眼前，並提示個案用手摸 |
| 說故事模仿動作（一） | 教師說故事並做出誇張的動作 | 笑了 | 模仿動作 | 對動作有興趣 | 用肢體協助動作 |
| 說故事模仿動作（二） | 教師說故事並做出誇張的動作 | 笑了 | 模仿動作 | 對動作有興趣 | 用肢體協助動作 |
| 說故事問問題 | 教師說故事並以故事人物演出 | 看著老師 | 傾聽 | 可以聽但不一定了解 | 把故事人物放置其眼前，並提示個案用手摸 |

　　由上述溝通功能紀錄表的分析可以看出，當教師以口語說明或問問題時，並無法引發個案的溝通動機，但當教師以誇張的表情和聲調說故事時，則可以引起個案的注意，且會以模仿動作作為回應，但需要教師以身體提示加以協助。

## 五、應用評量結果

### （一）擬定具體教學目標

根據評量結果，訂出個案需要學習的特定溝通技能，例如：眼神、表情、手勢或聲音，並設定溝通情境，包括：和誰溝通、如何傳達（溝通方式）、地點、具體評量標準，如表 13-5 所示。

表 13-5　重度溝通障礙個案的教學目標範例

| 情境 | 溝通對象 | 具體範例 |
|---|---|---|
| 教室 | 教師 | 一天中，小明會用手勢表示要喝水二次 |
| 語文課 | 同學 | 形式不拘，每節課至少和同學互動一次 |
| 美勞課 | 教師和同學 | 學會以溝通卡表示四種顏色 |
| 語文課 | 教師和同學 | 學會假設句的用法且會造一個句子（如果我長大，我要當警察），找出二張圖片並按出聲音 |
| 生活技能訓練 | 教師和同學 | 增加功能性溝通能力—購物，會使用簡單句：<br>1.購買早餐（三明治）<br>2.購買便當（排骨便當）<br>3.購買日用品二項（衛生紙、醬油） |

### （二）評量進步情形

具體計算目標達成率，若個案只會以溝通卡在美勞課表達三種顏色，達成率為 75%。

### （三）修訂介入方案

根據目標達成率，檢討擬定的目標是否不恰當，目標太高或使用的輔具不適當，以及需要的先備能力不足時，則需要調整輔具或介入目標。

### （四）決定下一步驟的目標

若目標達成率超過預設標準，則可以向下一個目標前進，否則需要重新調

整目標的設定標準，或重新擬定目標，再繼續訓練以達到此階段的目標。

## 第三節 重度溝通障礙個案之溝通技能

### 一、基本溝通技能

作者參考 Halliday（1975）及 Dore（1978）列出兒童的溝通意圖，以及 Downing（1999）指出重度溝通障礙個案需要的溝通技能，在不同情境下，因溝通夥伴不同，需要的溝通技能亦不同，故教學者需要教導重度溝通障礙個案具備以下的基本溝通技能：

1. 基本互動用語：主要為打招呼「嗨」、問好與道別說 bye-bye（或揮手）、說早安或拉手或招手、發出愉快的聲音等。

2. 引起注意：會以眼神注視、舉手、拉手、招手、拿出溝通卡或按壓溝通板來引人注意。

3. 請求協助：會舉手、說「給我」、「太難」等字詞，或用溝通輔具表達「我不會」。

4. 同意和拒絕：會說或以手勢做出「OK 或 NO」、會點頭或搖頭、會以溝通輔具表示「好或不好（要或不要）」。

5. 分享和讚美：會與人交換物品或給予物品（會表示「給你」）、做出好棒手勢（拍手或豎拇指）。

6. 建立親密感：會牽手、搭肩、擁抱和親臉。

7. 指認物品：會表達喝水（拿著茶杯或做出手勢）、玩球（拿球）和畫畫（拿出蠟筆）。

8. 聲音模仿：會發出喵喵（貓）、汪汪（狗）和叭叭（汽車）等，表達物品或需求。

9. 手勢模仿：以手語方式比出哭、肚子餓、謝謝或其他物品（電話）等。

10.其他：無法以表情、手勢和聲音表達者，可使用輔具溝通。

## 二、不同年齡階段所需的溝通技能

隨著年齡成長，個案從事的活動和所需要的溝通技能也不盡相同（Downing, 2008），說明如下。

### （一）學前階段

主要是與家人或照顧者互動，並在遊戲中學習，例如：學習基本生活技能（進食、喝水、如廁等）、表達日常所需（肚子餓、想喝水、上廁所）、玩積木和參加幼兒園活動（點心時間、說故事、歌唱、團體遊戲等），需要的溝通技巧為基本互動用語、引起注意、分享、扮演、要求等。

### （二）學齡階段

個案進入小學，在校的時間更長，人際互動的機會也更多，他們需要與老師溝通，參加合作學習和小組活動，所需要的溝通技巧除了在幼兒園學會的溝通技巧外，還需要更多接收性和表達性溝通技巧，包括：聽懂指令和問題、說明作品、展示玩具、討論主題、提出問題、回答詢問、參加團體遊戲、活動決策等。

### （三）國中和高中階段

在中學階段，個案的學業活動內容較多，難度加深，喜歡參與青少年感興趣的活動，例如：喜歡使用流行語（像是「吃瓜群眾」，指在網路圍觀聽八卦的行為）、Line、Instagram、Meta（Facebook），經常在網路上與同儕互動，有更多機會使用手勢動作和借助輔具表達，進行發問、表達意見、說笑話或敘事、引發話題或回應他人的話題，以及參與小組主題研究等。

### （四）高中以後

個案可能在進入職場工作後，需要使用的溝通技能和互動對象又和在校園中不同，職場溝通需要更好的聽能理解，並要了解職場文化和禮儀，學習工作中常需使用的溝通內容，例如：「我在做資源回收」、「我打掃完了」、「可以幫忙打字嗎」和「我去送公文了」等。

這些不同溝通技能的學習，需要專業人員的費心教導和訓練，下一節說明

教導重度溝通障礙個案溝通技能的策略。

## 第四節　教導重度溝通障礙個案溝通技能的策略

　　大多數重度溝通障礙者可能有認知障礙和肢體障礙，在教導他們溝通技能時，首先要引發個案的溝通意圖和行為，使用有效的教學策略，教導簡單的溝通反應，並需要多次的練習才能達到精熟程度。認知能力較佳的個案，則需要進行對話訓練，說明如下。

### 一、引發個案的溝通意圖和行為

　　Downing（1999）說明引發個案的溝通意圖和行為，可使用以下的方法和步驟：

1. 教學者身體接近個案。
2. 教學者與個案保持眼神接觸。
3. 教學者以眼神和表情展現對個案進行溝通的期待。
4. 教學者接納尊重個案目前使用的溝通方式。
5. 教學者不要過分重視以符號進行溝通。
6. 因為重度溝通障礙者啟動溝通行為較慢，教學者需要耐心等候。
7. 教學者等待個案主動溝通，減少主導性，跟隨個案引導（follow the child's lead）。
8. 接受個案使用不同方法進行溝通，例如：手勢、表情、圖片、實物、溝通輔具。
9. 創造情境和利用自然情境教學，個案更容易類化習得的溝通技巧。
10. 教學者創造需要使用溝通的機會，拿出個案有興趣的物品或準備新奇的教具。
11. 讓學生有溝通動機，例如：假裝忘記發給個案吃點心用的湯匙或畫畫用的蠟筆（請參閱第十二章環境教學法）。
12. 教學者在初期時先使用個案心中的方法，待關係建立後，再引進新的溝通方法。

13.教學者提供不同的溝通方法，讓個案有選擇的機會，例如：指認和示範語音，當學生無法發出口語時，接受其使用指認。

14.鼓勵溝通夥伴與其溝通，如果個案傳送訊息，但無人回應，慢慢的個案溝通的動機便會被削減。

15.教學者要設法讓溝通變得有趣，可製造話題或設計主題，例如：個案喜歡狗，則可設計「我喜歡的動物」活動進行分享。

## 二、溝通技巧教學策略

以下的教學策略，使重度溝通障礙者更容易學習：

1. 示範良好的溝通行為：有一位個案，只要有人靠近，就會抓取那人身上任何物件，此時教學者可以輕抓著他的手說「給我」。

2. 給予提示：以手勢、聲音、嘴型、圖卡或文字等給予個案提示，例如：個案不會說「學生」，教師可發出「噓」的聲音，引導學生仿說。又如：一位看到海苔，眼睛就發亮的孩子，這時老師可指著海苔說：「海苔或苔或呵。」（由舌根送出氣流，讓兒童聽到）。

3. 褪除提示：個案的溝通行為逐漸建立後，就褪除提示，若個案無法表現正確的溝通行為，就需退回先前的教學步驟。

4. 增強好行為：初期時教學者可接受任何的回應形式，並給予讚賞或獎勵，以區分性增強（differential reinforcement）和行為塑造建立新的溝通模式，請參考本書第十二章圖片兌換溝通系統的教學步驟。

5. 引進新符號協助溝通：教學者將每一片兒歌的光碟片以不同符號代表，例如：在《兩隻老虎》、《小星星》或《蝴蝶歌》的光碟片上，分別貼上老虎、小星星或蝴蝶的圖案，當教學者要求個案協助拿取光碟片時，即可以圖案提示。

6. 回應溝通反應：不論個案以任何形式表達，教學者應該給予回應（例如：「○○○你在跟我說話啊！」），如果無法聽清楚或了解時，可以請他再說一次或做一次，若仍無法了解，則主動給予選項做選擇（例如：「你要請我看你帶來的玩具嗎？」）。作者實際應用於一位重度智能障礙只有少數聲音的兒童，結果該名兒童的仿說和主動發出聲音的反應都增加，效果十分良好。

## 三、教學範例

針對一位沒有口語能力的個案，教學者教導其「上廁所的溝通」時：(1)首先，教導個案認識廁所的符號，並能依性別進入正確的廁所；(2)找尋顯示「綠色」沒有人用的廁所，之後以敲門聲作為表達，並等待二至三秒（數 1、2），再打開門；(3)如果廁所有人，則說「對不起」或點頭道歉。教學過程先以圖卡在教室或治療室練習，再實際於學校廁所練習，並找機會帶個案至其他公共場所（例如：車站或餐廳）的廁所練習。

## 四、教導學生對話的能力

認知功能較佳的個案可以進入對話的溝通模式。個案要先了解對話的元素，包括：起始、維持和結束。對話的過程會受到年齡、文化、性別、經驗、興趣、職業地位等因素的影響（Downing, 1999），而且也要考量當下的溝通情境。個案必須判斷溝通對象的背景，例如：是同學、老師，還是老闆，對象不同，溝通方式和內容也會不同。以下分為起始、維持對話和結束對話加以說明，並提供對話內容範例。

### （一）起始

1. 確定需要開啟對話：如想要借東西、引發別人注意或分享訊息。
2. 使用最適合的溝通模式：使用手勢、輔具（卡片）或打字，例如：用 iPad 寫出「我想和你們一起打籃球」或拿出打球圖卡，接近溝通夥伴後，給予對方。

### （二）維持對話

1. 個案需了解對話一來一往的溝通形式，亦即有人起頭和有人回應。
2. 教學者協助製作對話書（板）：如自我介紹內容有「很高興認識你，我叫○○○，我從○○來，我喜歡下跳棋」。
3. 必要輪流（take turn）說的或不要輪流說的（以下數字為第幾個輪替），例如：
曉華 1：我蒐集很多芭比娃娃。（指給對方看）

同學 1：我可以看嗎？

曉華 2：（沒反應）〔老師敲敲蒐集本（等曉華反應）〕

曉華 3：（還是沒反應）

老師教曉華問：你喜歡長頭髮的還是短頭髮的。（翻到
　　　　　　　長髮或短髮芭比用手指出）

同學 2：長頭髮的芭比娃娃很漂亮！

在練習過程中，教學者需教導溝通夥伴儘量給予個案回應，如果個案沒有回應，可以給提示或用二選一的方式，請個案回答，以強化個案溝通的行為。

## （三）結束對話

教導溝通夥伴（互動的同儕）在對話結束時或想要離開時告知個案，教導個案使用手勢或溝通輔具，表達「上課了，下次再玩！」「bye-bye！」「我要先走了！」

## （四）不同情境的對話內容

認知能力正常或較佳的個案，可以訓練在不同情境下的對話。以下根據不同情境（上自然課、看表演、參加校慶表演會），編寫不同的對話內容，範例如下。

## 1. 吹泡泡

個案 1：你看我的泡泡好大！

溝通夥伴 1：（是呀！）好大的泡泡！

個案 2：你要吹吹看嗎？

溝通夥伴 2：好啊！

個案 3：你（吹）的泡泡好漂亮！

溝通夥伴 3：吹泡泡真好玩！

## 2. 看紙風車劇團表演

個案 1：你好！

溝通夥伴 1：你好！

個案 2：我可以坐嗎？

溝通夥伴2：可以！

個案3：今天演什麼呢？

溝通夥伴3：金孔雀！

個案4：你看過嗎？

溝通夥伴4：沒有呢！

個案5：我也沒有。

溝通夥伴5：我看過書。

個案6：開始演了。

溝通夥伴6：專心看吧！

### 3. 參加校慶表演會

個案1：嗨，你好！我是方大同！

溝通夥伴1：你好！我是李大仁！

個案2：我二年級，你呢？

溝通夥伴2：我也二年級，我最想看我的班級表演跳舞。

個案3：我們班要吹笛子。

溝通訓練的難度高，有時需要同時有多位教學者或助理共同訓練，大家圍坐在一起角色扮演，準備道具，例如：請個案切水果（塑膠水果道具），然後請老師和助理們吃水果，老師回應：「很好吃，謝謝！」並問個案：「好吃嗎？」由個案回答：「好吃。」或由助理在其背後以身體提示並示範說「好吃」，經過多次演練，個案便能主動溝通，學會溝通互動的模式。

Snell 與 Brown（2011）也指出，並非一定需要以符號式溝通才能達到溝通的效果，對重度溝通障礙者而言，非符號式的溝通方式也可以達到溝通的目的。但溝通過程可能會因為重度溝通障礙者使用的詞彙不正確或不恰當，或者語音清晰度不足或音量不足，還有聽者的錯誤解釋，而造成溝通失敗。因此，教導個案如何修復溝通問題（repair communication breakdown）是很重要的，例如：「再說一次」或使用不同的溝通符號，其次也要訓練溝通夥伴，給予重度溝通障礙者重新再做一次溝通的訊號，這也是很重要的部分。

## 第五節　輔助溝通系統

　　輔具為「輔助器具」或「輔助產品」的簡稱。多功能輔具資源整合推廣中心協助經濟部標準檢驗局，轉譯國際輔具分類標準 ISO 9999 並審議通過，於 2010 年 9 月 30 日公告成為中華民國國家標準《CNS 15390 身心障礙者輔具：分類與術語》，這是我國的輔具分類標準。依據輔具的「主要任務功能」進行分類，共分為十一大類，分別是「個人醫療輔具」、「技能訓練輔具」、「矯具與義具」、「個人照顧與保護輔具」、「個人行動輔具」、「居家生活輔具」、「住家及其他場所之家具與改裝組件」、「溝通與資訊輔具」、「物品與裝置處理輔具」、「工具、機器與環境改善輔具」、「休閒輔具」，「溝通與資訊輔具」便屬於其中一類（衛生福利部社會及家庭署，無日期）。

　　根據美國聽語學會（ASHA, n.d.）對 AAC 的定義：「指的是談話以外的所有溝通方式。所有年齡層的人如果在言語或語言技能方面有困難，都可以使用 AAC。augmentative（擴大）意味著增添某人的說話方式；alternative（替代）使用替代手段代替言語。有些人一生都在使用 AAC，其他人可能只在短時間內使用，例如：當他們接受手術並且無法說話時。」

　　AAC 是協助因暫時性或永久性損害造成的言語／語言理解和表達之嚴重性溝通障礙者，在活動和參與受限時的溝通模式。需要使用 AAC 的人，包括：重度 ASD、智能障礙、CP、運動神經元疾病（ALS 和多發性硬化症），以及腦傷或中風的患者。Beukelman 與 Mirenda（2013）明白指出，使用 AAC 的兒童和成人，其溝通上的需求不同於一般人，他們的溝通需求較一般人來得複雜。AAC 何以能協助有著複雜溝通需求的重度溝通障礙者呢？以下分為 AAC 的類別、溝通模式、選擇、版面設計和實施，加以說明。

### 一、AAC 的類別

#### （一）非輔助性 AAC

　　指個案不需要任何外在工具協助就可以使用的輔助溝通系統，包括使用手勢、動作和任何可觀察到的訊號，例如：擠眉弄眼和系統性的手語。美國手語

被認為和任何一種語言一樣，具有同樣的地位。但手語並不完全適用於所有的個案，例如：CP個案若缺乏執行精細動作的能力，打手語就可能是無法完成的任務（Owens & Farinella, 2024）。

## （二）輔助性 AAC

輔助性 AAC 又可依其需要科技設備的程度分為：(1)無科技，例如：圖卡、照片、字卡，或書寫板和書寫輔助器（含五種不同書寫紙板，可用於支票、商業信封、全開式紙張、邀請卡，請參考 http://www.u-wealth.com）；(2)低科技，例如：簡單錄放音模式的溝通板、亮燈的溝通板、溝通簿（如圖 13-1 所示，內容是個案和媽媽到市場買菜）、溝通盒子（輔科舞告賀，無日期）；(3)中科技，例如：Go Talk 20+；(4)高科技，例如：需要精密的電子化設備之語音或影像的溝通板。以歐美產品為例，低技術科技的有 BIGmack（AbleNet, n.d.）（可錄製時長最長二分鐘，例如：「我需要幫助」、「輪到你了」，可以免費下載疊加的符號）和 Voice MAX 語音溝通板；高技術科技的有 DynaVox 語言溝通板（提

圖 13-1　溝通簿

供三十天免費試用，網址：http://www.mydynavox.com/Solutions/DynaVoxTSeries#MeetTheT10）和 Lightwriter 打字溝通板，可以打字輸出文字或語音（http://www.toby-churchill.com/products/lightwriter-sl40/）。

　　輔助性 AAC 使用的符號包括：實物、圖像和文字，圖像可由十分具體的真實照片到十分抽象的表意符號。個案選擇符號有二種方式：一是直接選擇，二是掃描，個案可使用手指、手、頭控筆、光學頭控滑鼠來輸入訊號或操作。光學頭控滑鼠可以是簡單的頭燈，也可以是複雜的紅外線感應電腦符號；而掃描則是由個案觸動開關，以視覺或聽覺呈現符號，例如：有米飯、麵、水餃供選擇，第一個亮框會出現在米飯，若個案沒有選擇，亮框會跳至麵，之後是水餃，若同時提供聽覺線索，則在亮框出現於米飯時，會有聲音一起呈現。而輸出方式，電子化的 AAC 會有語音或可列印文字，語音則有自然人聲和電子合成語音二種。

## ◢ 二、AAC 的溝通模式

### （一）溝通符號

　　人類的日常生活充滿符號，例如：豎起大拇指表示很棒，用英文字母 M 代表麥當勞。以下由易而難說明我們常用來作為輔助溝通的符號（Downing, 1999）：

1. 實物：個案可以用「鑰匙」表示想開門出去玩，也可以拿「杯子」表示要喝水。以實物作為輔助溝通的材料，好處是學生很容易學習，但缺點是許多生活中需要表達的物品或事件，並無法找到合適的實物來代表，而且有時也難以攜帶。

2. 觸覺符號：它是實際物品的一小部分，例如：以一小段鏈子表示盪鞦韆、以帽子表示打棒球。觸覺符號通常是提供重度視障或盲人使用，它的缺點和實物一樣。

3. 照片：點餐的食物或旅遊的名勝古蹟可以用照相機拍照，十分真實，也可以由網路的圖庫抓取代表性的照片，照片可經過列印或由雜誌和廣告傳單剪下來，攜帶方便（如圖 13-2 所示）。

4. 彩色圖片：彩色圖片的真實性不如照片，但在缺乏實際照片時，也是很容易取得的材料，且與真實物品仍是十分相似，不失為良好的替代品。

5. 黑白線條圖：目前已有許多公司發展出以線條圖代表不同的人、事、時、地、物，在美國最常用的稱為圖片溝通符號（picture communication symbols [PCS]），可以用電腦列印出來。在臺灣也有科技輔具文教基金會出版的圖庫，目前已擁有數千張圖片，在臺灣使用得相當普遍（請參閱本章之後的推薦網址）。然而，這些商品化的圖形溝通符號，必須花錢購買，對於經濟不寬裕的家庭就難以應用。如果個案有視覺缺損，在使用上需要放大圖案，或列印時讓顏色對比明顯。

6. 可觸式符號：可以用一小塊布代表毛巾、以一個包裝盒的紙片代表喜歡的零嘴（例如：剪下乖乖的圖案代表「乖乖」），適合用於視覺障礙者和智能障礙者，它的優點也是攜帶方便，但需要設計，有時候也可能過於抽象。

7. 文字：文字是人們日常生活最常使用的符號，因此可以簡單的文字來表示，例如：海苔、冰淇淋、水，對於和溝通障礙者互動的一般人也比較容易辨識，但對於有閱讀障礙或視覺障礙個案，文字就不是好的溝通媒介。

符號和所代表的事物相似性愈高，愈容易辨認，但也要符合個案的生活經驗，因此有嚴重認知障礙的個案就不適合抽象的符號，例如：文字和黑白線條圖。嚴重視覺障礙的個案使用觸覺符號較為合適，可選擇適合個案的溝通符號，初期教學時應為具體明顯的符號，之後逐漸改為抽象和簡單，或一般人常用的符號。

## （二）非電子化的溝通板和溝通卡

非電子化的溝通板和溝通卡也就是「低科技」的溝通板和溝通卡，不需要使用電源，可以是以環圈串在一起的卡片（如圖 13-2 所示）；也可以是有鐵夾的塑膠 L 夾（墊板）（如圖 13-3 所示）或以絨布包覆的紙板；或是附有蓋子的鐵盒，用磁鐵吸附圖卡或對話紙條（如圖 13-4 所示）；或是一張可日常攜帶的溝通卡（如圖 13-5 所示）；也可以是注音符號表或拼音符號表（如表 13-7 所示）；或是一張今天上課的作息表（如表 13-8 所示）。

圖 13-2 以環圈串在一起的臺灣景點卡片　圖 13-3 有鐵夾的塑膠 L 夾
　　　　　　　　　　　　　　　　　　　　　　　　　（或墊板）

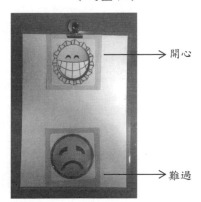

→ 開心

→ 難過

圖 13-4 對話盒

　　圖 13-4 的對話盒中裝著兒童感興趣的玩具，或兒童蒐集的小東西，可以和同學或老師進行對話。教師先準備好對話紙條，請一位有口語的同儕或高年級兒童協助練習對話，表 13-6 是以對話盒中的材料進行對話的範例。

表 13-6　對話盒的對話範例

| 兒童 | 溝通夥伴 |
| --- | --- |
| 你想看我蒐集的小東西嗎？（指盒子） | 好啊！你帶了什麼來呢？ |
| 你先看這一隻小象！（用手指小象） | 好可愛！你怎麼有這隻象？ |
| 這是我的生日禮物！ | 喔！她穿著粉紅色衣服，還打領帶。 |
| 我摸摸看！（摸小象） | 你還有一隻魚，可以讓我看一下嗎？ |
| 橘色魚是個環保袋！（拿起小魚） | 真的嗎？ |
| 你可以打開看看！（把小魚給同學） | 哇，真的是環保袋！（一邊打開） |

圖 13-5　可日常攜帶的溝通卡

　　圖 13-5 的攜帶式溝通卡在日常生活中使用方便，可以鑰匙圈圈住，讓個案隨身攜帶，在適當環境練習基本的社交用語。

　　使用上述這些溝通輔具，教學者首先要選擇適合個案使用的符號，之後進行版面設計，圖卡的排列必須依照使用的頻率加以安排，頻率愈高的部分需要放在最容易取得或指認的位置。此外，也需要考量學生的能力，例如：視力（視野和敏銳度）、肢體動作能力（動作範圍和肢體控制）、認知能力（處理符號的數量和抽象程度）、個人喜好的形式等。需要移動的課程，例如：園藝課，則要使用可以掛在腰間或手腕上的環圈串圖卡；如果是游泳課或會沾濕的課程，圖卡則需要護貝防水。輔具的大小也需加以考量，像是是否可以放在書桌或輪椅上，若要用手拿也要考慮重量和個案的手部功能，例如：使用注音符號卡（如表 13-7 所示），需考慮每一個符號的出現率來安排順序，個案可以使用頭燈來掃描或以手指指出，操作時由個案先選出聲母的排數，再選目標聲母，之後選韻母排數再選韻母，最後選擇聲調，便完成拼音。如果個案辨識注音符號的速度很快，可不選排數，直接選注音符號，如此只要三個步驟便可完成，例如：電影《潛水鐘與蝴蝶》裡的語言治療師使用英文字母板，從頭開始唸，唸到目標音時，由個案眨眼示意。然本表在速度上會比較快，因為不需要從頭一個一個唸。

　　課間轉換困難或對活動事件前後順序容易混淆的個案，可設計一張活動式的時間流程表或當日功課表，如此便能幫助教學者教導個案了解上課順序、準備物品和該課程的重要任務，如表 13-8 所示。

表 13-7　注音符號溝通板版面

|  | 聲母 | 韻母 |
|---|---|---|
| 第一排 | ㄅㄆㄇㄈㄉㄊㄋㄌ | |
| 第二排 | ㄍㄎㄏ ㄐㄑㄒ | |
| 第三排 | ㄗㄘㄙ ㄓㄔㄕㄖ | |
| 第四排 | | ㄚㄛㄜㄝ ㄧㄨㄩㄦ |
| 第五排 | | ㄞㄟㄠㄡ |
| 第六排 | | ㄤㄣㄢㄥ |
| 聲調 | | ˊ ˇ ˋ |

表 13-8　3 月 12 日星期一王小華的功課表

| 順序 | 課程名稱 | 準備物品 |
|---|---|---|
| 1 | 語文課　ㄅㄆㄇ | 國語課本　寫字簿 |
| 2 | 語文課　ㄅㄆㄇ | 國語課本　寫字簿 |
| 3 | 數學課　1+1=2 | 數學課本 |
| 4 | 美勞課 | 色紙　粘土 |
|  | 中午休息 | |
| 5 | 體育課 | 運動服和水壺 |
| 6 | 體育課 | 運動服和水壺 |
| 7 | 放學 | 書包　整理好書包 |

## （三）電子化溝通輔具

　　電子化溝通輔具需要插電或使用電池，許多是結合平板電腦或桌上型電腦來設計溝通內容。簡單的只有一層，亦即一個版面，目前大多是多層版面，可以依使用情境和教學主題選用不同版面。電子化溝通輔具通常具有錄放音功能，教學者可以事先依照教材內容先行錄音，之後個案點選或按壓該目標選項，便能發出聲音。高科技的電子化溝通輔具均可重複錄音與放音，並可依使用者需求自行設計溝通版面。臺灣目前使用較為廣泛的溝通輔具主要是由科技輔具文教基金會（Assistive Technology Engineering Lab）發展的多款輔助溝通板（網址http://www.unlimiter.com.tw/www2013/），包括：有聲溝通學習系統、R-Pen（點讀式溝通筆）、AAC 語音溝通系統＋ iPad（包括「AAC 好溝通」和「核心語彙」兩大系統），適用於 iPad 之語音溝通及版面設計軟體，內含三千八百張以上之照片及內建中、英、臺、客、粵五種真人語音資料，並可透過拍照、攝影、連結音樂及影片的方式，達到溝通與學習之效。其中，「核心語彙成長溝通系統」結合核心語彙與注音符號拼音功能，可依名詞篇、句型篇、問答篇依序進行訓練，核心語彙不足處，可搭配注音符號拼音，讓溝通更順暢。而「AAC 語音溝通系統」則另具掃描功能，並可進行螢幕掃描或外接特殊開關進行單鍵或雙鍵掃描使用。

　　讀者也可進入衛生福利部社會及家庭署輔具資源入口網站（https://newrepat.sfaa.gov.tw），在「輔具產品」處點選「溝通和資訊輔具」，就可以看到進口的電子溝通板「GoTalk Express 32 格成長式掃描造句溝通板」，如圖 13-6 所示。

圖 13-6　電子溝通板

依據「身心障礙者輔具費用補助基準表」（2022 年 10 月 20 日修正），身心障礙者可獲得經費補助的輔具項目，共分為十大類二百四十二項。溝通輔具屬於「第二類（五）溝通及資訊輔具：溝通相關輔具」的第九十四項至第一百項，主要分成七款，分別是：(1)無語音輸出之圖卡或設備；(2)低階固定版面型語音溝通器；(3)高階固定版面型語音溝通器；(4)具掃描功能固定版面型語音溝通器；(5)電腦使用語音溝通軟體；(6)平板使用語音溝通軟體；(7)動態版面型語音溝通器（衛生福利部社會及家庭署，2022）。相關申請辦法可上衛生福利部社會及家庭署輔具資源入口網站查詢。

## 三、AAC 的選擇

教學者在協助個案選擇合用的 AAC 時，最重要的是要依據個案的年齡、能力、經濟能力等因素進行考量，而且必須考慮使用的情境和目的，像是主要作為教學功能，抑或是溝通互動功能，或是書寫的輔助器材，再選用上述介紹的不同產品。因此，並非高科技產品的功能一定都大於無科技或低科技的產品，高科技產品經常需要事先充電，若無電力來源，往往無法使用，使用電池則所費不貲；且高科技產品在操作上需要十分小心，對於有重度智能障礙或肢體障礙的使用者而言，又是一大挑戰，也容易因使用不慎造成損壞，修理與維護費用又是一筆負擔；加上使用時必須架設支架支撐或置放於桌面，難以攜帶，以上這些似乎都是高科技溝通輔具使用上的缺點。但高科技溝通輔具亦有其優點，包括：可以儲存的訊息量往往是低科技的數千倍、使用時具有聲光效果個案容易接受、版面設計美觀、容易延伸溝通內容（例如：由辭彙可延伸為片語或句子），也容易根據使用情境擴充或修改材料，加上網路世界發達，隨時可以由網路抓取資料使用，因而使高科技產品愈來愈受歡迎。目前網路人口日漸增多，免費通訊軟體也不斷推陳出新，例如：Line 使用各類貼圖，對於重度溝通障礙者亦是優良的溝通工具。建議教學者在進行教學前，可以根據表 13-9 的各項能力先行評估兒童的能力，再開始設計所需的溝通輔具。

若要更仔細的評估個案全面性的能力，則需要使用更仔細的評估工具，本書附錄八提供個案能力表現調查表，內容包括：生理感官、活動能力、溝通能力、認知學習、社會情緒反應、音樂反應、動作反應等七大項能力現況的評量，可作為評估重度溝通障礙個案的教學和使用 AAC 前的全面性評估工具。

表 13-9　個案基本能力評估

| 能力類別 | 項目 | 說明 |
|---|---|---|
| 動作能力 | 精細動作、粗大動作、姿勢、平衡等 | 手部指、按、拿、滑（版面）、攜帶、走、以頭部操作頭杖等之正確度、範圍、持久度如何？ |
| 溝通能力 | 聽、說、讀、寫 | 是否能聽懂指令和問題？能發出哪些語音或聲音？是否能認讀符號和文字？ |
| 認知能力 | 智力、注意力、邏輯能力等 | 認知障礙程度、注意力維持時間、排列順序等能力如何？ |
| 社會能力 | 互動意圖、社會訊息、對象、情境 | 會使用簡單的基本用語？還是會進行高層次的溝通互動？ |

## ◾ 四、AAC 的版面設計

　　除了選擇 AAC 時考量的因素外，最重要的仍是版面設計。教學者在釐清個案使用 AAC 的目的之後，不論依賴科技的程度如何，都需要著手設計版面。版面內容的取捨和安排關乎使用者的便利性，以及能否切合其需要，若不能滿足個案需求或使用不方便的 AAC，很快就會被個案遺棄。以圖 13-7 來說明 AAC 的版面設計，例如：王小華是一位重度 CP 和認知障礙的四年級學生，口語動作緩慢且清晰度非常差，教師平時也難以聽懂其所說的話，因此決定設計一張 5×5 的溝通版面，供其平常上課時使用。

　　因為只有二十五個項目可以放進版面，因此以「小華」和平日與小華互動頻率最高的「黃老師」作為主詞；其他則選用小華日常生活常需要使用的詞彙，例如：「尿尿」、「大便」和「去玩」，動詞只選「吃」、「喝」，這是他最常做的動作；吃的受詞則包括：「飯」、「麵」和「麵包」（他最喜歡的食物），喝的受詞則是他喜歡的飲料，有「水」、「牛奶」和「養樂多」，也可作為增強物；其次，讓小華可以表達身體的感受和心情狀態，所以放入「肚子餓」、「好渴」、「好熱」、「快樂」和「不要」，還有每天需要的招呼語和

圖 13-7 王小華的溝通板版面設計

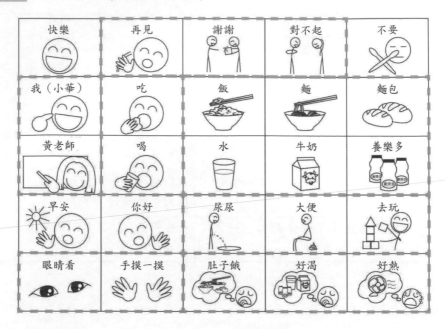

| 快樂 | 再見 | 謝謝 | 對不起 | 不要 |
| 我（小華） | 吃 | 飯 | 麵 | 麵包 |
| 黃老師 | 喝 | 水 | 牛奶 | 養樂多 |
| 早安 | 你好 | 尿尿 | 大便 | 去玩 |
| 眼睛看 | 手摸一摸 | 肚子餓 | 好渴 | 好熱 |

禮貌用語，例如：「早安」、「你好」、「謝謝」、「對不起」和「再見」，最後是老師上課時常要求小華做的「眼睛看」和「手摸一摸」。

## 五、AAC 的實施

在選定使用的 AAC 模式，再將版面內容設計完成後，專業團隊人員需要一起朝著溝通訓練目標前進，所有人員在接觸個案時都鼓勵她／他使用溝通輔具，並給予正向回應，以加強個案使用的頻率和信心，記錄個案使用情形。同時訓練重要他人在教學環境之外，和個案一起使用 AAC，記錄使用情形以供教學者參考，再根據教學情境和類化情境的使用情形加以檢討，修正使用的模式和輔具內容。之後，再行介入並依據第五章的評估方法，評量個案溝通情形的變化。Romski 等人（2009）研究十一位小於三十八個月的 ASD 兒童使用 AAC 的情況，發現每一位兒童在符號和詞彙的進步情況不同，因此使用AAC時必須根據個別差異進行調整。

Downing（2008）引述多位學者的研究，以說明融合教育對一般同儕也會有

好的影響，例如：提高學業反應和降低競爭性的行為。教學者實施溝通訓練時，非常需要同儕的協助，給予個案反應作為增強，其次也有必要訓練同儕，了解重度溝通障礙個案的溝通需求和回應技巧，例如：耐心等待和給予適當回應，或請重度溝通障礙個案再說一遍，或提示他／她使用溝通輔具等。Snell 與 Brown（2011）認為，應該採用合作和統整模式提供服務給重度溝通障礙個案。Downing 與 McFarland（2010）強調，教導重度溝通障礙者需要有專業的教師，且對學生抱持高度期待，不因為他們有重度溝通障礙就降低期望，教學時可納入沒有障礙的同儕，並根據學生的生理年齡、文化、興趣、需求選取教材，強調家人的參與和專業團隊的工作，支持正向行為的學生，並持續在我們期望學生表現的行為上給予訓練，這些都是在實施重度溝通障礙個案的溝通訓練時，應該秉持的原則與重點。

## 本章小結

　　重度溝通障礙者的口語通常十分稀少，但不表示他們不需要溝通。溝通會影響個體的情緒表達、人際關係和生涯發展等，因此，作為專業人員有必要協助訓練重度溝通障礙者發展溝通能力。首先要評估他們的溝通能力，此時標準化工具便顯得無用武之地，反倒是生態評量取向較為適合，能蒐集不同情境的語言樣本或溝通方式進行分析，或使用差異分析發現個案無法完成指令的原因，解決溝通上的困難。之後，訓練個案的溝通技能，必須先接納個案目前的溝通方式，表現對個案溝通的期待，再教導不同階段所需的溝通技能，包括：問候、分享、提問、回應，以及開啟、維持與結束對話的策略。最後說明輔助溝通系統的使用，不論是使用無科技、低科技和高科技的各項溝通輔具，必須先評估個案的動作、溝通、認知、社會能力，再根據使用的目的和情境，設計符合個案生活經驗的 AAC，並鼓勵周遭重要他人和個案一起使用 AAC，進行溝通。

## 問題討論

1. 重度溝通障礙的個案具有哪些特性？
2. 請舉例說明差異分析法。
3. 選擇溝通輔具時，需考量個案的哪些能力？
4. 高科技的溝通輔具有哪些優缺點？
5. 重要他人如何協助重度溝通障礙者進行溝通訓練？

## 推薦網站

台灣衛生福利部社會及家庭署輔具資源入口網 http://repat.sfaa.gov.tw

科技輔具文教基金會 http://www.unlimiter.com.tw/www2013/

科技小窩 http://blog.xuite.net/unlimiter1001/unlimiter

財團法人第一社會福利基金會 http://www.diyi.org.tw/diyiat/atpage.aspx?id=6&&grou-pid=1

AbleNet http://www.ablenetinc.com/Assistive-Technology/Communication

Augmentative Resources http://www.augresources.com/

Communication Devices, Inc. http://www.commdevices.com/

Creative Communicating http://www.creativecommunicating.com/

Crestwood Communication Aids Inc. http://www.communicationaids.com/

DynaVox http://www.dynavoxtech.com/

# ❀ 參考文獻 ❀

## 中文部分

2006大象男孩和機器女孩（無日期）。https://www.youtube.com/watch?v=HAIBvga7rzc

張世彗、藍瑋琛（2022）。**特殊教育學生評量（第九版）**。心理。

輔科舞告賀（無日期）。**幸福發聲器**。https://www.axcellent.fun/%E4%B8%BB%E8%A6%81%E5%B0%88%E6%A1%88/%E5%B9%B8%E7%A6%8F%E7%99%BC%E8%81%B2%E5%99%A8

衛生福利部社會及家庭署（2022）。**身心障礙者輔具費用補助基準表**。https://reurl.cc/RWdqj9

衛生福利部社會及家庭署（無日期）。**認識 CNS15390**。https://newrcpat.sfaa.gov.tw/home/cns15390

Downing, J. E.（2002）。**教導重度障礙學生溝通技能：融合教育實務**〔曾進興譯〕。心理。（原著出版年：1999）

## 英文部分

AbleNet. (n.d.). *BIGmack*. https://www.ablenetinc.com/bigmack/

American Speech-Language-Hearing Association. [ASHA] (n.d.). *Augmentative and alternative communication* (AAC). http://www.asha.org/njc/aac/

Beukelman, D. R., & Mirenda, P. (2013). *Augmentative and alternative communication: Supporting children and adults with complex communication needs* (4th ed). Paul H. Brookes.

Dore, J. (1978). Variation in preschool children's conversational performances. In K. Nelson (Ed.), *Children's language, 1*, 397-444. Gardner Press.

Downing, J. E. (1999). *Teaching communication skills to students with severe disabilities*. Paul H. Brookes.

Downing, J. E. (2008). Including *students with severe disabilities in typical classroom* (3rd ed.). Paul H. Brookes.

Downing, J. E., & McFarland, S. (2010). Severe disabilities education and individuals with severe disabilities: Promising practices. In J. H. Stone & M. Blouin(Eds.), *International encyclopedia of rehabilitation.* http://cirrie.buffalo.edu/encyclopedia/en/article/114/

Halliday, M. A. K. (1975). *Learning how to mean.* Edward Arnold.

Owens, R. E., & Farinella, A. (2024). *Introduction to communication disorders: A lifespan evidence-based perspective* (7th ed.). Pearson.

Owens, R. E., Farinella, K. A., & Metz, D. E. (2015). *Introduction to communication disorders: A lifespan evidence-based perspective* (5th ed.). Allyn & Bacon.

Romski, M. A., Sevcik, R. A., Smith, A., Barker, R. M., Folan, S., & Barton-Hulsey, A. (2009). The system for augmenting language: Implications for young children with autism spectrum disorders. In P. Mirenda, T. Iacono, & J. Light (Eds.), *AAC and autism* (pp. 219-245). Paul H. Brookes.

Snell, M. E., & Brown, F. (2011). *Instruction of students with severe disabilities* (7th ed.). Pearson.

# 附錄

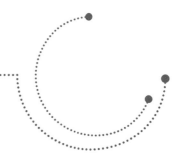

# 附錄一　老鼠理髮師

　　森林裡，有一位老鼠理髮師很會剪頭髮。有一天，猴子來找這位老鼠理髮師剪頭髮，老鼠理髮師一手拿著剪刀、一手拿著梳子，很快就把猴子的頭髮剪好了。長頸鹿看到猴子的新髮型很好看，他也很想找老鼠理髮師幫他剪頭髮。但是長頸鹿太高了，老鼠理髮師剪不到他的頭髮，於是老鼠理髮師想到了一個辦法：把梯子搬過來，從梯子爬上樹枝，然後叫猴子掛在樹枝上，抓住老鼠理髮師的尾巴，這樣一來，老鼠理髮師就可以幫長頸鹿剪頭髮了。長頸鹿看到自己的新髮型後，非常滿意，很感謝猴子和老鼠理髮師的幫忙。猴子跟老鼠理髮師也很高興，長頸鹿有一個好看的髮型。

## 《老鼠理髮師》故事結構評分表

學校：＿＿＿國小＿年＿班　姓名：＿＿＿＿＿　評分者：＿＿＿＿＿　＿年＿月＿日

| 分析評量項目 | | | 內容描述 | 故事結構要素得分 | 故事內容得分 |
|---|---|---|---|---|---|
| 插曲情節一 | 背景 | 人物 | □老鼠理髮師　□猴子 | 0 1 | 0 1 2 |
| | | 地點 | □森林　□理髮店 | | 0 1 2 |
| | 引發事件 | | □猴子頭髮太長了 | 0 1 | 0 1 |
| | 內在反應 | | □想要去剪頭髮 | 0 1 | 0 1 |
| | 行動計畫 | | □猴子找老鼠理髮師剪頭髮 | 0 1 | 0 1 |
| | 嘗試 | | □叫猴子坐在木頭上<br>□老鼠一手拿著剪刀<br>□老鼠一手拿著梳子<br>□老鼠幫猴子剪頭髮 | 0 1 | 0 1 2 3 4 |
| | 結果 | | □老鼠很快幫猴子剪好頭髮 | 0 1 | 0 1 |
| | 回應 | | □老鼠拿鏡子給猴子<br>□猴子照鏡子看自己的新髮型<br>□老鼠幫猴子剪了一個好看的髮型 | 0 1 | 0 1 2 3 |
| 插曲情節二 | 背景 | 人物 | □長頸鹿　□猴子　□老鼠理髮師 | 0 1 | 0 1 2 3 |
| | | 地點 | □森林　□理髮店 | | 0 1 2 |
| | 引發事件 | | □長頸鹿衝過來嚇了猴子一跳<br>□長頸鹿看到猴子的新髮型很好看／看到猴子的頭髮變短了<br>□長頸鹿太高／長頸鹿脖子太長／老鼠不夠高<br>□長頸鹿覺得自己的頭髮很長<br>□老鼠理髮師剪不到長頸鹿的頭髮 | 0 1 | 0 1 2 3 4 5 |
| | 內在反應 | | □長頸鹿也想找老鼠理髮師剪頭髮／也想跟猴子一樣<br>□長頸鹿怕頭髮太長會遮到眼睛<br>□長頸鹿很羨慕猴子的新髮型<br>□長頸鹿有些失望，因為聽到老鼠覺得長頸鹿太高，剪不到他的頭髮 | 0 1 | 0 1 2 3 4 |
| | 行動計畫 | | □長頸鹿找老鼠理髮師剪頭髮<br>□老鼠理髮師（和猴子）想到了一個可以幫長頸鹿剪頭髮的辦法 | 0 1 | 0 1 2 |

（續）

| 分析評量項目 | | 內容描述 | 故事結構要素得分 | 故事內容得分 |
|---|---|---|---|---|
| 插曲情節二 | 嘗試 | □思考／和猴子商量怎麼幫長頸鹿剪頭髮／想一想怎麼幫長頸鹿剪頭髮<br>□把梯子搬過來<br>□把梯子放在樹下<br>□猴子先頂著老鼠的腳，讓老鼠爬上去<br>□爬梯子上去<br>□猴子再爬到樹上<br>□猴子掛在樹枝上／用腳勾住樹枝<br>□猴子抓住老鼠理髮師的尾巴<br>□老鼠的身體吊下去／老鼠的身體往下／老鼠伸手下去<br>□拿剪刀剪頭髮<br>□拿梳子梳頭髮<br>□老鼠理髮師幫長頸鹿剪頭髮 | 0 1 | 0 1 2 3 4 5 6 7 8 9 10 11 12 |
| | 結果 | □長頸鹿的頭髮剪好了 | 0 1 | 0 1 |
| | 回應 | □老鼠把長頸鹿的頭髮剪得很好看／很漂亮<br>□長頸鹿看到自己的新髮型後，非常滿意／非常高興／長頸鹿看到自己的頭髮變短了<br>□長頸鹿感謝老鼠理髮師<br>□長頸鹿感謝猴子<br>□猴子很高興長頸鹿有一個好看的髮型<br>□老鼠理髮師很高興長頸鹿有一個好看的髮型<br>□猴子很謝謝老鼠理髮師<br>□長頸鹿稱讚老鼠理髮師很聰明又厲害 | 0 1 | 0 1 2 3 4 5 6 7 8 |
| 全篇故事內容得分 | | | 全篇故事結構要素得分 | |
| 插曲情節 | 情節一 | □引發事件　□嘗試　□結果 | | |
| | 情節二 | □引發事件　□嘗試　□結果 | | |
| 全篇完整插曲情節得分 | | | | |

註：1.將兒童說到的內容在方格裡打勾，每一個勾得1分，再將故事內容得分圈起來。

2.故事結構要素得分，以插曲情節一為例，背景部分，若兒童說到人物和地點則得1分，依此類推。

# 附錄二　語言障礙學生在教室中可能出現的行為

____國小__年_班學生姓名：_____　填寫人員：_____　日期：__年_月_日

| 一、音韻方面 | | |
|---|---|---|
| （一）學生可能會有以下問題： | | |
| 勾選 | 題號 | 內容 |
| | 1 | 比一般同學需要更長時間才能了解每一個注音符號是一個代碼，每個符號皆有其對應的聲音。 |
| | 2 | 拼音能力差，甚至對常聽的語音也是如此，例如：「瓜」。 |
| | 3 | 易混淆母音，特別是ㄧ和ㄩ（例如：ㄝ和ㄟ、ㄛ和ㄜ）。 |
| | 4 | 在讀篇章時，很難用注音符號幫助閱讀。 |
| | 5 | 很難聽出押韻的字或說出押韻的字。 |
| | 6 | 無法確定在一個字詞裡有多少音節（例如：「麥當勞」拍三下、「老師」拍兩下）。 |
| | 7 | 對操弄聲音（後設語音能力），例如：音素拼合或音素分割的能力差（例如：ㄅ＋ㄧㄝ拼成ㄅㄧㄝ、ㄋㄠˇ沒有ㄋ變成ㄠˇ）。 |
| | 8 | 以語音為基礎，從記憶中組織、儲存和提取詞彙是有困難的，例如：「猴子」會說成「孩子」。 |
| | 9 | 在學齡前曾經有音韻或構音異常。 |
| | 10 | 分不清楚二聲和三聲，或容易寫錯聲調。 |
| （二）學生講話時會出現： | | |
| | 1 | 省略聲音或音節（例如：「沙拉油」說成「沙油」、「大樹」說成「大物」）。 |
| | 2 | 用別的音替代原本的音（例如：「天空」說成「天東」）。 |
| | 3 | 插入額外的聲音（例如：「老師」說成「老書」、「ㄅ」說成「ㄍㄨㄛ」）。 |
| | 4 | 開始一個聲音有困難，特別是在多音節詞（如「升旗台」）或困難的片語（如「去上廁所」）之前。 |

（續）

| 二、構詞方面 | | |
|---|---|---|
| （一）學生可能會有以下問題： | | |
| 勾選 | 題號 | 題目 |
| | 1 | 說話會省略聲音或音節、音節顛倒（例如：「沙拉油」說成「沙油」、「大樹」說成「大物」、「衛生紙」說成「生衛紙」）。 |
| | 2 | 在說話和寫作時，使用不正確的動詞（例如：「放鞭炮」說成「燒鞭炮」或「ㄅㄥˋ鞭炮」）。 |
| | 3 | 漏字（例如：媽媽菜，沒有「煮」）。 |
| | 4 | 很難理解或不會使用固定詞尾（例如：「兄弟們」）。 |
| | 5 | 對於使用比較級／最高級一直都有問題（例如：不會使用「比」或「更」）。 |
| | 6 | 對於同字異音（例如：破音字，同一個字在不同意義而有不同發音）感到困難。 |

| 三、句法方面 | | |
|---|---|---|
| （一）學生可能會有以下問題： | | |
| 勾選 | 題號 | 題目 |
| | 1 | 對了解句子有困難。 |
| | 2 | 較少使用複雜的句子（例如：子句或多個動詞），而常使用短的、語法簡單的句子，通常只會主詞－動詞－受詞型式的簡單句。 |
| | 3 | 對名詞或動詞片語沒有任何的鋪陳，使用最簡單的型式，很少使用形容詞和副詞。 |
| | 4 | 七至八歲之後，對解釋關係子句和副詞子句仍感到特別困難（例如：假如、之前、既是……也是……）。 |
| | 5 | 不會使用疑問詞發問（例如：誰？什麼？）。 |
| | 6 | 不會使用是非問句（例如：對不對、好不好）。 |
| | 7 | 錯誤使用代名詞，不會使用你、我、他（例如：「你叫王小明」，應該是「我叫王小明」）。 |
| | 8 | 表達正確語法有困難，說話時句子不完整或不通順。 |
| | 9 | 不會使用助動詞（例如：應該、可能、必須）。 |
| | 10 | 對 wh 開頭相關的詞（例如：誰、什麼、何時、何處、為什麼）感到混淆，而回答錯誤。 |
| | 11 | 被動式的理解和使用，一直出現問題（例如：使用「他給我打」，不會使用「把」）。 |

（續）

| 勾選 | 題號 | 題目 |
|------|------|------|
| | 12 | 形容詞的次序使用錯誤（例如：「一朵很大的紅花」說成「一朵紅的大花」）。 |
| | 13 | 不會使用否定詞（例如：「不見了」說成「沒有了」、「沒有了」說成「完了」）。 |
| | 14 | 很難理解直接受詞和間接受詞之間的關係（例如：不了解「我買了一本書給她」，就是「我買給她一本書」）。 |
| | 15 | 不明白時態的微妙差異（例如：「我正在讀書」、「我已經讀完書了」、「我正要去讀書」是不同的）。 |
| | 16 | 複述語法正確的句子時出錯（無法完整複述一個句子或會遺漏重要詞彙）。 |
| | 17 | 無法辨識句中錯誤的文法（例如：「他都是老師」）。 |

（二）學生可能會有以下問題：

| | 1 | 書寫時的文法比口說的文法之表現來得差。 |
|------|------|------|
| | 2 | 書寫時，經常使用不完整的句子。 |

（三）即使學生自發性的表現和正常兒童相同，但在語言領域裡的後設語言技能上特別弱，例如：學生可能在需要句法操作技能的結構性作業上遇到困難，或在以下情形有困難：

| | 1 | 將直述句改成疑問句。 |
|------|------|------|
| | 2 | 利用所給的字詞來造句。 |
| | 3 | 完成句子（例如：「我明天會去，因為……」）。 |
| | 4 | 合併句子（例如：「寶寶摔倒了」和「寶寶在哭」合併成為「寶寶摔倒了在哭」）。 |

四、語意方面

（一）此缺陷發生在語言接收或表達，抑或是兩者皆有，學生可能會有以下問題：

| 勾選 | 題號 | 題目 |
|------|------|------|
| | 1 | 字彙有限。 |
| | 2 | 過度使用某些字詞（例如：以「東西」代替精確名稱、以「弄」或「用」代替精確動詞「堆」和「摺」等）。 |
| | 3 | 在同義詞、反義詞、同音異義詞的了解和使用上有困難（例如：給予一個詞並問其相似字或反義字，卻無法回答）。 |
| | 4 | 不會使用上下文脈絡去區辨意思。 |
| | 5 | 只會使用多義詞中的一個意思（例如：只知道「蓋」房子，不知道「蓋」子或「蓋」印章）。 |

（續）

| 勾選 | 題號 | 題目 |
|---|---|---|
| | 6 | 不了解類比（例如：圓圓的月亮像鏡子）。 |
| | 7 | 對解釋和使用比喻的句子有困難，包括一般的慣用語句或俚語（例如：啞巴吃黃蓮）。 |
| | 8 | 對 wh 相關的句子易感混淆（例如：問「何時」或「在哪裡」時不會回答）。 |
| | 9 | 因為不了解連接詞的意思，以致於對理解複雜的句子感到困難（例如：自從、假如、既不……也不……）。 |
| | 10 | 使用指稱詞有困難，尤其是代名詞（例如：這個、那個、你、我、他）。 |
| | 11 | 對於理解抽象名詞感到困難（例如：禮貌、民主）。 |
| | 12 | 對時間關係感到困難，特別是需要再轉換的部分（例如：昨天的昨天是前天）。 |
| | 13 | 對於空間概念詞有困難（例如：上下左右、裡面外面）。 |
| | 14 | 用不正確的詞替代原本的詞（例如：用「橘子」來稱呼「柳丁」）。 |
| | 15 | 在口頭報告時，只能提供有限的資訊（內容貧乏）。 |
| | 16 | 在搜尋字彙時表現出支支吾吾、使用不精確、含糊或非特定的詞；出現混亂、猶豫不決的情形；需要的時間較長。 |
| | 17 | 使用迂迴、重複、片語不連貫和大量填充詞（如「嗯」、「然後」），而其根源可能是因為錯誤的語意參照系統。 |
| | 18 | 對字詞的解釋做過多的解讀，離原意太遠。 |

五、語用方面

（一）學生可能會有以下問題：

| 勾選 | 題號 | 題目 |
|---|---|---|
| | 1 | 對隱含的意思理解上有困難（例如：不能理解當老師說這教室很吵時，其實是指要學生安靜的意思）。 |
| | 2 | 聽不懂笑話。 |
| | 3 | 不懂得尋求協助和澄清，或不了解別人有需要協助和澄清的需求。 |
| | 4 | 不會禮貌性的問候或道別（在開啟話題時不先說問候語，離開時不會適當結束話題）。 |
| | 5 | 對於開啟一個主題和持續該主題有問題，經常改變主題，當聽者想要終止話題時卻繼續該主題而不停止。 |
| | 6 | 在和同儕或成人的溝通時難以專注。 |
| | 7 | 無法憑藉著他們的知識和聽者的關係，而調整訊息內容（例如：不會參考年紀、熟悉程度、社會地位和性別，而說不同內容）。 |

（續）

| 勾選 | 題號 | 題目 |
|---|---|---|
|  | 8 | 話語之間顯現出混亂、無組織的內容。 |
|  | 9 | 在社交上，出現不適當的情緒反應。 |
|  | 10 | 人際關係貧乏。 |
|  | 11 | 在教室情境中過度吵鬧或被動。 |
|  | 12 | 難以維持眼神接觸，而這與文化無關（並非文化本身要求不可有眼神接觸）。 |
|  | 13 | 無法理解具有隱含意義的因果關係（例如：因為遲到，所以他被罰站）。 |
|  | 14 | 表現出不成熟和／或愚笨的表達方式。 |
|  | 15 | 在課堂上很難遵守規矩（例如：打斷他人說話、用咆哮回應、用不禮貌的方式回應老師或管理者而不自覺）。 |
|  | 16 | 因為未完成學校作業用用欺騙的方式掩飾或說謊。 |
|  | 17 | 從說話者的部分訊息，錯誤解讀其語言或非語言訊號。 |
|  | 18 | 使用不一致的語言和非語言訊息。 |
|  | 19 | 無法修補溝通發生的錯誤。 |
|  | 20 | 不論是在溝通對話中或其他方面，無法表現輪流回應（take-turn）的行為。 |
|  | 21 | 不能提供聽者需要的訊息。 |

# 附錄三 語言問題調查表（教師版）

親愛的老師：

　　這是一份有關_____小朋友的語言問題調查表，請您仔細填答，以便做為兒童語言鑑定的參考。所有填答的資料僅做為了解兒童的語言問題之用，個人資料絕對受到保密，請依照實際狀況作答，您的參與有助於了解兒童的語言狀況，將使兒童得到適當的協助，感謝您的支持與協助！如有任何問題請撥打○○-○○○○○○○○或發信至○○○@○○○○.com，我們將會儘速與您聯絡。

○○○老師　敬上

一、基本資料

學生姓名：_____

出生：___年___月___日　性別：□男　□女　實足年齡：___歲___月___天

聯絡電話：白天_____　　晚上_____

家中主要使用的語言：□國語　□台語　□客家語　□原住民母語（可複選）

主要照顧者：□母親　□父親　□褓母　□祖父母（可複選）

二、家長資料

父親姓名：_____　年齡：___歲　教育程度：_____畢

職業：_____（單位和職稱）

母親姓名：_____　年齡：___歲　教育程度：_____畢

職業：_____（單位和職稱）

三、兒童語言狀況

1. 孩子說話很快嗎？□是　□否

2. 孩子會發錯誤音嗎？□是　□否　如果是，是哪些音呢？_____

3. 孩子說話會吞吞吐吐、卡住、重複或口吃嗎？□是　□否

　　如果「是」，請描述：_____

4. 孩子會唸童詩嗎？　□會　□不會　孩子會講簡短的故事嗎？□會　□不會

5. 孩子所說的話能夠被他人理解嗎？□是　□否（若是，請勾選以下之人士　□父母　□老師　□兄弟姐妹　□親戚　□同學　□陌生人）

6. 孩子能理解你對他所說的話嗎？　□是　□否

7. 什麼時候您發現孩子說話的問題？在孩子_____年級_____學期時。

8. 請用您自己的話描述小朋友說話的情形：

_____

_____

導師簽名：_____　___年___月___日

# 附錄四　語言問題調查表（家長版）

---

親愛的家長：

　　這是一份有關_____小朋友的語言問題調查表，請您仔細填答，以便做為兒童語言鑑定的參考。個人資料絕對受到保密，請依照實際狀況作答。如有任何問題請撥打○○-○○○○○○○○或發信至○○○@○○○○.com，我們將會儘速與您聯絡。

○○○老師　敬上

---

## 一、基本資料

學生姓名：_____　就讀（縣）市_____　國小____年____班
出生：___年___月___日　性別：□男　□女　實足年齡：___歲___月___天
聯絡電話：白天_____　晚上_____
住址：_____
家中主要使用的語言：□國語　□台語　□客家語　□原住民母語（可複選）
主要照顧者：□母親　□父親　□褓母　□祖父母（可複選）
疾病史（出生到目前較嚴重的疾病）：
_____

## 二、家長資料

父親姓名：_____　年齡：____歲　教育程度：_____畢
職業：_____（單位和職稱）
母親姓名：_____　年齡：____歲　教育程度：_____畢
職業：_____（單位和職稱）

## 三、兒童語言狀況

1. 您的孩子什麼時候會叫爸爸或媽媽？____歲____月
2. 您的孩子什麼時候會說簡單句，例如：媽媽打打或我要杯杯？____歲____月
3. 您的孩子說話的發展比一般孩子□快　□慢　□差不多
4. 您的孩子說話很快嗎？□是　□否　_____
5. 您的孩子會發錯誤音嗎？□是　□否　如果是，是哪些音呢？_____
6. 您的孩子說話會吞吞吐吐、卡住、重複或口吃嗎？□是　□否
　　如果「是」，請描述：_____
7. 孩子會唸童詩嗎？　□會　□不會　孩子會講簡短的故事嗎？□會　□不會
8. 孩子所說的話能夠被他人理解嗎？　□是　□否
　　若是，請勾選以下之人士□父母　□老師　□兄弟姐妹　□親戚　□同學　□陌生人
9. 孩子能理解你對他所說的話嗎？　□是　□否

10.什麼時候您發現孩子說話的問題？在孩子＿＿＿歲＿＿＿月時。

11.請用您自己的話描述孩子說話的情形：
_____

12.您的孩子是否曾經接受醫生或語言治療師的診斷？□有　□無
診斷結果是：_____

13.您的孩子是否曾經接受醫生或語言治療師的治療？□有　□無
＿＿＿＿＿＿醫院＿＿＿＿＿次；＿＿＿＿＿醫院＿＿＿＿＿＿次

14.您的孩子是否有其他的語言問題？（例如：語言發展遲緩、文法錯誤、說不清楚一件事、不喜歡說話……）
(1)＿＿＿＿＿＿＿＿＿(2)＿＿＿＿＿＿＿＿＿(3)＿＿＿＿＿＿＿＿＿

四、家族成員的語言問題
（例如：語言發展遲緩、發音不清、口吃、迅吃等，請寫出稱謂及問題，將所知道的親屬盡量寫出來）

1.直系親屬（孩子的祖父、祖母、外祖父、外祖母、父親、母親等）
＿＿＿＿＿＿＿＿　問題：＿＿＿＿＿＿＿＿＿＿＿＿＿＿

2.旁系親屬或姻親（孩子的叔叔、伯伯、姑姑、阿姨、表兄弟或姐妹、堂兄弟或姐妹等）
＿＿＿＿＿＿＿＿　問題：＿＿＿＿＿＿＿＿＿＿＿＿＿＿

家長簽名：＿＿＿＿＿＿＿＿　＿＿＿年＿＿＿月＿＿＿日

# 附錄五　言語－動作評估篩檢表

（第一部分）

| 結構組織 / 結果 | 通過 | 不通過 | |
|---|---|---|---|
| | | 輕微異常 | 明顯異常 |
| 頭　頭顱大小和形狀 | | | |
| 臉型左右對稱 | | | |
| 沒有下垂和麻痺 | | | |
| 頭和臉　臉的對稱　上下顎的關係（上下顎的發育是否完整，是否過短或過長） | | | |
| 唇的外觀（不說話時閉合、顏色紅潤） | | | |
| 鼻中隔（是否歪曲）、鼻孔外觀（是否缺損） | | | |
| 人中外觀（是否歪曲） | | | |
| 沒有任何明顯的缺損（如腺狀腫、臉長寬比率是否恰當） | | | |
| 綜合討論： | | | |
| 呼吸　靜默呼吸　嘴巴閉攏（張開表示異常） | | | |
| 吸氣和呼氣的時間比是 1：2～3（約相等） | | | |
| 呼吸時鎖骨不會移動 | | | |
| 說話呼吸　用鼻子呼吸（用嘴呼吸是異常） | | | |
| 吸氣和呼氣的時間比是 1：2+（呼氣時間多於2～9倍） | | | |
| 呼吸時鎖骨不會移動 | | | |
| 綜合討論： | | | |
| 口腔喉部　牙齒　有前牙 | | | |
| 牙齒的空隙適當 | | | |
| 牙處軸向是適當的 | | | |
| 第一類正常咬合（下白齒比上白齒往前半齒），如果是不正常咬合，請寫出類別：（參考備註說明） | □2 類　□3 類 | | |
| 舌頭　和口腔比較大小適宜 | | | |
| 顏色正常 | | | |

366

（續）

| 結構組織 | | 結果 | 通過 | 不通過 | |
|---|---|---|---|---|---|
| | | | | 輕微異常 | 明顯異常 |
| 口腔喉部 | 舌頭 | 沒有萎縮 | | | |
| | | 沒有裂縫、損傷、瘻管 | | | |
| | | 正常的停止位置 | | | |
| | 軟硬顎 | 正常顏色 | | | |
| | | 穹窿的寬度適當 | | | |
| | | 沒有瘻管和裂縫 | | | |
| | | 沒有缺損 | | | |
| | | 如有缺損 | 已修補 | 未修補 | |
| | 小舌 | 小舌形狀和長度 | | 小舌裂開 | 其他異常 |
| | | 咽、喉的外觀 | | | |
| 綜合討論： | | | | | |

註：第一類是指上、下顎的第一大臼齒在正常的前後關係上；第二類是指上顎的第一大臼齒之位置過於前面，可能是上顎突出或下顎萎縮，多半有暴牙現象；第三類是指下顎的第一大臼齒之位置過於前面，可能是下顎過長或上顎發育不足。

資料來源：Bauman-Waengler（2012）、Seikel、King 與 Drumright（2010）

（第二部分）

| 結構組織 | | 結果 | 通過 | 不通過 | |
|---|---|---|---|---|---|
| | | | | 輕微異常 | 明顯異常 |
| 頭和臉 | 眼睛和臉 | 揚起眉毛是對稱的 | | | |
| | | 會聽指令笑或皺眉是對稱的 | | | |
| | 唇 | 嘴巴閉著，唇可以向前凸起 | | | |
| | | 嘴巴稍微張開，唇可以向前凸起 | | | |
| | | 嘴唇凸起向左／右提高 | | | |
| | | 嘴唇可快速動作說 /pa-pa-pa/ | | | |
| | 下顎 | 聽指令下巴向下 | | | |
| | | 下巴向左／右（頭不轉動） | | | |
| 綜合討論： | | | | | |

（續）

| 結構組織 | | 結果 | 通過 | 不通過 | |
|---|---|---|---|---|---|
| | | | | 輕微異常 | 明顯異常 |
| 口腔喉部 | 舌頭 | 可以伸出來 | | | |
| | | 舌頭伸出向上（舌尖碰鼻子狀） | | | |
| | | 舌頭伸出向下（舌尖碰下巴狀） | | | |
| | | 舌尖可以碰觸左右兩處嘴角 | | | |
| | | 舌尖可以沿著嘴唇順時鐘或逆時鐘繞圈 | | | |
| | | 舌尖可以順著上牙齒外側和內側由左至右移動 | | | |
| | | 能快而順的說 /pa-pa-pa/ | | | |
| | | 能快而順的說 /ta-ta-ta/ | | | |
| | | 能快而順的說 /ka-ka-ka/ | | | |
| | | 能快而順變換和重複說 /pa-ta/ /ta-pa/ | | | |
| | | 能快而順變換和重複說 /pa-ta-ka/ /ka-ta-pa/ /ta-pa-ka/ | | | |
| | 軟硬顎 | 短而重複的說 /ah/ 時，軟顎的運動是正常的（不會出現鼻音） | | | |
| | | 可以鼓起雙頰 | | | |
| | | 當施以輕微的壓力時（以手指輕壓），可以保持口腔內的空氣（鼓著雙頰） | | | |
| | | 沒有鼻漏氣（說話時將鏡子置放於鼻孔下） | | | |
| 綜合討論： | | | | | |
| 呼吸 | 靜默 | 經由鼻子快速吸氣 | | | |
| | | 由胸腔／橫膈膜快速吸氣 | | | |
| | 說話 | 能說 /ah/ 五秒鐘（氣流量足夠） | | | |
| 綜合討論： | | | | | |

# ❀ 參考文獻 ❀

Bauman-Waengler, J. (2012). *Articulatory and phonological impairments: A clinical focus* (4th ed.). Allyn & Bacon.

Seikel, J. A., King, D. W., & Drumright, D. G. (2010). *Anatomy & physiology for speech, language, and hearing* (4th ed.). Wadsworth Cengage Learning.

註：附錄五主要修改自 Bauman-Waengler（2012, pp. 189-193），獲得 Pearson 圖書公司授權。

# 附錄六　音韻覺識訓練課程大綱

| 層次<br>類別 | 教學重點 | 課程內容舉例 |
|---|---|---|
| 詞彙層次的音韻覺識 | （一）數字數：<br>1. 增加學生數句子裡中文字數（音節數）的能力。<br>2. 增加學生數句子裡詞彙數的能力。 | 「垃圾桶」拍手三下<br>「我穿裙子」拍手三下 |
| | （二）從唸出的字串辨認遺漏字：<br>增加學生辨認遺漏詞彙的能力（三～五個詞彙的句子）。 | 「球、筆、牛」「老師、校長、教室」少說了哪一個？ |
| | （三）從片語或句子中辨認遺漏的詞彙：<br>增加學生從句子中辨認遺漏詞彙的能力。 | 「我喜歡喝可樂」「姊姊寫字」少說了什麼？ |
| | （四）在成人讀出的句子中，補上遺漏的詞彙：<br>增加學生在句子中補上遺漏詞彙的能力。 | 「妹妹＿鞦韆」<br>「＿真好喝」 |
| | （五）顛倒音節：<br>增加學生更換音節（或詞彙）的能力。（顛倒遊戲） | 「薯條好吃→好吃薯條」<br>「風鈴季墾丁」→「墾丁風鈴季」 |
| | （六）重組字：<br>增加學生依正確順序重組詞彙的能力。 | 「筆鉛盒→鉛筆盒」 |
| 音節層次的音韻覺識 | （一）數音節：<br>數詞彙裡有幾個音節。 | 「麥當勞」（三個）<br>「吵吵鬧鬧」（四個） |
| | （二）部分合併：<br>把音節合併成一個語詞。 | 「孫」「悟」「空」→孫悟空 |
| | （三）刪除音節：<br>增加學生刪掉詞彙裡音節的能力。 | 「小狗」，「小」不見剩下什麼？ |
| | （四）增加音節：<br>增加學生組合單詞的能力。 | 「草莓蛋糕」→草莓蛋糕 |
| | （五）顛倒音節：<br>增加學生顛倒詞彙裡音節的能力。 | 「蛋糕」→「糕蛋」<br>「孫悟空」→「空悟孫」 |
| | （六）替代音節：<br>增加學生刪除一個音節和用其他音節取代的能力。（變魔術） | 「騎白馬→騎白牛→騎白象」 |

（續）

| 層次類別 | 教學重點 | 課程內容舉例 |
|---|---|---|
| 音素層次的音韻覺識 | （一）音素區辨：<br>1.聲母區辨。<br>2.韻母區辨。<br>3.介母區辨。 | 哪一個不一樣？<br>1.八、杯、包、貓。<br>2.塔、馬、筆、法。<br>3.臉、姊、腳、雪。 |
| | （二）字首聲音的配對：<br>增加學生從兩個聲音分辨單音節詞之聲母的能力。 | 「餅」的第一個聲音是「ㄅ」還是「ㄆ」？ |
| | （三）聲音配對（聲母）<br>增加學生辨認三個單音節詞之特定聲母的能力。 | 「杯子」、「鍋子」、「猴子」，哪一個的開始是「ㄅ」？ |
| | （四）配對韻：<br>增加學生從四個中文字中辨認出相同韻腳的能力。 | 「馬、筆、佛」，哪一個和「塔」尾巴的聲音是一樣的？ |
| | （五）字尾聲音的配對：<br>增加學生從兩個聲音去分辨哪一個是字尾之尾音的能力。 | 「馬」的最後一個音是「ㄤ」還是「ㄚ」？ |
| | （六）製造韻：<br>增加學生產生押韻字的能力。 | 說出所有押「ㄧ」韻的字，例如：「椅」、「鼻」、「米」。 |
| | （七）字首聲音的補充：<br>增加學生辨認和說出字首聲音的能力。 | 先聽「筆」，再聽「ㄧˇ」，哪一個聲音不見了？ |
| | （八）字首聲音的切割：<br>增加學生辨認字首聲音的能力。 | 聽「杯」的第一個聲音是什麼？ |
| | （九）尾音的補充：<br>增加學生辨認和說出尾音的能力。 | 先聽「杯」、再聽「ㄅ」，哪一個聲音不見了？ |
| | （十）字尾聲音的切割：<br>增加學生辨認字尾聲音的能力。 | 「椅和鼻」後面的聲音是什麼？ |
| | （十一）增加音素：<br>增加學生拼合兩個音素的能力。 | 將「ㄅ」加上「ㄟ」，會變成什麼？ |
| | （十二）字首聲音的刪除：<br>增加學生省略字首聲音的能力。 | 先聽「杯」不說「ㄅ」，會變成什麼？ |
| | （十三）字尾聲音的刪除：<br>增加學生省略字尾聲音的能力。 | 先聽「杯」不說「ㄟ」，會變成什麼？ |
| | （十四）從故事中找出開始是特定聲音的字（單音節）。 | 「龜兔賽跑」，請告訴我故事中有ㄊ音的字。 |

（續）

| 層次<br>類別 | 教學重點 | 課程內容舉例 |
|---|---|---|
| 音素層次的音韻覺識 | （十五）音素合併：<br>增加學生拼合音素的能力。 | 把「ㄑ」和「一ㄤ」，拼成一個字「槍」。 |
| | （十六）字首聲音的替代：<br>增加學生以其他聲音取代字首聲音的能力。 | 先聽「筆」，然後把「ㄅ」變成「ㄉ」。 |
| | （十七）字尾聲音（韻母）的替代：<br>增加學生以其他聲音取代字尾聲音的能力。 | 先說「ㄅㄟ」，然後把「ㄟ」說成「ㄚ」。 |
| | （十八）分別說出聲母、韻母和介母：<br>增加學生分割音素的能力。 | 「球」的第一、中間和最後一個聲音是什麼？ |
| | （十九）辨認單音節字的所有聲音：<br>增加學生辨認由三個聲音組成的單音節字中之所有聲音。 | 花（ㄏㄨㄚ）裡有哪三個聲音？ |
| | （二十）在單音節的字中分割中間聲音：<br>增加學生辨認單音節字中間聲音的能力。 | 什麼是「牛（ㄋㄧㄡˊ）」中間的聲音？ |
| | （二十一）刪除字中的聲音：<br>增加學生辨認和刪除字中聲音的能力。 | 「瓜（ㄍㄨㄚ）」刪除「ㄨ」變成「ㄍㄚ」。 |
| | （二十二）語音的變更：<br>增加學生處理字中的聲音和說出變換後非詞的能力。 | 調換「玻璃」（ㄅㄛㄌㄧˊ）前面的聲音變成什麼？「ㄌㄛㄅㄧˊ」。 |
| | （二十三）內隱的音韻覺識：<br>分辨真音和假音。 | 哪一個字是真的字，筆（ㄅㄧˇ）或（ㄎㄧˇ）。 |
| | （二十四）拼出所有音但無意義的字。 | 「ㄅㄣˊ」、「ㄅㄡˇ」、「ㄅㄨㄚ」。 |

# 附錄七 動畫繪本教學範例

## 一、教學目標：

1. 提升兒童的語彙量。
2. 提升兒童使用簡單句的能力。
3. 提升兒童的聽覺理解能力。
4. 提升兒童的口語表達能力。

## 二、教材來源：文化部繪本花園動畫故事「亂七八糟」

http://children.moc.gov.tw/garden/animation.php?id=201305A01

## 三、教學對象：

發展性語言障礙或智能障礙兒童（依照語言能力分為高低兩組）。

## 四、教學時間：

6～10 小時（包括 2 小時複習）

## 五、教學前準備：

1. 評估每位兒童的語言能力。
2. 教具：動畫繪本、圖卡、字卡、貼紙（笑臉和哭臉）。

## 六、故事引言：

　　亂七八糟是個小女孩，她的頭髮亂七八糟、房間亂七八糟、吃東西也吃得亂七八糟……老師總是給她哭臉貼紙，她其實也想當個好寶寶。但是，不知道為什麼，她總是弄得亂七八糟。準備好了嗎？一個好聽的故事，馬上說給你聽喔！

### 七、教學內容分析：

| 繪本<br>故事內容 | 問題 |
|---|---|
| 亂七八糟是一個小女孩。<br>她的頭髮亂七八糟。<br>她的房間亂七八糟。<br>吃東西吃得亂七八糟……<br>而且總是快遲到了，才跑進學校。<br>上課的時候，亂七八糟總是動來動去，沒有辦法乖乖坐好。<br>而且非常喜歡回答問題……<br>我知道！我知道！<br>以及主持正義……<br>亂七八糟！像驚驚一樣乖乖站好！<br>老師好像很生氣……<br>可是…可是…可是，我是正要起飛的驚驚！<br>哭臉貼紙一張！<br>老師真的很生氣！<br>亂七八糟好傷心……<br>亂七八糟不喜歡哭臉貼紙。<br>她好希望可以得到一張笑臉貼紙。<br>坐好！坐好……<br>希望自己不那麼亂七八糟……<br>牆上貼滿了媽媽寫的紙條，每張都在提醒亂七八糟怎麼做才不會亂七八糟……<br>亂七八糟突然想起，今天是個特別的日子！<br>亂七八糟，想要在媽媽生日這天，給媽媽一個大驚喜。 | 1. 亂七八糟是個小男孩還是小女孩？<br>2. 她的身上什麼地方亂七八糟？<br>3. 她的家裡什麼地方亂七八糟？<br>4. 她做什麼事情亂七八糟？<br>5. 她到學校都是準時還是遲到呢？<br>6. 她上課的時候是乖乖坐好？還是動來動去呢？<br>7. 她上課的時候喜不喜歡回答問題？<br>8. 驚驚站的直直的，還是歪歪的？<br>9. 老師生氣會給她哭臉貼紙或是笑臉貼紙？<br>10. 她喜不喜歡哭臉貼紙？<br>11. 亂七八糟拿到哭臉貼紙心情會不好，就是很怎麼樣呢？<br>12. 亂七八糟喜歡哪一種貼紙？<br>13. 媽媽在牆上貼滿紙條，上面都寫什麼？<br>14. 特別的日子是什麼日子呢？ |

| 答案<br>（高低組） | 詞彙<br>（高低組） | 片語<br>（高低組） | 句子<br>（低組僅理解不表達） |
|---|---|---|---|
| *女孩或女生<br>*頭髮<br>*房間<br>*吃東西<br>遲到<br>動來動去<br><br>喜歡<br><br>直直的－<br>歪歪的<br>*哭臉<br><br>*貼紙 | 亂七八糟<br>*頭髮<br>*房間<br>遲到－（準時）<br>*學校<br>*上課<br>辦法<br>*喜歡－（討厭）<br>知道<br><br><br><br><br><br>*鷥鷥<br>一樣 | 吃東西<br><br><br>*動來動去<br>*乖乖坐好<br><br>*回答問題 | *她的頭髮亂七八糟<br>（而且）房間*也是亂七<br>八糟<br>桌子亂七八糟<br>書包亂七八糟<br><br>亂七八糟乖乖站好<br><u>兒童名字</u>乖乖睡好<br><u>兒童名字</u>乖乖坐好<br>亂七八糟像鷥鷥一樣乖乖<br>站好<br><br>亂七八糟喜歡回答問題<br>（以及主持正義）<br><br><u>兒童名字</u>喜歡掃地 |
| 不喜歡<br><br>傷心<br>笑臉貼紙<br>1.上課乖乖<u>坐</u>好<br>2.頭髮梳好<br>3.房間整理好<br>4.不要亂七八糟<br><br>媽媽的生日 | *乖乖<br>站好<br>起*飛<br>*哭臉－笑臉<br>*生氣<br>*傷心－開心<br>*牆（壁）上<br>*貼<br><br>*紙條<br><br>（突然）<br>（特別）不一樣－一樣<br>今天<br>*生日<br><br><br>（驚喜） | *貼紙條<br><br><br><br><br><br><br><br><br>媽媽的生日 | <u>兒童名字</u>喜歡唱歌<br>亂七八糟的牆上貼滿紙條<br>教室牆上貼滿圖畫<br>玩具壞了，<u>兒童名字</u>好傷<br>心！<br><u>兒童名字</u>被媽媽罵了好傷<br>心！<br><u>兒童名字</u>的褲子破了好傷<br>心！<br><u>兒童名字</u>獲得獎品好開<br>心！<br>答對了，<u>兒童名字</u>好開<br>心！<br>投球投中了，好開心！ |

註：1.*表示低組兒童會仿說至少一個音節或自行說出至少一個音節。
　　2.（　）表示對兒童太難，可以省略不教。
　　3.<u>兒童名字</u>表示教學者可以班級中的兒童名字來造句，以增加兒童的參與度。

發揮你的創造力和想像力（高組）

總是弄得亂七八糟的亂七八糟，想要在媽媽生日這天，給媽媽一個大驚喜，她會怎麼做呢？

媽媽會喜歡亂七八糟這個大驚喜嗎？

小朋友，發揮你的創造力和想像力，繼續把故事說下去，看看和書裡面的結局有什麼不一樣喔！


結果：

1. 亂七八糟把房間整理乾淨。

2. 亂七八糟把頭髮梳好。

3. 亂七八糟把衣服穿整齊。

4. 亂七八糟準時上學。

5. 亂七八糟乖乖坐好。

6. 亂七八糟表現好，得到一張笑臉貼紙。

7. 亂七八糟表現好，老師也很高興，得到很多笑臉貼紙。

# 附錄八　聽損帶給我的人生

　　我今年 43 歲，是一位重度感音神經性的聽障者。大約在四至五歲的時候，因為腹瀉不止，母親帶我至診所就醫，打針後導致聽神經細胞受損，之後陸續去過一些大醫院求診，醫師告知家人：要恢復我的聽力機會並不大，建議讓我配戴助聽器並加強教育。三十多年前，新竹地區的聽語治療和特教資源是很貧乏的，主要資源都集中在臺北。由於家母還需要幫忙家裡的事業，所以無法經常帶我去臺北接受聽語治療，但幸運的是，後來在新竹找到一位教聽障兒童說話的老師，不過主要還是家母在課後花了很多時間跟心力，陪我複習老師的教學內容以及學說話。從小，家人盡量把我視為聽力正常的一般小孩，哥哥有學的課外活動，像是鋼琴、美語、數學、美術等，我一樣也沒有少。升小學時，雖然新竹市有專門教聾人或聽障小孩的啟聰班，不過家人希望先送我到一般小學的普通班試試看有沒有辦法適應，所以就選擇讀離家近的學校了。

　　從國小到高中的求學階段，由於我的資質還不差，加上家人從小就要求我必須完成家庭作業，才能去玩或看電視的良好學習習慣，所以在課業方面我都跟得上同學。但是，上課時因為聽力不足沒辦法聽課，有些比較傳統的老師為了方便管理全班學生，不允許上課中翻閱課本以外的書籍，所以我通常在學期初剛領到課本，就利用前幾週上課時間看完整學期的內容，而上課期間因無法聽到課程內容又無法閱讀其他讀物的情況下，我很難一整堂課坐得住，因此容易跟其他同學嬉鬧或是乾脆睡覺，老師會誤會我在干擾上課秩序，很容易被老師放大檢視及處罰。此外，也因為配戴助聽器在外觀上跟一般同學不一樣，而容易被同學當作嘲笑跟捉弄的對象，我常常反擊回去而跟同學起衝突，因而在班上的人際關係不佳，也很難融入班上或是學校的主流圈子，這樣的情形直到我國高中參加學校的棒球隊後才逐漸改善，棒球隊的人際圈在未來也成為我的主要社會支持系統。

　　大學以前學習的內容大致上是在課本或教材範圍，以我自身的經驗，我認為聽障者尚能應付，只是不見得可以深入學習到核心知識，所以某些觀念會比較薄弱，導致基礎不夠。進入大學後，有些課程範圍並不限於課

本或教材，甚至延伸至不同範疇，也經常需要團體報告，聽障者在應付這類課程時，如果無法接收到老師的重點提示，或者得到同學和學長姐的資訊交流，很容易抓不到重點或是不容易找到團體報告組員，而在學習的過程中倍感吃力。我有一些必修課程沒有課本，只有教授編的講義及補充讀物，在缺乏資訊及方向下，考試便很難取得高分或是真正學習到專業知識而感到挫折。

我在畢業前就規劃好先參加公務人員身心障礙特種考試進入職場，在修課選擇上就會參考考試科目打好基礎，大學最後一個學期會排負擔比較輕的課程，依據考試時間跟科目性質擬定讀書計畫並嚴格執行，最重要的是多做幾遍考古題並確實檢討錯誤之處涉及的觀念，最後很幸運地如預期上榜，並於畢業當年 7 月無縫接軌進入公務機關工作。在工作上，除了接聽電話跟參加會議有困難之外，我都能夠應付，幸好前兩個工作單位，在經過反應我的聽力障礙狀況後，主管有協助我調整工作內容，儘量減少我接聽電話的機會，或是請同事偶爾幫忙協助接聽電話。不過，在第三個工作單位就比較沒有這麼幸運了，那是做計畫的政府幕僚單位，有許多大大小小的會議，以那時的環境背景，LINE 還沒有這麼普及，也沒有即時語音辨識軟體協助會議，我認為自己無法應付這樣的工作型態，因此向主管提出調整工作的請求。主管的回應是：開會中聽不清楚，就錄音回去慢慢聽，但是他不了解重度聽障的我，即便反覆聆聽會議錄音，還是沒有辦法聽清楚。也有單位主管對於我的特殊需求不了解，反而認為是我工作配合度不佳，而故意指派給我接聽電話頻率最高的業務，導致我聽到電話聲響就引發焦慮。

聽障者在成長過程中，聽力缺損造成的影響是資訊接收困難，所以離開書本或是文字的世界之外，對我們來說就是陌生的世界，特別是人際關係的技巧跟應對。我印象最深刻的是在大學三年級時，有次去同學家做客，同學幫我忙後，我跟他說謝謝，我剛好「聽到」他回答：「不會」，我才知道原來別人跟我說謝謝，除了課本上教的「不客氣」，我也可以回答：「不會」。大學之後，網路的發達對我的人際及資訊接收有很大助益，我可以透過網站、留言板或是即時通訊軟體的文字，稍微了解其他人的想法以及他們怎麼交流。目前，臺灣對於聽障（身障）的思維是以補助為主，工作所需之改善措施可以向勞工單位申請職務再設計，但是審核

過程很不透明，以申請助聽器為例，各縣市審核結果差異很大，補助的比例由 30%到 70%都有。但比起經濟上的補助，我們更希望政府或公司協助建立無障礙的環境，例如：公共場所燈號及文字輔助（聽障聽不清楚廣播）、工作場所的電話轉換成文字的輔助系統、會議上有即時字幕等，這些措施對聽障者有很大的助益，將大大提升聽障者知的權利以及增進專業知識，而有與一般聽人相同的競爭與升遷的機會。

　　另外，現在臺灣立法規定公務機關或是私人公司必須足額進用一定比例的身障員工，但是實際上仍有超過千家公私單位不足額進用身障者，代表臺灣職場對於身障者（包含聽障者）的接受度還不是這麼高，只是為了符合法規而做，大部分公司行號仍傾向雇用不需改善措施的輕度身障。聽障者在基礎求學階段，因為聽力缺損，在學習看不到的事物及抽象知識的效果不如聽人，而影響未來大學科系及就業方向的選擇，目前很多公司開放的身障職缺，不是不需要特殊學經歷的基本薪資職缺，就是學經歷門檻過高，對於重度聽障者是看得到吃不到的職缺。曾經有位主管跟我說：「因為我有聽力障礙，所以在工作上要比一般人更努力。」我想這應該可以反映現在臺灣職場對於聽障者的態度。目前，聽障者在就業環境中容易面臨就業歧視，或者在面試和晉升過程中遇到困難，繼續提高社會對聽障者的接受度，加強企業和員工對身心障礙者的多元性認知，以及積極推動法規的執行，都可以協助聽障者更融入國內的職場。

　　上述是作者的姪子應我的要求，對他的求學和求職經驗所做的分享。目前，國內聽損治療和復健水準與三十多年前已不可同日而語，但對於一般教師，若授課中遇有聽損學生，必須理解他們的困難，而職場上的同儕和主管更需要了解聽損者工作時需要的調整和協助。嚴格來說，每一個人都有可能成為聽損者，只是程度的不同。由硬體而言，現今科技的進步，在技術層面上愈來愈容易找到可以協助聽損者的資源，然而在軟體上，重要的是特教教師或聽語治療師必須把聽損的重要概念和同理態度傳播給普羅大眾，幫助聽損者藉由輔具和科技產品的協助，更能發揮自己的專長服務社會。

# 附錄九 身心障礙個案表現調查表

| 姓名 | | 出生日期 | | 填 表 者 | |
|---|---|---|---|---|---|
| 班級 | | 實足年齡 | | 填表日期 | 年 月 日 |

| | |
|---|---|
| 生理<br>感官 | 一、□有 □無身心障礙手冊（程度：□輕□中□重度，類別：＿＿＿類）<br>二、生理方面（請儘量勾選適合的所有項目，可複選）<br>　□身體狀況長期不佳，常因病請假或缺課<br>　□由醫院診斷罹患有慢性疾病（＿＿＿＿＿病）<br>　□曾罹患過重大疾病（＿＿＿＿＿病＿＿歲時罹患）<br>　□生理狀況與一般同年齡孩子差異不大（或差不多一樣健康）<br>　□其他（請說明）：＿＿＿＿＿＿＿＿＿<br>三、感官方面（請儘量勾選適合的所有項目，可複選）<br>　□有嚴重視力問題（類型：＿＿＿），其他＿＿＿＿＿＿＿（請說明）<br>　□視覺上之特殊學習需求：＿＿＿＿＿＿＿<br>　□經常揉眼睛，看東西會瞇眼睛或貼近課本或桌面<br>　□有嚴重聽力問題（優耳聽力損失約＿＿＿＿分貝）<br>　　聽覺上之特殊學習需求：＿＿＿＿＿＿＿<br>　□發音不清楚或聲調不對<br>　□經常需要別人大聲說話或請別人靠近一點再重說一遍<br>　□感官方面的發展與一般同年齡孩子差異不大<br>　□其他（請說明）：＿＿＿＿＿＿＿＿＿ |
| 活動<br>能力 | 一、行動能力：（請勾選最適合的項目）<br>　□完全需要別人協助<br>　□自己操作輪椅<br>　□靠支架走路<br>　□完全不需要協助（正常／無障礙）<br>　□其他（請說明）：＿＿＿＿＿＿＿<br>二、粗大動作表現：（請儘量勾選適合的所有項目，可複選）<br>　□不太會獨立行走，需要輪椅、拐杖或家具等輔助工具或他人的協助<br>　□能獨立行走，但經常跌倒或碰撞東西<br>　□動作明顯的比一般孩子慢很多，常跟不上教室（或班級團體）的活動腳步<br>　□不大會（或很少）跳繩、走平衡木、打球或參加一般學校操場的體能活動<br>　□平衡良好<br>　□動作協調良好<br>　□其他（請說明）：＿＿＿＿＿＿＿ |

（續）

| | |
|---|---|
| 活動能力 | 三、精細動作表現（請儘量勾選適合的所有項目，可複選）<br>□會用手指握拿物品<br>□會用五指抓放物品<br>□會用三指撿拾物品<br>□會用手指前端捏揉物品<br>□會用食指滑動平板電腦頁面<br>□不大會（或很少）拿剪刀、筷子<br>□能拔插嵌合板與嵌合物　□需要協助　□不需協助<br>□能投球擊中目標物<br>□手眼協調良好<br>□其他（請說明）：＿＿＿＿＿＿＿＿＿＿＿＿＿ |
| 溝通能力 | 一、主要溝通方式：（請勾選最適合的項目）<br>□口語　□表情或手勢動作<br>□使用擴大或替代性的溝通輔具或系統<br>□目前沒有表達性溝通能力或意願<br>□其他（請說明）：＿＿＿＿＿＿＿＿＿＿＿＿<br>二、表達性溝通特質：（請儘量勾選適合的所有項目，可複選）<br>□口語表達能力與一般同年齡的同學差不多<br>□口語表達能力差，但能與老師或同學溝通<br>□說話不清楚，一般人不易聽懂<br>□會用簡單的句子表達（例如：我要喝水）<br>□會用簡單的詞彙表達（例如：喝水）<br>□會用單字表達（例如：水）<br>□鸚鵡式說話（僅重複他人語言）<br>□無口語但會用手勢動作表示<br>□不會主動表達自己的需求<br>□其他（請說明）：＿＿＿＿＿＿＿＿＿＿＿＿<br>三、接收性溝通特質：（請儘量勾選適合的所有項目，可複選）<br>□完全聽得懂別人說的話<br>□聽話理解速度較慢，但能聽懂簡單指令<br>□聽得懂語句但無法理解抽象內容<br>□只聽得懂日常生活語彙<br>□大部分的話要加上手勢或動作後才了解<br>□完全聽不懂別人說的話<br>□其他（請說明）：＿＿＿＿＿＿＿＿＿＿＿＿ |

（續）

| | |
|---|---|
| 認知<br>學習 | 一、視知覺（請勾選最適合的項目，並說明之）<br>　1.顏色<br>　□能認識三種（或以上）的顏色，例如：＿＿＿＿＿＿＿＿＿<br>　□能認識一～二種顏色，如＿＿＿＿＿＿＿＿＿＿＿＿＿＿<br>　□不認識任何顏色<br>　2.幾何圖形<br>　□能分辨三種（或以上）的幾何圖形（例如：圓形、正方形、三角形等）<br>　□能分辨一～二種基本的幾何圖形、例如：＿＿＿＿＿＿＿<br>　□不認識任何基本的幾何圖形<br>　3.空間關係<br>　□能分辨前後、上下、左右等二種以上的空間關係<br>　□能分辨一種空間關係，例如：＿＿＿＿＿＿＿＿＿＿＿＿<br>　□不能分辨任何空間關係<br>　4.動物圖片<br>　□能認識三種（或以上）常見動物的圖片，例如：＿＿＿＿＿<br>　□能認識一～二種動物圖片，例如：＿＿＿＿＿＿＿＿＿＿<br>　□不認識任何動物的圖片<br>　5.文字<br>　□認識簡單文字<br>　□認識與年級相當的文字<br>　□不認識文字<br>　6.符號<br>　□認識一般符號<br>　□不認識一般符號<br>二、聽知覺（請勾選最適合的項目，並說明之）<br>　□能聽辨日常生活環境中三種以上聲音（例如：門鈴、電話、交通工具等）<br>　　請列舉最能使兒童產生反應的三種聲音，例如：＿＿＿＿＿<br>　□能聽辨日常生活環境中一～二種聲音<br>　□完全無法聽辨日常生活環境中的聲音<br>三、注意力持續度（請勾選最適合的項目）<br>　學習時，注意力能持續專注約□一分鐘□二分鐘□三分鐘□四分鐘□五分鐘<br>　以上<br>　□其他（請說明）：＿＿＿＿＿＿＿＿＿＿＿＿＿＿＿＿＿ |

<table>
<tr><td rowspan="1">社會情緒反應</td><td>

一、情緒表現：（請儘量勾選適合的所有項目，可複選）

□對周遭的人或活動不太有反應，好像不感興趣

□容易表現出退縮情形

□比一般同學更容易緊張、焦慮

□不如意時，就會哭鬧不停

□脾氣很大，經常會生很大的脾氣或罵人

□霸道，經常要別人讓他

□挫折容忍度較低

□對於老師或照顧者的依賴心較重

□他人生氣或受傷時，不會表現出關心或擔心的行為

□對周遭的人感興趣，但表現奇怪的行為，如不當的觸摸他人

□會控制自己的情緒

□情緒表達跟一般同年齡和同性別的同學差不多

□其他（請說明）：＿＿＿＿＿＿＿＿＿＿＿＿

二、與他人的互動狀況：

1.與他人互動時之眼神交流程度：（請勾選最適合的項目）

□總是直視他人眼睛

□經常直視他人眼睛

□偶爾直視他人眼睛

□少有直視他人的眼睛

□無法直視他人的眼睛

□其他（請說明）：＿＿＿＿＿＿＿＿＿＿

2.與他人互動的情形（請儘量勾選適合的所有項目，可複選）

□經常一個人獨自玩

□別人與他互動會有反應

□會請別人一起玩

□能和別人輪流玩

□會和別人玩扮家家酒遊戲

□能領導別人玩遊戲

□其他（請說明）：＿＿＿＿＿＿＿＿＿

三、參與活動之情形：（請儘量勾選適合的所有項目，可複選）

□聽到自己的名字會有反應

□大多數時間樂於參加團體活動

□喜歡一個人獨處或自己玩

□上課經常沒有反應、呆坐或打瞌睡

□上課經常會隨意離開座位或教室

□上課會亂出聲、走動或作弄別人而影響教室學習

□不能遵守指令

□不懂活動規則，無法參與團體活動（遊戲、比賽）

□其他（請說明）：＿＿＿＿＿＿＿＿＿

</td></tr>
</table>

（續）

| | |
|---|---|
| 社會情緒反應 | 四、其他特殊行為：（請儘量勾選適合的所有項目，可複選）<br>□ 經常重複出現相同的動作或發出相同的聲音<br>□ 對於環境不預期的變化（如調課、換座位）會有明顯不適應的反應<br>□ 具有攻擊同學或破壞物品的行為<br>□ 有自傷行為（如拔頭髮、撞頭）：＿＿＿＿＿＿＿＿＿＿<br>□ 有其他固著行為：＿＿＿＿＿＿＿＿＿＿＿＿＿＿＿＿<br>□ 其他（請說明）：＿＿＿＿＿＿＿＿＿＿＿＿＿＿＿＿ |
| 音樂反應 | 請儘量勾選適合的所有項目，可複選：<br>□ 聽到音樂時，能吸引其注意力<br>□ 對旋律自然地產生反應（例如：手舞足蹈或點頭）<br>□ 具有敏銳的聽力（例如：對音樂變化敏感）<br>□ 喜歡聽音樂<br>□ 喜歡唱歌<br>□ 可以跟著音樂打節拍<br>□ 可以跟著音樂進行身體律動<br>□ 喜歡敲打物品<br>□ 喜歡模仿日常生活中的聲音（例如：門鈴的叮咚聲）<br>　請列舉三種兒童最喜歡模仿的聲音，例如：＿＿＿＿＿＿＿＿<br>□ 不喜歡音樂 |
| 動作反應 | 請儘量勾選適合的所有項目，可複選：<br>□ 會跟隨老師的動作<br>□ 喜歡跳舞<br>□ 喜歡戶外遊戲<br>□ 喜歡跑步<br>□ 喜歡攀爬<br>□ 喜歡跳躍<br>□ 會雙腳跳<br>□ 會單腳站立<br>□ 會單腳跳<br>□ 不喜歡肢體活動 |

# 專業辭彙中英文索引

## 五畫

## 六畫

## 八畫

## 九畫

## 十三畫

## 十五畫

國家圖書館出版品預行編目（CIP）資料

溝通與溝通障礙：理論與實務／楊淑蘭著 --二版.--
新北市：心理出版社股份有限公司，2024.03
面；　公分. --（溝通障礙系列；65053）
ISBN 978-626-7447-05-5（平裝）

1.CST: 語言障礙教育　2.CST: 溝通

529.63　　　　　　　　　　　　　113002012

溝通障礙系列 65053

# 溝通與溝通障礙：理論與實務（第二版）

作　　者：楊淑蘭
總 編 輯：林敬堯
發 行 人：洪有義
出 版 者：心理出版社股份有限公司
地　　址：231026 新北市新店區光明街 288 號 7 樓
電　　話：(02) 29150566
傳　　真：(02) 29152928
郵撥帳號：19293172　心理出版社股份有限公司
網　　址：https://www.psy.com.tw
電子信箱：psychoco@ms15.hinet.net
排 版 者：辰皓國際出版製作有限公司
印 刷 者：辰皓國際出版製作有限公司
初版一刷：2015 年 1 月
二版一刷：2024 年 3 月
Ｉ Ｓ Ｂ Ｎ：978-626-7447-05-5
定　　價：新台幣 480 元